陕西高校档案工作纪实

（1988—2017）

郑　勇　主编

陕西师范大学出版总社

图书代号：ZH18N0358

图书在版编目（CIP）数据

陕西高校档案工作纪实：1988—2017/郑勇主编. —西安：陕西师范大学出版总社有限公司，2018.4

ISBN 978-7-5613-9916-3

Ⅰ.①陕…　Ⅱ.①郑…　Ⅲ.①高等学校－档案工作－陕西－1988—2017－文集　Ⅳ.①G647.24-53

中国版本图书馆CIP数据核字（2018）第068304号

陕西高校档案工作纪实（1988—2017）

郑　勇　主编

责任编辑/徐小亮
责任校对/王丽敏
出版发行/陕西师范大学出版总社
　　　　　（西安市长安南路199号　邮编：710062）
网　　址/http://www.snupg.com
印　　刷/北京京华虎彩印刷有限公司
开　　本/787mm×1092mm　1/16
印　　张/22.5
插　　页/18
字　　数/450千
版　　次/2018年4月第1版
印　　次/2018年4月第1次印刷
书　　号/ISBN 978-7-5613-9916-3
定　　价/168.00元

读者购书、书店添货或发现印装质量问题，请与本公司营销部联系、调换。

电话：(029) 85307864　85303629　传真：(029) 85303879

本书编辑委员会

陕西高教系统档案学会理事及重要活动照片

学会一届理事会理事长，原西安公路学院档案室主任赵秉中先生

学会二届理事会理事长，原西安交通大学档案馆馆长凌安谷先生

学会三届理事会理事长，原西安工业学院档案室主任范斗先生

学会四、五、六、七届理事会理事长，现为西安翻译学院发展规划处处长吴连书先生

陕西高教系统档案学会第一届、第二届理事会成员

陕西高教系统档案学会第五届理事会常务理事成员

陕西高教系统档案学会第六届理事会成员

陕西高教系统档案学会第七届理事会成员

陕西高教系统档案学会会牌

陕西高教系统档案学会印模

1988年4月28日—30日　陕西高教系统档案学会成立大会暨第一次学术讨论会在陕西师范大学召开

1989年9月14日—15日　陕西高教系统档案学会第三次学术研讨会（"人物档案"研讨会）在西北农业大学召开

1989年11月7日—10日　陕西高教系统档案学会1989年年会暨第四次学术讨论会在汉中师范学院召开

1991年4月22日—24日　陕西高等学校档案工作会议在西安石油学院召开，各院校办公室主任、档案馆（室）负责人共76人参加了会议

1991年4月25日—26日　陕西高教系统档案学会第二次会员代表大会暨第五次学术讨论会在西安石油学院召开

1992年10月21日—23日　陕西高教系统档案学会第六次学术讨论会在西安工业学院召开

1994年5月17日—18日　陕西高教系统档案学会第七次学术讨论会在西安交通大学召开

1995年3月27日—29日　陕西高等学校档案工作会议暨档案学会第三次会员代表大会在西北工业大学召开

1995年10月5日　陕西高教系统"两办"主任会暨陕西高等学校档案工作表彰大会在汉中师范学院召开

1996年6月12日—13日　陕西高教系统档案学会第八次学术研讨会在宝鸡文理学院召开

1997年3月17日—20日　陕西高教系统档案学会三届二次理事会暨第九次学术研讨会在西安石油学院召开

1998年4月27日—29日　陕西高教系统档案学会成立十周年庆祝大会暨第十次学术研讨会在西安邮电学院召开

1998年4月27日—29日　陕西高教系统档案学会成立十周年庆祝大会暨第十次学术研讨会在西安邮电学院召开

1998年8月　陕西高教系统档案学会与新疆乌鲁木齐高校档案协作组在新疆大学共同举办了首次学术研讨会

1999年5月10日—13日　在陕西高教系统档案学会倡议下，在西安工业学院召开了第一届陕、甘、新、桂、琼、赣六省区高校档案工作研讨会

2001年4月23日—26日　陕西高教系统档案学会第四次会员代表大会暨第十一次档案学术研讨会在长安大学召开

2002年4月22日—24日　陕西高教系统档案学会在咸阳陕西中医学院召开陕西高教系统档案馆（室）负责人工作经验交流会议

2003年4月21日—29日　陕西高教系统档案学会在西安军城大厦举办第一期高校档案业务知识培训班。来自全省31所高校的37名档案工作者参加了学习培训

2003年9月18日—23日　陕西高教系统档案学会组团18人参加了在内蒙古师范大学召开的"高校档案信息化建设高层论坛"会议

2003年10月19日—25日　陕西高教系统档案学会组团14人参加了在江西师范大学召开的第五届新、桂、陕、甘、琼、赣六省区高校档案工作研讨会

2004年5月14日—18日　陕西高教系统档案学会组织省内6所高校9名代表组团参加了在湖北宜昌三峡大学举办的全国高校档案人才建设战略研讨会

2004年5月20日—24日　陕西高教系统档案学会第十二次档案学术研讨会在西北农林科技大学召开

2004年5月20日—24日　陕西高教系统档案学会第十二次档案学术研讨会在西北农林科技大学召开

2004年8月14日—19日　中国高等教育学会档案工作分会在新疆财经学院召开全国高等学校学会工作会议。陕西省教育厅办公室主任王海波、学会理事长吴连书、学会秘书长秦健玲等出席会议

2004年12月2日　陕西高教系统档案学会与西安鑫创科技有限公司联合举办的陕西高校档案目标认证暨档案信息化管理研讨会在陕西师范大学学术活动中心召开

2005年6月30日—7月3日　陕西高教系统档案学会承办的第五次陕、赣、苏、晋、京、辽、内蒙古七省市区高等学校档案工作学术研讨会在延安大学召开

2005年6月30日—7月3日　陕西高教系统档案学会承办的第五次陕、赣、苏、晋、京、辽、内蒙古七省市区高等学校档案工作学术研讨会在延安大学召开

2006年4月27日—29日　陕西高教系统档案学会第五次会员代表大会暨第十三次档案学术研讨会在陕西师范大学学术活动中心召开

2006年4月27日—29日　陕西高教系统档案学会第五次会员代表大会暨第十三次档案学术研讨会在陕西师范大学学术活动中心召开

2007年4月19日—21日　陕西高教系统档案管理工作研讨会在西北工业大学正禾宾馆召开

2007年4月19日—21日　　陕西高教系统档案管理工作研讨会在西北工业大学正禾宾馆召开

2007年10月16日—18日　　教育部办公厅在北京师范大学召开《普通高等学校档案管理办法》修改审稿会议，学会理事长吴连书参加了会议

2007年10月至2008年2月　陕西高教系统档案学会代表省委教育工委、省教育厅对省属20所职业技术院校进行档案检查

2008年4月28日—30日　陕西省高校档案工作会议暨陕西高教系统档案学会成立20周年纪念大会在西北农林科技大学召开

2008年4月28日—30日　陕西省高校档案工作会议暨陕西高教系统档案学会成立20周年纪念大会在西北农林科技大学召开

2008年12月26日—31日　在陕西师范大学举办学习贯彻《高等学校档案管理办法》培训班

2009年4月　举办第二期《高等学校档案管理办法》培训班

2010年5月6日—8日　陕西高教系统档案学会第六次会员代表大会暨学习贯彻27号令经验交流会在陕西师范大学学术活动中心召开

2010年5月6日—8日　陕西高教系统档案学会第六次会员代表大会暨学习贯彻27号令经验交流会在陕西师范大学学术活动中心召开

2010年8月5日—6日　全国首届民办高校档案工作研讨会在西安西北饭店召开

2011年5月11日—13日　由陕西省教育厅、陕西高教系统档案学会举办的陕西省2011年高等学校档案工作检查标准暨基本建设档案培训会在汉中举行

2012年10月10日—12月31日　陕西高教系统档案学会根据省教育厅关于开展贯彻《高等学校档案管理办法》工作情况检查的通知（陕教工秘办〔2011〕10号）要求，组成6个工作组对全省78所各类高校档案工作贯彻教育部、国家档案局《高等学校档案管理办法》情况进行检查

2013年1月10日　陕西高校档案工作检查总结会在西安财经学院雁塔校区举行

2013年6月1日—5日　档案工作培训会

2013年12月10日　全省高等学校档案工作先进表彰暨陕西高教系统档案学会2013年档案工作经验交流会在西安工业大学北方信息工程学院召开

2014年4月28日　陕西高教系统档案学会第七次会员代表大会在陕西师范大学学术活动中心召开

2014年4月28日　陕西高教系统档案学会第七次会员代表大会在陕西师范大学学术活动中心召开

2014年7月　陕西高教系统档案学会七届二次常务理事会在西安理工大学召开

2017年5月23日　　"远洋杯"全省教育系统纪念《档案法》颁布30周年演讲比赛活动在陕西省教育厅一楼会议室举办

2017年9月25日—12月29日　　依照陕西省教育厅陕教工秘办〔2011〕10号文件精神，分6组对90所高校档案工作进行检查，图为赵昶葆副厅长带队实地检查长安大学档案馆

2017年10月　陕西省普通高校档案检查第三检查组在陕西科技大学检查

2017年11月　陕西省普通高校档案检查第五检查组在安康职业技术学院检查

2017年12月　陕西省教育厅副厅长王紫贵在陕西师范大学检查档案工作

2018年1月22日　陕西高校档案工作检查评估总结暨高教系统档案学会常务理事扩大会在西安电子科技大学召开

序

吴连书

在全国上下认真学习贯彻党的十九大精神和习近平新时代中国特色社会主义理论的形势下，陕西高教系统档案学会迎来了成立三十周年的喜庆日子。从1988年至今，陕西高教系统档案学会在一步步成长壮大，它的每一步成长都离不开陕西省委高教工委、陕西省教育厅的领导和支持，离不开陕西省档案局、陕西省档案学会的指导和帮助，离不开中国高等教育学会高校档案工作研究会的引导和带动，更离不开全体会员单位和广大专兼职档案工作者的积极配合、积极参与，由此才有了陕西高教系统档案学会越走越扎实、越走越灿烂的三十年。

三十年发奋努力，三十年春华秋实。学会第一个十年到来时，编印了《陕西高教档案求是》一书，记录了学会成立十年的成就；学会成立二十年的时候，编印了《陕西高教系统档案学会二十年》，记录了学会又一个十年的历程；现在迎来的是学会成立三十年，原来只有三四十所高校组成的学会，已发展壮大到有近百所高校，这次要编辑出版的是反映学会三十年成果的《陕西高校档案工作纪实》。内容包括陕西高教系统档案学会1988至2017年的重要活动和陕西82所不同层次高校（含部属院校、省属院校、民办院校、高职高专院校）档案馆（室）概况，目的是为陕西高校档案工作提供交流学习的平台，也为高校档案工作人员研究档案工作提供借鉴和依据。这本书应该说无论从内容到质量，还是从编辑队伍到编辑水平，都有新的提高，它的出版对陕西高教系统档案学会的建设与发展有着历史和现实意义。

回首学会三十年特别是近十年，自2008年起，当年9月，教育部、国家档案局联合颁布的《高等学校档案管理办法》（27号令）正式实施；2014年5月，中共中央办公厅、国务院办公厅联合发出《关于改进和加强新形势下档案工作的意见》，次年，中共陕西省委、省政府办公厅印发了《关于改进和加强新形势下档案工作的实施意见》。因此，近十年学会的主要工作是围绕《高等学校档案管理办法》（27号令）和《关于改进和加强新形势下档案工作的意见》的学习、贯彻、检查、落实进行，是在积极推进陕西高校实现依法治档，用规范的档案管理为学校的科学发展服务。具体看：

一是当党和国家有关档案工作的法令、意见出台，立即在第一时间组织全省高校会员单位集中培训，聘请专家学者做报告，讲解法令、意见产生的背景、具体内涵和要求等，使大家对国家颁布的法令、意见有充分的理解和认识，以便于在工作中把握和执行。

二是围绕法令、意见的学习、贯彻，举办理论研讨或经验交流会。通过研讨和交流，使大家进一步掌握法令、意见的内涵，切实感受法令、意见的颁布对档案工作无论机构设置、人员配置、经费投入还是全员重视等方面带来的变化都是极大的，切实感受依法治档的意义和作用是极具威力的。

三是连续开展高校档案工作检查。为了把《高等学校档案管理办法》（27号令）和《关于改进和加强新形势下档案工作的意见》的要求落到实处，陕西高教系统档案学会配合省教育厅于2012年、2017年先后进行了两次大规模的全省高校档案工作检查。为了保证检查的公平、公正，合理有效，检查前反复讨论，制定标准；检查开始先确定试点高校，通过在试点高校对检查标准的运用，使检查组成员统一对标准的把握，以利于在检查中减少失误。每次检查后要总结检查成效，推选表彰先进集体和先进个人，以利于推动全省高校档案工作再上新台阶。

由于学会活动活跃，组织有力，2016年被中国高校档案研究会评为全国高校优秀档案学会；2017年，在陕西省档案局组织的"庆祝《中华人民共和国档案法》颁布三十周年演讲比赛"中获得优秀组织奖。通过上述活动的开展，可以明显看到这十年来陕西高校的档案工作发生了极大的变化：

1.学校更加重视档案工作。大部分高校成立了档案工作委员会，都有一名校级领导负责档案工作。各学校不同程度地加大了档案工作力度，认真贯彻落实档案工作的法律法规及有关规章制度，绝大多数高校的档案业务规章制度健全，日常管理规范、科学；档案的收集、整理、保管、利用、接收、移交、鉴定、销毁、统计等档案业务均有规范要求。能清楚认识档案和档案工作的地位与作用，将档案工作列入学校"十三五"发展规划和年度工作计划，列入学校议事日程，有明确的发展目标和长远的发展规划。

2.档案管理机构进一步健全。陕西各种类型与层次的高校近百所，有近90所高校成立了不同建制的档案管理机构，其中正处级建制9所、副处级建制16所。尤其是经过最近两轮档案工作检查，许多学校在机构建设方面有了较大进步。突出的表现是：一些学校将挂靠在校办公室的综合档案室直接升格为正处级独立建制的档案馆；一些原先没有档案管理部门的院校成立了档案室；一些学校的档案室升格为档案馆。

3.档案管理队伍基本实现了三位一体的管理体制。绝大部分学校都有一支爱岗敬业、踏实工作的专职档案人员队伍以及工作在学校各个部门的兼职档案员队伍，在管理模式上普遍形成了校领导主管、档案馆（室）具体负责，各部门负责人及兼职档案队伍密切配合的档案工作网络。据不完全统计，我省高校目前有专职档案人员近400名，多数学校档案人员学历结构也有了显著提升，许多学校硕士研究生以上学历专职档案人员超过50%。

4.馆库建设发生较大变化。大部分高校都能在学校办学资源紧张的情况下，克服困难，为档案馆（室）提供满足档案安全存放的馆库空间，实现档案馆（室）库房、办公、阅览三分开，库房的防火、防虫及各种防控措施到位，并且均具有能够满足档案管理工作需要的档案装具和与档案管理现代化、信息化配套的设备设施。

5.加大经费投入，支持档案工作。加大对档案工作经费的支持力度，是学校对档案工作重视的具体表现。近年来，各学校对档案工作经费的支持有了长足进步，据不完全统计，用于校史馆建设、馆舍改造、仪器设备购置、档案信息化建设及日常办公等方面的经费已经达到6000余万元。其中西北工业大学、西安电子科技大学、陕西师范大学、西安交通大学、西北农林科技大学、陕西科技大学、延安大学、西安石油大学、杨凌职业技术学院等学校近五年投入档案建设的经费均超过200万元。

6.信息化建设成效显著。大多数学校将档案工作信息化建设列入学校信息化发展规划，制定了档案工作信息化建设方案并初步得到实施。据统计有79所学校加大投入，使用了网络版或单机版的档案管理软件，建立了目录数据库；部分学校已经开展了存量档案数字化工作，逐步实现档案管理系统与学校OA系统的对接，实行纸质档案和电子档案同步归档。

7.馆藏资源建设得到加强。丰富的馆藏是档案馆的立馆之本，大部分高校都能认识到馆藏资源建设对学校中心工作的作用及记载学校发展历史的重要意义，下大力气收集各门类、各种载体的档案，将档案资源建设放在档案馆（室）建设的重要位置。如西安交通大学、陕西师范大学、西北工业大学、长安大学、西北农林科技大学、西安电子科技大学等馆藏档案均达到10万卷以上，丰富的馆藏为记载学校悠久的办学历史、传承学校优良的文化起到了不可替代的作用。

8.有效提供档案利用，服务学校各项工作。各高校档案部门认真履行职责，强化宗旨意识，积极开展档案资源开发利用工作，其档案馆（室）都已成为学校档案资源信息中心，在学校校庆、本科教学水平评估、巡视诊断、学位点申报、学科评估、高职高专办学条件检查、全省高校德育工作评估、人才培养工作评估、重大科研项目立项审查、重要工程立项审查、干部人事档案审核、党员核查等学校重大工作中，及时、准确地提供了真实、可靠的第一手资料，为学校各项工作开展提供了良好服务。

9.广泛开展档案宣传，增强全员档案意识。大部分学校均能不同程度地利用学校网络平台、档案馆网页、微信公众号和"6·9"国际档案日等多种形式大力宣传档案工作；部分学校建立了校史馆、纪念馆和学校专业特色展，充分发挥档案的文化教育功能，进一步增强全员档案意识。

10.加强科学研究，开发档案资源。多数高校重视档案人员的科研能力培养，促使档案人员积极参加各种业务培训及学术研讨会，积极申报各类科研项目，发表学术研究论文，参加各级学会组织的征文活动。仅2017年，陕西高校档案工作者先后成功申报国家档案局课题1项、陕西省哲学社会科学基金项目1项、中国高校档案研究会课题2项，并有多项科研成果获奖。还有众多高校能充分利用档案资源优势，编辑出版校史、学校年鉴、学校大事记、校史人物传略等大量文献资料，为学校建设和发展做出重大贡献。

过去的三十年陕西高教系统档案学会在省委教育工委、省教育厅的正确领导下，在全省高校的大力支持与配合下，在全体专兼职档案人员的敬业进取中取得了亮眼的成绩，这些成绩已反映在这本《陕西高校档案工作纪实》里。展望未来，相信陕西高教系统档案学会必将一如既往，继续努力，按照档案法律法规的要求，进一步加强陕西高校档案队伍建设，加强高校档案的科学化、规范化、信息化到智慧化建设，不断提高档案科学研究能力和水平，在陕西高校档案工作新的十年里必将绘出更新、更美、更能反映陕西高校档案人浓厚色彩的画卷！

目　录

陕西高教系统档案学会大事记

1988年

1月22日 陕西省高等教育局办公室主任陈振海主持召开高等学校档案协作组组长会议。会议决定成立陕西高教系统档案学会,并研究成立筹备委员会(以下简称"筹委会"),人员组成及分工如下:陈振海为名誉主任,赵秉中任主任,马骏、白凤琴任副主任,范斗任秘书长,张自强、李润清、潘祖彭、边荣江为委员。

3月8日 陕西省档案学会以陕档案发〔1988〕5号文件,批准了陕西高教系统档案学会筹委会成立及其人员组成。

4月5日—9日 陕西省档案局召开全省档案工作会议。西安公路学院档案室、陕西师范大学档案室、西北轻工业学院档案室、西北农业大学档案室被评为省级"档案工作先进集体"。

1月—4月 陕西高教系统档案学会筹委会先后召开四次会议,就成立学会有关事宜进行反复的研究讨论。决定4月28日至30日召开学会成立大会暨第一次学术讨论会。筹委会确定设立秘书、材料、会务三个办事组,增补邓文龙、陈光军、姜士馨为筹委会委员。

4月28日—30日 陕西高教系统档案学会成立大会暨第一次学术讨论会在陕西师范大学隆重召开。参加本次大会的有学会会员、有关院(校)长办公室主任共120余人。上海市、新疆维吾尔自治区、甘肃省、湖北省及交通部等地区或单位的档案界同仁应邀到会。陕西省高等教育局办公室主任陈振海主持会议,宣读关于成立档案学会的批文。陕西师范大学副校长李忠善致欢迎词,陕西省高等教育局副局长戴居仁致开幕词,学会筹委会主任赵秉中做关于学会筹备工作的报告。

大会通过民主选举,产生了由赵秉中、邓文龙、张玉璋、马骏、范斗、李润清、黎纯娥、潘祖彭、桑玉祥、陈光军、白凤琴、边荣江、张万森、冯友白、纪侠玲、张吉满16人组成的第一届理事会。大会经过充分酝酿讨论,通过了陕西高教系统档案学会章程,吸收了90名新会员。本次大会共收到学术论文93篇,主要就学校档案管理体制、教学档案管理、档案编研、档案管理现代化及《中华人民共和国档案法》的宣传等方面进行了探讨,评选出优秀论文7篇。

4月30日 在陕西师范大学召开陕西高教系统档案学会一届一次理事会。会议选举赵秉中为理事长,邓文龙为副理事长兼秘书长,张玉璋、马骏为副理事长,聘请戴居仁(陕西省高等教育局副局长)、冒军刚(陕西省社联常务副主席)、苏盈(陕西省档案局局长、陕西省档案学会理事长）、张岂之（陕西省社联主席、西北大学校长）、李忠善（陕西师范大学副校长）为陕西高教系统档案学会名誉理事长，聘请陈振海（陕西省高等教育局办公室主任）、李新安（西北大学校长办公室主任）、李文朴（西安电子科技大学校长办公室主任）、郭福堂（陕西师范大学校长办公室主任）、史足民（西安石油学院院长办公室主任）、孙龙韬（陕西机械学院院长办公室副主任）为学会顾问。

6月 赵秉中撰写的论文《"档案法"对我国档案事业的保护作用》获陕西省档案学会优秀论文奖。

6月22日 陕西高教系统档案学会一届二次理事会暨第二次学术研讨会在西安交通大学召开。会议研究了副理事长、秘书长的分工，出版会刊等事宜，通过了《理事会工作条例》，公布了第一次学术讨论会论文评选结果。本次学术研讨会以《中华人民共和国档案法》的学习、贯彻为主题进行了论文交流。

10月7日 陕西高教系统档案学会一届三次理事会在西安医科大学召开。会议就学会活动的内容、会费、印刷会刊及第三次学术研讨会主题等问题进行了研究。

10月14日 陕西高教系统档案学会在西安公路交通大学召开学会小组长会议。会议确定了各小组定期活动内容：（1）学习《中华人民共和国档案法》、六号令以及学会章程、理事会条例；（2）开展学术交流活动。

11月22日 机械电子工业部检查组到西安电子科技大学检查该校档案工作。

11月14日—29日 陕西高教系统档案学会各小组陆续开展活动。陕西省档案局局长郭步越、办公室副主任楚恒森，陕西高教系统档案学会理事长赵秉中、副理事长马骏分别参加了各组活动。

12月31日 陕西高教系统档案学会理事长赵秉中、副理事长马骏到西北大学拜见了学会名誉理事长张岂之，就学会活动的方向问题进行了探讨。

1989年

3月5日 陕西高教系统档案学会各小组分别召开学术研讨会，对准备提交学会第三次学术研讨会的论文进行了交流与评议。理事长赵秉中到部分小组讲述了撰写论文应注意的事项。

3月27日 陕西高教系统档案学会配合陕西省、西安市档案学会在陕西省档案局联合举办学会知识讲座。陕西省科协学会工作部部长耿明清介绍了我国学会的性质、任务、历史及发展建设等问题。

5月27日 西安交通大学档案馆接待华北电力学院及西北电力职工大学的档案工作

人员来校参观。

6月 陕西财政专科学校吴连书参编的《乌兰夫年谱》（上卷）由中共党史资料出版社出版。

6月3日 陕西高教系统档案学会组织部分院校去临潼，参观中国电影艺术研究中心资料库，学习音像档案的整理与保管。

7月4日 在西安公路学院召开陕西高教系统档案学会一届四次理事会。会议讨论了学会下半年工作计划，研究了召开学术年会有关问题，通过了67名新会员入会，以无记名投票方式，评选范斗编著的《教学档案管理》、马骏等编的《鲜血换来的丰碑》2项科研成果上报陕西省档案学会，申评"陕西省档案学会优秀成果"奖。

7月 范斗、郭亚广的论文《再议高等教学档案及管理》获机械电子工业档案学会优秀论文三等奖。

7月18日 在西北农业大学召开陕西高教系统档案学会各协作组正副组长联席会议，研究"人物档案"研讨会筹备工作。

8月 西安公路学院赵秉中参编的《专门档案管理问答》一书，由档案出版社出版。

9月14日—15日 陕西高教系统档案学会第三次学术研讨会（"人物档案"研讨会）在西北农业大学召开。会议由赵秉中、凌安谷（西安交通大学档案馆馆长）主持，学会全体理事、各协作组正副组长，论文作者及有关院校的人事干部70余人参加了会议。陕西省档案局局长郭步越到会并讲话。大会共收到论文与交流材料20篇。会议期间，全体代表参观了著名昆虫学家周尧教授的科技成果展览。

10月 西安电子科技大学档案室受到陕西省委、省政府表彰，荣获"陕西省优秀档案工作集体"称号。省档案局副局长赵越等领导视察西安电子科技大学的档案工作。

10月 西安公路学院赵秉中撰写的论文《档案害虫的特点及其防治》获西安市档案学会档案学术成果一等奖。

11月7日—10日 陕西高教系统档案学会1989年年会暨第四次学术讨论会在汉中师范学院召开。会议由副理事长马骏主持，学会理事、论文作者50余人参加了会议，陕西省教委办公室主任陈振海、陕西省档案学会刘振兴、汉中地区档案局局长张有良等到会并讲话。学会理事长赵秉中向大会汇报了陕西高教系统档案学会一年来的工作。会议共收到论文50篇，有24篇在大会上宣讲，论文主要就档案的开发利用、教学档案的管理进行了深入的探讨。

12月 宗培岭、赵秉中合著的《档案文献保护技术学》一书由航空出版社出版。

1990年

2月20日 陕西高教系统档案学会在西安公路学院召开理事会办公会议，学会正副理事长、秘书长、各小组组长参加了会议。会上传达了陕西省档案学会关于清理整顿学会、陕西省档案局关于举办编辑成果展览、中国档案学会召开档案学基础研讨会的通知，讨论了学会1990年的工作计划及各小组的活动内容，研究布置了学会的工作。

4月24日 陕西高教系统档案学会在西安公路学院召开一届五次理事会。会议通过了1990年工作计划以及学会清理、整顿工作的报告，通过了表彰学会积极分子方案及表彰方式，向陕西省档案学会推荐了51名新会员。

4月 西安工业学院范斗著《教学档案管理》一书，被陕西省教育委员会评为优秀成果三等奖。

6月 陕西师范大学档案室6名同志荣获《陕西档案》举办的"档案知识百题竞赛"三等奖。

5月22日—7月31日 西安交通大学档案馆先后接待北方交通大学、华侨大学等9所院校的30余名档案人员来校参观。

8月7日 陕西高教系统档案学会与陕西省、西安市档案学会在市政府礼堂举办"人物档案"学术报告会。由陕西高教系统档案学会理事长赵秉中主讲建立人物档案的意义、范围以及收集、整理的方法等问题。

8月13日 由西安工业学院副研究馆员范斗为课题负责人，12所院校15位档案人员组成课题组研制的《教学档案建档规范》，在北京通过由吴宝康教授为主任委员的鉴定委员会的鉴定，专家们对该课题的评价是"属国内先进水平"。

9月 西安工业学院在"劳动经济"专业本科8751班开设"档案管理学"课程。这在国内高等院校的非档案专业本科班尚属首家。

10月5日 陕西师范大学马骏等编著的《鲜血换来的丰碑》一书，获陕西省社会科学三等奖。

10月19日 西安公路学院、西安电子科技大学、陕西师范大学档案室先后接待国家教委直属高校西北、西南组档案工作者来访参观。

10月23日 在西安电子科技大学召开一届六次理事扩大会。全体理事、各会员小组组长参加了会议，陕西省档案学会理事长苏盈（本会名誉理事长）、副理事长齐俊岐，陕西高教系统档案学会顾问李文朴、孙龙韬出席了会议。会议主要研究了第二次会员代表大会暨第五次学术讨论会的筹备工作，决定1991年5月在西安石油学院召开学会第二次会员代表大会。齐俊岐在会上传达了中国档案学会第三次会员代表大会精神。

11月2日 国家档案局局长冯子直在陕西省档案局局长郭步越等陪同下到西安公路学院视察档案工作，对该校教学档案、人物档案及档案编研工作给予了较高评价，并题词："教学档案一朵花，人名科研放奇葩，甘做春泥勤护理，万紫千红满天涯"。

11月5日—8日 西安公路学院举办"人物档案"展览，陕西省、西安市档案局领导，陕西省教委办公室领导等前来参观并题词，该校教职工、部分高校档案工作者及学生2000余人参观了展览。

12月11日 在陕西省教委办公室召开陕西高教系统档案学会理事长、秘书长会议。会议由省教委办公室副主任穆谦远主持。会议研究了学会下一步将要开展的工作。决定1991年4月召开全省高教系统档案工作会议，交流贯彻六号令工作经验。由赵秉中、凌安谷负责，对各校贯彻六号令情况进行一次全面性调查。

12月16日—1991年1月 凌安谷对第一协作组，赵秉中、秦健玲对第二、三、四、五协作组40多所院校进行了全面的调查，并写出详细的调查报告，为陕西省教委了解陕西高教系统档案工作状况及有关问题提供了真实详尽的资料。

12月 陕西财政专科学校吴连书编著《绥远"九·一九"和平起义档案史料选编》一书，获内蒙古社联科研成果三等奖。

1991年

3月14日 陕西高教系统档案学会正副理事长会议在陕西省教委召开，会议由赵秉中主持，研究了学会改选及第二次会员代表大会事宜。

3月22日 陕西高教系统档案学会在西安公路学院召开正副理事长、秘书长会议，会议由赵秉中主持。会议审议了陕西高教系统档案学会会员在省级以上刊物发表论文的情况，讨论了第二次会员代表大会筹备事宜。

3月26日 陕西高教系统档案学会在西安公路学院召开理事办公会议，研究讨论学会换届改选问题及大会的议程等，会议审议了第一届理事会大事记。

4月11日 陕西高教系统档案学会在西安公路学院召开一届七次理事会扩大会议。全体理事、各会员小组组长参加了会议。陕西省教委邓文龙、穆谦远、黎纯娥，陕西省档案局刘振兴出席了会议。会议审议并通过了第一届理事会工作报告、关于修改会章的报告，审议了下届理事会候选人名单，审议了第二次代表大会的议程、代表资格及会议论文，决定表彰22名学会活动积极分子，吸收17名新会员。会议还讨论了下届理事会工作要点。

4月22日—24日 陕西高等学校档案工作会议在西安石油学院召开，各院校办公室主任、档案馆（室）负责人共76人参加了会议。西安、咸阳地区15所高校主管档案工作的校（院）长出席了4月22日上午的大会。会议由陕西省教委办公室副主任穆谦远主持。陕西省教委秘书长江秀乐在会上做了"深入贯彻《档案法》和国家教委六号令，努力开创高校档案工作新局面"的报告，大会共收到交流论文材料20篇，有10所院校代表在大会上介绍了经验。与会代表还参观了西安教育学院照片档案、西安交通大学档案馆及"交大清代档案选展"、西安公路学院的"人物档案"展览。

4月25日—26日 陕西高教系统档案学会第二次会员代表大会暨第五次学术讨论会在西安石油学院召开，学会理事、会员代表、论文作者共93人参加会议。陕西省教委办公室副主任穆谦远，陕西省档案学会理事长苏盈、理事刘振兴，西安石油学院院办主任史足民等到会指导。陕西省社联主席、西北大学校长、学会名誉理事长张岂之委托本会理事桑玉祥向大会宣读了书面发言。

大会主要由学会理事长赵秉中做了第一届理事会工作报告，副理事长张玉璋做了修改会章的报告。

会议经过充分酝酿，选举产生了由纪侠玲、马骏、范斗、穆谦远、秦健玲、白凤琴、陈安宁、凌安谷、樊景慧、刘明晓、陈光军、李玉琳、李忠玉、杨宏娥、程玲华、任芳娥、张万森、张吉满、边荣江、李润清、孙龙韬等21人组成的第二届理事会。

大会收到论文44篇，其中有11篇在大会上进行宣讲。大会表彰奖励了白凤琴、谢立勤、范斗、李润清、冯仲春、史文智、梁瑞珍、李秀英、秦健玲、骆宾、纪侠玲、李安宝、沈利英、杨宏娥、潘祖彭、陈光军、桑玉祥、程玲华、刘冰洁、边荣江、石超、李中玉等22名会员活动积极分子。

4月25日—26日 陕西高教系统档案学会在西安石油学院召开二届一次理事会议。会议选举凌安谷为理事长，马骏为副理事长，范斗为副理事长兼秘书长，白凤琴、陈安宁、杨宏娥为副秘书长。会议根据学会章程规定，决定设立常务理事会，同时推选凌安谷、马骏、范斗、李润清、陈光军、白凤琴、陈安宁、杨宏娥、任芳娥、李中玉、秦健玲等11人为常务理事。

4月 西安电子科技大学、陕西机械学院被机械电子工业部办公厅评为"贯彻《档案法》先进单位"。

4月 陕西师范大学档案工作者在航天部举办的"档案法知识竞赛"中，有7名同志获奖，其中二等奖1名、三等奖6名。

5月27日 陕西高教系统档案学会二届一次常务理事会会议在西安交通大学档案馆召开。第一，本次会议研究了理事长、副理事长、秘书长分工。第二，决定聘请江秀乐（陕西省教委秘书长）、郭步越（陕西省档案局局长）、冒军刚（陕西省社联常务主席）、张岂之（陕西省社联主席、西北大学校长）、李忠善（陕西师范大学副校长）、赵秉中（学会第一届理事会理事长、西安公路学院档案室主任）为学会名誉理事长，聘请史足民（西安石油学院院办主任）、李新安（西北大学校长办公室主任）、郭福堂（陕西师范大学校办主任）、薛振希（西北纺织学院院办主任）、潘祖彭（西安电子科技大学档案室主任）、桑玉祥（西北大学档案室主任）、黎纯娥（陕西省教委副处级调研员）为学会顾问。第三，研究了学会近期工作，决定成立学会学术组和不定期编写印发《档案工作信息》。

5月28日　华东工学院、沈阳工学院、吉林工业大学、合肥工业大学等院校9人参观西安电子科技大学、陕西师范大学档案室。

6月4日—12日　受机械电子工业部教育档案协作网委托，西安工业学院和陕西机械学院联合承办了《教学档案建档规范》学习班。来自全国各地24所高等学校的30人参加了学习，学习班人员还参观了西安工业学院、陕西机械学院、西安电子科技大学档案室。

6月11日　陕西省教委以陕教办〔1991〕21号文下发了《关于印发〈陕西高等学校档案工作会议纪要〉的通知》。《纪要》就高校档案工作的性质、机构建制和人员编制、基础建设、经费、档案人员待遇、档案部门的监督指导职能和高教档案学会、协作网的作用等做了明确的说明和具体的要求。

8月1日　陕西省教委以陕教办〔1991〕33号文件下发了《关于对全省普通高校档案工作进行检查评估的通知》，该文详细规定了检查评估的内容、方法、程序、时间以及评分标准。

8月　西安公路学院档案室主任赵秉中撰写的论文《档案害虫在陕西地区的分布与扩散》获陕西档案学会档案学优秀成果奖。是月，赵秉中被评为"全国档案系统先进工作者"。

10月9日　国家教委办公厅副主任马樟根，陕西省档案局局长郭步越，国家教委办公厅档案处处长荣文柯、副处长海滨，直教司计划处副处长石耀初，陕西省教委办公室副主任穆谦远等，到陕西师范大学检查档案工作。

10月10日—14日　全国高校档案工作会议和国家教委直属高校档案工作协会第二次学术年会在西安交通大学召开。国家教委办公厅和直教司领导、全国30个省市区教委或高教厅（局）办公室正副主任、42所高校的档案馆（室）领导共计90余人出席了会议。会议交流、总结了各地贯彻国家教委六号令的情况和经验，讨论了《关于〈普通高等学校档案管理办法〉的补充规定》《关于高等学校档案工作十年规划和"八五"发展纲要》《高等学校档案实体分类法》等有关文件草案。西安交通大学范效良秘书长的《坚持依法治档，开拓档案工作新局面》的经验报告获大会好评。会议期间，全体会议代表参观了西安交通大学档案馆，西安电子科技大学、陕西师范大学档案室。

10月11日　国家教委办公厅领导对西安交通大学的档案工作进行检查评估，结论为"领导重视，档案干部素质高，'七五'期间档案工作规划完成得很好，是高校中档案工作搞得好的学校之一"。

10月28日　经国家教委直教司〔1991〕148号文件批准，成立陕西师范大学档案馆，学校任命马骏、张自强为档案馆副馆长。

10月31日　西安市15所高校近40名档案人员在西安交通大学收听国家教委办公厅副主任马樟根在高等学校档案工作会议上所做的《努力发展高等学校档案事业，有效地为教育发展改革和社会主义建设服务》的录音报告。

10月　陕西师范大学档案馆为学校改建校门，多方查找档案，解决土地争执，使长期搁浅的校门工程迅速复工。校领导特向档案馆颁发奖金1000元，以表彰在提供利用档案方面所做出的优异成绩。

11月10日　在陕西省档案学会第三次会员代表大会暨第四次学术讨论会上，理事长凌安谷被推选为陕西省档案学会常务理事。同时，高教系统参加本次会议的3名代表凌安谷、范斗、赵际明在大会上均宣读了论文，受到与会代表的普遍好评。

11月9日—12日　由陕西省档案局、陕西省档案学会联合举办的陕西省档案系统劳动模范、先进集体、先进工作者表彰大会在西安胜利饭店召开。西安交通大学、陕西师范大学、西安电子科技大学、西安公路学院、西北农业大学档案馆（室）在该次会议上被陕西省档案局、陕西省劳动人事厅授予"全省档案系统先进单位"称号。西北轻工业学院的边荣江被评为先进工作者。西安工业学院范斗、西安电子科技大学潘祖彭、西安公路学院史文智被陕西省档案学会评为"学会活动积极分子"。范斗撰写的《教学档案管理》专著被陕西省档案学会评为陕西省档案学优秀成果。

11月26日　陕西高教系统档案学会委托西安工业学院综合档案室在该院举办《教学档案建档规范》学习研讨班。19所高校24人参加了研讨。

12月1日—31日　陕西高教系统档案学会协助陕西省教委按照陕教办〔1991〕33号文件精神，对全省46所普通高等学校贯彻执行《档案法》和国家教委六号令的情况进行了初步检查。检查结果由陕西省教委以陕教办函〔1992〕2号《关于全省普通高校档案工作初步检查的情况通报》进行了公布，其中42所高校合格，4所高校不合格。

12月　范斗、李文朴、潘祖彭撰写的论文《试论行业档案学术组织的主要任务》获机械电子工业档案学会优秀论文一等奖。

本年，西安交通大学档案馆先后接待华东理工大学、合肥工业大学等20所院校代表以及参加陕西省档案工作会议的市、地、县档案局长代表共135人。

1992年

3月23日　由陕西高教系统档案学会理事长凌安谷主持，在西安交通大学档案馆召开了学会第二届理事会议。会议主要讨论、研究了学会1992年工作要点及陕西省教委交办的进行陕西高等学校档案工作检查评估问题，还讨论了学会年会暨第六次学术会研讨内容、会议地点及参加人员的范围等事宜。

3月30日 陕西省教委、陕西省档案局以陕教办〔1992〕10号联合行文，成立陕西高教系统档案业务协作网（简称"陕西高教档案协作网"），受陕西省教委、陕西省档案局的双重领导。具体负责组织、协调陕西省机关档案业务第十六至第二十协作组的成员单位，开展有关档案工作监督、指导、经验交流、检查评比和科学研究等活动。

4月15日 陕西省教委档案工作检查评估小组对西安交通大学档案馆进行全面检查，打分97分，评为优秀。

3月—4月 陕西高教系统档案学会协助陕西省教委按照陕教办〔1991〕33号文件精神对全省46所普通高校贯彻执行《档案法》和国家教委六号令的情况进行了全面检查评估。陕西省教委以陕教办〔1992〕30号文做出了《陕西普通高校档案工作检查评估总结》，其中贯彻落实《档案法》和国家教委六号令成绩突出、进步显著的学校有西北纺织学院、西安交通大学、西安地质学院、西安医科大学、陕西师范大学、宝鸡师范学院、西安电子科技大学、西安石油学院、西北轻工业学院、西北农业大学等10所院校。这些院校的共同特点是：领导重视，切切实实解决了一些档案工作急需解决的问题，档案工作制度健全，工作人员认真负责，在分类、检索、编研等方面成绩显著，档案工作生机勃勃。陕西省教委决定对这些高校予以通报表扬，同时对少数高校予以点名批评。

5月 卫生部档案工作检查组到西安医科大学检查档案工作，并通过西安医科大学综合档案室晋升为省部级档案管理单位。

5月 陕西师范大学档案馆晋平被西安市人民政府评为"西安市先进档案工作者"。

6月2日—6日 冶金部办公厅档案工作检查组一行6人对西安建筑科技大学档案工作进行检查。

6月 根据国家教委办公厅教厅档〔1992〕24号文《关于进行〈高等学校档案实体分类法〉试点的通知》要求，陕西省教委确定西安交通大学、陕西师范大学、西北大学、西安电子科技大学、陕西工商学院为陕西省试点院校，参加全国20所试点院校进行的档案实体分类试点工作。

9月10日 受陕西省教委委托，陕西高教系统档案学会副理事长马骏在陕西师范大学召开陕西5所实体分类法试点院校档案馆（室）领导会议。就实体分类试点工作的有关问题，进行了热烈讨论并形成初步意见，由陕西师范大学汇总，上报国家教委。

9月13日 西安电子科技大学档案室接待天津高等教育局15人参观学习。

9月 学会委托陕西师范大学档案馆组织编写本会1988年成立以来的优秀论文汇集

《档案工作理论与实践》，录用62篇论文，该书由陕西师范大学出版社出版。

10月21日—23日　陕西高教系统档案学会第六次学术讨论会在西安工业学院召开。全省高校52名代表出席了会议。陕西省教委办公室副主任穆谦远、陕西省档案局业务指导处处长熊贞、西安工业学院副院长张雄潘分别代表陕西省教委、陕西省档案局、西安工业学院在大会上做了重要讲话；陕西师范大学、西安工业学院、西北纺织学院的校（院）办主任也到会指导；大会还邀请了吉林省高校档案学会的代表出席会议。

本次大会共收到论文36篇，其中有13篇在大会上进行了宣讲。主要围绕改革开放新形势下高校档案工作面临的问题及出路、《高等学校档案实体分类法》与《高等学校档案工作规范》等方面进行研讨。凌安谷理事长在会上总结了学会一年来的工作。

10月22日　陕西高教系统档案学会二届二次理事会在西安工业学院召开，会议由理事长凌安谷主持，议题是收取团体会费等问题。会议决定：（1）办学规模在3000学生以上的高校收300元，在3000学生以下的收200元；（2）以团体会员身份参加正在筹建的中国高等学校档案工作协会；（3）学术活动要向深度和广度拓展。

10月　西安公路学院档案室主任赵秉中出席第19届国际昆虫大会，并做了"中国档案害虫区系研究"的发言。

10月　西安工业学院范斗被机械电子工业档案学会评为"学会活动积极分子"。西安电子科技大学李文朴、田斌撰写的论文《西电文书档案的挖掘与利用》获机械电子工业档案学会优秀论文二等奖。杨妙灯撰写的论文《浅谈高校科研档案的超前控制》获优秀论文三等奖。

12月15日　西安工业学院、西安电子科技大学、陕西机械学院、西安交通大学共同研究的课题成果《高等学校综合档案机构的职责、工作量及人员配备的研究》，通过了陕西省档案局、陕西省教委、陕西省编制委员会与有关高校的9位专家组成的鉴定委员会的鉴定，委员会认为该成果在国内档案系统尚属首创。

12月　宗培岭、赵秉中合著的《档案文献保护技术学》一书获中国档案学会优秀成果三等奖；赵秉中参编的《专门档案管理问答》一书获该学会优秀成果二等奖。

本年，西安交通大学档案馆先后接待清华大学、重庆大学等35所院校45人参观。

1993年

3月8日　凌安谷理事长主持召开陕西高教系统档案学会二届二次常务理事会通讯会议，征求各位常务理事对学会1993年工作要点的意见。

3月16日—19日　陕西高教系统档案学会凌安谷、陈光军、杨宏娥、任芳娥参加了陕西省档案局组织召开的全省档案工作会议。

6月4日 陕西师范大学档案馆接待华中理工大学等4所院校6人参观。

6月8日 陕西高教系统档案学会在西安交通大学档案馆召开二届三次常务理事会，由凌安谷理事长传达中国高等学校档案工作协会筹备组第一次会议精神，会议推荐凌安谷为中国高等学校档案工作协会理事，并确定马骏为出席中国高等学校档案工作协会成立大会的代表。

6月 西安交通大学档案馆、西北大学档案馆、陕西师范大学档案馆、西安电子科技大学档案室、陕西工商学院综合档案室完成国家教委办公厅委托的《高校档案实体分类法》试点工作，并将试点总结报送国家教委和陕西省教委。

7月 西安公路学院赵秉中撰写的论文《陕西地区第二次档案害虫的发展及其对策》获陕西昆虫学会优秀论文三等奖。

10月10日—14日 中国高等学校档案工作协会在清华大学召开成立大会，凌安谷当选为副理事长，范斗当选为常务理事。

10月 电子工业部正式批准西安电子科技大学建立档案馆。

10月 在北京大学召开的委属高校档案工作协会第二次会员代表大会暨第三次学术交流会上，陕西师范大学杨宏娥当选为第二届理事会理事。西安交通大学档案馆《试论交通大学早期历史档案与中国高校及高校档案的起源》等2篇论文分别获一等奖、三等奖。陕西师范大学杨宏娥撰写的《秦封宗邑瓦书研究》、赵际明撰写的《浅谈〈高等学校档案工作规范〉在档案法规体系中的地位及其建设》2篇论文获三等奖。

12月27日 陕西高教系统档案学会在西安交通大学档案馆召开二届四次常务理事会会议。由凌安谷理事长传达中国高等学校档案工作协会成立大会情况及该会近期工作要点，研究1994年学会换届、学术交流以及1994年度工作安排等事宜。会议决定：（1）学会理事会换届时间由1994年4月推迟到1995年春；（2）1994年5月底或6月初召开学会第七次学术讨论会；（3）确定本次论文评审组成员由11人组成，马骏任组长，杨宏娥、秦健玲任副组长。

本年，西安交通大学档案馆先后接待上海交通大学、华中理工大学、航天部等部属院校、研究所70余人参观学习。

1994年

4月 西安工业学院档案室范斗撰写的论文《论"来源区分"原则和"职能分工"原则在高校档案分类中的融合运用》，西北电讯工程学院综合档案室曹启荣撰写的论文《浅谈档案信息开发中的深加工》，均获全国机电系统高校档案工作协会优秀论文一等奖；杨妙灯撰写的论文《高校档案编研的做法和认识》获二等奖。

5月16日　陕西高教系统档案学会二届三次理事会在西安交通大学档案馆召开。主要议题：（1）研究确定了理事会换届的时间及地点；（2）原则通过了学会学术组起草的《陕西高教系统档案学会学术论文评审奖励办法》；（3）审定吸收新会员28名；（4）审议通过了学术组关于学会第七次学术讨论会应征论文的评审结果。会议决定，将评为一等奖的4篇论文向中国高等学校档案工作协会第一次学术研讨会推荐。

5月17日—18日　陕西高教系统档案学会在西安交通大学召开第七次学术讨论会。36所高校56名代表和4位学会顾问出席了会议，西安交通大学副校长毕镐钧代表学校向大会表示祝贺。陕西师范大学副校长、学会名誉理事长李忠善结合访问台湾体会，论述了存史、存真、存用和实现祖国统一大业与深入广泛地收集保存档案资料的重要性。《陕西档案》编辑部主编齐俊岐到会并做了重要讲话。

本次大会共征集论文50篇，其中有8篇在大会上宣讲，学术讨论的重点围绕在市场经济条件下档案工作出现的问题、关系、特点以及档案馆（室）领导应具备的素质、档案工作优化超前服务、档案目标管理等方面进行。最后评选出获奖论文17篇，其中一等奖4篇、二等奖6篇、三等奖7篇，分别颁发了荣誉证书和奖金。

5月23日—27日　冶金部高校档案学会第五次档案工作协作组会议第三次学术研讨会在西安建筑科技大学召开。

6月　西安公路学院赵秉中的科研报告《中国档案害虫区系研究》获陕西省社会科学优秀成果二等奖。

9月21日—25日　中国高等学校档案工作协会首次学术讨论会在昆明市召开。出席会议的代表共66名，陕西省出席会议的代表有凌安谷、范斗、白凤琴和杨宏娥。协会从下属的37个团体会员单位推荐的101篇论文中评选出了78篇大会交流论文。陕西高教系统档案学会选送的4篇论文均被录用。其中西安交通大学凌安谷、白凤琴撰写的论文《社会主义市场经济体制与档案工作若干问题的思考》获一等奖，陕西师范大学杨宏娥的论文《档案馆（室）领导应具备的素质与修养》、西北工业大学党秋霞的论文《浅议高校档案馆（室）的目标管理》、西安工业学院范斗的论文《论"来源区分"原则和"职能分工"原则在高校档案分类中的融合运用》获三等奖，得奖数占总数的八分之一，居全国各省市高教档案学术组织的前列。

9月10日　由陕西省人大、陕西省档案局、陕西省法制局组成的执法检查组，对西安交通大学贯彻执行《档案法》情况进行全面检查，检查的结论为"学习、贯彻、研究档案法律、法规成绩突出的档案馆"。

10月　西北大学档案馆编写的《西北大学教授专家名录》一书正式出版。

11月1日—8日　陕西省教委委托陕西师范大学档案馆举办陕西高校、中专档案实体分类法研讨班，有52所大中专院校的54名代表参加了学习。研讨班开幕式由陕西省教委办公室副主任穆谦远主持，陕西省教委副主任刘炳琦、陕西省档案局副局长赵越、陕西师范大学副校长杜鸿科、陕西高教系统档案学会副理事长马骏到会并分别讲话。陕西师范大学档案馆馆长黎光、副馆长杨宏娥就有关学习内容做了安排。

11月 西安电子科技大学档案馆接待"高校档案实体分类法学习班"50人参观。

12月 西安工业学院范斗撰写的论文《论"来源区分"原则和"职能分工"原则在高校档案分类中的融合运用》获中国机电兵船工业档案学会优秀论文三等奖。

1995年

3月14日 陕西高教系统档案学会二届五次常务理事会在陕西省教委一楼会议室召开。陕西省教委办公室副主任田新爱主持会议。主要议题是：（1）讨论第二届理事会工作报告；（2）修改学会会章；（3）酝酿第三届理事会的成立及组织工作；（4）讨论召开第三次会员代表大会的筹备工作。

3月27日 陕西高教系统档案学会二届四次理事会由理事长凌安谷主持在西北工业大学培训中心召开。会议研究决定将本会个人会员改为团体会员，还研究讨论了第二届理事会工作报告和《会章修改草案》。

3月27日—29日 陕西高等学校档案工作会议暨档案学会第三次会员代表大会在西北工业大学召开。陕西省档案局副局长赵越，陕西省教委办公室主任杨生枝、副主任田新爱，陕西省档案学会副秘书长刘振兴，西北工业大学党委书记李保义、副校长沈凤岐，西安工业学院院长舒朝濂等领导到会。全省各高校校办主任、档案馆（室）负责人，新推选理事及代表共90余人参加了大会。

会议听取并审议通过了第二届理事会的《工作报告》《修改学会章程的报告》《学会财务收支情况的报告》。

会议在单位推荐的基础上选举产生了由56人组成的学会第三届理事会。理事会选举产生了由13人组成的第三届常务理事会。会议期间有7所院校交流了工作经验。会议代表还参观了西北工业大学档案馆和科技成果展览。

陕西省档案局副局长赵越、陕西省教委办公室主任杨生枝代表陕西省教委副主任刘炳琦在闭幕大会上做了重要讲话。

3月28日 陕西高教系统档案学会在西北工业大学召开三届一次常务理事会议。会议商定了本届理事会聘请4位名誉理事长，推选出了理事长、副理事长、秘书长、副秘书长，并确定了常务理事会的具体分工。常务理事会还确定了学会学术组成员，讨论研究了1995年和1996年的学会工作。

第三届理事会：

名誉理事长：刘炳琦（陕西省教委副主任）

舒朝濂（西安工业学院院长）

沈凤岐（西北工业大学副校长）

凌安谷（西安交通大学档案馆馆长）

理 事 长：范 斗

副理事长：白凤琴　吴介军　杜金科　吴路华

秘 书 长：党秋霞

副秘书长：杨妙灯　张发亮

常务理事：范 斗　白凤琴　吴介军　杜金科　吴路华

党秋霞　杨妙灯　张发亮　任芳娥　李中玉

吴连书　秦健玲　黎 光

学术组：组长：白凤琴　副组长：吴路华　杨妙灯

4月8日　西安交通大学档案馆凌安谷等编著的《交通大学内迁西安史实》一书出版，该书以翔实丰富的档案资料为依据，准确、真实地反映了交通大学由上海内迁西安的历史过程，受到广大教职工和国内外校友的好评，并获得1993年西安交通大学科技成果二等奖和1996年陕西省档案学会优秀成果一等奖。

4月25日　在西安交通大学档案馆召开学术组组长会议，讨论了学会1995—1996年两年的学术活动安排。

4月27日　陕西高教系统档案学会在西安工业学院召开学会理事长、秘书长联席会议。会议讨论确定了学会协助陕西省教委起草的《陕西省普通高校"八五"档案工作检查标准》和《陕西省普通高校先进档案工作者评比条件》，并上报陕西省教委。

5月9日　在陕西财政专科学校召开学会换届后的首次学术组会议。会议讨论制定了1995年至1996年学术组活动安排，研究讨论了《陕西高教系统档案学会学术论文评审奖励暂行办法》，完成了首届青年档案学术论文的评奖、推荐工作。其中评出一等奖3篇、二等奖3篇、优秀奖4篇，并向中国高等学校档案工作协会推荐青年学术论文4篇。本次论文重点研讨了档案开放利用、档案信息开发、控制档案信息失实、档案实体分类等方面的学术问题。

5月　西北建筑工程学院被建设部评为"档案工作先进集体"。

6月16日　国家教委办公厅下发了教厅档〔1995〕83号文，关于编辑《中国高等学校档案馆要览的通知》。为迎接1996年在北京召开的第十三届国际档案大会，向国内外宣传中国高等学校档案工作，国家教委办公厅决定组织编辑出版《中国高等学校档案馆要览》。编辑部设在西安交通大学档案馆，由凌安谷负责，四川联合大学陈光复协助，并由凌安谷、白凤琴、吴连书、崔漪、谢立勤、张发亮等6人组成了编辑部，负责具体的编辑出版工作。

7月12日 冶金部办公厅赵裕祥主任、档案处谷文臣处长到西安建筑科技大学视察档案工作，并对该校档案达标定级工作做了指示。

9月11日—25日 陕西高教系统档案学会配合陕西省教委按照陕教办〔1995〕30号文件精神对全省47所高校的档案工作进行全面检查，检查的内容仍以贯彻执行国家教委六号令为主，结合高校领导对档案工作的重视程度及档案人员的职称、待遇等方面综合评分。

本次检查共分11个组，范斗、杨宏娥、秦健玲、吴连书、杨妙灯、程玲华、李中玉、晁哲、刘明晓、张发亮、任芳娥分任各组组长，到各高校按照考评标准进行检查。9月25日在西北大学由陕西省教委办公室主任杨生枝、副主任田新爱主持进行总结，听取了各检查组组长的汇报，并根据检查结果初步拟定对西安交通大学、西安电子科技大学等院校档案工作进行表彰。

10月5日 在汉中师范学院召开的陕西高教系统"两办"主任会暨陕西高等学校档案工作表彰大会上，陕西省教委表彰了"八五"期间全省高校档案工作先进集体和先进工作者。先进集体是：西安电子科技大学、西安交通大学、西北大学、陕西师范大学、西北工业大学、西安公路交通大学、西北轻工业学院、汉中师范学院、西安工业学院、西北纺织工学院、陕西财政专科学校、渭南师范专科学校；先进个人是：杨妙灯、田斌、张玉瑛、谢立勤、崔漪、樊欣祥、杨宏娥、晋平、史文智、党秋霞、张桂香、朱世怡、范斗、李西凤、刘英则、李录仙、张新宏、刘晓梅、文焕英、秦健玲、张爱玲、张淑芬、张继红、董淑娟、沈利英、李璞惠、苏永省、吴连书、韩文贤、姚冰梅、胡征爱、惠静、石超。

11月7日 经陕西省教委和陕西省档案局主管领导同意，陕西高教系统档案协作网和协作组进行了调整，并发文通知了各团体会员单位。

11月 西安交通大学档案馆馆长凌安谷被国家档案局、中央档案馆授予"全国模范档案工作者"的称号。

11月 西安工业学院范斗、邢月娟的论文《用经济手段强化档案部门的监督职能是当前基层档案工作发展的重要措施》、西安电子科技大学曹启荣的论文《档案分类主题一体化的思考》分别获中国机电兵船工业档案学会优秀论文二、三等奖。

12月20日 凌谷安、白凤琴撰写的论文《社会主义市场经济体制与档案工作若干问题的思考》，被选入《中国"八五"科学技术成果选》，并获得1996年陕西省档案学会优秀成果一等奖。

12月 国家教委专家组在西安交通大学进行教学评优试点工作期间，参观了档案馆教学档案库房，教务处向档案馆借用200余卷档案举办了教学档案、资料展览，获得专家组好评。

12月 陕西省档案局郝平、刘晓丽，陕西省教委办公室副主任田新爱，陕西高教系统档案学会理事长范斗一行4人组成档案升级考评组到西北轻工业学院进行升级考评，考评组采取听、查、看等形式对学院档案工作进行全面认真的考评，该院档案工作以87分成绩，通过"科技事业单位档案管理升级"验收。

1996年

1月18日 陕西高教系统档案协作网网长、组长及陕西高教系统档案学会三届二次常务理事联席会议在西安电子科技大学召开。会议由协作网网长、学会理事长范斗主持，12位协作网组长、学会常务理事参加了会议。陕西省教委办公室秘书张方信代表陕西省教委参加会议并做了讲话。

本次会议决定：（1）努力做好1996年第十三届国际档案大会的宣传工作；（2）为迎接第十三届国际档案大会，协助陕西省档案局做好《改革发展中的陕西档案事业》（高校档案部分）的电视专题片拍摄工作，并支持中国高等学校档案工作协会委托西安交通大学档案馆馆长凌安谷等承办的《中国高等学校档案馆要览》一书的编辑出版工作；（3）做好6月中旬在宝鸡文理学院召开的第八次学术研讨会论文征集等工作；（4）配合科技事业单位档案工作目标管理考评定级工作，各协作组开展研讨、互查互评活动；（5）10月中旬拟举办"档案著录与主题标引"研讨班。

另外，经会议研究决定，聘请陕西省档案局杨志忠局长和西北大学赵弘毅秘书长为学会名誉理事长。

2月6日 陕西省档案局、人事厅表彰全省档案工作先进集体和个人。其中陕西高教系统档案工作先进集体是：西安电子科技大学档案馆、西安交通大学档案馆、西北大学档案馆、陕西师范大学档案馆、西北工业大学档案馆、西安公路交通大学档案室、西北轻工业学院档案室、陕西财政专科学校档案室。先进个人是：范斗、杨宏娥、党秋霞、杨妙灯、秦健玲、崔漪、朱世怡、石超、张万森。

2月21日 《中国教育报》公布了中国高等学校档案工作协会首次档案科学研究成果评奖结果，其中陕西高教系统档案学会有13项成果获奖，占评奖成果数的17%，在37个团体会员中名列第二。获一等奖的有：《交通大学内迁西安史实》，西安交通大学档案馆凌安谷等。获二等奖的有：《高等学校档案机构职责、工作量及人员配备的研究》，西安地区高校范斗、潘祖彭、李润清、白凤琴、党文学、张树人、金恒钧；《西北大学教授专家名录》，西北大学崔漪、程玲华；《浅谈高校运行机制的转换与高校档案工作》，西安交通大学档案馆凌安谷、谢立勤。获三等奖的有：《采用新方式延长照片影像寿命》，西安交通大学档案馆潘益平；《试析档案内容失实的成因与对策》，陕西师范大学档案馆晋平。获参评奖的有：《教学档案建档规范》，西安工业学院档案室范斗等；《教学档案案卷格式规范》，西安工业学院档案室范斗等；《劣质圆珠笔字迹退变的超前控制》，陕西师范大学档案馆晋平；《新形势下高校档案工作的思考》，西安电子科技大学杨妙灯；《高校出版物档案的开发和管理工作初探》，西安交通大学档案馆白凤琴、姜士馨；《开展定题服务，充分发挥高校档案的作用》，西安电子科技大学曹启荣；《张元济与南洋公学特班章程》，西安交通大学档案馆张玉瑛。

2月 西安工业学院范斗、邢月娟的论文《用经济手段强化档案部门的监督职能是当前基层档案工作发展的重要措施》，获兵器工业档案学会优秀论文一等奖。

3月14日和4月29日 陕西高教系统档案学会分别在西安公路交通大学和西北大学召开陕西高教系统档案协作网组长和学术组第二次会议。会议商定为迎接第十三届国际档案大会，陕西高教系统参加陕西省档案成就展览，参展展板从领导重视、丰富馆藏、开发利用、学术研究和档案科研几个方面反映高校档案工作的成就。会上通报了即将召开的第八次档案学术研讨会入选论文的评审情况。

3月 西北工业大学被中国航空工业总公司评为"中国航空工业总公司档案工作先进单位"，马琳被评为"中国航空工业总公司档案工作先进个人"。

4月3日 中共中央政治局委员、国务委员李铁映由陕西省委书记安启元、省长程安东陪同，到西安交通大学视察工作，并参观了由档案馆主办的"档案、文物珍品展"，欣然题词"百年辉煌"。4月8日百年校庆纪念日，"档案、文物珍品展"正式开馆。此展以历史档案、文物珍品200余件为主体，同时展出党和国家、省市领导人为西安交通大学百年校庆的题词以及百年校庆礼品，展馆定名为"溯源馆"。不到一个月，参观者达2万余人。目前此展已成为学校继承和发扬优良传统、进行爱国教育、扩大与国内外单位和个人友好交流的窗口。

5月 西安建筑科技大学档案室刘明晓被冶金工业部办公厅评为"全国冶金模范档案工作者"。

5月 中国石油天然气总公司系统档案工作者一行20余人参观西安交通大学档案馆、西安公路交通大学综合档案室。

6月3日 机械电子工业部办公厅档案计算机管理系统软件研究小组一行3人到西安理工大学综合档案室参观指导工作。

6月11日 陕西高教系统档案学会在宝鸡文理学院召开三届三次常务理事会议。会议通报了第八次学术研讨会的准备情况，增选咸阳师范专科学校马智勇为学会常务理事，免去陕西中医学院李中玉的学会理事、常务理事，推举范斗理事长为陕西省档案学会第四届理事会理事候选人，决定本次学术研讨会获奖论文向陕西省第五次档案学术研讨会推荐，布置了向陕西省档案学会推荐档案优秀成果的工作。

6月12日—13日 陕西高教系统档案学会在宝鸡文理学院召开第八次学术研讨会。陕西省档案局局长杨志忠、陕西省教委办公室副主任田新爱与会并做了重要讲话。宝鸡文理学院院长杨昇军致欢迎词。学会的常务理事、协作组正副组长、学术论文作者等共36人参加了会议。

会议交流学术论文30篇，评出获奖论文11篇，其中一等奖3篇、二等奖4篇、三等奖4篇。本次论文研讨了档案心理学构建，档案分类编号，档案规范化管理，档案工作与"211工程"建设、与教学评估的关系等方面学术理论问题。会上西安石油学院院长助理史足民做了《档案管理考评定级工作情况》的报告，陕西财政专科学校办公室主任吴连书做了《档案学术论文写作》的报告。

6月 西安石油学院综合档案室被中国石油天然气总公司办公厅评为"陆上石油系统档案工作优秀集体"，张淑芬被评为"陆上石油系统优秀档案工作者"。

7月5日 陕西省教育委员会以陕教发〔1996〕12号文下发了《关于印发〈关于加强陕西高等学校档案工作的意见〉的通知》，主要提出了以下意见：（1）进一步增强档案意识；（2）切实加强档案机构建设；（3）进一步加强档案馆（室）的基础设施建设，确保档案用房，实现办公室、阅览室、库房三分开；（4）切实增加档案工作专项经费；（5）大力加强档案业务基础工作，进一步提高案卷质量和公文制作质量，消除不符合归档要求的字迹；（6）要充分发挥档案馆（室）的监督、指导职能，做到学校各项工作与档案工作实行"四同步"管理；（7）加强档案的开发利用和编研工作，积极提供档案信息，为学校各项工作和教育改革服务；（8）加强档案队伍建设；（9）切实加强对档案工作的领导；（10）加强高教系统档案学会工作。

7月11日 陕西高教系统档案学会学术组经过严格评审，向陕西省档案学会推荐了17项档案学优秀成果，其中特等奖2项、一等奖7项、二等奖3项、三等奖5项。

7月 由西安交通大学档案馆凌安谷等编纂的《中国高等学校档案馆要览》一书出版，该书是受国家教委和中国高等学校档案工作协会的委托，为迎接第十三届国际档案大会，扩大中国高等学校档案馆与国内外同行的学术和信息交流而编著的。汇编了69所高校档案馆的概况、档案工作和馆藏特色及学术成果，全书27万余字，中英文对照，并有31幅照片。

7月 西安工业学院邢月娟的论文《浅谈市场经济下丰富馆（室）藏的途径》，获陕西兵工学会档案专业委员会优秀论文三等奖。西安工业学院综合档案室被中国兵器工业总公司档案工作西北地区协作组评为"归档工作先进单位"。

9月2日—7日　我国首次举办的第十三届国际档案大会在北京召开，西北大学档案馆程玲华赴京参加会议。本次会议盛况空前，来自130个国家和地区的2600余名代表出席了大会。李鹏总理到会讲话并致辞。

9月15日　陕西省档案局局长杨志忠、西安交通大学副校长刘志刚陪同国际档案理事会副主席、项目管理委员会主席、荷兰国家档案馆馆长埃里克·凯特拉与夫人和国际档案理事会副主席、国际档案圆桌会议主席、瑞士联邦档案馆馆长克里斯托费·格拉夫与夫人参观了西安交通大学档案馆的溯源馆。

9月　西安电力高等专科学校档案室主任韩文贤被电力工业部评为"全国电力系统先进档案工作者"。

10月28日—29日　中国兵器工业总公司档案馆、西北兵工局等组成的联合考评组，依据《兵器工业科技事业单位档案管理国家二级标准》对西安工业学院的档案工作进行了全面考核验收，专家组认为"西安工业学院的档案工作达到了科技事业单位国家二级的标准"。

10月　内蒙古自治区教委、档案局以及高等学校档案工作者一行23人参观西安交通大学档案馆、陕西师范大学档案馆和西安公路交通大学综合档案室。

11月7日　全国轻工系统院办主任20余人参观西安电子科技大学档案馆。

12月12日　陕西高教系统档案学会在陕西师范大学召开三届四次常务理事会与协作网长、组长联席会议。主要议题是：1.范斗理事长传达了中国高等学校档案工作协会一届二次理事会和陕西省档案学会第四次会员代表大会的会议精神。2.讨论并确定了学会1997年的工作要点：（1）与陕西省档案学会共同举办一次国际档案学术动向报告会；（2）1997年3月在西安石油学院召开三届二次理事会和第九次档案学术研讨会，研讨会主题是高等学校档案目标管理考评定级工作；（3）为中国高等学校档案工作协会第三次学术研讨会征集、评审、推荐论文；（4）1997年10月在汉中师范学院举办"档案著录与主题标引"研讨会；（5）筹备庆祝学会成立十周年活动。3.因分工调整，增补西北工业大学校办章晓明副主任接替吴介军副主任的学会理事、常务理事、副理事长职务。

12月16日　西安工业学院档案室通过中国兵器工业总公司专家评审组的考评，达到科技事业单位档案管理国家二级标准。

12月上旬　西安电子科技大学档案目标管理通过电子工业部档案专家评审组的考评，达到科技事业单位档案管理国家二级标准。

12月　西北轻工业学院档案目标管理通过轻工总会档案专家组的考评，达到科技事业单位档案管理国家二级标准。

12月　在西安胜利饭店召开的陕西省档案学会第四次会员代表大会暨第五次学术

研讨会议上，陕西高教系统档案学会理事长范斗被推选为陕西省档案学会常务理事、陕西省档案学术成果评审委员会副主任。会上还宣布了陕西省首次档案科研成果评审结果：陕西高教系统档案学会获奖10项，是全省档案科研成果获奖数最多的团体会员组织。其中西安交通大学一等奖2项，西北大学二等奖2项、三等奖1项，西安公路交通大学二等奖1项、三等奖1项，西北工业大学三等奖1项，西安体育学院三等奖1项，西安高等电力专科学校鼓励奖1项。

本年，西安交通大学档案馆接待全国高等学校教学评估研讨班及四川联合大学等18所院校代表百余人参观、交流。

1997年

3月17日—20日　陕西高教系统档案学会三届二次理事会暨第九次学术研讨会在西安石油学院召开。范斗理事长传达了中国高等学校档案工作协会、陕西省档案学会、陕西省省直机关档案工作会议精神，总结了1995年至1996年学会工作，布置了1997年至1998年学会工作。已通过国家二级档案目标管理考评定级的西安石油学院、西安电子科技大学、西安工业学院、西北轻工业学院等院校的负责同志介绍了经验。陕西省档案局领导、西安石油学院院长助理史足民就档案目标管理考评定级有关问题做了咨询指导。会议要求未进行档案考评定级的院校，会后迅速向本院校领导汇报会议精神，制定出档案考评定级的工作计划，上报陕西高教系统档案学会。与会代表还参观了西安石油学院档案室。

3月　西安石油学院档案工作目标管理通过石油天然气总公司档案目标管理评审组的考评，达到科技事业单位档案管理二级标准。

3月　西安电子科技大学杨黎娟的论文《浅谈研究生学位档案管理及开发利用》、李杏茹的论文《跨世纪档案信息资源开发的趋势与措施》，同时获电子工业档案学会一等奖。

4月11日　西安交通大学档案馆举办建馆十周年庆祝活动，刘志刚副校长及在档案馆工作过的同志应邀出席，校党政领导潘季、王文生、蒋德明、刘志刚均为档案馆题词。

4月29日　在陕西经贸学院南区召开学会三届五次常务理事扩大会。会议讨论决定了编辑出版《陕西高教档案求是》一书的具体事宜。

会议决定，该书由吴连书、张发亮、黎光任主编，党秋霞、杨宏娥、任芳娥、杨妙灯、秦健玲、程玲华、张淑芬、杨黎娟为副主编，范斗为主审，白凤琴、吴路华为副主审，具体负责全书的编辑出版工作。

5月7日—9日　司法部直属单位档案工作会议在西北政法学院召开，司法部办公厅孙鸿翔主任、刘坚副主任、档案处处长周风婷出席了会议。会议强调各单位要增强档案意识，加强对档案工作的领导，建立健全档案机构，调整充实档案人员，改善档案管理条件，加强档案基础业务工作，认真开展档案目标管理考评工作。

5月18日　西安交通大学凌安谷、白凤琴撰写的论文《社会主义市场经济体制与档案工作若干问题的思考》，获中国档案学会优秀成果四等奖。

5月27日　全国人大教科文卫委员会《档案法》执法检查组，在国家档案局和陕西省档案局、陕西省人大常委会负责人陪同下，到西安交通大学检查指导档案工作。通过听取汇报，深入库房考察档案保管条件，询问对档案的开发利用和服务情况及参观溯源馆，检查组表示：西安交通大学的档案"馆藏很丰富，管理得也很好"。《中国档案报》6月26日头版报道此消息。

6月17日　陕西省档案学会常务理事会在西安工业学院召开。

6月　西安理工大学档案目标管理通过机械工业部档案目标管理评审组的考评，达到科技事业单位档案管理国家二级标准。

10月17日　《陕西高教档案求是》主编、主审、副主审会议在西安工业学院召开。

10月25日　《陕西档案》1997年第5期上公布了陕西省第五次档案学术研讨会优秀论文评选结果：一等奖3篇、二等奖8篇、三等奖9篇，共20篇。其中，陕西高教系统档案学会成员撰写的论文2篇获一等奖：陕西经贸学院办公室吴连书撰写的《中、法、美档案开放利用比较》，西安电子科技大学档案馆杨妙灯、陈安宁、潘祖彭撰写的《高校档案与社会信息化的接轨》；3篇获三等奖：西安石油学院综合档案室许丹撰写的《科技档案信息与技术市场的几点思考》，西安电子科技大学档案馆李杏茹撰写的《试论档案图书情报一体化》，西北大学档案馆陶利撰写的《实体分类法与高校档案工作的标准化和规范化》。获奖数在各团体会员中名列第一。

10月31日—11月4日　黑龙江省高等教育系统考察团一行17人到西安工业学院、西安交通大学、陕西师范大学档案馆（室）参观、交流。

11月13日　陕西省高等医学专科学校档案工作通过陕西省档案局、卫生厅组成的考评组检查、评审，被批准为"国家二级科技事业单位"。

11月27日　西北工业大学档案目标管理通过中国航空工业总公司档案专家评审组的考评，达到科技事业单位档案管理国家一级标准。

12月12日　陕西高教系统档案学会三届六次常务理事会扩大会议在西北工业大学召开。西北工业大学副校长郅宝森、校办副主任吴介军，陕西省教委办公室张方信，西安邮电学院院办主任贾明远，学会常务理事及有关同志参加了会议，会议由范斗理事长、吴连书常务理事主持。会议决定于1998年4月在西安邮电学院召开学会成立十周年庆祝大会暨第十次学术研讨会，并研究了《陕西高教档案求是》一书的编辑出版情况。确定该书编委会主任为范斗，主编为吴连书、张发亮、黎光。范斗理事长还在会上小结了学会1997年工作，布置了学会1998年工作。

1998年

4月20日 陕西高教系统档案学会编撰的《陕西高教档案求是》一书由西北工业大学出版社出版发行。该书是为庆祝本学会成立十周年而编著的，汇集了42所陕西高校档案馆（室）的简介，反映了各校档案工作和馆藏特色，收录了近几年高校档案工作论文34篇、学会及有关院校档案工作大事记和学会会员档案学术成果目录，还收录了全国政协委员、中央档案馆原馆长、中国档案学会理事长王明哲和陕西省档案学会理事长、陕西省档案局局长杨志忠的题词。全书28万字。

4月27日—29日 陕西高教系统档案学会成立十周年庆祝大会暨第十次学术研讨会在西安邮电学院召开。4月27日首先召开了第十次学术研讨会，学会常务理事、理事、获奖论文作者等80余人到会，会议由副理事长白凤琴主持，西安邮电学院院长何锁柱、院办副主任顾悦到会并讲话；学术组副组长杨妙灯做了学术论文征集评审工作报告；大会收到论文36篇，其中有10篇在大会上进行宣讲。会议评出优秀论文一等奖3篇、二等奖5篇、三等奖7篇。

4月28日 上午，召开陕西高教系统档案学会成立十周年庆祝大会，参会人数近百。学会的5位名誉理事长杨志忠（陕西省档案局局长）、沈凤岐（西北工业大学原副校长）、李钟善（陕西师范大学原副校长）、赵弘毅（西北大学原秘书长）、凌安谷（西安交通大学档案馆原馆长），学会的3位顾问西安电子科技大学原校办主任李文朴、陕西师范大学原校办主任郭富堂、西安石油学院原院办主任史足民应邀出席会议并讲话；陕西省委教育工委副书记邓文龙、西安音乐学院党委书记陈振海、西安邮电学院党委副书记杜平、省教委办公室副主任王海波到会指导并讲话；大会还收到了全国政协委员、中央档案馆原馆长、中国档案学会理事长王明哲，西安工业学院院长舒朝濂，学会第一届理事长赵秉中、副秘书长陈光军等人和西安交通大学档案馆、新疆乌鲁木齐地区高校档案协作组等单位发来的贺电、贺信。大会由白凤琴副理事长主持，理事长范斗做了学会十年来的工作报告，会议开得热烈、紧凑，收到了预期的效果。

8月 陕西高教系统档案学会与新疆乌鲁木齐高校档案协作组在新疆大学共同举办了首次学术研讨会，开辟了本会与外省区高校合办档案学术会议的先例。

11月19日—20日 西安交通大学档案目标管理通过国家教委组织的档案专家组考

评，达到科技事业单位档案管理国家一级标准。

12月9日　陕西高教系统档案学会召开三届八次常务理事会议。会议总结了1998年学会工作，研究布置了1999年学会工作，并向学会9名常务理事补发了聘任证书。

12月　陕西高教系统档案学会首次吸收了民办高校（西安外事学院）为团体会员单位，以此推动陕西新型高教领域的档案工作发展。

1999年

1月20日　陕西高教系统档案学会在第四军医大学召开会议，重点研究安排了召开六省区高等学校档案工作研讨会的筹备工作和学会换届的有关具体工作。

3月　陕西高教系统档案学会组团去广西、广东、海南调研新形势下的档案工作发展状态。

5月10日—13日　在陕西高教系统档案学会倡议下，在西安工业学院召开陕、甘、新、桂、琼、赣六省区高校档案工作研讨会，出席会议的代表共36人。中国高校档案学会理事长荣文珂、陕西省档案局副局长李艳玉、西安工业学院副院长严文、陕西省档案学会副秘书长董燕翔等应邀出席会议并讲话。会议交流了各省区高校档案工作经验，共收到论文32篇，其中本学会提交论文11篇。会议还组织参观了西安的几所高校和名胜古迹。

9月　陕西高教系统档案学会召开专门会议，对学会换届筹备各项工作进行了研究安排。

2000年

1月21日—23日　陕西省档案局召开陕西省档案工作暨表彰先进大会。西安交通大学档案馆、西北工业大学档案馆、西安邮电学院档案室、西北轻工业学院档案室被授予"全省档案工作先进集体"称号。西安石油学院张淑芬、西北建筑工程学院刘晓梅、西北农林科技大学李文艳、西安科技大学苏如玉、西安工业学院范斗被评为"全省先进档案工作者"。

3月　陕西高教系统档案学会第一至第四协作组分别召开会议。参加会议的有部分分管档案工作的校（院）办主任和档案干部，共53人。会议由各协作组组长主持，由西北工业大学、陕西师范大学、西安理工大学、西北建筑工程学院分别承办。

会议主题是传达贯彻陕西省档案工作暨表彰先进大会精神，围绕西部大开发，探讨档案工作如何抓住机遇，做好工作。会议经过讨论达成共识，提出了建议。（1）抓住机遇，围绕大局，进一步加强服务意识、参与意识和创新意识，扩大服务对象和服务内容，创建文明服务窗口；（2）做好高校在体制改革中档案整理、移交和接受工作；（3）建议上级部门对高校改革中避免档案部门受损失提出保护措施。

第四协作组成员还参观了西北工业大学档案馆新装的密集柜库房。

6月 陕西高教系统档案学会组织参加了在江西省井冈山召开的"陕、赣、苏、晋四省区档案工作研讨会"。

8月 陕西高教系统档案学会组织参加了陕、甘、新、桂、琼、赣六省区高校档案工作研讨会。

12月 陕西高教系统档案学会推荐的17篇论文入选陕西省第七次档案学术研讨会，其中6篇论文在大会宣读。

12月 陕西高教系统档案学会被陕西省档案局评选为"陕西省档案学会工作先进集体"，西北工业大学党秋霞被评选为"陕西省档案学会工作先进个人"。

2001年

4月23日—26日 陕西高教系统档案学会第四次会员代表大会暨第十一次档案学术研讨会在长安大学召开。本学会第四届理事、第三届常务理事及论文作者55人参加了会议。陕西省档案局副局长甄生枝，长安大学副校长刘伯权，陕西省教育厅办公室主任穆谦远，陕西省档案学会副会长兼秘书长、陕西档案培训学院院长张传明，西北大学原秘书长、本学会第三届理事会名誉理事长赵弘毅，陕西经贸学院院办主任王连生，陕西省档案局业务指导处副处长解华波，长安大学校办副主任赵健，陕西省档案学会副秘书长王小正，南京大学档案馆包海峰出席了会议。在大会开幕式上，长安大学副校长刘伯权教授代表长安大学致辞，甄生枝代表省档案局、穆谦远代表省教育厅在会上发表了热情洋溢的讲话。

大会通过民主选举，产生了第四届理事会，同时聘请了名誉理事长，成立了学术组。修订通过了《陕西高教系统档案学会章程》，吸收了三所民办院校（西安外事职业技术学院、西京职业技术学院、西安欧亚职业技术学院）为本会团体会员单位。

第四届常务理事会：

名誉理事长：邓文龙（陕西省教育厅副厅长）

杨志忠（陕西省档案学会会长）

陈荫三（长安大学校长）

杨学义（陕西经贸学院党委副书记、副院长）

范　斗（学会第三届理事长）

理事长：吴连书

副理事长：杨妙灯　秦健玲（兼秘书长）

副秘书长：张玉瑛　张淑芬

常务理事：吴连书　杨妙灯　秦健玲　张发亮　吴路华　张玉瑛
　　　　　杨宏娥　王　莉　张吉满　张淑芬　李若弛　李文艳
　　　　　刘　蔚

秘书：史文智

本次大会共收到论文20篇，会议评选出优秀论文一等奖1篇、二等奖3篇、三等奖5篇。向陕西省档案学会第七次学术讨论会推荐论文17篇，其中获一等奖2篇、二等奖6篇、三等奖3篇；向中国高等学校档案工作研讨会上报论文5篇，其中获二等奖2篇、三等奖2篇。

学会聘请陕西经贸学院院办主任王连生，长安大学校办副主任赵健，西安电子科技大学校长助理、校办主任兼档案馆馆长陈勇，西北农林科技大学校办主任刘有全，陕西师范大学档案馆馆长杨克勇，西安交通大学档案馆馆长白凤琴，西北工业大学档案馆副馆长党秋霞为本学会顾问。

学会成立学术组：

组长：杨妙灯

副组长：任芳娥　吴路华

组员：吴连书　程玲华　刘　蔚　晋　平　张吉满　张淑芬

4月25日　陕西高教系统档案学会特邀南京大学档案馆包海峰在长安大学介绍南京大学档案现代化管理情况，并演示南京大学档案馆的"档案全文自动著录与网络管理系统"，有55人参加了报告会。

6月4日—8日　陕西高教系统档案学会组织8名代表参加了由山西大学承办的第二届陕、赣、苏、晋、京、辽六省市高校档案工作研讨会。

6月22日　陕西高教系统档案学会第四届理事会在陕西经贸学院召开第一次理事长、秘书长联席会。常务理事王莉报告了在山西大学召开的六省区高校档案工作研讨会的基本情况及教育部档案处原处长的讲话和对六号令的修改情况；副理事长杨妙灯介绍了学术组成员活动及论文征集情况；副理事长秦健玲介绍了陕西省高等学校档案工作检查评比评分标准制定的原则、指导思想、操作方法，会议对此内容做了重点讨论。

10月17日　陕西高教系统档案学会与西安世纪科怡科技发展有限公司在西安工业学院培训中心二楼报告厅联合举办档案现代化管理报告会。来自全省高校档案管理人员及负责人共44人参加了报告会。

10月21日—25日　陕西高教系统档案学会有14人参加了由广西师范大学承办的第三届陕、甘、新、桂、琼、赣六省区高校档案工作研讨会。

11月10日—13日　陕西高教系统档案学会组织7人参加了由南京大学承办的中国高校档案工作研究会第二次会员大会暨第四次学术研讨会。

12月5日　陕西高教系统档案学会在西北工业大学国际会议厅第一会议室举行档案学术论文写作经验报告会，与会代表83人。邀请《陕西档案》副主编张开颜、陕西师范大学档案馆晋平、长安大学综合档案室任芳娥分别做了有关撰写论文、投稿发表等问题的报告。

12月　陕西高教系统档案学会接待了中国高校档案研究会副会长、上海市档案学会高校专业委员会理事长、上海交通大学档案馆馆长陈华新一行，双方进行了经验交流，提出了上海交通大学与延安大学档案工作共建的意向。

2002年

4月22日—24日　陕西高教系统档案学会在咸阳陕西中医学院召开陕西高教系统档案馆（室）负责人工作经验交流会议。陕西省档案学会会长、陕西高教系统档案学会名誉理事长杨志忠，陕西省委教育工委、省教育厅办公室副主任王海波参加了会议并做了重要讲话。会议由学会理事长吴连书主持，来自全省37所高校的45位档案馆（室）负责人出席了会议。由西安交通大学、西安理工大学、长安大学等综合档案馆（室）的负责人介绍了经验。

5月29日　陕西高教系统档案学会和西安市创怡科技有限责任公司在西安理工大学联合举办"世纪科怡档案管理软件推广工作座谈会"。

9月5日—8日　陕西高教系统档案学会组织10名代表参加由大连大学承办的第三届陕、赣、苏、晋、京、辽、内蒙古七省市区高校档案工作研讨会。

9月23日—29日　陕西高教系统档案学会组织10名代表参加由东南热带农业大学与海南省档案局联合主办的第四届陕、甘、新、桂、琼、赣六省区高校档案工作研讨会。

10月　在陕西省档案学会召开的企业档案管理及档案与计算机网络化学术研讨会上，陕西高教系统档案学会推荐优秀论文5篇，其中西北农林科技大学李文艳等撰写的《浅谈西北高校档案馆局域网建设》一文获得一等奖，西安交通大学石慧敏、王文娟合写的《构建档案馆数据库中的几个问题》获得二等奖。

10月12日　由陕西高教系统档案学会牵头在延安大学举行学会和西安市创怡科技有限责任公司向延安大学赠送"世纪科怡档案管理系统"仪式，以帮助老区大学尽快实现档案管理现代化。延安大学向陕西高教系统档案学会和西安市创怡科技有限责任公司分别赠送了题为"心系档案事业，情结老区教育"和"崇高的境界，无私的支援"纪念碑。

10月12日—13日 在延安大学召开陕西省高校档案检查工作培训会议，省委教育工委、省教育厅办公室副主任王海波及王瑛和省高校档案检查工作小组19名成员出席会议。

10月13日—11月12日 在省委教育工委、省教育厅的直接领导下，在陕西高教系统档案学会的精心组织下，对45所高校的档案工作进行了认真、细致、全面的检查。经过总结评比，省委教育工委、省教育厅在全省学校办公室主任会上对西安交通大学等23所高校和王宏高等39名个人进行了表彰，颁发了证书和奖牌。特邀了陕西高教系统档案学会副理事长杨妙灯、秦健玲参加了这次会议，表彰文件下发到全省高校。

12月2日—6日 陕西高教系统档案学会组织5人参加了由海南大学和海南省档案局联合举办的"全国高校档案工作海南论坛"会议。

12月 由陕西高教系统档案学会理事长吴连书任常务主编的《新世纪档案理论与实践创新成果》一书由西安地图出版社出版，有21名会员的论文入选。

2003年

4月21日—29日 陕西高教系统档案学会在西安军城大厦举办第一期高校档案业务知识培训班。来自全省31所高校的37名档案工作者参加了学习培训。培训班由学会副理事长秦健玲主持，省委教育工委、省教育厅办公室主任王海波，学会理事长吴连书在开班典礼上分别讲话。培训班就档案立卷归档、档案实体分类法、卷改件、档案编研等内容进行了培训。

9月18日—23日 陕西高教系统档案学会组团18人参加了中国高校档案分会在内蒙古师范大学召开的"高校档案信息化建设高层论坛"会议。

10月14日—17日 在西北农林科技大学召开了教育部"农林地矿、语言、师范"档案协作组第二届年会，陕西高教系统档案学会理事长吴连书应邀出席了会议，并代表学会致欢迎词，同时介绍了学会开展档案工作的情况。

10月19日—25日 陕西高教系统档案学会组团14人参加了在江西师范大学召开的第五届新、桂、陕、甘、琼、赣六省区高校档案工作研讨会。

11月8日 陕西高教系统档案学会与西安市档案局（馆）联合举办了档案工作座谈会。西安市档案局王喜全、于瑛甫、任永欣3位副局长莅临现场。西安市档案馆领导介绍了新馆的建筑设计、档案信息化建设、档案馆藏建设等方面业绩并演示了档案信息管理系统。省教育厅办公室王瑛及18所高校的23名档案馆（室）负责人和档案工作者参加了这次座谈会。

12月20日—21日 全国档案工作暨表彰先进会议在北京召开。中共中央政治局候补委员、中央书记处书记、中央办公厅主任王刚在会上做了重要讲话。国家档案局、中央档案馆决定授予218个单位"全国档案工作优秀集体"和134名同志"全国优秀档案工作者"称号。陕西高教系统档案学会理事长吴连书获"全国优秀档案工作者"称号。

2004年

2月20日 全省档案工作暨表彰先进会议在西安人民大厦隆重召开。西安理工大学档案馆、西北农林科技大学档案馆被授予"全省档案工作先进集体"称号。长安大学档案馆任芳娥、陕西师范大学档案馆杨宏娥被评为"全省先进档案工作者"。（陕档联发〔2004〕1号）

4月6日—10日 陕西高教系统档案学会组织省内6所高校10名代表组团参加了在南京大学召开的第四届陕、赣、苏、晋、京、辽、内蒙古七省市区档案工作研讨会，学会副秘书长张玉瑛代表学会在大会上发言，主要介绍了陕西高教系统档案学会近几年开展工作的情况。

5月14日—18日 陕西高教系统档案学会组织省内6所高校9名代表组团参加了在湖北宜昌三峡大学举办的全国高校档案人才建设战略研讨会，递交6篇论文在大会上交流。

5月20日—24日 在西北农林科技大学召开陕西高教系统档案学会第十二次档案学术研讨会。第四届理事会常务理事、各高校档案馆（室）负责人及获奖论文作者共52人参加了会议。收到论文53篇，23篇论文获奖，其中一等奖4篇、二等奖9篇、三等奖10篇。

8月14日—19日 中国高等教育学会档案工作分会在新疆财经学院召开全国高等学校学会工作会议。陕西省教育厅办公室主任王海波，咸阳师范学院办公室主任马超群，陕西高教系统档案学会理事长吴连书、秘书长秦健玲出席会议，吴连书在大会上发言，介绍了学会近几年的工作经验与体会。

12月2日 陕西高教系统档案学会与西安鑫创科技有限公司联合举办的陕西高校档案目标管理认证暨档案信息化管理研讨会在陕西师范大学学术活动中心召开。来自全省42所高校的档案馆（室）负责人及档案信息化管理人员共75人参加了会议。会议特别邀请陕西省档案局副局长刘卫就《陕西省档案工作目标管理认证办法》的构思、开展、具体内容要求等做了详细介绍。南京大学档案馆馆长汤道銮就本馆档案软件的制作、开发、利用等做了报告。西安理工大学档案馆馆长张发亮做了"陕西省重点项目档案归档情况的汇报"的报告。

12月22日—23日　陕西省档案学会召开第六次会员代表大会暨第八次学术研讨会，陕西高教系统档案学会递交16篇论文在大会上交流，其中6篇被选大会发言。在这次大会上，陕西高教系统档案学会、西北农林科技大学档案馆被授予陕西省档案学会工作先进集体，长安大学档案馆秦健玲、西北农林科技大学档案馆宋武彩被授予陕西省2000—2004年档案学会工作先进个人。

2005年

4月27日　陕西高教系统档案学会在西京学院举办陕西高校档案馆（室）经验交流会。来自全省37所高校的档案馆（室）负责人及档案信息化管理人员共51人参加了会议。

5月　陕西高教系统档案学会向中国高等教育学会档案工作分会第六次学术研讨会推荐论文4篇，获二、三等奖2篇，获优秀奖2篇。

6月30日—7月3日　陕西高教系统档案学会在延安大学承办了第五届陕、赣、苏、晋、京、辽、内蒙古七省市区高等学校档案工作学术研讨会，会议收到论文20多篇，来自七省市区35所高校的51名代表参加了本次会议。

2006年

4月27日　陕西高教系统档案学会第四届理事会秘书长秦健玲，将第四届理事会结余现金7911.40元（柒仟玖佰壹拾壹元四角整）移交给第五届理事会秘书偶晓霞，并办理了移交手续。

4月27日—29日　陕西高教系统档案学会第五次会员代表大会暨第十三次档案学术研讨会在陕西师范大学学术活动中心召开。本次大会有学会会员代表、论文作者、有关院（校）长办公室主任共50余人参加了会议。陕西省委教育工委巡视员穆谦远、陕西省档案局巡视员张传明、陕西省教育厅办公室主任王海波、陕西师范大学副校长张建祥应邀出席大会。学会理事长吴连书主持大会，张建祥副校长致欢迎词，穆谦远、张传明等领导发表了讲话。第四届理事会秘书长秦健玲做了关于第四届理事会工作总结的报告。大会还进行了优秀论文表彰和档案工作经验介绍及档案理论学术交流等议程。共表彰优秀论文38篇，其中一等奖2篇、二等奖5篇、三等奖8篇，并颁发了荣誉证书和奖金。大会讨论修订了学会章程，确定了团体会员会费标准为：教育部直属院校及"211工程"建设院校每年交会费300元，其他学校每年交会费200元。

4月28日　在陕西师范大学召开陕西高教系统档案学会五届一次理事会。会议选举产生了新一届学会常务理事会，同时成立了新一届学术组。

第五届常务理事会由14人组成：

理事长：吴连书

副理事长：党秋霞　尚瑞清（兼秘书长）

副秘书长：王　瑛　张淑芬　吕建辉

常务理事：吴连书　党秋霞　尚瑞清　王　瑛　张淑芬　吕建辉

　　　　　石慧敏　于炜武　杨妙灯　张发亮　李文艳　王　莉

　　　　　陈敬茂　许文辉

秘书：偶晓霞

学术组：组长：党秋霞

副组长：吕建辉

组员：吴连书　杨妙灯　晋　平　张淑芬　石慧敏　周　俊　张　叶

4月29日　陕西高教系统档案学会学术组下发了2006年征文通知。

8月2日　陕西高教系统档案学会组织部分会员单位代表参加了由中国高等教育学会档案工作分会在宁夏大学举办的高校档案信息开发与服务利用研讨会。

9月　陕西高教系统档案学会组织部分代表参加了在北京举办的第六届陕、晋、京、苏、内蒙古、辽、赣七省市区高校档案工作研讨会。

10月10日　陕西高教系统档案学会五届二次常务理事会在长安大学学术交流中心召开。会议传达了中国高等教育学会档案工作分会会议精神，讨论通过了新修订的学会学术论文成果评审办法，确定了本学期检查12所高等职业院校档案工作的有关事宜。

12月10日—2007年1月19日　历时一个多月，陕西高教系统档案学会各检查组代表省委教育工委、省教育厅按照陕教工秘办〔2006〕5号对省属11所职业技术院校进行了全面、系统、认真的检查。本次检查共分4组，组长分别是党秋霞、吕建辉、杨妙灯和李文艳。

2007年

1月17日　陕西高教系统档案学会第四届理事会秘书长秦健玲将四届理事会在五年的学会工作中形成的档案18卷移交给第五届秘书长单位陕西师范大学档案馆，并与五届理事会秘书偶晓霞办理了移交手续。

1月31日　陕西高教系统档案学会五届三次常务理事会在西北大学老校区图书馆一

楼会议室召开。会议总结了2006年工作，讨论确定了2007年学会工作计划，明确了在西北工业大学召开陕西省高校档案工作研讨会的时间和内容。各组分别对所检查职业技术院校的情况进行了小结，研究了2007年继续对职业技术院校和民办院校档案工作进行检查的程序和时间；会议同意外事学院档案馆许文辉辞去本届常务理事，讨论明确了增补常务理事的程序。

4月19日—21日　陕西高教系统档案学会在西北工业大学正禾宾馆隆重召开陕西高教系统档案管理工作研讨会。会议的主题为"本科教学评估与档案管理"。陕西省教育厅助理巡视员穆谦远、陕西省档案局规划处处长窦随社、西北工业大学副校长王伟、陕西省教育厅档案室主任王瑛、西北工业大学教务处处长万小朋应邀出席会议，学会常务理事、来自全省36所高校分管档案工作的办公室主任和档案馆（室）负责人共50余人参加了会议。会议分别由西北工业大学档案馆馆长党秋霞和陕西高教系统档案学会理事长吴连书主持，王伟副校长致欢迎词，穆谦远、窦随社、吴连书等领导讲话。大会共进行了10项经验交流，并分组参观了西北工业大学本科教学评估支撑材料和航空学院教学档案。

4月—5月　《中国档案报》《陕西档案》以《陕西高教系统档案学会勇挑重担，检查指导全省高校档案工作》为题报道了学会近几年的工作成绩和主要特色。

5月29日—6月1日　陕西高教系统档案学会理事长吴连书、副理事长党秋霞等代表学会参加了中国高等教育学会档案工作分会在云南大学组织召开的档案工作分会三届二次理事会暨全国高校"校史馆""博物馆"工作专题研讨会。

6月8日　陕西高教系统档案学会学术组在西安电子科技大学召开了第一次会议。会议对13篇征文进行了评选，讨论推荐了5篇论文上报中国高等教育学会档案工作分会，其中2篇论文推荐到第七届晋、京、苏、内蒙古、辽、赣高校档案工作研讨会上交流。

6月25日　陕西高教系统档案学会组团17人参加了第七届晋、京、苏、内蒙古、辽、赣高校档案工作研讨会。学会秘书长尚瑞清代表学会介绍了近几年来学会的工作情况。

7月5日　陕西高教系统档案学会五届四次常务理事会在陕西师范大学学术活动中心召开。会议讨论安排了下半年对高职院校档案工作进行检查的有关事项；商定由西北大学组队参加陕西省档案知识竞赛，于炜武馆长担任队长；研究学会成立二十年周年庆祝活动；推荐全省先进集体1个和先进个人2名；同意西京学院院务办公室副主任王涛递补为学会第五届理事会常务理事；同意新增陕西国防工业职业技术学院王明哲、陕西邮电职业技术学院曹少敏、陕西铁路工程职业技术学院齐红军、陕西警官职业技术学院吕文礼为本学会第五届理事会理事。

7月11日 陕西高教系统档案学会印发《简报》第4期，分别印发了学会《第五届四次常务理事会会议纪要》和《关于编写"陕西高教系统档案学会二十年"的通知》。

8月30日 于炜武馆长率省高教系统代表团参加陕西省"纪念《档案法》颁布20周年档案与法制知识竞赛"，荣获陕西省档案局颁发的组织优秀奖。

10月16日—18日 教育部办公厅在北京师范大学召开了《普通高等学校档案管理办法》修改审稿会议，来自全国的10余位专家围绕主题，结合各地高校提出的修改建议进行了逐条逐句的修改。学会理事长吴连书参加了会议。

10月—2008年2月 陕西高教系统档案学会各检查组代表省委教育工委、省教育厅按照陕教工秘办〔2007〕2号文件精神分4组对省属20所职业技术院校进行了全面、系统、认真的检查。本次检查共分4组，组长分别是党秋霞、吕建辉、张发亮和李文艳。

11月3日—8日 中国高等教育学会档案工作分会主办的全国高校档案馆（室）馆长思想论坛暨2007年学术年会在南宁广西大学隆重召开。参加会议的有该会各理事、该会各分会理事长和秘书长、各高校档案馆（室）负责人及该会第七次优秀论文评选获奖论文和交流论文的作者等近190人。其中陕西高教系统档案学会组团10人参加了会议。

11月22日 国家档案局、中央档案馆关于表彰全国档案工作优秀集体和优秀档案工作者的决定中，西北农林科技大学档案馆馆长李文艳获"全国优秀档案工作者"称号。

2008年

1月25日 陕西高教系统档案学会五届五次常务理事会在陕西省教育厅一楼会议室召开，会议由吴连书理事长主持。主要议题有六项，分别为：（1）总结学会2007年工作，安排2008年工作；（2）研究确定学会成立二十周年纪念活动大会交流发言的学校、邀请嘉宾名单等事项；（3）研究确定在学会成立二十周年之际由省委教育工委、省教育厅表彰高教系统档案工作先进集体和先进个人等事项；（4）档案工作检查组各组组长汇报对高等职业技术院校的检查情况；（5）提出关于2008年对三本院校档案工作进行检查的意见；（6）初步确定举办全省高校档案人员培训班的时间。其间，省委教育工委、省教育厅办公室副主任田明纲到会看望与会的常务理事。

3月20日 陕西高教系统档案学会印发了《陕西高教系统档案学会2007年工作总结及2008年工作要点》。

3月28日 陕西高教系统档案学会五届六次常务理事会在长安大学学术活动中心召开，会议由吴连书理事长主持。

4月10日　陕西省教育厅以陕教〔2008〕3号发文对27所档案工作先进单位和西安交通大学档案馆石慧敏等59位档案工作者获先进工作者予以通报表彰。

4月21日　《中国档案报》以《西北地区教师的摇篮——陕西师范大学档案工作创新发展纪实》为题刊登了尚瑞清撰写的文章，全面报道了陕西师范大学近几年档案工作的成就，这是多年来陕西高校乃至西北地区高校在《中国档案报》上少有的一个长篇报道。

4月28日—30日　陕西省高校档案工作会议暨陕西高教系统档案学会成立20周年纪念大会在西北农林科技大学隆重召开。来自全省70余所高校的办公室主任、档案馆（室）负责人及档案先进工作者共150余人参加了会议。教育部办公厅副主任安钰峰、档案处副处长张英、综合处李俊专程到会祝贺。出席会议的还有省教育厅副巡视员张亮，省档案局副巡视员张传明，杨凌示范区管委会委员、纪工委书记史小平，教育部直属高校档案学会秘书长、华中师范大学档案馆馆长张安民，陕西高教系统档案学会理事长、西安财经学院院办主任吴连书，西北农林科技大学常务副校长赵忠，西北农林科技大学党委校长办公室主任赵曼。会议由陕西省委教育工委、省教育厅办公室主任王海波主持。

4月29日　陕西高教系统档案学会第十四次学术研讨会与学会二十周年会议在西北农林科技大学举行，会议由党秋霞副理事长主持，会中由副秘书长吕建辉宣读了陕高教档〔2008〕2号第十四次学术研讨会论文奖励的决定。本次征文通知于2006年、2007年分别下发，截至2008年3月15日共收到论文38篇，经学术组综合评审，评出优秀论文一等奖4篇、二等奖6篇、三等奖9篇。同时，经学会理事研究决定，给予其他28位获奖作者予以表彰奖励。

5月12日　于炜武、张发亮、晋平等代表陕西省高校参加了中国高等教育学会在江西师范大学举办的"高校档案资源建设"专题研讨会，晋平在大会上做了论文交流发言。

10月10日　陕西高教系统档案学会五届七次常务理事会在西京大学会议室召开，会议由吴连书理事长主持。会议组织学习了教育部、国家档案局颁布的27号令《高等学校档案管理办法》，研究部署了全省高校贯彻落实27号令有关事项。主要完成了以下工作：（1）由学会负责，组织学习培训活动，召开学习落实27号令经验交流会，提前做好贯彻27号令开展全省高校档案工作检查的预安排；（2）会议通过西安职业技术学院、铜川职业技术学院、延安职业技术学院、商洛职业学院、陕西电子信息职业技术学院、西安汽车职业技术学院加入陕西高教系统档案学会，成为会员单位；（3）会议研究安排了2008年下半年检查民办高等学校和独立学院档案有关工作，分4个检查组，分别由党秋霞、李文艳、尚瑞清、吕建辉担任组长，组员为学会常务理事和学术组成员，检查时间为11月1日至20日；（4）西安电子科技大学档案馆馆长杨妙灯因工作变动而不再担任学会的常务理事职务，会中肯定了杨妙灯多年来为学会发展做出的贡献，同时决定由西安电子科技大学档案馆新任馆长王会斌接替其常务理事职务。

10月18日—22日　教育部直属高校档案工作协会成立二十周年纪念大会在中国人民大学逸夫会议中心召开。陕西省西安交通大学、西北农林科技大学、陕西师范大学、西安电子科技大学、长安大学5所教育部直属高校的档案馆负责人参加，学会向大会发出了贺信。西安交通大学档案馆、西北农林科技大学档案馆获协会工作先进单位称号，长安大学档案馆获论文类档案学优秀成果奖2项。

11月—12月　陕西高教系统档案学会配合教育厅按照陕教工秘办〔2008〕8号文件精神，组成4个检查组先后对20所职业技术学院和独立学院进行了检查指导。

12月13日　陕西高教系统档案学会五届八次常务理事会在金海岸朗顿酒店召开，会议由吴连书理事长主持。职业技术学院和独立学院检查组组长分别就所检查学院的情况向理事会做了汇报。理事会对在档案工作方面做出成绩的学校给予了充分肯定，对一些档案工作还比较薄弱的学校，特别是差距较大的学校提出了进一步加强和改进的建议。

12月26日—31日　学习贯彻《高等学校档案管理办法》（27号令）培训班在陕西师范大学学术活动中心举办，培训班由学会秘书长尚瑞清主持，共有来自全省高校的84名学员参加。培训班开班典礼由陕西高教系统档案学会吴连书理事长主持，陕西师范大学主管档案工作的张建祥副校长出席了开班典礼仪式并发表了讲话。参加开班典礼的还有陕西省档案局人事教育处处长李毅平、陕西省教育厅办公室主任王海波、陕西师范大学档案馆馆长赵豪迈等。

2009年

1月19日　陕西高教系统档案学会五届九次常务理事会在西北大学会议室召开，会议由吴连书理事长主持。会议总结了2008年度学会工作，安排了2009年度学会工作计划。

3月6日　陕西高教系统档案学会五届十次常务理事会在西安交通大学办公楼第六会议室召开，会议由吴连书理事长主持。

3月8日　陕西高教系统档案学会下发《关于陕西高教系统档案学会2009年征文通知》。

3月10日　陕西高教系统档案学会印发《陕西高教系统档案学会2008年工作总结及2009年工作要点》。

3月27日　陕西高教系统档案学会五届二次学术会议在西北工业大学国际会议厅第

二会议室召开，会议由党秋霞组长主持。评审决定从收到的12篇论文中向中国高等教育学会档案工作分会推荐5篇论文参加学术研究会评选活动。

4月21日—24日 《高等学校档案管理办法》（27号令）培训班在陕西师范大学学术活动中心举办，来自全省的38名学员参加了培训。培训班的开班典礼由学会秘书长尚瑞清主持，陕西师范大学主管档案工作的张建祥副校长出席了开班典礼仪式并发表了讲话。参加开班典礼的还有陕西师范大学档案馆馆长赵豪迈、陕西高教系统档案学会吴连书理事长等。

6月16日—22日 陕西高教系统档案学会吴连书、尚瑞清等15位代表参加了在西宁召开的中国高等教育学会档案工作分会第四次会员代表大会暨第十次学术研讨会。吴连书理事长当选为常务理事、副秘书长，王瑛任理事。大会表彰了优秀论文获奖者，并颁发了证书和奖金。西北工业大学1篇论文荣获三等奖，西安交通大学等3篇论文获优秀论文奖。

7月3日 陕西高教系统档案学会五届十一次常务理事会在西安财经学院召开，会议由吴连书理事长主持。学会秘书长尚瑞清传达了中国高等教育学会档案工作分会第四次会员代表大会暨第十次学术研讨会的主要精神。会议按照27号令的原则，讨论修改了由本会学术组提交的《陕西普通高等学校档案工作检查标准》《陕西高校学生档案管理办法》及准备审议报批的《陕西高校档案服务收费标准》等。会议还讨论了召开全省高校学习贯彻《高等学校档案管理办法》经验交流会及初步议定2010年上半年召开陕西高教系统档案学会换届大会的相关事宜。

10月22日 陕西师范大学六十五周年校庆暨档案工作学术交流报告会在陕西师范大学召开。会议特邀了中国高等教育学会高校档案工作分会会长、《学校档案》主编、上海交通大学档案馆馆长陈华新研究馆员及陕西高教系统档案学会理事长、西安财经学院院办主任吴连书研究馆员分别做题为《高校数字档案馆建设理论与实践》和《科学发展观与高校档案工作》的学术报告。

本年，学会共有68个会员单位。

2010年

1月19日 陕西高教系统档案学会五届十二次常务理事会在西北大学召开，会议由吴连书理事长主持。会议研究了四项议题：（1）同意陕西师范大学档案馆馆长赵豪迈接替尚瑞清的学会秘书长职务，同意西北农林科技大学档案馆馆长王文慧接替李文艳的学会常务理事职务；（2）会议总结了2009年学会的工作，对2010年学会工作进行了安排；（3）决定由陕西师范大学档案馆继续担任第六届秘书长单位，会议初步确定在本年5月1

日前召开换届大会，由秘书长单位就换届大会的时间、内容、议程、费用等做出初步方案；（4）再次讨论修改了《陕西普通高等学校档案工作检查标准》，并计划下半年按照此标准对各高校档案工作进行一次大检查。

3月12日　陕西高教系统档案学会五届十三次常务理事会在西安建筑科技大学行政四楼会议室召开。西安建筑科技大学党委常委、副校长李福军致辞并介绍学校相关情况；办公室主任刘子实介绍了该校档案工作及下一步建档案馆的思路。会议研究了三项议题：（1）确定了召开陕西高教系统档案学会第六次代表大会暨贯彻27号令经验交流会的会议时间和会议议程；（2）确定了参会代表每位收取会务资料费650元；（3）确定了由西安交通大学档案馆霍有光做学术报告。会后参观了西安建筑科技大学贾平凹文学艺术馆、建筑广场和校史馆。

3月16日　陕西高教系统档案学会印发《陕西高教系统档案学会2009年工作总结》。

5月6日—8日　陕西高教系统档案学会第六次会员代表大会暨学习贯彻27号令经验交流会在陕西师范大学学术活动中心召开。陕西省教育厅副巡视员马三焕，陕西省档案局副局长刘卫及李毅平、苏波处长，陕西师范大学党委副书记司晓宏等应邀出席。全省高校70多位办公室主任、档案馆（室）负责人参加了大会。陕西师范大学司晓宏副书记致欢迎词，马三焕、刘卫等领导发表了讲话。大会听取了第五届学会理事长吴连书代表学会做的工作报告，听取了副理事长党秋霞做的学术工作报告和秘书长赵豪迈做的经费收支报告。各位代表在认真讨论的基础上通过了学会工作报告，并选举产生了新一届学会常务理事会。新一届常务理事会由16人组成：吴连书任理事长；王瑛任副理事长；赵豪迈任副理事长兼任秘书长；吕建辉、柯峰、王涛任副秘书长，分别负责学术组、秘书组、会务组工作；鲁莉、石慧敏、孙爱华、孙继龙、吴连书、王瑛、王文慧、王莉、王涛、夏群友、于炜武、张发亮、张淑芬为常务理事。学会秘书长单位设在陕西师范大学，秘书由档案馆偶晓霞担任。同时，大会特别邀请西安交通大学档案馆馆长霍有光教授以《高校校史研究现状与研究发展方向》为题做了专题报告。针对学习贯彻27号令，邀请西北农林科技大学档案馆馆长王文慧，陕西师范大学档案馆馆长赵豪迈，商洛学院综合档案室主任段和平，杨凌职业学院院务助理、党政办公室主任刘永亮，陕西工业职业技术学院党政办副主任王万强，西京学院档案馆馆长杨妙灯等进行了经验交流。

5月6日　陕西高教系统档案学会六届一次常务理事会在陕西师范大学召开。会议研究并通过了以下议题：（1）研究了陕西高教系统档案学会第六届常务理事分工：吴连书任理事长，王瑛任副理事长，赵豪迈任副理事长兼任秘书长，吕建辉、柯峰、王涛任副秘书长（分别负责学术组、秘书组、会务组工作）；（2）对2010年学会工作进行了安排：会议决定配合陕西省档案局、陕西省教育厅对新校区项目档案开展重点检查工作，计划下半年对相关高校新区建设项目档案工作进行预检查；（3）讨论了西京学院承办全国民办高校档案工作事宜；（4）要求学会学术组积极开展有关学术活动；（5）讨论并同意增设名誉理事长、名誉副理事长，聘请西安石油大学党政办公室主任王长才为名誉理事长，聘请杨凌职业技术学院党政办公室主任刘永亮为名誉副理事长。本次常务理事会共有16位常务理事出席。

8月5日—6日　由中国高等教育学会档案工作分会和陕西高教系统档案学会共同主办、西京学院承办的全国首届民办高校档案工作研讨会在西安西北饭店隆重召开。中国高等教育学会档案工作分会会长陈华新，陕西省档案局副局长刘卫，陕西省教育厅办公室主任惠朝阳，陕西省档案局宣传科技处处长郑惠姿，西京学院党委书记何安聚，陕西省教育厅办公室调研员、陕西高教系统档案学会副理事长王瑛，中国高等教育学会档案工作分会副会长白起兴，中国高等教育学会档案工作分会副会长柯友良，中国高等教育学会档案工作分会副会长兼秘书长吴玫，陕西高教系统档案学会秘书长赵豪迈等领导及全国各地53所高校的80余名档案馆（室）负责人参加了会议。

9月15日　教育部直属高校档案工作协会第六次会员代表大会暨学术研讨会在复旦大学召开。出席会议的有教育部办公厅档案处蔺海波、上海市档案局馆长吴辰以及100多位来自教育部69所部属高校的档案部门负责人和优秀论文获奖者。陕西师范大学晋平《从文献保密等级考量学位论文的合理使用》、西安交通大学石慧敏《论数字档案馆建设中的风险管理》获得征文三等奖。

10月21日　陕西高教系统档案学会六届二次常务理事会在陕西师范大学召开。会议议题如下：（1）根据陕西省档案局、陕西省教育厅（陕档联发〔2010〕3号）文件要求，受陕西省教育厅的委托，定于11月8日至20日对部分院校新校区建设项目档案工作进行检查。经研究决定检查16所院校（西安理工大学、陕西科技大学、西安科技大学、西安工业大学、西安工程大学、西安外国语大学、西北政法大学、西安邮电学院、西安财经学院、渭南师范学院、西安翻译学院、西京学院、西安思源学院、杨凌职业技术学院、陕西国防工业职业技术学院、陕西交通职业技术学院），并成立4个检查小组，组长分别由石慧敏、吕建辉、卢胜利、夏群友担任（详情见教育厅文件）。（2）由学会副秘书长、长安大学档案馆馆长吕建辉汇报了《陕西省普通高等学校档案工作检查标准》修改情况，经讨论通过。并初步决定2011年开展全省高等院校贯彻27号令检查。（3）由于原常务副理事长兼任秘书长赵豪迈工作调动，改选陕西师范大学档案馆馆长卢胜利担任学会常务副理事长兼任秘书长。

10月21日　经研究，商定陕西高教系统档案学会第六届理事会学术组成员名单及分工。学术组顾问：吴连书；学术组组长：吕建辉；学术组副组长：王文慧、于炜武；学术组秘书：孙爱华；学术审稿组成员：吴连书、石慧敏、党秋霞、吕建辉、晋平、于炜武、杨妙灯。

10月26日 陕西高教系统档案学会印发《关于陕西高教系统档案学会2010—2011年征文通知》（陕高教档〔2010〕1号）。

11月5日 陕西高教系统档案学会六届三次常务理事会在西安财经学院行政楼二层会议室召开。会议议题为：（1）根据陕西省妇联、陕西省档案局《关于在全省档案系统开展"巾帼文明岗"、"巾帼建功标兵"创评活动的通知》（陕档联发〔2010〕11号）要求，省教育厅组织陕西高教系统档案学会常务理事进行了认真评选，通过评议，推荐西安交通大学档案馆和西北农林科技大学档案馆为"巾帼文明岗"，陕西师范大学档案馆副馆长晋平为"巾帼建功标兵"；（2）按照陕西省档案局、陕西省教育厅《关于开展高等院校新校区建设项目档案工作专项检查的通知》（陕档联发〔2010〕3号）要求，受陕西省教育厅委托，学会将于11月10日至20日对16所高等院校基建项目档案工作进行专项检查，同时确定了4个检查小组的分工及各组检查时间。

11月10日—20日 陕西高教系统档案学会4个检查小组，对16所高等院校新校区建设项目基建档案工作进行了全面、系统、认真的检查。20日下午在思源学院召开了新校区建设项目档案工作检查情况总结会。

12月6日—10日 中国高等教育学会档案工作分会主办的全国高校档案信息化暨数字档案馆建设研讨会在海南省召开。教育部办公厅主任牟阳春、海南省教育厅厅长胡光辉、海南省档案局局长许计划、中国高等教育学会档案工作分会会长陈华新出席大会并讲话。教育部办公厅档案处处长蔺海波、综合处副处长张萍，中国高等教育学会档案工作分会副会长党跃武、丁立新、白起兴、吴玫以及来自全国各高校档案馆（室）的350余位高校档案工作者参加了本次会议。会议主要就建设高校数字档案馆、档案信息化建设和电子档案管理等专题展开交流和研讨。陕西高教系统档案学会派西北大学、陕西师范大学、西安理工大学的12位代表出席会议，西北大学于炜武馆长就学会工作成绩向大会做了报告。

12月14日—17日 根据陕西省档案局、教育厅陕档联发〔2010〕13号文件精神，吴连书、王瑛、吕建辉代表陕西高教系统档案学会参加了陕西省档案局组织的基建档案专项执法检查，其中西安理工大学、西安工业大学、西安外国语大学、陕西师范大学、西安邮电学院、西北政法大学、西安财经学院、西北大学等8所高校接受了检查。

12月17日 根据陕西省档案局陕档办发〔2010〕101号文件精神，教育厅在全省高校征集"档案管理与服务创新优秀案例"的基础上，向档案局推荐西北农林科技大学、长安大学2份优秀案例参加全国优秀案例评选活动。

本年，学会共有67个会员单位。

2011年

1月22日 陕西高教系统档案学会六届四次常务理事会在西北大学召开。会议由吴连书理事长主持。会议研究了两项议题：（1）总结2010年学会工作；（2）研究2011年学会工作计划。

2月21日 陕西高教系统档案学会印发《陕西高教系统档案学会2010年工作总结及2011年工作要点》。

3月17日 全省档案工作会议在西安召开，会议表彰全省档案系统"巾帼文明岗"和"巾帼建功标兵"。陕西省妇联和陕西省档案局联合发文（陕妇发〔2011〕6号）表彰，授予西安市档案馆（局）征集编研处、西安交通大学档案馆和西北农林科技大学档案馆等17个先进集体为陕西档案系统"巾帼文明岗"荣誉称号，授予西安市莲湖区档案局（馆）长杨晓鹏、陕西师范大学档案馆副馆长晋平等19位先进个人为陕西档案系统"巾帼建功标兵"荣誉称号。

4月28日 陕西高教系统档案学会六届五次常务理事会在长安大学召开。会议重点研究了全省普通高等学校档案工作检查标准暨基本建设档案培训会的相关问题。

5月11日—13日 全省普通高等学校档案工作检查标准暨基本建设档案培训会在汉中举行，会议由陕西省教育厅、陕西高教系统档案学会举办，来自全省各类高校的110余名代表参加了会议。会议由陕西高教系统档案学会副理事长、长安大学档案馆馆长吕建辉主持，陕西理工学院副院长高静远，汉中职业技术学院党委副书记、纪委书记王国曾先后致辞。陕西省教育厅档案室主任、陕西高教系统档案学会副理事长王瑛，陕西高教系统档案学会理事长、西安财经学院院办主任吴连书出席开幕式并讲话，省档案局业务指导处副处长于永波围绕项目档案（基建档案）做了专题讲座，吕建辉副理事长对《陕西省普通高等学校档案工作检查标准》进行了详细解读。

7月7日 陕西高教系统档案学会六届六次常务理事会在医学高等专科学校召开。本次会议主要议题：（1）参观、指导西安医学院专科学校的档案工作；（2）同意免去西安石油大学档案室张淑芬在学会的职务；（3）增补陕西科技大学档案馆副馆长郑勇为常务理事成员；（4）副理事长王瑛介绍了四川会议的精神；（5）对档案检查事宜做了商讨和安排。

8月16日 陕西高教系统档案学会六届七次常务理事会在陕西省教育厅三楼会议室召开。会议研究了《高等学校档案实体分类法》（修订草案）、《高等学校档案归档范围》（修订草案），各常务理事提出修改意见，经学会整理统一上报中国高等教育档案学会；同意推荐西北工业大学档案馆、陕西师范大学档案馆、西京学院档案馆和教育厅档案室王瑛、长安大学档案馆吕建辉、西安理工大学档案馆张发亮、西安财经学院档案馆王娅为陕西省档案工作先进集体和先进工作者。

8月20日—25日　王瑛、吕建辉代表学会在贵州省贵阳市参加修订《高等学校档案实体分类法》专家研讨会。并以"对《高等学校档案实体分类法》《归档范围》的实践反思与修订建议"为题在大会上交流。

10月10日—21日　陕西高教系统档案学会向陕西省档案学会推荐2005—2010年档案学优秀成果29项，其中论文类一等奖6项、论文类二等奖9项、论文类三等奖13项、著作类二等奖1项。

10月14日　陕西省教育厅以陕教工秘办〔2011〕10号印发《关于开展贯彻〈高等学校档案管理办法〉工作情况检查的通知》。

10月20日　陕西高教系统档案学会六届八次常务理事会在陕西科技大学召开。陕西科技大学副校长曹巨江参加此次会议。会议对陕西省高校档案评估工作进行了安排。具体分为两个阶段：第一阶段2011年10月至2012年9月，为自查及准备阶段；第二阶段2012年10月至12月，为接受检查阶段。参会各常务理事对陕西科技大学档案馆进行了实地考察，对其存在的问题如数字化系统建设、人才队伍建设、归档范围、馆藏优化、档案编研等提出了具体的指导意见。

12月14日　陕西省档案学会2005—2010年档案成果评选结果公布。其中陕西高教系统档案学会获论文一等奖1项、二等奖2项、三等奖5项。

12月23日　《陕西省人力资源和社会保障厅、陕西省档案局关于表彰陕西省档案工作先进集体和先进工作者的决定》（陕人社发〔2011〕180号），西北工业大学档案馆、陕西师范大学档案馆、西京学院档案馆和教育厅档案室王瑛、长安大学档案馆吕建辉、西安理工大学档案馆张发亮、西安财经学院档案馆王娅分别获陕西省档案工作先进集体和先进工作者。

本年，学会共有66个会员单位。

2012年

1月13日　陕西高教系统档案学会六届九次常务理事会在西北大学召开，主持者为吴连书理事长，13位常务理事出席。会议研究了两项议题：（1）总结2011年学会工作；（2）研究2012年学会工作计划。

2月24日　陕西省档案工作暨表彰先进会议在西安曲江惠宾苑召开，陕西省委常委、省委秘书长魏民洲在会上做了重要讲话，陕西省副省长郑小明出席会议。学会先进集体和先进工作者代表出席了会议。

4月24日—26日　教育部直属高校档案协会师范语言组工作研讨会在陕西师范大学

召开。来自师范语言组的北京师范大学、华东师范大学、东北师范大学、华中师范大学、西南大学、北京语言大学、北京外国语大学、上海外国语大学、中国政法大学、中国石油大学、上海财经大学、西南财经大学，以及特邀的南京师范大学、电子科技大学、兰州大学等23所知名高等学府的40多位档案界专家、同仁参加了大会。大会开幕式由陕西师范大学校办公室主任兼档案馆馆长卢胜利主持，副校长张建祥代表学校致欢迎词，教育部直属高校档案协会秘书长、华中师范大学档案馆馆长张伟代表理事长讲话。特邀嘉宾、陕西省教育厅办公室调研员王瑛、陕西高教系统档案学会理事长吴连书等出席了开幕式。

7月2日—5日 全国《高等学校档案实体分类法》审稿会暨2012年高校档案管理工作研讨会在南昌大学召开。西安交通大学、延安大学及学会理事长吴连书参加了会议。

9月13日—14日 陕西高教系统档案学会组织专家对延安大学贯彻《高等学校档案管理办法》工作情况进行检查。检查组由陕西省教育厅办公室调研员王瑛，学会理事长、西安财经学院办公室主任吴连书及17所高校的档案馆（室）负责人24人组成。验收会议在延安大学图书馆二楼会议室举行。延安大学副校长马柏林、人事处处长杜红荣、校史办主任曾鹿平、校办副主任兰鸿涛、档案馆馆长张雪梅参加会议，会议由延安大学党委委员、党办主任田伏虎主持。会后，学会副秘书长、长安大学吕建辉馆长对档案工作实地检查与检查标准对接问题进行讲解，并对规范上报自查报告、自查简表及检查过程提出要求。

9月25日 西南大学档案馆副馆长杨伟一行5人来陕西省高校档案馆调研，由陕西师范大学档案馆负责接待。

9月28日 陕西高教系统档案学会六届十次常务理事会在西安理工大学宾馆召开，共有15位常务理事出席，会议由吴连书理事长主持。本次会议主要有两项议题：（1）陕西高教系统档案学会第六届常务理事会人员变更事宜：同意陕西师范大学档案馆馆长苟亚锋接替卢胜利的学会副理事长兼任秘书长一职；同意陕西工业职业技术学院党政办副主任秦景俊接替孙继龙的学会常务理事职务；同意西京学院王涛因职务变动不再担任常务理事，增补西安欧亚学院档案馆馆长李俊莲担任常务理事；同意西安科技大学高新学院、西安海棠职业学院加入学会，成为会员单位。（2）对档案检查事宜做了商讨和安排，学会副秘书长、长安大学吕建辉馆长对检查验收标准进行讲解，并对检查结论规范化提出了要求。

10月10日—12月31日 陕西高教系统档案学会根据省教育厅关于开展贯彻《高等学校档案管理办法》工作情况检查的通知（陕教工秘办〔2011〕10号）要求，组成6个工作组对全省78所各类高校档案工作贯彻教育部、国家档案局《高等学校档案管理办法》情况进行检查。以西安交通大学档案馆副馆长石慧敏为组长的第一工作组分别检查了西北工业大学、西安电子科技大学、西北大学、西安石油大学、西安音乐学院、西安美术学院、西安体育学院、西安文理学院、西安外事学院、西安欧亚学院、西安航空学院、西安高新科技职业学院、西安科技大学高新学院、西安理工大学高科学院等14所高校；以西北大学档案馆馆长于炜武为组长的第二工作组分别检查了长安大学、陕西中医学院、咸阳师范学院、陕西国际商贸学院、陕西服装工程学院、陕西工业职业技术学院、陕西财经职业技术学院、陕西能源职业技术学院、陕西邮电职业技术学院、咸阳职业技术学院、西北大学现代学院、陕西科技大学镐京学院、西北工业大学明德学院、陕西艺术职业学院等14所高校；以西安理工大学档案馆副馆长张发亮为组长的第三工作组分别检查了榆林学院、延安职业技术学院、铜川职业技术学院、西安铁路职业技术学院、西安科技商贸职业学院、西安交通大学城市学院、陕西交通职业技术学院、西安航空职业技术学院、陕西科技大学、西安医学院、西安工业大学、西安工业大学北方信息工程学院等13所高校；以长安大学档案馆馆长吕建辉为组长的第四工作组分别检查了陕西经济管理职业技术学院、西安职业技术学院、陕西国防工业职业技术学院、西安医学高等专科学校、宝鸡文理学院、宝鸡职业技术学院、陕西理工学院、汉中职业技术学院、商洛学院、商洛职业技术学院、杨凌职业技术学院等11所高校；以西北工业大学档案馆馆长柯峰为组长的第五工作组分别检查了西安财经学院行知学院、西安思源学院、西安建筑科技大学、西安建筑科技大学华清学院、渭南职业技术学院、渭南师范学院、陕西警官职业学院、安康学院、安康职业技术学院、西安海棠职业学院、西安汽车科技职业学院、西安工程大学、陕西师范大学、陕西铁路工程职业技术学院、西安科技大学等15所高校；以陕西师范大学档案馆馆长苟亚锋为组长的第六工作组分别检查了西安财经学院、西京学院、西安外国语大学、陕西学前师范学院、延安大学西安创新学院、西安电子科技大学长安学院、陕西电子科技职业技术学院、西安翻译学院、西安邮电大学、西北政法大学、陕西工商职业技术学院（陕西广播电视大学）等11所高校。

10月29日—11月2日 陕西师范大学档案馆馆长苟亚锋、长安大学档案馆馆长吕建辉、西安交通大学档案馆馆长霍有光、西安电子科技大学档案馆馆长王慧斌、西北农林科技大学档案馆馆长王文慧赴南京东南大学参加了教育部直属高校档案工作协会第十一次学术研讨会暨馆长论坛。

11月12日—17日 由中国高等教育学会档案工作分会主办、厦门大学档案馆承办的中国高等教育学会档案工作分会2012年学术会议在厦门举行。陕西师范大学档案馆原副馆长晋平、西安电子科技大学档案馆长王慧斌等参加了此次会议。

11月27日 学会秘书长单位陕西师范大学档案馆接待了由黑龙江省教育厅档案室主任、高等院校档案学会秘书长祁欣率哈尔滨工业大学等12所高校档案馆（室）的15名代表组成的参观考察团。

本年，学会共有68个会员单位。

2013年

1月10日　陕西高校档案工作检查总结会在西安财经学院雁塔校区举行，学会理事长吴连书、副理事长王瑛、6个检查组组长及检查组成员参加会议。会议由吴连书理事长主持，西安财经学院院办主任严琳致辞。会议交流了各组检查的情况，提出了分组总结的模板、检查意见的格式等。本次应检查93所，实际检查78所。要求各组在月底前把所有资料汇总到副理事长、长安大学档案馆吕建辉处。

1月17日　陕西高教系统档案学会六届十一次常务理事会在西北大学召开，共有13位常务理事出席，吴连书理事长主持。主要议题有：（1）听取了各检查组档案检查的汇报，讨论了档案工作水平评估的等级；（2）总结2012年学会工作；（3）研究2013年学会工作计划；（4）参观西北大学校史馆。

3月29日　陕西高教系统档案学会六届十二次常务理事会在欧亚学院图书馆二层会议室召开，会议由吴连书理事长主持。主要议题有：（1）讨论并通过了对全省高校档案工作检查所评出的先进集体（42所学校）、个人（83名），并在适当的时候给予表彰；（2）研究决定在5月中下旬举办《高等学校档案管理工作》培训班；（3）增补西安工业大学北方信息工程学院办公室主任张亚权为学会常务理事。

5月23日　陕西高教系统档案学会六届十三次常务理事会在陕西省教育厅第四会议室召开，会议由吴连书理事长主持。主要议题有：（1）再次讨论并通过了对全省高校档案工作检查所评出的先进集体（35所学校）、个人（81名），并在适当的时候给予表彰；（2）吴连书理事长传达了中国高等档案协会会议精神，并向中国高等教育档案协会推选西安交通大学档案馆为陕西高教档案学会的先进单位、长安大学档案馆馆长吕建辉为先进个人；（3）向中国高等档案协会推荐陕西高教系统档案学会理事长吴连书为新一届理事；（4）确定了举办陕西高教系统档案培训班的时间、地点及会务费等事宜。

5月31日—6月6日　《高等学校档案管理办法》培训班在陕西师范大学学术活动中心举办，来自全省各高校档案馆（室）的工作人员、兼职档案员共80人参加培训。培训内容包括：（1）档案基础理论与写作；（2）27号令的学习贯彻讲座；（3）高校档案业务（文件资料归档范围的确定、应归档文件材料的预立卷及归档工作程序、高校档案的整理分类编目及鉴定销毁等）；（4）档案信息化建设及档案管理软件的操作使用；（5）高校档案管理与编研；（6）陕西高教系统档案学会二十五年的发展历史等；（7）实地参观长安大学档案馆。培训结束颁发陕西省档案局、陕西省教育厅岗位培训合格证书（可用于职称评定）。

6月28日 根据陕西省教育厅《关于表彰全省高等学校档案工作先进单位和先进工作者的通报》（陕教秘〔2013〕4号），省教育厅决定对陕西师范大学等35所高校档案工作先进单位、张新宏等66名档案工作先进工作者予以通报表彰。

10月11日 陕西高教系统档案学会六届十四次常务理事会在西安财经学院行知学院行政楼会议室召开，会议由吴连书理事长主持。行知学院常务副院长周德明致辞并介绍了学校相关情况。会议有三项议题：（1）学会定于10月中下旬对去年未参加档案工作检查的学校及检查不合格的学校（共10所）进行检查。检查分2个工作组，分别由陕西师范大学档案馆馆长苟亚锋、长安大学档案馆馆长吕建辉任组长，带队组织检查。（2）学会定于11月底到12月初在西安工业大学北方信息工程学院召开档案工作经验交流会。（3）学会换届事宜，商定常务理事会建议吴连书继续担任学会理事长、陕西师范大学档案馆继续接任秘书长单位，待理事会全体会议通过，并定于2014年4月28日召开陕西高教系统档案学会换届大会。

10月25日—11月12日 陕西高教系统档案学会根据省教育厅关于开展贯彻《高等学校档案管理办法》工作情况检查的通知（陕教工秘办〔2011〕10号）要求，组成2个工作组对去年未检查及检查不合格的学校的档案工作进行检查。以长安大学档案馆馆长吕建辉为组长的检查组分别检查了西北农林科技大学、陕西青年职业学院、陕西电子信息职业技术学院、西安旅游烹饪职业学院和西安城市建设职业学院；以陕西师范大学档案馆馆长苟亚锋为组长的检查组检查了榆林职业技术学院。

12月5日 教育部直属高校档案工作协会理事会暨片组长会议在华中师范大学科学会堂召开。华中师范大学党委副书记吴晋生出席了会议，来自清华大学、复旦大学、东南大学、西北农林科技大学、陕西师范大学等18所高校的档案馆馆长参加了会议。

12月10日 全省高校档案工作先进单位和先进工作者表彰暨陕西高教系统档案学会2013年档案工作经验交流会在西安工业大学北方信息工程学院金花校区召开，会议由陕西高教系统档案学会秘书长、陕西师范大学档案馆馆长苟亚锋主持。西安工业大学副校长、西安工业大学北方信息工程学院院长张君安教授致辞，省教育厅办公室档案室主任、陕西高教系统档案学会副理事长王瑛代表教育厅办公室讲话。各高校档案馆（室）负责人、经验交流发言人员及先进集体、先进个人的代表等89人参加会议。根据陕西省教育厅《关于表彰全省高等学校档案工作先进单位和先进工作者的通报》（陕教秘〔2013〕4号），对35所档案工作先进单位和66名档案工作先进个人进行了表彰，并颁发了奖牌和证书；西安交通大学档案馆、西北农林科技大学档案馆、西北大学档案馆、陕西科技大学档案馆、西安工业大学档案室、西安建筑科技大学档案室、宝鸡文理学院档案室、西安欧亚学院档案室、渭南职业技术学院档案馆和西安工业大学北方信息工程学院等进行了档案工作经验交流。

12月14日 中国高等教育学会档案工作分会四届五次理事会会议在华北电力大学召开。会议就提交新一届理事会换届及会员代表大会审议的评优提名、理事会换届事宜、分会章程等进行了讨论。教育部办公厅电子政务与档案处处长蔺海波、中国高教协会赵峰出席会议并讲话。中国高等教育学会档案工作分会四届常务理事、华北电力大学副校长孙忠权出席大会并致欢迎词。全国各省市区教育厅（教委）主管领导、全国高校档案馆馆长60多人参加会议。学会理事长吴连书、副理事长王瑛、副理事长兼任秘书长苟亚锋、常务理事陕西科技大学档案馆副馆长郑勇参加了会议。

本年，学会共有71个会员单位。

2014年

1月9日 陕西高教系统档案学会六届十五次常务理事会在陕西省教育厅第三会议室召开，会议由吴连书理事长主持。会议主要有四项议题：（1）吴连书理事长传达2013年12月14日在北京召开的中国高等教育学会档案工作分会会议精神；（2）对2013年学会工作进行了总结；（3）研究了2014年学会工作计划；（4）讨论确定了2014年学会换届有关事宜。

3月20日 根据中国高等教育学会档案工作分会《关于表彰先进团体、先进个人的决定》（中高档〔2014〕1号），陕西高教系统档案学会获中国高等教育学会档案工作分会先进团体，学会副秘书长吕建辉、秘书偶晓霞获中国高等教育学会档案工作分会先进个人。

4月28日 陕西高教系统档案学会第七次会员代表大会在陕西师范大学学术活动中心召开。陕西省档案局宣传教育处处长王康生、陕西师范大学党委常委卢胜利应邀出席。大会由陕西高教系统档案学会理事长吴连书等学会主要负责人主持。全省高校85位档案馆（室）的代表出席了大会。开幕式上，陕西师范大学党委常委卢胜利致欢迎词，陕西省档案局宣传教育处处长王康生发表了讲话。陕西省教育厅王瑛宣读了陕西省教育厅副厅长蔡钊利《与时俱进 科学发展 继续开创高校档案工作新局面》的讲话。大会听取了吴连书理事长代表学会做的工作报告及苟亚锋副理事长、秘书长关于学会经费使用情况报告，会议选举产生了第七届学会常务理事会，还邀请陕西省档案局人事处处长窦随社、《陕西档案》常务副主编张开颜做了专题学术报告。

4月28日 陕西高教系统档案学会七届一次常务理事会召开。新一届常务理事会由17人组成：西安财经学院行知学院院长助理吴连书继续担任学会理事长；陕西省教育厅王瑛担任副理事长；陕西师范大学档案馆馆长苟亚锋担任副理事长兼秘书长；长安大学档案馆馆长吕建辉、陕西科技大学档案馆副馆长郑勇担任副秘书长，分别负责学术组、会务秘书组工作；于炜武、王文慧、王会斌、王芊、王瑛、石慧敏、吕建辉、孙爱华、吴连书、张亚权、李俊连、杨锋、苟亚锋、郑勇、柯峰、秦景俊、鲁莉为常务理事。学会秘书长单位为陕西师范大学档案馆，偶晓霞继续担任学会秘书。七届一次常务理事会主要研究了以下事项：（1）研究确定了陕西高教系统档案学会第七届常务理事分工；（2）要求各位常务理事加强学习，提高素质，为全省高校档案工作者做好表率；（3）新一届学会要充分认识开展学术活动的重要性，进一步做好学术研讨工作；（4）面对信息化的快速发展，要大力加强高校档案信息化的建设；（5）结合陕西高校目前存在的问题开展相关专题培训；（6）积极参加中国高等教育学会档案工作分会、教育部部属院校档案学会、陕西省档案学会的活动。

6月19日—21日　中国高等教育学会档案工作分会第五届会员代表大会在安徽大学召开，来自近30个会员单位的200余位代表参加了会议。在教育部办公厅档案处蔺海波处长的主持下，大会选举产生了新一届理事会：华南师范大学档案馆馆长柯友良当选为理事长，安徽大学档案馆馆长马仁杰等5人当选为副理事长，南京大学档案馆馆长吴玫当选为秘书长。陕西高教系统档案学会理事长、西安财经学院行知学院院长助理吴连书再次当选为学会常务理事、副秘书长，并代表陕西高教系统档案学会接受中国高等教育学会档案工作分会颁发的学会工作先进集体的奖牌和证书。陕西省教育厅王瑛，西北农林科技大学王文慧，陕西师范大学苟亚锋、偶晓霞，陕西科技大学郑勇等参加了会议。

7月1日　陕西高教系统档案学会七届二次常务理事会在西安理工大学召开，会议由吴连书理事长主持。会议传达了中国高等教育学会档案工作分会第五届会员代表大会的精神，研究了学会2014年下半年的工作：一是组织参观省档案局（馆）举办的红色展览；二是调研高校档案业务培训的需求情况；三是积极开展档案工作征文活动，活跃学会的学术氛围；四是加强外出学习交流活动，多向先进发达地区的高校档案工作者学习，不断提高自身的档案业务能力和水平。

12月12日　陕西高教系统档案学会七届三次常务理事会在陕西省教育厅第三会议室召开，会议由吴连书理事长主持。会议主要有三项议题：（1）学习、讨论《中国高等教育学会档案工作分会专题年度报告》（2013—2014年）编写计划；（2）要求全省高校在12月底前报送到学会秘书处；（3）确定由长安大学档案馆馆长吕建辉、陕西师范大学档案馆馆长苟亚锋分别牵头负责汇总相关内容，于2015年3月初报中国高等教育学会档案工作分会。

本年，学会共有66个会员单位。

2015年

1月16日 陕西高教系统档案学会七届四次常务理事会在西北农林科技大学档案馆三楼会议室召开，会议由吴连书理事长主持。会议研究并通过了以下议题：（1）进一步落实全国高校档案馆基本情况调查表五年数据统计的事宜，统一思路，明确做法；（2）因人员变动重新增补学术组成员，增补后的学术组成员有吴连书、苟亚锋、吕建辉、石慧敏、王庆毅、谢尊贤、郑勇、张叶、康云霞；（3）参观西北农林科技大学档案馆、校史馆、昆虫馆等。

4月16日—19日 中国高等教育学会档案工作分会（以下简称"中高档"）五届二次常务理事会议在郑州黄河科技学院召开。此次会议由中高档主办，河南省档案学会高等学校档案分会协办。郑州大学作为河南省档案学会高等学校档案分会会长单位和秘书长单位，承办了本次会议。教育部办公厅电子政务与档案处处长陈昆，中国高等教育学会学术部主任高晓杰，中高档理事长柯友良、秘书长吴玫等40余人参加了会议。陕西高教系统档案学会理事长吴连书出席会议。

5月8日 陕西高教系统档案学会七届五次常务理事会会议在陕西省教育厅第四会议室召开，会议由吴连书理事长主持。本次会议主要议题为：（1）王瑛副理事长传达了3月26日召开的全省档案工作会议精神，并就中共陕西省委办公厅、省人民政府办公厅印发的《关于加强和改进新形势下档案工作的实施意见》进行了重点解读；（2）吴连书理事长传达了3月27日召开的陕西省档案学会第七次会员代表大会会议精神，会议产生了新一届理事会，选举了常务理事、理事长、副理事长（8位）和秘书长，陕西高教系统档案学会理事长吴连书当选为副理事长；（3）吴连书理事长传达了4月16日至19日由郑州大学承办，在黄河源商务酒店召开的中国高等教育学会档案工作分会五届二次常务理事会会议精神；（4）讨论、商榷了本学会加强和改进新形势下档案工作需要做的具体工作。

6月9日 国际档案日来临之际，西北大学、西北工业大学、西北农林科技大学、陕西师范大学等高校的档案馆开展了以"档案——与你相伴"为主题的系列宣传活动。通过展示档案相关法律法规，悬挂宣传横幅，精心制作宣传画册、宣传展板，邀请师生来馆参观等方式，向全校师生员工介绍档案"存史、资政、维权、育人"的特殊价值以及档案工作"记载历史、传承文明、服务社会、启迪未来"的特殊作用。

6月19日 陕西省普通高等学校档案工作报告会在省教育厅一楼会议室召开，全省70余所普通高等学校分管档案工作的领导和档案馆（室）负责人130余人参加了报告会。报告会由陕西省教育厅办公室副主任李臻主持。陕西高教系统档案学会邀请陕西省档案局、省档案学会秘书处处长张开颜专家解读中办、国办《关于加强和改进新形势下档案工作的实施意见》的主要内容，吴连书理事长就该文件的重要性从三个方面做了讲话。最后由陕西省教育厅办公室主任惠朝阳做了总结讲话。

11月 根据中国高等教育学会档案工作分会2015年学术研讨会征文通知（中高档〔2015〕2号），陕西高教系统档案学会学术组从14篇征文中推选出陕西师范大学档案馆高旭《高校数字档案馆建设的探索与实践》、西安交通大学档案馆刘淑妮等《新时期进一步优化我国档案保管期限表的几点思考》、西安工程大学档案馆王程程《大数据背景下档案管理价值提升策略研究》、西北工业大学档案馆蔡利剑《大数据时代背景下的档案管理浅析》和宝鸡文理学院信息档案室赵钊《基于VPN技术的档案信息系统远程访问研究》等5篇论文上报。

11月22日—27日 西北大学、长安大学等7所高校的9名代表赴昆明市参加第二期全国高等院校年鉴与校史（志）编纂培训研讨班。

11月25日—27日 教育部直属高校档案工作协会第五组工作研讨会在江南大学档案馆召开。华南理工大学、对外经济贸易大学、北京科技大学、华中农业大学、长安大学、哈尔滨工业大学、中国海洋大学、华中科技大学、武汉理工大学、中国矿业大学、华东理工大学、南京农业大学、湖南大学、天津大学、同济大学等15家单位的档案馆馆长及负责人近30人参加了研讨会。长安大学张建娥、贺冰花参加了此次研讨会。

11月11日—13日 "教育部直属高校档案管理与利用工作交流会"在浙江大学召开。作为教育部直属高校档案工作协会第一组的成员，来自北京师范大学、浙江大学、厦门大学、华东师范大学、东北师范大学、华中师范大学、陕西师范大学、西南大学等15所高校的30余位档案界同仁参加了会议。陕西师范大学档案馆苟亚锋馆长和问宪莉副馆长参加了此次会议。

12月18日—21日 中国高等教育学会档案工作分会（简称"中高档"）2015年学术会议在沈阳举行，西北大学、西北农林科技大学、陕西师范大学、西安电子科技大学、陕西科技大学、西安建筑科技大学等6所高校的7名代表参加了会议。会议期间召开了"中高档"五届三次理事会议，理事会对2015年度工作报告征求意见；秘书长吴玫汇报了会员发展、理事调整情况；副理事长马仁杰通报了学术研讨会征文及评审情况。理事长柯友良做了2015年档案工作分会工作总结；马仁杰宣读2015年学术研讨会征文获奖名单，随后进行了颁奖仪式。陕西高教系统档案学会推荐的论文中，陕西师范大学档案馆高旭《高校数字档案馆建设的探索与实践》获二等奖、西安交通大学档案馆刘淑妮等《新时期进一步优化我国档案保管期限表的几点思考》获三等奖。

本年，学会共有66个会员单位。

2016年

1月5日　陕西高教系统档案学会2015年工作经验交流会在陕西师范大学雁塔校区启夏苑多功能厅召开,陕西省内52所高等院校的80余名档案馆(室)领导、档案工作者参加了会议。陕西高教系统档案学会理事长吴连书,学会副理事长、省教育厅调研员王瑛出席了会议。会议由学会副理事长兼秘书长、陕西师范大学档案馆馆长苟亚锋主持。来自长安大学、陕西工业职业技术学院、西北农林科技大学、西北大学、西北工业大学、西安交通大学、陕西师范大学、西安电子科技大学、商洛学院等9所院校的代表,分别从档案规范化管理、档案信息化建设、档案业务学习、固定资产投资项目档案管理、档案干部队伍建设、数字档案馆建设、校史研究及编研、红色文化资料馆建设等方面介绍了各自学校的经验和做法,并和与会代表进行了积极的互动和交流。吴连书理事长对本次工作经验交流会做了总结讲话,并对2016年陕西高校档案工作提出了五点要求。

4月1日　陕西高教系统档案学会七届六次常务理事会在陕西工业职业技术学院会议室召开。陕西工业职业技术学院党委书记崔岩、校党政办主任黎炜到会祝贺,党委书记崔岩教授在会上致辞。本次会议由吴连书理事长主持,特别邀请省档案学会秘书长张开颜参加。会议听取陕西省档案学会秘书长张开颜介绍省档案学会本年的工作安排。与会常务理事围绕省档案学会安排的"陕西方言建档暨非物质文化遗产研讨"等学术活动进行了热烈讨论,一致认为要动员陕西高校档案工作者积极参加省档案学会开展的学术活动,为提高全省档案工作水平做贡献;会议听取了相关常务理事介绍近期工作交流情况。最后,吴连书理事长总结大家意见,安排下一步的工作:(1)积极参加省档案学会的"陕西方言建档暨非物质文化遗产研讨"征文活动;(2)组织参加《档案学通讯》与中国档案学会联合于2016年6月举办的第五届档案工作者职业论坛活动。(3)动员全省高校在6月9日国际档案日,做好档案工作的宣传活动。活动完成后,以文字、图片的形式报学会秘书处。(4)争取在下半年组织一次财会人员档案培训班。(5)计划2017年下半年起对全省高校进行新一轮档案检查。(6)会议安排宝葫芦集团西安分公司介绍其档案管理软件及档案数字化加工的情况。参会的常务理事还参观了陕西工业职业技术学院汽车销售、维护、保养和化工、电焊等实验实训场所。

5月28日—30日　首届教育部直属高校青年档案工作者论坛在湖南长沙中南大学召开,来自教育部直属60余所高校的档案机构负责人及青年档案工作者代表160余人参加,西安交通大学、西北农林科技大学、陕西师范大学、西安电子科技大学等高校的7名档案工作者参加此次论坛。

6月2日　第五届中国档案职业发展论坛在江西南昌举行，论坛由中国档案学会、《档案学通讯》杂志社联合主办。来自全国各行各业的档案从业人员300余人参加了本次学术论坛，西北大学、西安航空职业技术学院的4位档案工作者参加了论坛。

6月9日　国际档案日之际，为了宣传和普及档案知识，弘扬档案文化，增强师生对档案工作重要性的了解和认识，陕西高教系统档案学会下发文件，要求各会员学校开展多种形式的档案宣传活动，纪念2016年国际档案日。西北工业大学档案馆、西安交通大学档案馆、西北大学档案馆、陕西师范大学档案馆、陕西科技大学档案馆、西安石油大学档案馆、西安外事学院档案室、陕西交通职业技术学院档案室、西安电子科技大学档案馆、西安工程大学档案馆等会员单位举办了展览、学术讲座、档案知识答题、发放档案资料等丰富多彩的档案宣传活动。中国高等教育学会档案工作分会简报对学会开展相关活动做了报道。

6月28日　中国高等教育学会档案工作分会公布了高等学校档案工作"十三五"规划课题立项评审结果，学会获得一般课题2项，分别是陕西科技大学档案馆郑勇"全国高校档案信息化与数字化档案馆建设情况调查"和宝鸡文理学院档案室赵钊"高校档案馆'微服务'研究"。

6月28日　中国高等教育学会档案工作分会下发《关于公布高等学校档案工作研究优秀成果评审结果的通知》（中高档〔2016〕6号），档案工作分会通过组织专家组以通信评审和集中审议相结合的方式，共评选出一等奖3项、二等奖7项、三等奖12项。其中，学会会员获二等奖1项、三等奖1项，分别是：西北农林科技大学《民国西农纪事（1932—1949）》获学术著作类二等奖，西安交通大学刘淑妮、石慧敏《优化机关文件材料归档范围和文书档案保管期限的思考》获论文类三等奖。

10月11日　陕西高教系统档案学会档案数字化培训会在陕西师范大学召开，来自全省高教系统的近120名档案工作者参加了会议。会议由学会副理事长兼秘书长、陕西师范大学档案馆馆长苟亚锋主持。省教育厅办公室调研员王瑛代表省教育厅办公室讲话。陕西师范大学档案馆高旭做了《档案数字化建设理论基础与实践》报告，西北大学档案馆馆长王旭州传达了国家档案局《归档文件整理规则》培训会议精神，长安大学档案馆馆长吕建辉做了《关于修订〈陕西省普通高等学校档案工作检查标准〉的说明》的报告，详细讲解了2017—2018年全省档案工作检查的重点。学会理事长吴连书在通报陕西高教系统档案学会2016年在中国高等教育学会档案工作分会"十三五"规划课题申报、档案优秀成果评选中取得的优异成绩后，对本次培训做了总结发言。下午，参会代表实地考察了陕西师范大学档案馆，就关心的陕西师范大学档案馆档案数字化的有关情况进行了详细了解。

11月10日　陕西高教系统档案学会七届七次常务理事会在西北大学行政楼召开。

本次会议由吴连书理事长主持。会议议题有：（1）常务理事单位交流当年档案工作的亮点；（2）学会副秘书长、学术组组长、长安大学档案馆馆长做了关于修订《陕西省普通高等学校档案工作检查标准》的说明，经全体常务理事表决，同意提交省教育厅印发。会后组织参观了西北大学校史馆。

10月19日—22日　中国高等教育学会校史研究分会第十四届学术年会在天津大学举行。西安交通大学、西北农林科技大学、西北大学等参加了会议。其中西北农林科技大学杨恒向大会做了题为"民国时期我国高等农业教育的开放办学实践——以国立西北农林专科学校及国立西北农学院为例"的报告。

10月31日—11月1日　教育部直属高校档案工作协会馆长论坛暨档案工作优秀案例评审会议在成都西南交通大学召开。西安交通大学、西北农林科技大学、西安电子科技大学、陕西师范大学、长安大学等高校9人参加了会议，参评档案工作优秀案例4篇，其中获得二等奖1项、三等奖3项。

11月25日　陕西省教育厅办公室以陕教秘办〔2016〕12号文印发《关于对全省普通高校档案工作进行检查的通知》。

11月30日—12月3日　中国高等教育学会档案工作分会2016年学术会议在海口召开，会议由中国高等教育学会档案工作分会主办、海南大学承办。来自全国29省市区142所高校的250余名档案部门负责人和工作人员参加了会议。省教育厅、西安交通大学、陕西师范大学、西北大学、西安电子科技大学、长安大学、陕西科技大学、陕西理工大学、宝鸡文理学院、西安翻译学院等单位的13名档案工作者参加了会议。

12月28日　陕西省教育厅教育志编纂办公室印发了《关于表彰2016年度教育志鉴编纂工作先进单位和先进个人的通知》（陕教志办〔2016〕12号），西安交通大学等39所高校获教育志鉴编纂工作先进单位，43人获教育志鉴编纂工作先进个人。

本年，学会共有66个会员单位。

2017年

3月20日　陕西高教系统档案学会七届八次常务理事会在省教育厅第四会议室召开。会议由吴连书理事长主持。会议议题有：（1）学会副秘书长、学术组组长、长安大学档案馆馆长吕建辉做了关于补充《陕西高教系统档案学会2016年大事记》的说明，宣读了已经采集到的大事记，从上年度起，除常规记录学会大事外，增加各会员单位当年举办的有意义的档案活动、大事，包括接待外省高校参观、交流等，对共享的大事采用合并同类项方式处理。（2）学会副理事长、秘书长、陕西师范大学档案馆馆长苟亚锋宣读了陕西省档案局关于转发《国家档案局办公室关于举办档案法律法规知识有奖竞赛活动的通知》。（3）学会副理事长、教育厅档案室主任王瑛宣读了陕西省档案局举办《档案法》颁布30周年档案法律法规知识演讲比赛的通知，经研究，学会决定于5月举办《档案法》颁布30周年档案法律法规知识演讲比赛预赛，评出代表学会参加陕西省竞赛的选手。（4）讨论了本年档案专项检查的相关问题。一是决定上半年在不同层次高校各选1所进行试点检查；二是预定普通本科类高校由陕西理工大学（或延安大学），职业技术学院由陕西交通职业技术学院（或西安航空职业技术学院），民办高校由西安翻译学院分别先接受试点检查；三是按照一套检查标准，但不同层次要有差异的区别对待；四是决定检查评优中对于存在下列问题的实行一票否决制，即所有档案没有实现集中统一管理，没有相应的档案管理软件及一定量的案卷级档案数据量，以及其他特别突出的问题。最后，大连成者科技有限公司陕西总代理做了CZURTEK M3000档案扫描仪的推介工作。

4月11日—5月23日　陕西高教系统档案学会发布《关于举办纪念〈档案法〉颁布30周年演讲比赛的通知》，陕西省教育厅办公室于5月11日以陕教秘办〔2017〕6号印发《关于举办"远洋杯"全省教育系统纪念〈档案法〉颁布30周年演讲赛的通知》。其间共46所学校报名，经过专家评审和预赛，23日上午 "远洋杯"全省教育系统纪念《档案法》颁布30周年演讲比赛活动在陕西省教育厅一楼会议室举办，来自全省教育系统的西安高新科技职业学院、商洛学院、西安电子科技大学、西安铁路职业技术学院、西藏民族大学、西安航空学院、西安医学高等专科学校、渭南师范学院、西北工业大学、西安外事学院、西安交通大学、延安大学、陕西师范大学、西北大学现代学院、陕西省建筑材料工业学校、陕西科技大学、长安大学、西安科技大学、陕西省教育厅师资处、西安理工大学、西安翻译学院、陕西工业职业技术学院、西安工业大学、西安建筑科技大学24家单位（按演讲顺序）的24名专兼职档案工作者参加了演讲比赛。比赛由教育厅人事处的权秋虎处长和陕西师范大学档案馆的问宪莉副馆长主持。嘉宾和评委分别有陕西省教育厅副厅长王紫贵，省教育厅办公室副主任李臻，省档案局法规处处长王小正，陕西高教系统档案学会理事长吴连书，省教育厅调研员及陕西高教系统档案学会副理事长王瑛，陕西师范大学档案馆馆长、陕西高教系统档案学会副理事长兼秘书长苟亚锋，长安大学档案馆馆长、陕西高教系统档案学会副秘书长吕建辉，陕西科技大学档案馆副馆长、陕西高教系统档案学会副秘书长郑勇。本次活动得到了江西远洋集团、江西睿创科技有限公司的大力支持。教育厅王紫贵副厅长为本次活动致辞。最后选出一等奖2名、二等奖4名、三等奖7名。

5月5日　全国民办独立院校档案工作研讨会暨中高档分会五届四次常务理事扩大会议在江苏南京召开，陕西省教育厅、陕西师范大学、西安欧亚学院、西京学院、西安翻译学院、西安外事学院、西安思源学院、西安建筑科技大学华清学院、西安财经学院行知学院等单位的19名分管领导和档案工作者参加了会议。

5月26日 陕西省教育厅《关于公布"远洋杯"全省教育系统纪念〈档案法〉颁布30周年演讲比赛获奖名单的通报》（陕教〔2017〕195号），经预赛、决赛，共评出一等奖2名、二等奖4名、三等奖7名、优秀奖23名，其中西安交通大学杨凌、西安理工大学李虹燕获一等奖，西安航空学院尹婷婷、陕西省教育厅师资处续彦君、渭南师范学院宋威、商洛学院刘亚静获二等奖，西安铁路职业技术学院朱叶、西安建筑科技大学张新宏、延安大学张玮祎、西北工业大学屈艳、陕西师范大学庞莉、长安大学藏萌、西安医学高等专科学校梁爱萍获三等奖。

6月9日 国际档案日之际，为了宣传和普及档案知识，弘扬档案文化，增强师生对档案工作重要性的了解和认识，陕西高教系统档案学会下发文件，要求各会员学校开展多种形式的档案宣传活动，纪念2017年国际档案日。西安交通大学档案馆、西北工业大学档案馆、西北农林科技大学档案馆、陕西师范大学档案馆、陕西科技大学档案馆、西安理工大学档案馆、延安大学档案馆、西安工业大学档案馆、宝鸡文理学院档案馆、西安航空学院综合档案室、西安文理学院综合档案室、西安医学院综合档案室、西安航空职业技术学院综合档案室、西京学院档案馆等会员单位举办了展览、学术讲座、档案知识答题、发放档案资料等丰富多彩的档案宣传活动。中国高等教育学会档案工作分会简报第83期对学会开展相关活动做了报道。

9月5日 陕西省纪念《档案法》颁布30周年演讲比赛在西安举行，来自各地市、省级机关、企事业单位的17名选手参加决赛。经过激烈角逐，西安交通大学杨凌获二等奖，陕西高教系统档案学会荣获优秀组织奖。

8月8日—12日 由《中国档案》杂志社和贵州省档案局共同主办、北京量子伟业信息技术股份有限公司承办的"2017（贵阳）档案大数据应用与安全高端论坛暨第五届档案信息化建设峰会"在贵阳召开。西安交通大学、西安电子科技大学、陕西科技大学、西安工业大学等高校的6名档案工作者参加了会议。

9月25日—12月29日 依照陕西省教育厅陕教工秘办〔2011〕10号文件精神，陕西省教育厅、陕西高教系统档案学会分为6组对咸阳职业技术学院、陕西服装工程学院、陕西科技大学镐京学院、陕西中医药大学、陕西财经职业技术学院、陕西工业职业技术学院、陕西国际商贸学院、咸阳师范学院、陕西能源职业技术学院、陕西邮电职业技术学院、长安大学、西北工业大学明德学院、西北大学现代学院、陕西艺术职业学院、西北工业大学、西北大学、西安电子科技大学、西安石油大学、西安航空学院、西安体育学院、西安美术学院、西安音乐学院、西安欧亚学院、西安外事学院、西安高新科技职业技术学院、西安科技大学高新学院、西安理工大学高科学院、陕西科技大学、西安医学院、西安航空职业技术学院、西安工业大学北方信息工程学院、陕西交通职业技术学院、西安交通大学城市学院、西安交通工程学院、西安城市建设职业技术学院、西安铁路职业技术学院、铜川职业技术学院、延安大学、延安职业技术学院、榆林学院、榆林职业技术学院、西安工业大学、西北农林科技大学、杨凌职业技术学院、宝鸡文理学院、宝鸡职业技术学院、陕西机电职业技术学院、陕西青年职业技术学院、陕西经济管理职业技术学院、陕西理工大学、汉中职业技术学院、陕西航空职业技术学院、商洛学院、商洛职业技术学院、陕西国防工业职业技术学院、西安医学高等专科学校、西安职业技术学院、长安大学兴华学院、陕西电子信息职业技术学院、陕西师范大学、西安建筑科技大学、西安理工大学、西安科技大学、西安工程大学、安康学院、渭南师范学院、西安财经学院行知学院、西安思源学院、西安汽车工程技术学院、西安海棠学院、渭南职业技术学院、安康职业技术学院、陕西警官职业学院、陕西铁路工程职业技术学院、西安建筑科技大学华清学院、西安翻译学院、延安大学西安创新学院、西安财经学院、陕西职业技术学院、西安东方亚太职业技术学院、陕西电子科技职业学院、西安培华学院、陕西学前师范学院、西安邮电大学、陕西工商职业学院（陕西广播电视大学）、西京学院、西安外国语大学、西北政法大学、西安交通大学等90所高校档案工作进行了检查。其间教育厅王瑛调研员、学会吴连书理事长全程参与，教育厅王紫贵、赵昶葆、习建中、申雪峰部分参与。另有4所高校机构未接受检查。

11月1日—2日　教育部直属高校档案工作协会业务研讨会在西安电子科技大学举办。协会副秘书长、天津大学档案馆馆长韩宝志出席并主持会议。协会副秘书长、西北农林科技大学档案馆馆长王文慧致辞。西安电子科技大学档案馆馆长王庆毅讲话。来自全国14所高校档案馆的参会代表共30余人参加了会议。

11月9日　陕西省档案科技工作促进会在长安饭店召开。本次会议回顾了近年来全省档案科技工作情况，分析全省档案科技工作存在问题，确定全省档案科技项目立项及评奖办法，进一步明确今后陕西省档案科技工作的目标和任务。国家档案局技术部主任黄丽华，陕西省档案局局长王建领、副局长解华波、科研所所长李玉虎出席了会议。全省各地市档案局、省级机关、省属企业协作组、高校档案学会常务理事单位代表70余人参加了会议，省档案局科研所副所长董雪雅主持会议。

11月14日—17日　教育部直属高校档案工作协会第二届青年论坛在武汉大学举行，由教育部直属高校档案工作协会主办、武汉大学档案馆承办。协会秘书长付强，副秘书长韩宝志、王文慧先后主持会议。来自清华大学、浙江大学、南京大学、中山大学、中国人民大学、北京师范大学、中国科学技术大学、天津大学、中南大学、四川大学、山东大学、华中师范大学等77所高校的170余名档案工作代表参加了会议。教育部办公厅陈昆副巡视员，湖北省档案局副局长刘晓春、经科处副处长周幼芬，武汉大学校长助理陈慧东，协会理事长吕雅璐、副理事长范宝龙等领导出席。西北农林科技大学、陕西师范大学等单位的4名档案工作者参加了会议。

11月28日—12月1日 中国高等教育学会档案工作分会（简称"中高档"）2017年学术会议暨五届五次理事会议在重庆大学召开，会议由中高档主办、重庆大学档案馆承办，来自全国30个省市区的206所高校334名档案工作者参加了会议。中国高等教育学会副秘书长叶之红、重庆市档案局副局长李旭东出席会议并讲话，重庆大学副校长王时龙代表重庆大学向大会致辞。中高档理事长（华南师范大学档案馆馆长）柯友良、中高档副理事长（安徽大学档案馆馆长）马仁杰、中高档秘书长（南京大学档案馆馆长）吴玫等出席了会议。陕西省教育厅和西安交通大学、西北农林科技大学、陕西师范大学、西北大学、陕西科技大学、西安建筑科技大学、西安工业大学、宝鸡文理学院、西安翻译学院等9所高校的16名理事代表在陕西高教系统档案学会的组织下参加了会议。马仁杰介绍了2017年学术研讨会论文评审情况并宣读了论文获奖者和荣获优秀组织奖会员单位的名单（中高档〔2017〕4号）。此次共收到23个会员单位报送的97篇论文，经过8位评委严格的匿名评审，共产生了42篇获奖论文，其中一等奖5篇、二等奖11篇、三等奖26篇。宝鸡文理学院赵钊副研究馆员等撰写的《基于微信公众平台的高校校史文化研究》获学术研讨会征文三等奖。

12月13日 根据陕西省教育厅教育志编纂办公室《关于表彰2017年度教育志鉴工作先进单位和优秀个人的通知》（陕教志办〔2017〕11号），西安交通大学等36所高校获先进单位，吕建辉等57人获优秀个人。

本年，学会共有66个会员单位。

陕西高校档案工作概况

部属院校

西安交通大学

一、学校基本情况

西安交通大学是教育部直属重点大学，1896年创建于上海，1956年国务院决定交通大学内迁西安，1959年定名为西安交通大学，并被列为全国重点大学。西安交通大学是"七五""八五"首批重点建设项目学校，是首批进入国家"211工程"和"985工程"建设，被国家确定为以建设世界知名高水平大学为目标的学校。2000年4月，国务院决定将西安医科大学、陕西财经学院与西安交通大学合并，组成新的西安交通大学。

西安交通大学是一所具有理工特色，涵盖理、工、医、经济、管理、文、法、哲、教育和艺术等10个学科门类的综合性研究型大学。学校设有26个学院（部）、9个本科生书院和13所附属教学医院；现有教职工5943人，专任教师2993人；全日制在校生33604人，其中研究生16505人。西安交通大学现有兴庆、雁塔和曲江三个校区，总占地面积198.94万平方米，各类建筑总面积203.85万平方米。

西安交通大学建校一百二十余年来，形成了"兴学强国、艰苦创业、崇德尚实、严谨治学"的优良传统和"爱国爱校、饮水思源"的品格，坚持"起点高、基础厚、要求严、重实践"的办学特色和"扎根西部、服务国家、世界一流"的办学定位。学校秉承"精勤求学、敦笃励志、果毅力行、忠恕任事"的校训，弘扬"胸怀大局、无私奉献、弘扬传统、艰苦创业"的西迁精神，在人才培养、科学研究和社会服务方面保持领先，创造卓越成就。到21世纪中叶，西安交通大学将建设成为大师名流荟萃、莘莘学子神往、栋梁之材辈出、国际影响显著的世界一流研究型大学。

二、档案馆概况

1. 基本情况

学校自1896年建校起，即有比较完整的档案保存至今。1956年从上海内迁西安时，大部分档案随校搬迁。1957年3月成立联合档案室，对学校档案进行集中统一管理。1987年4月，经原国家教委批准，成立档案馆（正处级建制）。1996年成立档案工作委员会，档案馆由1名副校长分管。2000年4月，西安医科大学、陕西财经学院与西安交通大学合并，两所学校的档案工作随之纳入西安交通大学档案馆实行统一管理。2017年6月29日经校党委常委会议研究，决定整合、调整档案馆校史与大学文化研究中心与博物馆、高等教育工程博物馆（筹）、校史文化博物馆（筹），实行"一套人马、两个实体、合署办公、统一管理、整合资源、协同发展"管理模式。学校设档案馆、博物馆，为学校管理服务型机构，隶属机关与直属机关党委管理。

档案馆、博物馆现有馆长1名，副馆长3名。其中1名副馆长协助馆长管理档案馆日常事务，分管档案馆业务工作。档案馆内设馆办公室、收集指导室、保管利用室、编研与技术开发室、雁塔校区档案室，包括校史研究中心在内，共有正式在编岗位23人。年龄结构为：50岁以上6人，35—50岁10人，35岁以下7人；学历结构为：博士研究生1人，硕士研究生12人，本科8人，大专2人；档案专业程度为：硕士研究生2人，其余均接受在职培训教育；职称结构为：正高2人，副高6人，中级13人，初级1人。档案队伍呈现年轻化、专业化、知识化特征。

学校现有88个归档部门、125个归档部门负责人、207名在编兼职档案人员组成的档案工作网络。

档案馆每年用于档案工作日常管理的行政运行经费15万元。各项专项经费实行预算制度，2013—2017年，学校投入专项经费350万元，"十三五"专项经费拟投830万元筹建校史馆和工程教育馆。

档案馆总建筑面积近2000平方米。库房面积共计1400平方米。370平方米实现了档案库房的密集架管理，其中150平方米配置为智能型密集架。西迁历史纪念馆和溯源馆建筑面积1500平方米，是学校向国内外展示办学历史和传统的重要窗口，平均每年接待1万余人次。

2. 馆藏情况

馆藏档案分为10个全宗，档案馆负责收集党群、行政、教学、科研、基建、外事、出版、产品、设备、财会、人物、实物、声像载体类档案。2017年，档案进馆量13400卷，包括兴庆校区、雁塔校区和曲江校区。

截至2017年底，馆藏档案255705卷，其中历史档案4074卷（含医学院中华人民共和国成立前档案646卷）、资料6292册、照片143593张。

3. 档案信息化、数字化建设情况

2005年起，使用"南大之星"档案管理系统软件；经过十几年案卷级和文件级目录数据库建设，实现了各职能部门百余名兼职档案员的归档工作的网络化管理以及档案查阅利用的计算机网络化服务；2011年实现与研究生学籍系统功能对接，解决了兼职档案人员重复数据著录的工作；2012年对接OA办公自动化，实现收发文同时归档；2017年6月数字档案管理系统的建设完成项目招标，由中信公司负责设计开发。

截至2017年12月12日，档案管理系统中案卷目录、卷内目录共计1451962条，挂接829365个PDF文件电子文件、数码照片档案56297个、OA办公自动化系统收发文全文12560个，网站数据库系统中毕业合影照片3139张。校内新闻采集系统共计45207条。

4. 档案服务与利用情况

2017年东校区共计接待档案查阅利用16131卷（件、册）。其中，一般类档案查阅利用11288卷，出国成绩利用档案576卷，认证1221卷次，借出893卷，归还925卷，财会凭证查阅利用1228册。

档案馆门户网站突出本馆特色，注重功能、网站风格、栏目设置、版面布局等方面设计，业务功能栏目为档案馆概况、最新动态、档案业务、法规制度、校园文化、征集与捐赠、支部之窗、联系我们、ENGLISH；专题栏目分别为交通大学西迁历史纪念馆、数字溯源馆、工程教育档案文献选展、毕业相册等。

5. 编研情况

档案馆陆续出版了《南洋公学——交通大学年谱（1896—1949）》《彭康年谱》《钱学森年谱》《彭康纪念文集》《积厚流光——交通大学附属小学图志（1896—1949）》《交通大学（西安）年谱（1950—1978）》《交通大学（西安）百年高等机械工程教育年谱》等专著。

一百二十周年校庆，档案馆编辑出版《西安交通大学西迁纪念册》《英俊济跄——西安交大杰出学子影存》《百年淬厉电光开——西安交大的历史脉络与文化传承》《交通大学西迁：使命、抉择与挑战》《百年交大书画藏品展》，校史研究中心负责编辑出版校史图书《兴学强国120年——我们的交大学长》、《兴学强国120年——我们的交大老师》、《兴学强国120年——我们的交大岁月》（上、下）、《交通大学西迁亲历者口述史》（一、二）、《从黄浦江边到兴庆湖畔》，尽显校史研究及档案文化宣传作用。

2010年以来，档案馆主编出版专著15本，在各类期刊上发表学术论文113篇，其中在核心期刊发表28篇。

三、各类获奖情况

1. 1988年，陶永琴、姜士馨、白凤琴、李启高等研制"西安交大档案微机管理系统"，获西安交通大学科技成果三等奖。

2. 1991年，学校被陕西省档案局、陕西省人事厅授予"陕西省档案工作先进集体"称号。

3. 1991年，凌安谷、李志远《再议学习贯彻〈六号令〉》，载《学校档案》1992年委属高校获奖论文集，获委属高校档案工作协会优秀论文三等奖。

4. 1992年，档案馆《坚持依法治档开拓档案工作新局面》，载《学校档案》委属高校获奖论文集。

5. 1993年，凌安谷等编著《交通大学内迁西安史实》，西安交通大学出版社1995年4月出版，获西安交通大学科技成果二等奖，1995年6月获中国高校档案工作协会科研成果一等奖，1996年11月获陕西省档案学会优秀成果一等奖。

6. 1993年，凌安谷《试论交通大学早期历史档案与中国高校及高校档案的起源》，载《学校档案》1994年委属高校获奖论文集，1993年获委属高校档案工作协会优秀论文一等奖。

7. 1993年，石慧敏《严复的〈原富〉与南洋公学译书院》，载《学校档案》1994年委属高校获奖论文集，1993年获委属高校档案工作协会优秀论文三等奖。

8. 1994年，白凤琴、姜士馨《高校出版物档案的开发和管理工作初探》，载《学校档案》1994年第5期，1994年5月获陕西高教系统档案学会学术论文二等奖，1995年6月获中国高校档案工作协会科研成果参评奖。

9. 1994年，张玉瑛《张元济与南洋公学特班章程》，载《学校档案》1994年第4期，1994年5月获陕西高教系统档案学会学术论文二等奖。

10. 1994年，凌安谷、白凤琴《社会主义市场经济体制与档案工作若干问题的思考》，载《档案学研究》1995年第1期，1994年5月获陕西高教系统档案学会学术论文一等奖，1994年9月获中国高等学校档案工作协会优秀论文一等奖，1996年11月获陕西省档案学会优秀成果一等奖，1996年入选《中国"八五"科学技术成果选》，1997年5月获中国档案学会第三次档案学优秀成果四等奖。

11. 1995年，学校被陕西省教育委员会授予"陕西省高等学校档案工作先进集体"称号，张玉瑛、谢立勤、李录仙被陕西省教育委员会评为陕西省高等学校档案工作先进工作者。

12. 1995年，学校被陕西省档案局、陕西省人事厅授予"陕西省档案工作先进集体"称号。

13. 1995年，凌安谷被国家档案局、中央档案馆授予"全国模范档案工作者"称号。

14. 1995年，凌安谷、谢立勤《浅议高校运行机制的转换与高校档案工作》，载《学校档案》1994年第1期，1995年6月获中国高校档案工作协会优秀论文二等奖。

15. 1995年，范斗、白凤琴等《高等学校综合档案室机构的职责、工作量及人员配备》，载《陕西档案》1993年第3期，获中国高校档案工作协会科研成果二等奖。

16. 1996年，张玉瑛《浅谈高校教育评估与档案工作》，载《陕西档案》1996年第6期，又载《西安交大教育研究》1996年第4期，获陕西高教系统档案学会学术论文二等奖。

17. 1997年，石慧敏、谢立勤《浅谈高校科技档案的开发途径》，载《陕西高教档案求是》，西北工业大学出版社1998年出版，获陕西高教系统档案学会学术论文三等奖。

18. 1999年，学校被国家档案局授予"科技事业单位档案管理国家一级"称号，刘志刚、赵树新、凌安谷、白凤琴、谢立勤、张玉瑛、石慧敏、侯磊、房荣军、李启高、李志远、张晏莹、葛俊峰等被国家档案局评为"科技事业单位国家一级档案管理"突出贡献奖。

19. 2000年，学校被陕西省档案局、陕西省人事厅授予"陕西省档案工作先进集体"称号。

20. 2001年，凌安谷、杨文海等主编《中国高等学校档案馆要览》，西安交通大学出版社1996年出版，获中国档案学会第四次档案学优秀成果二等奖。

21. 2002年，学校被陕西省委教育工委、陕西省教育厅授予"陕西省高等学校档案工作先进集体"称号，白凤琴、谢立勤被陕西省委教育工委、陕西省教育厅评为陕西省高等学校档案工作先进工作者。

22. 2002年，石慧敏、王文娟《构建档案馆数据库中的几个问题》，载《陕西档案》2002年第6期，获陕西省档案学会档案学优秀成果二等奖。

23. 2004年，霍有光、顾利民《南洋公学——交通大学年谱（1896—1949）》，陕西人民出版社2002年出版，获西安交通大学首届人文社会科学研究优秀成果二等奖，西安交通大学"饮水思源杯"首届（2005）校史知识竞赛用书。

24. 2004年，王文娟、房荣军《试论档案馆局域网的组建》，载《陕西档案》2004年第4期，获陕西高教系统档案学会学术论文二等奖。

25. 2004年，王文娟《如何将归档部门产生的卷内目录转换为档案馆机检文件级目录》，载《西安档案》2006年第1期，获陕西高教系统档案学会学术论文三等奖。

26. 2007年，王文娟《档案馆的数字信息资源建设应注意的几个问题》，载《陕西档案》2006年第5期，获中国高等教育学会档案工作分会学术论文三等奖。

27. 2008年，张小亚、侯磊《高校馆藏历史档案数字化发展与数字化实践研究》，获陕西高教系统档案学会学术论文一等奖。

28. 2008年，石慧敏《独特的馆藏，现代的设计》，获陕西高教系统档案学会学术论文三等奖。

29. 2008年，石慧敏、侯磊被陕西省教育厅评为陕西省高等学校档案工作先进工作者。

30. 2008年，档案馆被教育部直属高校档案工作协会评为"档案工作先进单位"。

31. 2012年，学校被省档案局、省妇联评为全省"档案系统巾帼文明岗"先进集体。

32. 2012年，档案馆被评为西安交通大学信息化工作先进单位。

33. 2013年，学校被陕西省教育厅授予"全省高等学校档案工作先进单位"称号，石慧敏、谢立勤被评为先进工作者。

34. 2016年，贾箭鸣《交通大学西迁：抉择、使命与挑战》获中国高等教育学会校史研究分会第十四届学术年会优秀成果二等奖。

35. 2016年，史瑞琼等编《从黄浦江边到兴庆湖畔》获中国高等教育学会校史研究分会第十四届学术年会优秀成果三等奖。

36. 2016年，刘淑妮《优化机关文件材料归档范围和文书档案保管期限的思考》获2013—2015年中国高等教育学会档案工作分会档案工作优秀研究成果三等奖。

37. 2017年，杨凌被陕西省教育厅评为"远洋杯"全省教育系统纪念《档案法》颁布30周年演讲赛一等奖、省档案局档案法宣传演讲比赛二等奖。

38. 2017年，刘淑妮（第二作者）《基于微信公众平台的高校校史文化研究》获中国高等教育学会档案工作分会档案学术研讨会征文三等奖。

39. 2017年，刘淑妮《再谈卷改件——新〈归档文件整理规则〉颁布之后》获教育部直属高校第二届青年论坛征文三等奖。

40. 2017年，刘淑妮《信息文明环境下档案文化功能实现途径的探析》获中国档案学会、《档案学通讯》杂志社第六届档案职业论坛征文二等奖。

41. 2017年，刘淑妮《高校基建档案馆藏特点实证研究——以西安交通大学为视角》获中国档案学会、《档案学通讯》杂志社第六届档案职业论坛征文三等奖。

四、档案工作"十三五"规划建设目标

在学校各级领导的重视下，不断加强档案馆库建设步伐，健全档案人员队伍的培养机制，持续推进数字档案馆建设，加快提升电子文件归档管理水平，加快档案信息资源共享服务平台建设，确保档案实体与信息安全。

到2020年，实现以信息化为核心的学校档案管理现代化，实现学校档案管理法治化、档案资源多样化、档案利用便捷化、档案管理信息化、档案安全高效化、档案队伍专业化。

（撰稿人：石慧敏）

西北工业大学

一、学校基本情况

西北工业大学是我国唯一一所以同时发展航空、航天、航海（三航）工程教育和科学研究为特色的多科性、研究型、开放式大学，现隶属于工业和信息化部。

西北工业大学是由西北工学院和西安航空学院于1957年10月在西安合并成立；1970年哈尔滨工程学院航空工程系整体并入西北工业大学。1938年国立北洋工学院、

国立北平大学工学院、国立东北大学工学院、私立焦作工学院在汉中组建国立西北工学院，1946年迁至咸阳。1950年更名为西北工学院。1952年交通大学、南京大学、浙江大学的航空工程系在南京组建华东航空学院，1956年内迁西安，更名为西安航空学院。1952年中国人民解放军军事工程学院空军工程系在哈尔滨组建，1966年更名为哈尔滨工程学院航空工程系。

西北工业大学一直是国家重点建设的高校，1960年被国务院确定为全国重点大学，"七五""八五"均被国务院列为重点建设的全国15所大学之一，是全国首批设立研究生院的22所高校之一，1995年首批进入"211工程"，2001年进入"985工程"，2017年进入国家"一流大学"建设高校（A类）。

学校秉承"公诚勇毅"校训，弘扬"三实一新"校风，现有学生26000余人，教职工3700余人，拥有友谊与长安两个校区，占地面积5100亩，形成了以三航学科群为引领，3M（材料、机电、力学）学科群、3C（计算机、通信、控制）学科群、理科学科群和人文社科学科群协调发展的学科体系。

二、档案馆概况

1. 基本情况

档案馆成立于1995年5月。2001年11月学校将档案馆调整为直属的独立建制正处级单位。2006年12月，学校成立校史馆，与档案馆按照一个实体、两块牌子运行。

1997年12月，国家档案局批准为"科技事业单位档案管理国家一级"。2006年10月，中组部批准为"干部人事档案工作目标管理一级"。2006年12月，陕西省档案局批准为"陕西省档案工作目标管理AAA级认证"单位。2010年1月，中组部批准为"干部人事档案管理合格"单位。现设有人事档案、科技档案室、综合档案室、校史馆办公室等科室，专职档案人员14人，人员学历结构为：硕士研究生7名，本科5名，大专2名。全校兼职档案员102人。

档案馆面积1740平方米，库房面积1020平方米，年度业务经费约35万元。

2. 馆藏情况

现馆藏档案由西北工学院、华东航空学院（西安航空学院）、西北工业大学（1957年至今）3个档案全宗构成，含党群、行政、教学、科研、财会、基建、设备、产品、声像、出版、外事、实物、人物、学生、干部等十五个门类的档案，馆藏档案170000余卷。其中人事档案10207卷、学生档案19005卷、照片档案21205张、实物档案1238件。

3. 档案信息化、数字化情况

使用"东方飞扬"档案管理系统（V5.0），案卷级条目电子化83506条，文件级条目电子化913093条，已经挂接全文扫描503847页，照片扫描11028张，数字化经费投入90万余元。现已经与学校办公系统对接，实现条目、电子文件同步归档。

4. 档案服务与利用情况

档案服务方面，以计算机软件系统管理为主，提供多层次服务，档案编研水平不断提高。档案服务转变传统的"重工作使用、轻个人利用，重为学校管理服务、轻为师生个人服务"观念，将师生个人利用与单位使用协同推进，在积极主动为师生提供优质服务的同时，还根据需求开展档案信息资源的收集、整理、开发和利用，将传统载体档案转化为数字档案资源。

档案利用做到利用流程规范、手续简化、方便快捷，通过充分发挥网络作用，建立微信、网站多层次档案信息化查阅平台满足利用者，充分发挥档案的价值功能。

5. 编研情况

组织编写了《西北工业大学发展概要》《档案工作规范与实践》《西北工业大学图说校史》《老照片》《西北工业大学长安校区十周年建设图片汇编》《砥砺奋进五年档案图片汇编》《校史沙画视频》《大事记》《学校协议汇编》《校领导讲话汇编》等编研材料43种，为利用档案提供便捷途径。通过编制专题目录、案卷目录等各类检索工具，积极进行档案信息咨询服务，积极为学院教学、科研、管理等工作服务。

6. 特色服务

建立了1+N的档案信息化模式，以"东方飞扬"综合档案管理系统为主，根据业务建设若干档案子系统，目前已建设学生档案管理系统、干部档案管理系统、成绩单制作系统、档案利用网上收费平台、档案预约归档审核系统、图片档案管理系统等，以便提供更优质档案信息化服务。

三、各类获奖情况

1. 1993年，党秋霞、黄建森《浅议档案工作管理中的双向选择管理方法》，载《航空档案》1993年第4期，获航空工业系统档案协作组二等奖。

2. 1994年，党秋霞《浅议高校档案馆（室）的目标管理》，载《学校档案》1994年第5期，获陕西高教系统档案学会论文二等奖、1991—1995年陕西省档案学会优秀成果三等奖、中国高校档案工作协会论文三等奖。

3. 1995年，钱晓月《浅议新时期高校财务档案工作者应具备的基本素质》，载《高校财会》1995年第55期，获陕西高教系统档案学会论文三等奖。

4. 1995年，学校被陕西省教育委员会授予"陕西省高等学校档案工作先进集体"称号，党秋霞被陕西省教育委员会评为陕西省高等学校档案工作先进工作者。

5. 1995年，学校被陕西省档案局、陕西省人事厅授予"陕西省档案工作先进集体"称号，党秋霞被陕西省档案局、陕西省人事厅评为陕西省先进档案工作者。

6. 1996年，学校被中国航空工业总公司评为"中国航空工业总公司档案工作先进单位"，马琳被中国航空工业总公司评为中国航空工业总公司档案工作先进工作者，沈凤岐被中国航空工业总公司授予航空工业档案工作特别奖。

7. 1996年，学校被中国航空工业总公司教育局授予"院校系统档案工作先进单位"称号，张吉满、陈根喜、何世萍、李书珍被中国航空工业总公司教育局评为院校系统先进档案工作者。

8. 1998年，学校被陕西航空工业局授予"陕西航空工业科技档案管理先进集体"称号。

9. 1998年，高宝兰被中国航空工业总公司评为航空工业干部人事档案工作先进工作者。

10. 1998年，党秋霞、张吉满被中国航空工业总公司评为航空工业科技事业单位档案目标管理活动先进个人。

11. 1999年，党秋霞、李改琴、张吉满、钱晓月被中国航空工业档案馆评为科技事业单位档案工作目标管理活动突出贡献奖。

12. 2000年，学校被陕西省档案学会授予"全省档案学会工作先进集体"称号，党秋霞被陕西省档案学会评为全省档案学会先进工作者。

13. 2000年，学校被陕西省档案局、陕西省人事厅授予"陕西省档案工作先进集体"称号。

14. 2001年，柯峰、党秋霞《档案网络化及档案馆之对策》，载《陕西档案》第5期，获陕西省第七次档案学术讨论会一等奖、陕西高教系统档案学会第十一次学术会论文二等奖、中国高校档案工作协会第四次学术会论文三等奖。

15. 2002年，学校被陕西省委教育工委、陕西省教育厅授予"陕西省高等学校档案工作先进集体"称号，李改琴被陕西省委教育工委、陕西省教育厅评为陕西省高等学校档案工作先进工作者。

16. 2003年，档案馆被西北工业大学机关党委评为校机关作风建设先进单位。

17. 2004年，党秋霞、柯峰《新世纪新阶段高校档案人才队伍建设》，载《西北工业大学学报》（社会科学版）2004年第3期，获陕西高教系统档案学会第十二次学术会论文二等奖。

18. 2004年，党秋霞《检查民办高校档案管理工作引发的若干思考》，获陕西高教系统档案学会第十二次学术会论文二等奖。

19. 2004年，柯峰《浅谈高校照片档案的管理》，获陕西高教系统档案学会第十二次学术会论文二等奖。

20. 2004年，柯峰《浅谈电子档案的鉴定、保管及利用》，获陕西高教系统档案学会第十二次学术会论文二等奖。

21. 2004年，土红莉《高校档案资源信息化建设的几点思考》，获陕西高教系统档案学会第十二次学术会论文二等奖。

22. 2005年，土红莉《关于建立"商业性文件管理中心"的设想》，载《陕西档案》2005年第1期，获陕西高教系统档案学会第十二次学术会论文二等奖。

23. 2006年，蔡利剑《浅析电子文件的前端控制》，获国防科工委所属高校2006年档案学术论文评选一等奖。

24. 2006年，柯峰《浅谈新时期档案编研工作》，获国防科工委所属高校2006年档案学术论文评选二等奖、陕西高教系统档案学会第十三次学术会论文三等奖。

25. 2006年，党秋霞《信息化进程中高校档案工作的改革与发展方向》，获国防科工委所属高校2006年档案学术论文评选三等奖、陕西高教系统档案学会第十三次学术会论文二等奖。

26. 2006年，柯峰、冯冬《高校照片档案数字化管理刍论》，获国防科工委所属高校2006年档案学术论文评选三等奖。

27. 2006年，王彬彬《高校人事档案现代化建设和管理的思考》，获国防科工委所属高校2006年档案学术论文评选三等奖。

28. 2006年，土红莉《高校基本建设档案管理工作模式初探》，获国防科工委所属高校2006年档案学术论文评选三等奖、陕西高教系统档案学会第十三次学术会论文三等奖。

29. 2006年，李改琴《关于实施〈归档文件整理规则〉的认识与思考》，获国防科工委所属高校2006年档案学术论文评选三等奖、陕西高教系统档案学会第十三次学术会论文三等奖。

30. 2006年，土红莉《数字档案馆及其实现形式》，获陕西高教系统档案学会第十三次学术会论文二等奖。

31. 2006年，蔡利剑《档案馆网站与图书馆网站建设的比较》，获陕西高教系统档案学会第十三次学术会论文二等奖。

32. 2007年，学校被陕西省委组织部授予"陕西省干部档案工作先进集体"称号，党秋霞被陕西省委组织部评为陕西省干部档案工作先进工作者。

33. 2007年，档案馆被评为西北工业大学本科教学工作水平评估先进集体。

34. 2007年，档案馆被评为西北工业大学2006—2007学年"三育人"先进集体。

35. 2008年，学校被陕西省教育厅授予"陕西省高等学校档案工作先进单位"称号，党秋霞、王彬彬被陕西省教育厅评为陕西省高等学校档案工作先进工作者。

36. 2013年，学校被陕西省人力资源和社会保障厅、陕西省档案局表彰为"陕西省档案工作先进集体"。

37. 2013年，学校被陕西省教育厅授予"全省高等学校档案工作先进单位"称号，柯峰、土红莉被评为先进工作者。

四、档案工作"十三五"规划建设目标

档案馆（校史馆）建设要跟踪学校的教学、科研、管理等中心工作，主动提供高效的档案服务，突出档案工作在科学管理、提高效率、教书育人等方面的作用。创新档案管理服务方式，充分运用信息化手段，开发综合信息服务平台，加强档案宣传和校史教育，深入推进学校档案文化建设。

1. 以能力建设为抓手，把学习能力、管理能力、服务能力和发展能力的建设，作为科学发展的重要基础、关键所在、重点内容和努力方向。

2. 以文化建设为基础，将大力宣传档案文化，改进机关作风，切实加强思政教育，积极打造优秀校史文化，贯穿于管理服务的始终。

3. 以协同创新为途径，以发展转型为根本，实现从单一性档案管理服务向集成化档案资源开发中心转型，从服务型校史研究展览机构向开放式校园文化建设中心转型。

（撰稿人：柯峰）

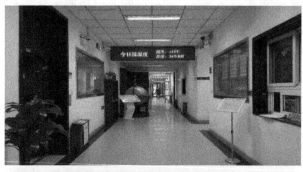

西北农林科技大学

一、学校基本情况

西北农林科技大学是教育部直属高校，是国家"985工程""211工程"重点建设高校。20世纪30年代初，于右任先生、杨虎城将军选址杨陵创办成立国立西北农林专科学校。1999年9月，经国务院批准，由同处杨凌的西北农业大学、西北林学院、中国科学院水利部水土保持研究所、水利部西北水利科学研究所、陕西省农业科学院、陕西省林业科学院和陕西省中国科学院西北植物研究所等七所科教单位合并组建为西北农林科技大学。

学校从1936年招生，1941年培养研究生。现有全日制本科生20927人，硕士研究生6969人（其中全日制5762人），全日制博士生研究生1857人，留学生273人。现设有25个学院（系、所、部）和研究生院，66个本科专业。累计获得各类科技成果6000余项，获奖成果1800余项。现有教职工4472人，有两院院士3人。学校校园占地5657.18亩，建筑面积125.07万平方米。固定资产总值44.16亿元。图书馆馆藏印刷本图书251.06万册、电子图书184.4万册。现有各类教学实习基地301个，建立产学研结合试验示范站26个、农业科技示范基地45个。校园以"田"为骨架、以"园"为载体，享有"生态花园学府"美誉。

二、档案馆概况

1. 基本情况

档案馆成立于2000年7月，副处级建制，挂靠党委校长办公室。档案馆下设办公室、业务指导室、保管利用室及学生档案室。现有工作人员13人，副高级职称3人，本科以上学历人员7人。兼职档案人员60名，学校各职能部门、学院（系、部、所）各有1名负责人分管本部门档案工作，已形成全校的档案管理网络体系。档案馆面积3436平方米。档案管理经费由2000年的2万元增加到2016年的35.03万元，2017年24.7万元。档案数字化已纳入学校智慧校园建设规划中，每年划拨专项经费5万元。

2. 馆藏情况

学校馆藏档案门类齐全，档案资料丰厚。除设有高等学校常规的党群、行政、教学、科研等十个门类的档案外，还设有人物、声像、实物等不同类别或载体的档案及文物资料。现馆藏档案15.2138万卷、5.1555万件，资料1.1118万卷（件），人事档案（学生档案）2.4616万卷。馆藏档案分为9个全宗：（1）西北农业大学（1934—1999年）；（2）西北林学院（1979—1999年）；（3）中国科学院水利部水土保持研究所（1956—1999年）；（4）水利部西北水利科学研究所（1940—1999年）；（5）陕西省农业科学院（1952—1999年）；（6）陕西省林业科学院（1958—1999年）；（7）陕西省中国科学院西北植物研究所（1965—1999年）；（8）西北农林科技大学（1999至今）；（9）人事档案。

馆藏档案起始于1933年，记载着学校悠久历史和办学传统。馆藏珍品有：于右任先生和杨虎城将军筹建时期的实物和照片，刻有"农专右任"字样的青砖；戴季陶题写的奠基词和《西北农林教育之意见书》；1933年购地地契；明代状元康对山著《武功县志》（清代版本）；国立西北农林专科学校筹备会议期间蔡元培、于右任、朱家骅、张继、辛树帜等著名人士的亲笔签名；教育部成立国立西北农学院的批文；蒋介石、陈立夫、蒋经国等人签发的委任状；抗战期间进步学生"亢丁"壁报；日军轰炸三号教学楼照片以及财产损失情况报告等。

3. 档案信息化、数字化情况

档案馆使用"南大之星"档案管理系统、毕业生档案转递信息查询系统、毕业生照片查询系统等管理软件。2003年，建立了档案馆网站，2011年，对档案馆网站进行了全面的改版更新。2009年至今，逐年对馆藏档案进行数字化，共著录案卷级目录31.99万余条、文件级目录40.24万条。档案馆网站以及数据库，由学校网络与教育技术中心负责运行维护和管理服务工作，确保了档案馆网站安全运行。

4. 档案服务与利用情况

利用档案馆丰富的校史资源，2009年建成了校史馆。校史馆面积500平方米，突出展示了学校产学研紧密结合的办学特色和"经国本、解民生、尚科学"的办学宗旨，完整呈现了学校八十多年历史进程、重大校史事件及优秀校友的形象。2014年9月建成了国内首家"于右任教育思想纪念馆"，纪念馆展览面积200余平方米。

校史馆和于右任教育思想纪念馆已成为宣传学校历史文化的窗口、校史教育的基地、校园文化的亮点，现已发展为全国青少年爱国主义教育的基地，2017年7月入选全国首批"港澳青少年游学基地"。

5. 编研情况

档案馆开展了多层次档案信息资源开发工作，通过对档案文献资料进行编纂和二次、三次加工，编辑出版了《西北农林科技大学年鉴》1999—2016年、《西北农林科技大学组织沿革》、《档案利用效果汇编》、《西北农林科技大学民主革命回忆文集》、《故人手泽——辛树帜信函选编》、《寻踪西农》、《民国西农纪事（1932—1949）》等20余种编研资料。2010年以来，编纂出版校史著作共计11部，发表校史研究论文9篇，先后在《山西档案》《兰台世界》等国内核心刊物发表学术论文7篇。

三、各类获奖情况

1. 1988年，学校被陕西省档案馆授予"陕西省档案工作先进集体"称号。

2. 1989年，学校被农业部授予"农业部档案工作先进单位"称号。

3. 1991年，学校被陕西省档案局、陕西省人事厅授予"全省档案系统先进单位"称号。

4. 1994年，学校被水利部授予"部级科技事业档案管理单位"称号。

5. 1995年，学校被国家档案局、中央档案馆授予"全国档案工作先进集体"称号。

6. 1995年，学校被陕西省档案局、陕西省人事厅授予"陕西省档案工作先进集体"称号。

7. 1995年，张万森、尚兰英被陕西省教育委员会授予"陕西省高等学校档案工作先进工作者"称号。

8. 1996年，学校被国家档案局授予"科技事业单位档案管理国家二级"称号，李文艳被国家档案局授予"档案管理'国家二级'标准突出贡献奖"称号。

9. 1999年，学校被水利部授予"全国水利系统档案工作先进单位"称号，李文艳被水利部授予"全国水利系统档案工作先进个人"称号。

10. 2000年，学校被陕西省档案局、陕西省人事厅授予"陕西省档案工作先进集体"称号。

11. 2001年，安聪娥被陕西省档案局授予"全省档案信息工作先进个人"称号。

12. 2002年，学校被陕西省委教育工委、陕西省教育厅授予"陕西省高等学校档案工作先进集体"称号，安聪娥、刘文娟被陕西省委教育工委、陕西省教育厅授予"陕西省高等学校档案工作先进工作者"称号。

13. 2002年，李文艳被陕西省档案局、陕西省人事厅授予"陕西省先进档案工作者"称号。

14. 2004年，学校被陕西省档案局、陕西省人事厅授予"全省档案系统档案工作先进集体"称号。

15. 2004年，学校被陕西省档案学会授予"陕西省2000—2004年度学会工作先进集体"称号。

16. 2005年，学校被陕西省委教育工委、陕西省教育厅授予"陕西省2004年度精神文明建设'创佳评差'最佳单位"称号。

17. 2005年，学校被陕西省档案局授予"陕西省档案工作目标管理认证AAA级单位"称号。

18. 2007年，李文艳被国家档案局、中央档案馆授予"全国优秀档案工作者"称号。

19. 2008年，学校被陕西省人事厅、陕西省档案局授予"全省档案系统档案工作先进集体"称号。

20. 2008年，学校被陕西省教育厅授予"陕西省高等学校档案工作先进单位"称号，李文艳、宋武彩被陕西省教育厅授予"陕西省高等学校档案工作先进工作者"称号。

21. 2011年，学校被陕西省档案局授予"陕西省档案系统巾帼文明岗"称号。

22. 2015年，学校档案馆被杨凌示范区授予"巾帼文明示范岗"称号，被陕西省教育工会授予"五一巾帼标兵岗"称号。

23. 2015年，杨恒论文《老西农与抗战纪事》被西北农林科技大学评为"纪念抗日战争胜利70周年"征文大赛一等奖、《抗战时期的西农开放办学》获得征文大赛优秀奖。

24. 2016年，由王文慧主编的《民国西农纪事（1932—1949）》被中国高等教育学会档案工作分会评为档案工作研究优秀成果二等奖，同时被评为教育部直属高校档案工作协会馆长论坛暨优秀案例三等奖。

（撰稿人：安聪娥、李高峰）

西安电子科技大学

一、学校基本情况

西安电子科技大学是电子与信息特色优势鲜明的高校，是国家"一流大学一流学科"建设高校之一、国家双创示范基地之一，直属教育部，是首批7所一流网络安全学院建设示范项目、首批35所示范性软件学院、首批9所示范性微电子学院和首批9所获批设立集成电路人才培养基地的高校之一。

学校前身是1931年诞生于江西瑞金的中央军委无线电学校，是毛泽东等老一辈革命家亲手创建的第一所工程技术学校。1958年学校迁址西安，1966年转为地方建制，1988年定为现名。建校八十多年来，学校始终得到了党和国家的高度重视，是我国"一五"重点建设项目之一，也是1959年中央批准的全国20所重点大学之一。

学校现建设有南北两个校区，总占地面积约270公顷，在校生3万余人，专任教师1900余名，各类教学单位19个。学校是国内最早建立信息论、信息系统工程、雷达、微波天线、电子机械、电子对抗等专业的高校之一，开辟了我国IT学科的先河，形成了鲜明的电子与信息学科特色与优势。

二、档案馆概况

1. 基本情况

西安电子科技大学档案馆前身是1981年成立的综合档案室，挂靠校长办公室。1993年10月经电子工业部批准成立档案馆，隶属党政办公室。档案馆是全国科技事业单位档案目标管理国家二级单位（1996年）。2008年10月，档案馆成为独立的副处级档案行政管理职能部门。档案馆下设办公室、收集指导部、管理利用部、信息技术部、编研部。编制人员6人。设馆长（副处级）1名，副馆长（科级）1名。管理人员3人，专技岗位（馆员）3名；硕士研究生学历2人，本科学历2人，大专学历2人；高级职称1人，中级职称4人，初级职称1人；女职工4名，男职工2名。兼职档案员114人，形成了覆盖全校的档案工作网络体系。馆舍面积675平方米，其中库房529平方米，办公及业务用房125平方米，阅档室21平方米。每年常规经费4.6万元。2012—2017年投入档案馆经费共计439.6万元，其中2016年、2017年两年投入325.8万元（主要来源于专项经费）。

2. 馆藏情况

档案馆现有馆藏始于1947年，有2个全宗，截至2017年馆藏档案111392卷，包括党群、行政、教学、科研、基建、设备、产品、出版、外事、财会、声像载体、实物、人物等十三个门类。

3. 档案信息化、数字化情况

2016年使用南京"轩恩"档案管理系统，包括成绩翻译系统、利用发布系统、中文证明系统、企业认证系统、网站抓取系统以及编研系统、学籍系统、论文管理系统等8个子系统。目前已经数字化案卷级目录29900万条、文件级目录54100万条，完成了330余万页数字化存量档案资源，数字化率达到50%。目前已与学校信息化处数字数据中心、财务系统、教务处本科生成绩系统、学校自助打印平台对接。2016—2017年数字化投入经费共计263万元。

近三年建立了2个网站、2个微信工作服务平台。

4. 档案服务与利用情况

围绕档案工作的基本职能，重点做了以下工作：一是为学校服务。为学校的教学、管理、科研等工作提供档案查询利用服务，如校史馆升级、博物馆建设、本科教学审核评估、国家重大节庆及学校各项专项检查等活动和工作，教育部巡视组专项检查等多项专项检查。配合校园文化建设工作，为南北校区办公楼挂像和建筑铭牌建设工程，提供历史档案存照和专题基建档案。二是为学生服务。在学生出国深造、就业时提供教学档案、各种奖励、分配去向的档案证明以及中英文成绩和各类证明的翻译工作，补办档案丢失材料。三是为教职工服务。围绕各种福利待遇出具档案证明。四是为社会服务。围绕单位用人、干部人事档案审核、解决个人历史遗留问题等方面，提供各种档案史料、证明和学历学位成绩认证。

增加远程和网络服务，实现了成绩档案证明、企业认证服务等的检索、提交、支付的网络自助服务，建立本地和虚拟自助服务系统，目前学生出国成绩档案证明及本校师生的部分档案证明，实现两校区自助打印。2014年、2015年、2016年档案利用分别为4000余人次近万卷次、6000余人次2万卷次和近万人次5万卷次。

5. 编研情况

编研的成果有《谈往鉴今——西电往事访谈录》《科学的千里眼顺风耳——西安电子科技大学与抗战》《西安电子科技大学校舍变迁图集》《深切关怀　殷殷厚望——西安电子科技大学题词集萃》《往事话西电》《博物馆画册》《1991—2010年陕西教育传记人物》《陕西教育志——西安电子科技大学迁址西安》等。

6. 特色服务

（1）档案馆以西电往事工作组为依托，挖掘校史档案资源，讲好西电故事，实现以史资政、以史育人。

利用学校红色历史资源，做好口述历史活动。共采访50余位离退休革命老干部和老专家，回忆或访谈文章在《西电科大报》、西电往事网站等校园媒体上刊登，受到师生的一致好评，扩大了学校的社会影响。西安日报的记者采访了西安电子科技大学及省属其他两所高校，2017年10月13日在《西安日报》及网络版发表了题为《口述历史，见证学校的发展，传承大学的精神，积淀大学文化》的宣传报道。

利用重大节庆日，举办主题档案展览，讲述西电故事。2015年、2016年、2017年，相继举办中国人民抗日战争暨世界反法西斯战争胜利七十周年主题展览、校园风貌主题展览、领导题词展览。展览持续一个半月，以此来讲述西电故事，推进爱国爱校教育，传承西电精神，弘扬西电文化。

（2）利用信息化手段，协同信息化建设处，建成自助打印平台，主要服务于学生中英文出国事务、各类证明等，学生可通过刷一卡通、身份证等实时办理业务。

三、各类获奖情况

1. 1986年，档案馆与学校七系合作"高等院校事务管理系统"，10月部级鉴定，获电子工业科技进步二等奖。

2. 1989年，学校被陕西省委、省人民政府授予"陕西省优秀档案工作先进集体"称号。

3. 1989年，曹启荣《耗散结构理论与教学档案》，载《机械电子档案》1990年第1期，获机械电子工业档案学会学术论文荣誉奖。

4. 1990—2006年（每年），学校被陕西省电子厅、陕西省信息产业厅授予"电子工业档案工作先进集体"称号。

5. 1990年，学校被机械电子部办公厅授予"机械电子部档案工作先进集体"称号。

6. 1990年，档案馆被中共西安电子科技大学委员会授予"校先进集体"称号。

7. 1991年，学校被陕西省档案局、陕西省人事厅授予"陕西省档案工作先进集体"称号。

8. 1991年，潘祖彭、杨妙灯等《使高校档案进入信息流通领域的探讨》，载《机械电子档案》1991年第2期，获机械电子工业档案学会二等奖。

9. 1992年，李文朴、田斌《西电文书档案的挖掘与利用》，获机械电子工业档案学会二等奖。

10. 1992年，杨妙灯《档案事业的生命力在于提供利用》，载《档案工作理论与实践》，陕西师范大学出版社1992年出版，获机械电子工业档案学会三等奖。

11. 1992年，陈安宁《立足学校档案工作实际，探索档案管理现代化》，载《档案工作理论与实践》，陕西师范大学出版社1992年出版，获陕西省电子工业档案学会优秀论文奖。

12. 1992年，杨妙灯《浅谈高校科研档案的超前控制》，载《机械电子档案》1993

年第1期，又载《中国新时期社会科学成果荟萃》，中国经济出版社1999年出版，获机械电子工业档案学会三等获。

13.1994年，杨妙灯《新形势下高校档案工作的思考》，载《机械电子档案》1994年第3期，获陕西省电子工业档案学会优秀论文第一名，1995年获中国高校档案协会首次档案科研成果参评奖。

14.1994年，曹启荣《浅谈档案信息开发中的深加工》，载《机械电子档案》1994年第6期，获中国机电兵船工业档案学会优秀论文奖，1996年获陕西省首次档案学优秀成果奖。

15.1994年，杨妙灯、刘武宇《浅谈高校设备仪器档案的管理》，载《机械电子档案》1995年第2期，获中国机电兵船工业档案学会优秀论文奖。

16.1994年，杨妙灯《编研架起开发档案信息的桥梁》，获陕西省电子工业档案学会优秀论文奖。

17.1995年，学校被陕西省档案局、陕西省人事厅授予"陕西省档案工作先进集体"称号，杨妙灯被陕西省档案局、陕西省人事厅评为陕西省先进档案工作者。

18.1995年，学校被陕西省教育委员会授予"陕西省高等学校档案工作先进集体"称号，杨妙灯、田斌被陕西省教育委员会评为陕西省高校档案工作先进工作者。

19.1995年，档案馆被中共西安电子科技大学委员会授予"校先进集体"称号。

20.1995年，曹启荣《档案分类主题一体化的思考》，载《机电兵船档案》1996年第2期，获中国机电兵船工业档案学会三等奖。

21.1996年，曹启荣《开展定题服务，充分发挥高校档案的作用》，载《机械电子档案》1992年第1期，又载《中国档案管理精览》，中国档案出版社1997年出版，获中国高等学校档案工作协会首次档案科研成果参评奖。

22.1996年，房春安《浅谈对照片档案的认识及其作用》，获陕西省电子工业学会优秀论文奖。

23.1996年，房春安、田斌《照片档案刍议》，载《当代中国档案学文库》，中国档案出版社1999年出版，获中国机电兵船工业档案学会二等奖。

24.1996年，刘武宇、杨妙灯《浅谈新形势下档案人员继续教育和素质要求》，载《机电兵船档案》1997年第3期，获陕西省电子工业档案学会优秀论文奖。

25.1996年，田斌《试论照片档案的整理与深加工》，获陕西省电子工业档案学会优秀论文奖。

26.1996年，曹启荣《新形势下档案检索语言的发展》，获陕西省电子工业档案学会优秀论文奖。

27.1996年，学校被电子工业部办公厅授予"电子工业部档案工作先进集体"称号。

28. 1997年，杨妙灯、陈安宁、潘祖彭等《高校档案与社会信息化的接轨》，载《陕西高教档案求是》，西北工业大学出版社1998年出版，获陕西省第五次档案学术研讨会优秀论文一等奖。

29. 1997年，房春安、李文朴《浅谈基建档案整理编研与利用》，载《机电兵船档案》1997年第1期，获中国机电兵船工业档案学会三等奖。

30. 1998年，杨妙灯、田斌、房春安、何翔被国家档案局评为科技事业单位档案管理突出贡献奖。

31. 1998年，曹启荣《对高校档案定题服务的再思考》，获中国机电兵船工业档案学会论文二等奖、陕西省电子工业档案学会优秀论文奖。

32. 1998年，房春安《法律援助对"档案法"实施办法的思考》，载《机电兵船档案》1998年第2期，又载《陕西高教档案求是》，西北工业大学出版社1998年出版，获陕西省第六次档案学术研讨会一等奖，1998年获中国机电兵船工业档案学会三等奖。

33. 1998年，何翔《浅谈高校档案宣传工作的现状及出路》，载《中国档案学会第二届青年档案学术研讨会论文集》，中国档案出版社1998年出版，获青年论文奖。

34. 1999年，杨妙灯《重视高校档案目标管理考评定级　提高档案管理水平》，载《当代中国档案学文库》，中国档案出版社1999年出版，获中国机电兵船工业档案学会三等奖。

35. 2000年，杨妙灯、房春安、刘武宇等《西安电子科技大学基建档案专题汇编》，获中国机电兵船工业档案学会编研成果二等奖。

36. 2001年，杨妙灯、何翔《关于档案价值鉴定工作的思考》，载《新世纪档案理论与实践创新成果》，西安地图出版社2002年出版，入选2002年中国档案学会第六次全国档案学术讨论会，分获中国机电兵船工业档案学会二等奖、教育部直属高校档案工作协会学术论文二等奖。

37. 2002年，学校被陕西省委教育工委、陕西省教育厅授予"陕西省高等学校档案工作先进单位"，杨妙灯被陕西省委教育工委、陕西省教育厅评为陕西省高校档案工作先进工作者。

38. 2003年，杨妙灯《高校档案部门的法制建设》，载《陕西档案》2003年第1期，获陕西省电子工业档案学会优秀论文奖第一名。

39. 2003年，杨妙灯《高校记忆工程之行政手段探讨》，载《西安电子科技大学学报》（社会科学版）2004年第1期，获中国机电兵船工业档案学会三等奖。

40. 2004年，杨妙灯、房春安等《从档案质量探讨科研档案的生命力》，载《陕西档案》2004年第2期，又载《西安电子科技大学学报》（社会科学版）2004年第1期，获陕西省档案学会优秀成果（论文类）一等奖、中国机电兵船工业档案学会一等奖，

2006年12月获得中国档案学会第五次档案学优秀成果奖档案学术论文类三等奖。

41. 2004年，档案馆被西安电子科技大学授予"校创新示范岗"称号。

42. 2006年，房春安被陕西省信息产业厅评为档案先进工作者。

43. 2008年，学校被陕西省教育厅授予"陕西省高等学校档案工作先进单位"称号，田斌被评为先进工作者。

44. 2013年，学校被陕西省教育厅授予"全省高等学校档案工作先进单位"称号，杨黎娟被评为先进工作者。

45. 2016年，《挖掘校史文化精髓推动校园文化建设——以西安电子科技大学为例》在教育部直属高校档案协会馆长论坛暨优秀案例评审中荣获三等奖。

46. 2016年，房春安被评为中国机电兵船工业档案学会先进个人。

47. 2017年，房春安被陕西省教育厅评为"远洋杯"全省教育系统纪念《档案法》颁布30周年演讲赛优秀奖。

四、档案工作"十三五"规划建设目标

按照学校"十三五"规划目标，结合工作实际，实现档案的信息化和数字化，建设智慧档案馆；进一步加强档案编研，挖掘有价值的档案资源，实现以史育人，强化档案育人功能；优化"三个体系"建设，收全档案，牢固档案业务基础。理顺档案管理机制，完成档案规章制度建设，构建更为科学的档案管理机制和服务模式，努力实现学校档案事业与高水平大学建设相适应，为建设双一流大学贡献力量。

（撰稿人：杨舒丹）

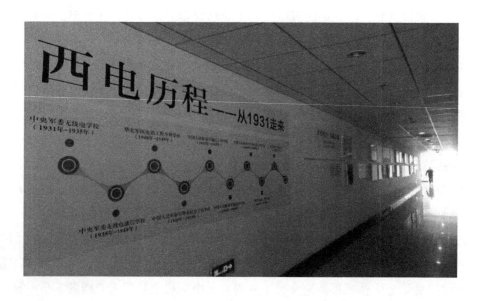

陕西师范大学

一、学校基本情况

陕西师范大学前身是1944年成立的陕西省立师范专科学校，1954年更名为西安师范学院，1960年与陕西师范学院合并，定名为陕西师范大学，1978年划归教育部直属。学校建有长安、雁塔两个校区，占地面积2800亩。

学校设有研究生院和21个学院、1个基础实验教学中心及民族教育学院（预科教育），有63个本科专业，18个博士后科研流动站，15个博士学位授权一级学科，112个博士学位授权学科专业，40个硕士学位授权一级学科，197个硕士学位授权学科专业，1个博士专业学位授权点（教育博士），22个硕士专业学位授权点（含工程硕士9个领域）。学校现有全日制本科生17600余人，研究生17400余人（其中免费师范生在职攻读教育硕士9000余人），继续教育和网络教育学生41500余人，外国留学生1100余人。

建校七十多年来，学校秉承"厚德、积学、励志、敦行"的优良传统，立足西部，面向全国，已发展成为一所有重要影响的综合性一流师范大学，为国家培养各类毕业生30余万人，形成了"抱道不曲、拥书自雄"的学风和"淳厚博雅、知行合一"的校风。

二、档案馆概况

1. 基本情况

档案馆成立于1991年。早在陕西省立师范专科学校时期，就设立秘书室，由专人分管档案工作。后几经发展，于1988年成立综合档案室，管理全校文书档案和科技档案。1991年11月，经原国家教委直属司批准，成立了档案馆，正处级建制。2000年3月，原隶属人事处管理的人事档案室划归档案馆。

档案馆设收集指导室、保管利用室、人事档案室、网络技术室和办公室。现有专职档案管理人员15人。研究生学历8人，本科学历4人，大专学历1人；高级职称3人，中级职称8人，初级职称1人。兼职档案员近百人。档案馆总建筑面积1228平方米，库房面积占828平方米。校史馆面积约900平方米。档案业务经费每年20万元。

2. 馆藏情况

馆藏档案起始于1944年，有西安师范学院、陕西师范学院、陕西师范大学3个全宗。截至2017年底，馆藏综合档案175731卷，学生档案25251袋，教职工人事档案5991

袋。照片档案13441张，光盘811张，实物档案1818件。此外，还有名人档案858卷，资料2278册。

3. 档案信息化、数字化情况

档案馆使用"南大之星"档案管理系统，该系统与学校OA系统实现了对接，学校办公系统中流转的公文能够实时归档。已著录案卷级目录108064条、文件级目录627110条。自2014年开展档案数字化工作以来，学校已划拨数字化专项经费153.5万元，目前已全文扫描各类纸质档案370万页，扫描照片9774张。

4. 档案服务与利用情况

在严格遵守查档纪律的前提下，档案馆围绕学校工作及社会需求，通过接待查借阅、电话咨询、信函代办、网络授权查询等方式，积极开展档案资源服务利用工作，馆藏档案为服务学校教学、科研、管理等工作以及教职工切身利益发挥了基础性作用。在核对招生合同协议、汇编文件制度、发放住房补贴、核查生产补助等关系校计民生工作中，特别是在干部人事档案审核、教职工养老保险信息核查、党员组织关系集中排查、教育部"三公经费"审计、学院院史编撰等重大工作中，档案馆克服困难积极配合，妥善安排人力和设备，一方面保证了学校阶段性工作按计划有秩序圆满完成，增强了为学校重大工作决策服务和为学校及相关部门提供有效咨询服务的能力；另一方面及时提供解决关系教职工切身利益的真实性凭据，为化解高校内部矛盾，稳定教学、科研等管理秩序，服务和谐校园建设发挥了应有的作用。

5. 编研情况

档案馆参与编写了《陕西师范大学校史》《陕西师范大学编年记事》，独立编辑出版了《启夏之路——陕西师范大学图史》《陕西师范大学校史人物传略》。围绕学校中心工作的需要，档案馆还编写了《陕西师范大学规章制度汇编》《陕西师范大学组织机构沿革》《陕西师范大学高级技术职称信息汇总》《陕西师范大学先进集体、先进个人名单汇辑》《陕西师范大学历次党代会简介》等18种专题资料。

三、各类获奖情况

1. 1986年，解大远、马骏、吕彦明《鲜血换来的丰碑——全国各市、县（旗）历次解放时间资料汇编》，陕西师范大学出版社1986年出版，获陕西省社联三等奖。

2. 1987年，晋平《浅谈案卷装订之弊端及其改进》，载《陕西档案》1987年第2期，获陕西省档案学会三等奖。

3. 1989年，学校被陕西省档案局授予"全省档案工作先进集体"称号。

4. 1989年，马骏、赵际明《档案库房温湿度测试方法新探》，载《陕西档案》1989年第2期，获陕西高教系统档案学会优秀奖。

5. 1990年，晋平《档案人员在"升级活动"中的心理素质初探》，载《陕西档案》1990年第6期，获陕西省档案学会一等奖。

6. 1991年，学校被陕西省委组织部授予"干部档案工作先进单位"称号。

7. 1991年，学校被陕西省档案局、陕西省人事厅授予"全省档案系统先进单位"称号。

8. 1993年，杨宏娥《稀世珍宝秦封宗邑"瓦书"研究》，载《陕西档案》1993年第4期，获国家教委直属高校档案协会三等奖。

9. 1994年，杨宏娥《档案馆（室）领导何以称职》，载《陕西档案》1994年第4期，获中国高校档案协会三等奖。

10. 1995年，学校被陕西省档案局、陕西省人事厅授予"陕西省档案工作先进集体"称号，杨宏娥被评为陕西省档案工作先进工作者。

11. 1995年，杨宏娥、晋平被评为陕西省高等学校档案工作先进工作者。

12. 1997年，晋平《刍议档案心理学的构建》，载《陕西档案》1997年第6期，获陕西高教系统档案学会一等奖。

13. 2000年，晋平《档案价值鉴定的来源原则及其应用》，载《档案学通讯》2000年第2期，获中国档案学会二等奖。

14. 2002年，学校被陕西省委教育工委、陕西省教育厅授予"陕西省高等学校档案工作先进单位"称号，晋平、杨宏娥被评为陕西高等学校档案工作先进工作者。

15. 2004年，杨宏娥被评为全省档案先进工作者。

16. 2004年，晋平、耿景和、周倩《政务公开环境下档案开放范围的重新界定》，载《陕西档案》2004年第6期，获陕西高教系统档案学会一等奖。

17. 2005年，晋平、尚瑞清、偶晓霞《从"死档"成因谈附件著录问题》，载《档案管理》2005年第6期，获陕西高教系统档案学会一等奖。

18. 2008年，学校被陕西省教育厅授予"陕西省高等学校档案工作先进单位"称号，尚瑞清、卢佩琴、张丽平被陕西省教育厅评为陕西省高等学校档案工作先进工作者。

19. 2008年，赵际明被陕西省人事厅、陕西省档案局评为全省档案先进工作者。

20. 2009年，晋平、偶晓霞、原晓燕《政府信息公开环境下公文标密的缺憾与完善》，载《档案学研究》2009年第2期，获陕西省档案学会优秀成果二等奖。

21. 2010年，晋平《从文献保密等级考量学位论文的合理使用》，载《学位与研究生教育》第10期，获教育部直属高校档案工作协会三等奖。

22. 2011年，学校被陕西省人力资源和社会保障厅、陕西省档案局授予"全省档案工作先进集体"称号。

23. 2011年，晋平被陕西省妇女联合会、陕西省档案局评为全省档案系统"巾帼建功标兵"。

24.2013年，学校被陕西省教育厅授予"全省高等学校档案工作先进单位"称号，问宪莉、偶晓霞、高旭被陕西省教育厅评为全省高等学校档案工作先进工作者。

25.2015年，高旭、苟亚锋、张莺《高校数字档案馆建设探索与实践——以陕西师范大学为例》，获中国高等教育学会档案工作分会优秀论文二等奖。

（撰稿人：韩春霞）

长安大学

一、学校基本情况

长安大学直属教育部，是教育部和交通运输部、国土资源部、住房和城乡建设部、陕西省人民政府共建的国家"211工程"重点建设大学、国家"985工程优势学科创新平台"建设高校、国家世界一流学科建设高校。2000年由始建于20世纪50年代初的原西安公路交通大学、西安工程学院、西北建筑工程学院合并组建而成。学校坐落于历史文化名城西安，现有校本部和渭水两个校区、太白山和梁山两个教学实习基地，校园面积3745亩。校本部毗邻西安大雁塔，渭水校区位于国家级西安经济技术开发区。六十多年来，长安大学逐步发展成为以工为主，理工结合，人文社会科学与基础学科协调发展，以培养公路交通、国土资源、城乡建设等专业人才为办学特色，在国内外有一定影响的高等学府，已为国家培养各类毕业生25万余人。

二、档案馆概况

1. 基本情况

档案馆是在原西安公路交通大学、西安工程学院、西北建筑工程学院三校档案室的基础上，于2000年6月正式组建为综合档案室。2003年3月撤销综合档案室，成立档案馆，副处级建制，是为学校教学、科研、管理及广大校友服务的档案信息中心。总建筑面积744平方米，其中库房577平方米，办公71平方米，阅览28.5平方米，其他67.5平方米。从2008年起，档案馆分A区和B区管理。校史馆于2009年2月开始筹建，于2011年4月正式开馆。占地面积438平方米，展览面积378平方米。重点完成了校史资料、图片与实物的征集工作，学校大事记与专题史料的编撰工作，校友录软件的开发工作，校史馆招标、装修、展板加工工作。

档案馆工作人员实行专业技术职务聘任制，现有工作人员9人。学历状况：硕士研究生3人，双学士2人，大学本科4人；年龄状况：50岁以上3人，40—50岁3人，30—40岁1人，30岁以下2人；职称状况：高级职称（副研究馆员）2人，中级职称6人。

建馆以来，档案业务经费一直列入学校财务计划，学校财政每年为档案馆划拨5万元。2008年以来，累计划拨档案经费（档案业务费、信息化费、年鉴校史费等）150万元。

2. 馆藏情况

档案馆承担着学校50余家归档单位的归档任务，年进馆档案近1万卷。馆藏包括自1951年以来形成的5个全宗：北京公路学院全宗、西安公路交通大学（含西安公路学院）全宗、西安工程学院（含西安地质学院）全宗、西北建筑工程学院全宗、长安大学全宗。截至2017年底，5个全宗包含党群、行政、教学、科研、基建、设备、出版、外事、财会、产品、人物、实物、声像等十三个门类的档案，馆藏纸质档案17.1万余卷，实物档案1.9万余件，纸质照片档案1.2万余张，数码照片2.9万余张。其中还收集珍藏了包括原国家档案局局长冯子直在内的有关省部级领导的题词、书画以及教育部、交通部、地矿部、建设部等领导来校视察的照片。建有500多位副高职以上人物的个人档案，包括人物生平、事迹、外界评价材料、专著、论文、各类获奖证书、奖状、照片、音像等。

3. 档案信息化、数字化情况

档案馆加快档案信息化资源建设，逐步实现档案管理从传统型向数字型转变。创新性地开发了"校友查询系统"，收录1951—2017年各类毕业生23万余人，学生单人照、毕业照、学位照、成绩单等12万余张。

2017年档案馆印发了《长安大学电子文件归档与管理办法》，该办法由8章27条组成。

2005年使用"世纪科怡"3.0网络版档案管理系统，建立了档案管理局域网。2016年更换为"南大之星"档案管理系统网络版。此后，新进馆档案全部录入系统并实现全文挂接，已进馆档案陆续录入系统，截至2017年底，数据总量618601条，其中案卷级数据127986条，文件级数据490615条，图片数据79317张。对本科学籍档案、科研证书、老照片以及大中专高考录检表等进行数字化扫描和技术加工。

截至目前，档案馆数字化包括数码照片24497张，案卷2759卷、153892幅，以件为保管单位的电子档案4432幅，照片档案8678张，实物7213件。实现基建档案网上多媒体检索查询。

4. 档案服务与利用情况

2008年以来，档案馆不断更新服务理念，拓宽服务领域，丰富服务形式，改进服务手段。借助网络平台，一方面及时更新档案馆网页，发布服务流程与方式，把电话服务、传真服务、电子邮件服务、档案速寄服务等纳入档案服务；另一方面把校史展示、学位照下载服务、归档指导服务、档案查询服务等有机结合，使档案馆网站成为各类利用者、校友、档案专兼职人员交流的平台，实现了工作动态、工作制度、校史馆网络版、档案馆公告、基建档案网上多媒体检索查询。

档案馆工作人员不断树立良好的服务意识，态度热情，服务周到，尽最大努力满足来馆利用者的需要。除继续为学校的中心工作服务发挥重大作用外，档案馆为历届各类毕业生查阅并提供成绩单、录取名册等档案证明服务，提供毕业证、学位证等认证服务，为学校信访核查、各种纠纷及毕业生出国、提干等提供原始凭据服务等。2008年以来档案馆累计服务24141人次96410卷。

5. 编研情况

承担了2008—2016年《长安大学年鉴》《基本资料公报》全部编辑出版工作，打造"文化形象"品牌；编写《长安大学大事年表（1951—2010）》，编印《长安大学规章制度汇编（2000—2010）》上下两册。配合校史研究与编撰课题组完成《长安大学大事记（2000—2016年）》《西安公路交通大学大事记（1951—1999年）》《西安工程学院大事记（1953—1999年）》《西北建筑工程学院大事记（1953—1999年）》《长安大学历史沿革及隶属关系变化图》《长安大学历届领导班子一览表》《长安大学博士、硕士学科、专业及招生领域一览》《长安大学本科专业设置及其历史沿革》《长安大学教学院、系、部（室）设置及历史沿革》《长安大学历年教职工人数统计表》《长安大学历年招生、毕业生、在校生统计表》《长安大学历年教育、科研经费支出及固定资产增减统计表》《长安大学历年基建投资及完成建筑面积统计表》《长安大学教学科研成果奖励情况统计表》《长安大学享受政府特殊津贴人员名录》《长安大学教授（或相当职务）名录》《长安大学组织机构》《长安大学最新院、系（所、部）、科研机构、实验室一览表》等专题史料的收集、整编、补充更新等工作。

三、各类获奖情况

1. 1988年，学校被陕西省档案局授予"陕西省档案工作先进集体"称号。

2. 1988年，档案馆被评为校级先进集体。

3. 1990年，档案馆被评为校级三育人先进集体。

4. 1991年，学校被陕西省档案局、陕西省人事厅授予"陕西省档案系统先进集体"称号。

5. 1991年，赵秉中被人事部、国家档案局评为全国档案系统先进工作者。

6. 1991年，赵秉中《陕西地区第二次档案虫害高潮的发展及其对策》，载《陕西档案》1991年第5期，获陕西省昆虫学会三等奖。

7. 1993年，赵秉中《中国档案害虫区系研究》，载《陕西档案》1991年第1期，获陕西省人民政府二等奖。

8. 1993年，秦健玲《关于高校档案情报资料"一体化"的设想》，载西安工程学院《高教研究》1993年第1期，获陕西高教系统档案学会三等奖。

9. 1994年，任芳娥《档案部门也应公关》，载《陕西档案》1994年第4期，获陕西省档案学会三等奖。

10. 1995年，学校被建设部办公厅授予"建设部档案工作先进集体"称号。

11. 1995年，学校被陕西省教育委员会授予"陕西省高等学校档案工作先进集体"称号，史文智、刘晓梅、秦健玲被陕西省教育委员会评为陕西省高等学校档案工作先进工作者。

12. 1995年，学校被陕西省档案局、陕西省人事厅授予"陕西省档案工作先进集体"称号，秦健玲被陕西省档案局、陕西省人事厅评为陕西省档案工作先进工作者。

13. 1997年，任芳娥《试论"分级断号开放型编号法"之短长》，载《陕西档案》1997年第5期，获陕西高教系统档案学会一等奖。

14. 1998年，任芳娥《关于档案实体编号的思考》，载《陕西高教档案求是》，西北工业大学出版社1998年出版，获中国高等教育学会档案工作分会二等奖、陕西高教系统档案学会一等奖。

15. 1998年，学校被国家档案局授予"国家二级档案管理单位"称号，刘晓梅、孙惠兰、杨树伟被国家档案局评为为本单位达到科技事业单位"国家二级"档案管理标准突出贡献奖。

16.1998年，秦健玲《学校档案在教学评价中的作用与思考》，载《陕西高教档案求是》，西北工业大学出版社1998年出版，获陕西高教系统档案学会二等奖。

17.2000年，刘晓梅被陕西省档案局、陕西省人事厅评为陕西省档案工作先进工作者。

18.2001年，任芳娥、史文智《试论档案实体编号"两套制"》，载中国人民大学书报资料中心《档案学》2001年第5期，获陕西省档案学会二等奖。

19.2002年，档案馆被中共长安大学委员会、长安大学评为校级先进集体。

20.2002年，学校被陕西省委教育工委、陕西省教育厅授予"陕西省高等学校档案工作先进单位"称号，任芳娥被陕西省委教育工委、陕西省教育厅评为陕西省高等学校档案工作先进工作者。

21.2003年，秦健玲、吕建辉《高等学校档案工作现状分析及对策》，载《陕西档案》2003年第5期，获陕西高教系统档案学会三等奖。

22.2004年，任芳娥被陕西省档案局、陕西省人事厅评为陕西省档案工作先进工作者。

23.2004年，秦健玲被陕西省档案局、陕西省档案学会评为陕西省档案学会2000—2004年学会工作先进个人。

24.2006年，档案馆被中共长安大学委员会、长安大学评为校级先进集体。

25.2008年，学校被陕西省教育厅授予"陕西省高等学校档案工作先进单位"称号，吕建辉、秦健玲被评为先进工作者。

26.2011年，吕建辉被陕西省人力资源和社会保障厅、陕西省档案局评为陕西省档案工作先进工作者。

27.2013年，学校被陕西省教育厅授予"全省高等学校档案工作先进单位"称号，吕建辉、詹弘被评为先进工作者。

28.2014年，吕建辉被中国高等教育学会档案工作分会评为中国高等教育学会档案工作分会先进个人。

四、档案工作"十三五"规划建设目标

档案馆作为学校公共服务的重要组成部分，在"十三五"建设中，要继续坚持一个中心——以档案信息化为中心，两个加强——加强归档立卷工作、加强优质服务工作，三个保持——继续保持建章立制工作、继续保持档案信息资源开发工作、继续保持基础业务建设工作。把档案工作的"六个坚持"作为档案馆"十三五"的发展目标：把为学校教学、科研及各项工作服务作为档案工作的生命线；把全面履行档案部门行政管理和档案保管利用两种职能作为完善档案工作管理体制的核心；把服务机制创新作为激发档案工作活力的关键；把全面加强学校档案资源建设作为学校档案事业

可持续发展的基础；把推进档案科教作为振兴学校档案事业的手段；把依法管理作为发展学校档案事业的保障。

（撰稿人：藏萌）

省属公办本科院校

西北大学

一、学校基本情况

西北大学肇始于1902年的陕西大学堂和京师大学堂速成科仕学馆。1912年始称西北大学。1923年改为国立西北大学。1937年西迁来陕的国立北平大学、北平师范大学、北洋工学院和北平研究院等组成国立西安临时大学，1938年更名为国立西北联合大学，1939年复称国立西北大学。中华人民共和国成立后为教育部直属综合大学。1950年复名西北大学。1958年改隶陕西省主管。1978年被确定为全国重点大学。现为首批国家"世界一流学科建设高校"、国家"211工程"建设院校、教育部与陕西省共建高校。

在长期的发展历程中，西北大学形成了"发扬民族精神，融合世界思想，肩负建设西北之重任"的办学理念，汇聚了众多名师大家，产生了一批高水平学术成果，培养了大批才任天下的杰出人才，享有良好的学术声誉和社会声望，被誉为"中华石油英才之母""经济学家的摇篮""作家摇篮"。

截至2017年11月，学校现有太白校区、桃园校区、长安校区三个校区，总占地面积2360余亩。现有22个院（系）和研究生院，85个本科专业。学校现有19个博士学位授权一级学科、39个硕士学位授权一级学科、15个专业学位授权点。现有1个一级学科国家重点学科（涵盖5个二级学科）、4个二级学科国家重点学科和1个国家重点（培育）学科，22个博士后科研流动站。学校拥有1个国家重点实验室、2个国家工程技术研究中心、1个国家级国际科技合作基地、1个国家级国际联合研究中心、7个国家级实验教学示范中心、1个国家级虚拟仿真实验教学中心、7个国家级人才培养基地并设有国家大学生文化素质教育基地。现有教职工2732人，其中中科院院士3人，"长江学者"特聘与讲座教授12人。全日制在校生26106人，其中全日制本科生13551人，研究生8206人，留学生1036人。

学校先后获得国家自然科学奖一、二等奖，国家技术发明奖二等奖，国家科技进步奖二等奖，"长江学者"成就奖一等奖，中国专利金奖等重大科技奖励。

学校十分重视对外科技文化交流，已与美、英、法、德、日等20余个国家及地区的100余所大学、科研机构建立了友好合作关系。《大英百科全书》曾将西北大学列为世界著名大学之一。

二、档案馆概况

1. 基本情况

1993年4月，学校成立了正处级建制的档案馆。1999年6月，档案馆成为副处级业务单位，由校办代管。目前，档案馆下设办公室、业务指导室、保管利用室、校史办公室等机构。现有专职档案工作人员5人。学历状况：研究生学历2人，大学学历3人（在读硕士1人）；职称状况：副高级职称2人，中级职称2人，初级职称1人。同时，学校各归档单位有兼职档案员67人。

档案馆位于太白校区图书馆一层。目前，馆舍面积1485平方米，其中库房335平方米、办公用房149平方米、阅览室12平方米、校史馆1000平方米。2012—2017年，学校连续加大经费投入力度，投入经费共计178.5万元，其中2012年5.7万元、2013年38万元（其中密集架建设专项32万元）、2014年6万元、2015年10.8万元、2016年13万元、2017年105万元（其中信息化建设专项75万元）。

2. 馆藏情况

馆藏档案分为党群、行政、学生、教学、科研、基建、设备、产品、出版、外事、财会、声像、人物、实物、重大活动等十五个门类。1949年以前的国立西北大学全宗档案2096卷，已于1980年9月移交陕西省档案馆保存。目前，馆藏的西北大学全宗档案共计7万余卷。

3. 档案信息化、数字化情况

2017年学校投入75万元，购买了南京"轩恩"档案管理系统软件、2台服务器以及112TB的存储阵列，改版了档案馆网站。档案管理软件将与OA、财务管理、教学管理等业务系统对接。现有案卷级目录29528条、文件级目录93148条。

4. 档案服务与利用情况

档案馆作为学校出具档案证明的唯一机构，紧紧围绕学校中心工作，积极服务学校教学、科研、管理工作以及校友、社会的需要，充分发挥档案存凭、留史、资政、育人作用。档案工作人员能够热情、主动、及时为校内各单位、校友及社会提供档案信息。2014—2017年，共接待查档人员4400余人次，查阅档案18500余卷次，受到了校内各单位、校友和有关单位的好评。比较典型的利用案例有：2015年9月，档案馆向校长提供了专题材料《民国教育部〈中国教育年鉴〉显示：国立西北大学在全国国立大学中名列第六》；2016年，档案馆积极配合学校本科教学工作审核评估、资产清查、学校领导离任审计等工作，及时、准确地提供了有关档案资料，保证了各项工作顺利进行；2016年，档案馆通过研究1956—1966年有关学校研究生教育方面的档案，厘清了学校在此期间研究生招生专业、招生计划、录取结果等详细情况，并及时向有关校领导和研究生院提供相关档案材料和研究成果。

5. 编研情况

2012年以来，学校先后编写并出版了《西北联大与中国高等教育》《西北联大史料汇编》《图说西北大学110年历史》《西北大学年鉴》等，制作了专题片《西北大学110年纪事》；档案馆承担校级科研项目1项（2014年），编纂了《西北大学档案学专业志》《西北大学1991—2010年教育史料汇编》《西部大开发陕西教育发展志·西北大学篇》《西北大学大事记（2002—2017）》等。2014年以来，在《西北大学学报》《陕西档案》等期刊先后发表了论文10篇。

6.档案宣传工作情况

2015年以来，以纪念国际档案日、纪念抗战胜利七十周年、纪念《档案法》颁布三十周年等为契机，加强与研究生院、博物馆、各院系的合作，积极开展形式多样的档案宣传活动，主要包括：举办学术报告；举办兼职档案员业务培训会议；举办专题展览，每年制作展板20张；播放专题片和宣传海报、标语；组织学生参加档案法律法规知识竞赛活动；举办档案资料捐赠仪式；等等。通过举办上述活动，在师生中普及了档案知识，营造了浓郁的档案宣传氛围，产生了良好的效果。

三、各类获奖情况

1.1990年，程玲华《对高校档案分类编号的点滴思考》，载《西北大学学报》（社会科学版）1990年第3期，获陕西档案局档案学优秀成果二等奖、陕西高教系统档案学会优秀论文奖。

2.1994年，崔漪、程玲华主编《西北大学教授专家名录》，西北大学出版社1994年出版，获中国高等教育学会档案工作分会科研成果二等奖、陕西省档案局档案学优秀成果二等奖。

3.1995年，学校被陕西省档案局、陕西省人事厅授予"陕西省高等学校档案工作先进单位"称号，崔漪被陕西省档案局、陕西省人事厅评为陕西省档案工作先进工作者。

4.1995年，崔漪、樊欣祥被陕西省教育委员会评为陕西省高等学校档案工作先进工作者。

5.2001年，张叶《论高校档案在西部大开发中所面临的发展与创新》，载《西北大学学报》2001年第3期，获陕西省档案学会二等奖。

6.陶利《实体分类法与高校档案工作的标准化与规范化》，获陕西高教系统档案学会论文二等奖。

7.2002年，赵弘毅、程玲华主编《西北大学大事记（1901—2002）》，西北大学出版社2002年出版，获陕西省高等教育学会优秀高教研究成果奖。

8.2002年，学校被陕西省委教育工委、陕西省教育厅授予"陕西省高等学校档案工作先进集体"称号，孙雪云被陕西省委教育工委、陕西省教育厅评为陕西省高等学校档案工作先进工作者。

9.2004年，孙雪云被陕西省档案局、陕西省人事厅评为陕西省档案工作先进工作者。

10.2007年，学校被陕西省档案局评为纪念《档案法》颁布20周年知识竞赛活动组织优秀奖。

11.2008年，学校被陕西省教育厅授予"陕西省高等学校档案工作先进单位"称号，于炜武、齐鸿雁被评为陕西省高等学校档案工作先进工作者。

12.2013年，学校被陕西省教育厅授予"2012年度教育志校志编纂工作优秀单位"称号。

13.2013年，学校被陕西省教育厅授予"全省高等学校档案工作先进单位"称号。

14.2013年，学校被陕西省教育厅授予"2013年度教育志鉴编纂工作优秀单位"称号。

15.2015年，学校被陕西省教育厅授予"2014年度教育志鉴综合工作优秀单位"称号。

16.2016年，王旭州被中共陕西省委普法工作领导小组评为2011—2015年度全省法治宣传教育工作先进个人。

17.2016年，学校被陕西省教育厅授予"2015年度教育志鉴编纂工作优秀单位""2015年教育年鉴编辑工作优秀单位""2016年度教育志鉴编纂工作先进单位"称号。

18.2016年，刘铁山被陕西省教育厅评为教育年鉴编纂工作先进个人。

19.2016年，邵婧被评为西北大学2015—2016年度先进工作者。

20.2017年，学校被授予"全省教育志鉴编纂工作调研活动先进单位"称号。

四、档案工作"十三五"规划建设目标

新形势下，学校档案工作按照"围绕中心、夯实基础、改进作风、规范管理、追赶超越、争创一流"的思路，以改革为动力，以质量为目标，认真贯彻落实中、省和学校的要求，加强"三个体系"建设，充分发挥档案工作记载历史、传承文明、服务学校和社会的作用，积极发挥档案存凭、留史、资政、育人的作用，推动学校档案事业有序、健康、协调发展。通过全校努力，把档案馆建设成为面积达标、设施完善、功能齐全、安全保密、服务便捷、节能环保、省内一流的档案保管基地、爱国主义教育和爱校教育基地、档案利用中心、学校公开信息查阅中心、电子文件备份中心，为建设国际知名的有特色高水平研究型大学做出新的更大的贡献。

（撰稿人：孙可佳）

西安理工大学

一、学校基本情况

西安理工大学是陕西省重点建设的高水平大学、国家中西部振兴行动计划基础能力建设高校、全国深化创新创业教育改革示范高校。学校前身是北京机械学院和陕西工业大学于1972年合并组建的陕西机械学院，1994年1月经原国家教委批准更名为西安理工大学。学校现有金花、曲江、莲湖三个校区和大学科技园，占地总面积135万平方米，建筑面积77万平方米。学校现有17个院（部），下设67个本科专业，其中有10个国家级特色专业，21个陕西省一流专业。全日制本科生18000余名，博士、硕士研究生6500余名。学校设有研究生院和8个博士后科研流动站，3个国家级工程训练、实验教学中心，2个国家级工程研究、技术推广中心和1个国家级重点实验室培育基地，24个省部级科研基地。现有10个博士学位授权一级学科，其中水利工程学科为国家重点学科，工程学科位列ESI全球排名前1%。

二、档案馆概况

1. 基本情况

学校于1972年成立文书档案室，由原北京机械学院1958年成立的文书档案室和陕西工业大学1960年成立的文书档案室合并而成。于1980年12月设立了科技档案室，正科级建制；1986年，学校建立综合档案室，正科级建制；1990年11月，综合档案室定为副处级建制。1999年3月，经校务会研究决定，撤销综合档案室，成立档案馆。2011年12月8日，经校党委常委会研究决定，学校档案馆独立设置，副处级建制，设馆长1名（副处级），副馆长1名（正科级）。档案馆面积950平方米，其中库房800平方米，公用房100平方米，学生档案分室50平方米。档案馆现有专职档案人员8人，其中本科及以上学历7人，专科学历1人；高级职称2人，中级职称或相当于中级职称5人，初级职称1人。兼职档案人员55名，档案馆日常建设经费为每年5万元。学校档案实行集中统一管理，档案馆下设学生档案分室、设备档案分室、声像档案分室，建立主管校长—档案馆—档案分室—学院（部）、处（室）、所、中心的四级档案工作管理网络体系，实行"各部门协同参与、档案馆统一归口"的管理制度。

2. 馆藏情况

档案馆馆藏包括自1937年以来形成的12个全宗，包含党群、行政、教学、科研、基建、设备、出版、外事、财会、产品、实物、声像等十二个门类的档案，共有案卷107242卷，以件为单位的档案14637件。2012年到2017年档案馆存放的在职在编人员档案1675卷，离退休人员档案1421卷；财会档案归档10995卷，账簿606本，工资清册210本；科研成果材料归档1761卷，专利证书归档1136卷，版权证书归档512卷，科研奖状归档162卷；基建档案归档1275卷；教学档案归档6578卷；党群、行政、外事档案归档12898件，电子文件4188件，实物档案96件，印模49枚。

3. 档案信息化、数字化情况

档案馆自2014年开始制定档案信息化建设方案，2015年利用学校数字化校园建设经费立项档案管理系统子项目，借助该项目，档案馆于2016年使用"南大之星"档案管理系统，2017年完成数字化加工系统开发，建立数字化工作室，对电子档案的收集、入库、整理、查询、借阅、销毁等方面进行全程控制和管理。目前，档案馆已完成51714卷、50213件档案的目录电子化，其中25000件档案已完成数字化加工。

4. 档案服务与利用情况

作为学校档案资料信息中心，档案馆为校属单位各项工作提供服务。如评定职称、科学研究、成果报奖、产权纠纷、房屋维修、校内基本建设、管道维修安装、落实政策、法律诉讼，查阅工龄、学历、学习成绩、出国留学、财务账及凭证等，均能提供准确完整的档案资料。2012年到2017年期间，档案馆累计提供档案借阅服务43443卷，档案复印25269页。自2012年起累计接待7169人次，完成15000余套中英文成绩、学历证明的出具，为学生出国、考研、工作提供服务。为提高档案管理效率，档案馆编制有档案检索工具12种，共176本。计算机检索目录案卷级51714条、文件级50213条。

5. 编研情况

档案馆注重档案工作外延建设，在满足校内师生正常教学科研查档需求基础上，积极开发档案信息资源，参与《西安理工大学年鉴》、"西安理工大学校史展"、《西安理工大学画册》的编辑工作，2011年、2012年档案馆还主持了陕西省教育博览会西安理工大学展区展板的设计、编辑工作。档案馆立足档案资料，积极开发档案编研，2010年以来完成《1990—2014年研究生学位资料姓名索引目录》《十一五教学成果奖汇编》《2015届本科毕业生信息汇编》《2016届本科毕业生信息汇编》《西安理工大学部分领导小组（委员会）名单》《西安理工大学2011—2015年科研成果获奖情况汇编》《西安理工大学水利水电学院画册》《西安理工大学土木工程学院画册》等的编研。2010年以来，档案馆人员正式发表论文13篇，参与档案领域科研项目1个。

6. 特色服务

档案馆迎合创新型校园建设目标，积极探索展现新时期档案工作活力和风貌的有效途径。以新媒体为契机拓展档案文化宣传势能，学校档案馆于2015年开设档案馆网站，提供业务指导、利用咨询、服务细则，展示照片档案、历史档案，公示档案馆规章制度和馆讯动态。于2017年开设档案馆微信公众号，设计档案馆吉祥物"档小宝"，利用照片档案制作"印象西理""光阴故事"板块配合校园文化宣传，定期推送"档案一二事""档案在身边"等知识板块提高师生档案意识。2017年5月档案馆邀请陕西省档案局局长王建领来学校开展"信天游的前世今生"文化讲座。2017年6月借助电子海报、照片展板开展"档案——我们共同的记忆"宣传活动。2017年10月档案馆配合学校"喜迎十九大西理工大学马西平专题书法展"活动，并于活动后受赠马西平老师关于"习近平用典"的专题书法作品96幅。

三、各类获奖情况

1. 1995年，刘英则被陕西省教育委员会评为陕西省高等学校档案工作先进工作者。

2. 1997年，学校被国家档案局授予"科技事业单位档案管理国家二级"称号。

3. 1997年，张发亮被陕西省委教育工委、陕西省教育委员会评为全省教育系统办公室工作先进个人。

4. 2002年，学校被陕西省委教育工委、陕西省教育厅授予"陕西高等学校档案工作先进单位"称号，张发亮被陕西省委教育工委、陕西省教育厅评为陕西高等学校档案工作先进工作者。

5.2004年，学校被陕西省档案局、陕西省人事厅授予"全省档案系统档案工作先进集体"称号。

6.2008年，学校被陕西省教育厅授予"陕西省高等学校档案工作先进单位"称号，张发亮、刘英则被评为陕西省高等学校档案工作先进工作者。

7.2012年，张发亮被陕西省人力资源社会保障厅、陕西省档案局评为"全省档案工作先进个人"。

8.2013年，学校被陕西省教育厅授予"全省高等学校档案工作先进单位"称号，倪红被评为先进工作者。

9.2016年，李志强被机电兵船工业档案学会评为先进个人。

10.2016年，王芊被陕西省教育厅评为教育志鉴编纂工作先进个人。

11. 2017年，李虹燕被陕西省教育厅评为"远洋杯"全省教育系统纪念《档案法》颁布30周年演讲赛第一名。

四、档案工作"十三五"规划建设目标

档案馆立足存史、资政、育人功能，在学校"十三五"规划指导下，结合档案馆业务实际，制定档案馆"十三五"期间发展目标，明确六个体系的加强。以智慧校园建设为目标进一步发挥档案馆在档案安全保管、电子文件管理、档案信息服务、校史文化传播、爱国主义教育五方面的核心地位。

（撰稿人：王雪荻）

西安建筑科技大学

一、学校基本情况

西安建筑科技大学现有雁塔、草堂两个校区和一个科教产业园区，总占地4300余亩。学校最早可追溯到始建于1895年的北洋大学，1956年全国高等院校院系调整时，由原东北工学院、西北工学院、青岛工学院和苏南工业高等专科学校的土木、建筑、市政系（科）整建制合并而成，时名西安建筑工程学院，原冶金工业部直属重点大学。1959年和1963年，学校先后易名为西安冶金学院、西安冶金建筑学院；1994年3月8日，经原国家教委批准，更名为"西安建筑科技大学"。1998年，学校划转陕西省人民政府管理。现为"国家建设高水平大学项目"和"中西部高校基础能力建设工程"实施院校、陕西省重点建设的高水平大学、陕西省和住房与城乡建设部共建高校。

学校是国务院批准首批具有博士、硕士和学士学位授予权的单位。学校拥有国家重点学科3个，省级重点学科34个。学校设有研究生院，现有一级学科博士点9个，博士后流动站7个，一级学科硕士点25个，具有10种类别的硕士专业学位授予权，其中工程硕士获准17个领域。

学校现有17个院（系），65个本科专业面向全国第一批招生，有权招收保送生，实行本硕连读。建筑学、城乡规划和风景园林学三个专业为五年学制，其他本科专业均为四年制。9个专业为国家级特色专业，15个专业为省级特色专业。

学校拥有西部绿色建筑国家重点实验室、国家国际科技合作基地、国家级成果研究推广中心、地方联合工程研究中心、（虚拟仿真）实验教学示范中心等，3个

甲级资质设计研究院。陕西省依托学校成立了"陕西循环经济工程技术院""陕西省新型城镇化和人居环境研究院""陕西省膜分离技术研究院"。学校现有在校学生41000余人，其中全日制本科生19000余人，研究生7800余人，留学生70余人，职业技术学院、继续教育学院在册学生14400余人。学校现有教职工2800余名，其中专任教师1700余名，具有高级职称者875人；拥有在职中国工程院院士2名、双聘院士5名。

学校培养了26万余名德才兼备的高素质人才，其中8人晋升为院士。学生10次荣获18项世界大学生建筑设计竞赛奖，其中2次获得最高奖；3次荣获6项国际大学生风景园林设计竞赛奖，其中1次获得最高奖。

二、档案馆概况

1. 基本情况

学校于1958年设立了文书档案室，1981年成立了科技档案室，1982年将文书、科技档案室合并为综合档案室（科级），1999年学校机构改革，撤销科级建制，划为教辅单位，仍隶属校长办公室管理。2014年4月成立了独立建制的正处级档案馆。档案馆坐落于雁塔校区主楼一层西侧，馆舍使用面积454平方米。其中办公、阅档及技术用房196平方米，库房258平方米。办公、阅档、库房三分开。档案馆下设办公室、人事学生档案室、文书财会档案室、教学科技档案室、实物编展档案室等部门。学校在各附属单位及校办企业设有档案分室。

学校有专兼结合、结构合理的档案管理队伍及其岗位责任制。现有专职档案员7人。其中26—30岁1人，31—35岁1人，36—40岁1人，46—50岁2人，51—55岁2人，平均年龄43岁；博士研究生学历1人，硕士研究生学历5人，本科学历1人；副高职称2人，中级职称3人，初级职称1人，工勤1人。全校现有兼职档案人员73人。

2. 馆藏情况

学校领导高度重视档案工作，对档案和档案工作的地位与作用认识清楚，档案工作列入了学校议事日程。学校档案工作由1名副校长分管，档案馆集中统一管理，各部门协同配合，形成了三位一体的管理体制。全校上下具有较强的档案意识。学校档案管理科学规范，规章制度健全，实行部门立卷归档制度。目前馆藏档案共十三大类，党群、行政、人事、学生、教学、科研、基建、设备、出版、外事、财会、声像、实物等类档案共115017卷（件），其中人事类档案5245卷，学生（个人）类档案26532卷。形成了覆盖全面、内容翔实的档案资源体系，管理门类齐全，案卷质量达标。

3. 档案信息化、数字化情况

自2014年建馆至今，学校投入档案事业经费44万余元进行了软硬件建设与改造。

档案馆具有能够满足现代化、信息化管理的设备设施和特色鲜明的档案装具。目前使用科怡档案信息化管理软件进行日常管理，档案软件的升级更新、档案数字化及与OA的对接工作正在进行。档案馆具有独立的网站域名和微信公众平台，对于档案的宣传和服务利用发挥了重要作用。"十三五"期间学校将基本完成档案材料的数字化工作，初步形成一个馆藏资源丰富、管理手段先进、服务平台多元的信息化工作新体系。档案在学校的信息中心地位突出，档案资源开发编研及档案利用效果明显，发挥了档案的应有价值和作用。

4. 特色服务

学校档案工作特色明显，如学校将把学生档案知识编入学生手册，对广大学生尽早建立档案意识，了解档案作用及其内容、管理、转递程序、转递查询方式等具有重要作用，为大学生真正书写好自己的人生档案内容，走向社会的后续发展奠定了良好基础，充分发挥档案的育人功能。又如创新毕业生档案寄递及信息查询方式，实现毕业生档案寄递信息网上实时查询功能，毕业生可通过档案馆微信公众平台和网站随时掌握其档案寄递的实时状态，极大地方便了广大毕业生的查询工作，主动服务就业工作，为毕业生早日顺利入职赢得时间。

5. 科学研究

档案馆十分重视科学研究和科技论文写作工作，除承担厅局及校内各类科研项目外，谢尊贤馆长主持的"档案馆安全风险评估研究"获准2017年度国家档案局科技项目计划立项，实现了学校乃至陕西高校档案界在国家档案局科技立项零的突破，近五年来，档案馆人员共发表档案类学术论文近20篇。

三、各类获奖情况

1. 1995年，张新宏被陕西省教育委员会评为陕西省高等学校档案工作先进工作者。

2. 1995年，张新宏《教学档案管理研究》，获冶金部高校档案学会论文三等奖。

3. 1997年，学校被冶金工业局办公厅、国家档案局授予"科技事业单位档案管理国家二级"称号。

4. 1998年，张新宏、朱冬被国家冶金工业局评为冶金部"国家二级"档案管理单位先进个人。

5. 2002年，朱冬被陕西省委教育工委、陕西省教育厅评为陕西省高等学校档案工作先进工作者。

6. 2006年，张新宏《高校档案馆（室）在学校教学工作水平评估中的地位和作用》，获陕西高教系统档案学会第十三次学术会论文二等奖。

7. 2006年，张新宏《高校电子文件的形成与归档管理》，获陕西高教系统档案学会第十三次学术会论文三等奖。

8. 2007年，李小花、张新宏《高校档案馆（室）网络信息安全防护体系的建立与维护》，载《中国教育教学杂志》2007年总144期，获中国教育教学研究会论文评比一等奖。

9. 2008年，学校被陕西省教育厅授予"陕西省高等学校档案工作先进单位"称号，张新宏被陕西省教育厅评为陕西省高等学校档案工作先进工作者。

10. 2013年，学校被陕西省教育厅授予"全省高等学校档案工作先进单位"称号，张新宏被评为先进工作者。

（撰稿人：谢尊贤）

陕西科技大学

一、学校基本情况

陕西科技大学是我国西部地区唯一一所以轻工为特色的多科性大学，是国家"中西部高校基础能力建设工程"建设高校，是"十二五"期间陕西省重点建设的高水平大学，是陕西省人民政府与中国轻工业联合会、中国轻工集团公司共同建设的重点高校。学校创建于1958年，时名北京轻工业学院，是中华人民共和国成立后第一所轻工高等学校；1970年迁至陕西咸阳，改名为西北轻工业学院；1978年被国务院确定为全国88所重点院校之一；1998年学校划转到陕西省，实行中央与地方共建、以地方管理为主的体制；2002年经教育部批准，更名为陕西科技大学；2006年学校主体东迁西安。

学校现有西安未央校区、太华路校区和咸阳校区三个校区，总面积2055亩，建筑面积129.6万平方米。西安校区占地面积1590亩，坐落于风景秀丽的灞河之滨、未央湖畔。学校有专任教师1200多人，具有高级专业技术职称的近600人；有全日制各类在校学生23000多人，其中博士、硕士研究生2700多人。图书馆藏书近200万册，有陕西省属高校唯一的教育部科技查新工作站。

学校设有13个学院（部），有博士后科研流动站3个，博士学位授权一级学科2个、二级学科16个。2017年1月，材料科学学科首次进入ESI全球排名前1%，进入国际一流学科行列。

二、档案馆概况

1. 基本情况

档案馆成立于2010年6月，挂靠图书馆，正处级建制。2010年11月底，原校综合档案室、人事档案室、基建档案室合并后，搬迁至新馆，总面积945平方米，其中公用房210平方米，档案库房687平方米，阅档室48平方米。现有专职档案人员11人。博士研究生学历1人，硕士研究生学历4人，本科学历3人；高级职称4人，中级职称2人。全校兼职档案人员41人。档案馆经费，能够满足档案工作的需要。2012年至2017年共投入档案工作总经费278.6万元。

2. 馆藏情况

档案馆馆藏档案资料分为党群、行政、教学、科研、产品、基建、设备、外事、财会、出版、学生十一个门类及人事档案。还有部分人物、声像、实物等不同载体形式的档案，截至2017年12月底，库存各类档案近70000卷（含财会凭证），其中人事档案2600余卷，基建档案7200余卷。另有照片档案7283张，实物档案812件。

3. 档案信息化、数字化情况

2011年使用"南大之星"档案管理系统，自2011年开始每年持续推进档案数字化建设。截至2017年仅数字化一项共投入经费110万元，2017年底完成了党群、行政、教学、科研、外事等档案全部数字化，全文扫描140余万页。档案管理系统正在与校内OA对接。

4. 档案服务与利用情况

档案馆所提供的档案信息能够满足学校各项工作的需要，并为社会利用档案创造了便利的条件。档案为学校的中心工作提供重要的支撑材料，在审核评估、学科评估、干部人事档案审核、财务审计、新校史馆建设等各项工作期间，档案馆积极工作，主动配合，工作人员查阅大量的相关资料，查档效率高，得到查档部门的一致好评。尤其在财务审计、校史馆建设和干部人事档案审核过程中，查档工作量大，档案馆工作人员与各部门一起用寒暑假、周末或节假日加班加点审核档案。及时提供解决关系教职工利益的相关凭证，在职工基本养老保险认定工作，各类工资、补助、政策提供方面，为学校化解矛盾，服务和谐校园建设发挥了重要的作用。有利用效果登记，档案信息提供利用对提高单位管理水平、促进科学技术进步等较好地发挥了作用。

5. 编研情况

在开发档案信息资源方面，档案馆目前制定了开发档案信息资源工作计划和安排，积极编制各类检索工具，包括各种案卷目录、全引目录。同时加强档案编研工作，完成《唐山大地震——我们永恒的记忆》《陕西科技大学档案规章制度汇编》和《陕西科技大学档案馆大事记》等编研工作。2016年档案馆开始口述历史档案征集工作，预计2018年出版口述历史资料《"三创两迁"记忆之——从首都北京到咸阳古渡》（书名暂定），同时完成学校所有任职任命文件的编研工作。

6. 特色服务

（1）档案馆不断创新服务方式，连续五年由档案馆出经费组织毕业生照相工作，已经为25000名学生提供服务，确保照片档案的规范、完整、及时归档。

（2）探寻和挖掘档案中深刻的内涵、价值，传承优秀的文化与大学精神，让更多的人感受到档案的温暖和力量，进行口述历史编研和宣传工作。档案馆和宣传部、离退处共同开展了口述历史档案征集工作，第一批采访以"西迁记忆"和"西北轻工业学院的建设和发展"为主题，主要采访从北京轻工业学院建校、发展及搬迁咸阳的亲历者，目前已经采访21人，整理逐字稿20.5万余字。

（3）加强档案服务法制化建设。加强普法宣传，采取各种手段广泛、深入、持久地宣传档案法律法规，让大家了解《档案法》，增强全校师生员工的档案意识和档案法制观念。

（4）档案服务手段现代化。学校不断加大投资力度，配备现代化设备，档案数字化工作也在稳步推进，档案馆利用网站、微信、QQ、邮件、快递等方式提供便捷服务，只需采用其中任何一种途径即可得到响应，大大提高服务效率和质量。

三、各类获奖情况

1. 1989年，学校被陕西省档案局授予"陕西省档案工作先进集体"称号。

2. 1989年，学校被评为1988—1989年度院级先进单位称号。

3. 1991年，边荣江被陕西省档案局、陕西省人事厅评为陕西省档案工作先进工作者。

4. 1992年，学校被咸阳市档案局授予"咸阳市档案统计先进单位"称号。

5. 1994年，学校被授予"院级保密工作先进单位"称号。

6. 1994年，杨敏霞《对高校教学报档案的文献分布及著作情况统计分析》，获陕西省档案学术论文三等奖。

7. 1995年，学校被陕西省档案局、陕西省人事厅授予"陕西省档案工作先进集体"称号。

8. 1995年，张桂香被陕西省教育委员会评为陕西省高等学校档案工作先进工作者。

9. 1997年，张桂香《学校应用综合档案管理系统》，获陕西省轻工业局科学进步一等奖。

10. 1997年，学校被国家档案局授予"科技事业单位档案管理国家二级"单位。

11. 1998年，学校被建设部、国家档案局授予"国家二级档案管理单位"称号。

12. 2000年，学校被陕西省档案局、陕西省人事厅授予"陕西省档案工作先进集体"称号。

13. 2002年，学校被陕西省委教育工委、陕西省教育厅授予"陕西省高等学校档案工作先进单位"称号。

14. 2013年，学校被陕西省教育厅授予"全省高等学校档案工作先进单位"称号，郑勇被评为先进工作者。

15. 2017年，王娟被陕西省教育厅评为"远洋杯"全省教育系统纪念《档案法》颁布30周年演讲赛优秀奖。

四、档案工作"十三五"规划建设目标

加强校园公共服务体系建设和校园信息化建设，使学校信息化水平走在省属高校前列。进一步加强档案馆建设，推进档案数字化建设：

第一，继续加强与各部门通力协作和交流，强化档案管理网络，以更新的视角看待档案工作，担负起在协作中所应该承担的责任。第二，进一步加强档案资源建设和信息化建设，完成数字档案馆的建设并逐步向智慧档案馆迈进。第三，重视档案编研工作，充分挖掘档案资源，启动《陕西科技大学"三创两迁"记忆》系列丛书的编撰工作，为传承发展大学精神，凝心聚力，推动学校内涵式发展做出努力。最后，继续保持追赶超越、奋勇前行的步伐，密切与中国高等教育学会档案工作分会、陕西省教育厅、陕西省档案局、陕西高教系统档案学会之间的联系，增强与全省及全国高校档案馆的交流，不断提升综合实力和科学管理水平，为学校及陕西省高校档案事业的发展做出更多贡献。

（撰稿人：王娟）

西安科技大学

一、学校基本情况

西安科技大学成立于1958年，历经西安矿业学院、西安科技学院的沿革，形成了以地矿及其相关学科为特色，以工科为主体，工、理、文、管、法、经、艺协调发展的办学格局，全日制在校生2.3万余人。

学校是国家安全生产监督管理总局和陕西省人民政府共建高校、陕西省高水平大学建设高校，占地面积108万平方米，有雁塔和临潼两个校区，设有研究生院和18个学院（部）。现有5个一级学科博士点，32个二级学科博士点，19个一级学科硕士点，85个二级学科硕士点，18个工程硕士培养领域，1个工商管理硕士（MBA）专业学位授权点和1个会计硕士（MPACC）专业学位授权点，56个本科专业。

近六十年来，学校累计培养了13万余名高级专门人才，为煤炭工业和区域经济社会发展做出了重要贡献。

二、档案馆概况

1. 基本情况

西安科技大学档案馆前身是1987年组建的管理文书档案的综合档案室。2009年更名为档案馆，2012年确立为副处级建制，挂靠党委办公室、校长办公室，下设保管科和业务科，现在编人员7人。2人研究生学历，4人本科学历，1人专科学历；2人具备副研究馆员职称，4人为中级职称。在全校范围内还遴选53名工作人员作为兼职档案员，组建了一支专兼结合的高素质档案工作队伍。

档案馆共有两个馆舍，分别在雁塔校区及临潼校区，实用面积650平方米。其中，库房面积400余平方米，档案密集架2172延长米，多层档案柜150余套。校史馆在临潼校区图书馆一层面积400余平方米，馆藏170余件珍贵的实物档案、80余幅图文并茂的展板。这些藏品生动再现了西安科技大学近六十年的历史变迁和发展成就。

每年学校给档案馆划拨固定经费共计13.6万元，用于日常工作的开展。根据工作需要，重大档案设备及装具的购置则根据实际产生费用另外实报实销。

2. 馆藏情况

截至2017年10月，档案馆馆藏档案56407卷、59369件，其中综合档案27234卷、文书档案59369件，人事档案3093卷，学生档案26080卷；各类实物、声像档案980余件；馆藏文书电子档案3435件，电子声像档案37000余件；学校办公平台备份文件库文件15415件。

3. 档案信息化、数字化情况

2012年使用"南大之星"管理软件，档案信息化工作起步，实现了文书类档案的电子归档。截至2017年12月共通过OA办公平台归档文件15400余件，2015年学校办公平台和"南大之星"软件实现数据联通，目前通过数据联通注入文件3435件。截至2017年12月接收各类电子档案35470余件，并通过电子档案异质保存，配备光盘柜、防磁柜专用设备等措施确保电子数据安全。

4. 档案服务与利用情况

一是服务师生。在严格遵守查档纪律的前提下，以"主动服务、热情服务、周到服务"为标准，在服务方式上，采取电话预约、延长服务时间等多种服务方式；在服务环节上，尽量简化服务手续，提高服务质量，尽最大努力满足各方面利用者的需求；在服务手段上，运用现代化的档案信息网站及计算机检索，积极为利用者服务，档案利用率也在原有基础上有了大幅增加。档案馆年均提供查借阅各类档案3000余卷，接待各类利用者2200余人次，电话查询2600余人次。

二是服务发展。主要体现在三个方面：第一，主动对接学校和师生工作需要进行布局调整。2017年7月，档案馆完成26380余卷、57730余件档案的搬迁工作（除研究生档案外，其余档案均搬迁临潼校区馆舍）。经过调整后，档案馆布局与校区功能定位吻合，档案收集效率和利用范围得到了进一步提升。第二，按照学校总体安排，做好干部人事档案专项审核工作。专项审核工作中，从严审核干部"三龄两历"，对全校1828名干部的人事档案逐卷逐页进行审核，并完成了干部人事档案材料重新整理、装订工作。第三，作为学校出具档案证明的唯一授权机构，在出具档案证明时，始终坚持以事实为准，程序合法、操作合规，为学校的教学、科研、学科、财务等工作顺利进行发挥了重要的保障作用。

5. 编研情况

档案馆利用馆藏档案资源，参与编写了2016年版《西安科技大学制度汇编》、2013—2016年学校大事记。2013年至今，档案专职工作人员共发表学术论文23篇，其中在中文核心期刊发表5篇。

6. 特色服务

档案馆主动对接本科教学，将校史教育与思想政治理论课程教学紧密结合，并为旅游管理专业学生提供实践平台，校史馆每年接待包括上级领导、全体新生、学校校友在内的各界人士7000余人次参观，为开展思想政治教育、爱校荣校教育、社会实践教育起到了巨大的促进作用。

三、各类获奖情况

1. 2000年，苏如玉被陕西省档案局、陕西省人事厅评为陕西省档案工作先进工作者。

2. 2002年，学校被陕西省委教育工委、陕西省教育厅授予"陕西省高等学校档案工作先进单位"称号，苏如玉被陕西省委教育工委、陕西省教育厅评为陕西省高等学校档案工作先进工作者。

3. 2004年，张治红《学生思想素质与其他诸素质培养过程的相互渗透》，获西安科技大学思想政治教育研究课题三等奖。

4. 2008年，郭怀珍被陕西省教育厅评为陕西省高等学校档案工作先进工作者。

5. 2013年，学校被陕西省教育厅授予"全省高等学校档案工作先进单位"称号，王雪莉被评为先进工作者。

6. 2015年，李瑞被评为"中国煤炭工业协会档案管理先进工作者"。

7. 2016年，学校被评为"2014—2015年煤炭行业档案管理先进单位"。

四、档案工作"十三五"规划建设目标

一是进一步突出工作特色，提升综合服务能力。档案工作将拓宽利用平台，找准编研突破口，突出服务师生、服务教学科研职能，更好地为学校"四个一流"建设和实现追赶超越服务。

二是进一步加大投入，加快档案信息化建设。档案信息化建设已列为学校信息化建设重点项目，分批投入完成全馆数字化转化及应用系统升级，其中2018年预算投入55万元。目前，学校预算400万元，用于新校史馆建设。新馆占地面积900平方米，计划在2018年9月投入使用。远期将完成档案管理系统与校内可用数据系统的对接工作，充分发挥现代化管理手段带来的便捷与高效。

（撰稿人：张峻山）

西安石油大学

一、学校基本情况

西安石油大学是西北地区唯一一所以石油石化为特色的多科性普通高等学校，是陕西省人民政府和国家三大石油公司共建院校、陕西省高水平大学建设院校、中国政府奖学金来华留学生自主招生院校。

学校肇始于1951年创立的西北石油工业专科学校。1958年，升格为西安石油学院。1969年，学院改厂停办。1980年恢复重建。2000年，由中国石油天然气集团公司所属划转为中央与地方共建，以陕西省人民政府管理为主。2003年，更名为西安石油大学。学校分为雁塔校区、明德校区、鄠邑校区，占地2133亩。设有14个学院和2个直属系。目前，拥有1个联合培养博士学位授权学科，14个硕士学位授权一级学科，59个硕士学位授权二级学科。现有教职工1700余人，二级、三级教授40余人，博士生导师、硕士生导师460余人。建有24个国家级、省部级重点实验室（工程技术研究中心），1个省级重点科技创新团队。与国（境）外59所高校（机构）建立了合作交流关系。累计培养来自57个国家的留学生4300余人。

二、档案馆概况

1. 基本情况

西安石油大学档案馆成立于2011年11月，前身为西安石油学院综合档案室。2011年经党委研究决定，设立档案馆，副处级建制。目前档案馆共有工作人员10人，兼职档案员55人，研究生助管2人。档案馆分为雁塔校区和鄠邑校区两个馆区，包括办公、查阅、库房、校史馆四大功能区域，现有库房约700平方米，校史馆面积约700平方米，其中密集柜库房400平方米，配备除湿机，基本达到"十防"要求。保存自1951年建校以来的党群、行政、教学、科研、产品、财会、出版、基建、外事、设备、声像、人物、实物十三类档案。档案馆具备现代化办公条件，使用"南大之星"档案管理系统，配置计算机、打印机、复印机、扫描仪、照相机、空调等设备。每年学校下拨档案常规经费5万元，2011年至2017年下拨各类专项经费共计281.5万元，其中170万元用于校史馆建设，57.5万元用于密集柜库房建设。

2. 馆藏情况

档案馆严格按照档案工作相关管理规定和业务规范，及时收集、整理、归档各类档案资料，确保档案完整率达到95%以上。目前馆藏共计约35490卷（财会档案不统计凭证数），包含教学类19036卷，党群类1324卷，行政类4171卷，基建类1231卷，财会类3697卷，设备类1927卷，科研类2362卷，外事类192卷，产品类46卷，出版类1319卷，声像类22卷，实物类163卷。

3. 档案信息化、数字化情况

2003年学校使用"南大之星"档案管理系统，配置了计算机、打印机、复印机、扫描仪、照相机、防磁柜等设备。2015年档案馆新购置了彩色复印机、高速扫描仪等电子设备，提高了档案利用效率，将案卷级目录录入计算机，实现了计算机检索目录，提高了档案管理的现代化水平。2017年12月档案管理系统与校内OA系统实现了对接。

目前档案馆案卷级目录及文件级目录已基本实现电子化检索，档案数字化的推进为学校学生求职、深造提供了便利。截至目前完成案卷级电子化条数35390条，文件级条目电子化条数162211条，全文扫描页数149497页，照片扫描数218张。

4. 档案服务与利用情况

档案馆利用档案资源为学校审计检查、庆典活动，以及学生求职深造、教师职称审核等工作提供服务，发挥参考作用及凭证作用。

档案馆在遵守档案安全保密相关条例以及《西安石油大学档案资料借阅制度》的同时，简化利用手续，拓展服务渠道（包括上门、电话、来函、委托等多种方式），为查档者提供了快捷的服务，进一步提高了档案利用的工作效率。

5. 编研情况

多年来档案馆已形成近20种检索工具和编研成果，如案卷目录、全引目录、历届毕业生成绩总表索引、优秀毕业生论文题录等，不断提高教学科研服务水平。档案馆参与了学校《校史》《年鉴》《校庆画册》等资料的编撰工作，为学校编辑出版《教师风采》《校友风采》、建成校史馆提供了大量档案资料。

三、各类获奖情况

1. 1994年，陈光军、张淑芬、张吉满《高校档案信息产品推向社会主义市场经济的特点》，载《陕西档案》1994年第6期，获陕西高教系统档案学会一等奖。

2. 1995 年，张淑芬被陕西省教育委员会评为陕西省高等学校档案工作先进工作者。

3. 1996年，许丹《谈科技档案信息与技术市场》，载西安石油学院《高教研究》1996年第1期，获陕西省档案学会三等奖。

4. 1996 年，学校被中国石油天然气总公司授予"陆上石油系统档案工作优秀集体"称号，张淑芬被评为优秀工作者。

5. 1997 年，张淑芬、王瑛、许丹《试论新时期档案工作人员的职业道德建设》，载《新时期思想政治工作研究》，西北大学出版社 1997 年出版，获陕西高教系统档案学会二等奖。

6. 1997年，学校被国家档案局、中国石油天然气总公司授予"科技事业单位档案管理国家二级"称号。

7. 1997年，被中共西安石油学院委员会、西安石油学院评为校级先进集体。

8. 1999年，杨正一、王小泉、张淑芬、许丹、王瑛被国家档案局、中国石油天然气集团公司评为科技事业单位"国家二级"档案管理突出贡献奖。

9. 2000 年，张淑芬被陕西省档案局、陕西省人事厅评为陕西省档案工作先进工作者。

10. 2002年，学校被陕西省委教育工委、陕西省教育厅授予"陕西省高等学校档案工作先进单位"称号，张淑芬被评为先进工作者。

11.2008年，学校被陕西省教育厅授予"陕西省高等学校档案工作先进单位"称号，张淑芬被评为先进工作者。

12.2010年，张淑芬被陕西省教育厅评为全省教育系统统计工作先进个人。

13.2013年，学校被陕西省教育厅授予"全省高等学校档案工作先进单位"称号，陈芳被评为先进工作者。

14.2015年，陈芳被评为西安石油大学先进教育工作者。

四、档案工作"十三五"规划建设目标

一是积极争取学校各级领导支持，落实建制和编制；二是完善档案工作管理体制，加强依法治档工作的落实；三是加强档案信息化建设，根据学校实际情况，按步骤、有计划地开展库藏档案数字化工作，将档案馆逐步建设成学校电子档案中心和信息管理中心；四是加强"三个体系"建设，持续做好服务工作。

（撰稿人：陈芳）

延安大学

一、学校基本情况

延安大学坐落在革命圣地延安，是由毛泽东命名、中国共产党创办的第一所综合性大学。其历史可以上溯到1937年成立的陕北公学。1941年9月，中共中央政治局决定成立延安大学。1943年至1944年，延安鲁迅艺术文学院、自然科学院、民族学院、新文字干部学校和行政学院相继并入。1998年，与延安医学院、延安市人民医院合并成

立新的延安大学。

自成立以来，先后隶属于中共中央政治局、西北局、陕西省委等，现为陕西省人民政府与教育部共建大学、陕西省属重点大学、陕西省高水平建设大学。校本部地址：陕西省延安市圣地路580号，新校区：延安新城，面积3310.67亩。

现有普通本科生15212人，硕士研究生1814人，成人教育学生10250人。

学校现设18个院系、1个独立学院和5所附属医院，设有61个本科专业，其中国家级特色专业5个，有一级学科硕士学位授权点12个，5个专业学位类别。学校拥有6个省级优势和特色学科，1个教育部人文社会科学重点研究基地，6个省级科研平台，2个院士工作站。

二、档案馆概况

1. 基本情况

延安大学的档案事业是伴随着学校的诞生和发展逐步完善的。1959年，继延安大学恢复重建之后，延安大学文书档案室正式成立，隶属于延安大学党委办公室。1982年，在全国恢复整顿科技档案工作之时又增设了科技档案室，暂由文书档案室人员兼管。1986年10月14日，为了加强学校档案工作的管理，在原有档案室的基础上成立延安大学综合档案室，隶属于校长办公室。2002年5月9日，成立延安大学档案工作委员会。2002年12月22日，成立延安大学档案馆，为处级建制单位，属于学校公共性、服务性的业务管理部门。2013年9月，学校决定将校史办并入档案馆实行合署办公。

档案馆（校史办）现设有综合科和档案管理科两个科室。现有工作人员12名。研究生8人，本科生4人；正高职称2人，副高职称3人，中级职称4人，初级职称3人。全校兼职档案员共48名。

档案馆总建筑面积约470平方米，其中办公室7间（约165平方米），档案库房4间（约280平方米），阅览室1间（约25平方米）；另外，校史陈列馆占地面积约1110平方米。档案库房安装档案密集架100组、防磁柜1台、除湿机2台，配置了温湿度监测仪、吸尘器和防火、防盗等设备；办公室配备有扫描仪1台、复印机1台、彩色打印机2台、照相机2台、传真机1台。

2. 馆藏情况

学校馆藏档案由延安大学、延安医学院、延安大学附属医院（现由延安大学附属医院院办代管）3个全宗构成，包括党群、行政、人事（现由人事处实行二级管理）、教学、科研、基建、出版、外事、财会、声像、实物等类档案。馆藏档案共计38226卷、109630件（不包括附属医院）。

3. 档案信息化、数字化情况

2017年学校更新数字档案管理系统软件，现已完成馆藏全部档案案卷目录级、卷内文件目录级及部分重要、常用档案的数据库建设工作（案卷信息38226条，卷内信息109630条）。2017年4月，学校经过招投标投资38.7万元，实现扫描库存档案150余万页，并实现挂接。目前学校使用的是"新影捷"档案系统，2017年经过系统升级后，初步实现与OA办公系统的自动对接。

4. 档案服务与利用情况

本馆主要为学校中心任务服务，除此之外，师生个人档案利用逐年增多，校外补办档案、核实教育部学历认证中心的函件、出国进修等业务量也逐年增多。年均查阅档案数量1500卷（件），600余人次。

5. 编研情况

2017年，学校以八十年校庆为契机，在对原老校史修订充实的基础上，新修订《延安大学史》和《延安大学大事记（1958—2017年）》。此外，预计出版《延安大

学校史资料》1—2辑，在校庆期间合作出版《杨家岭下沐春风》回忆散文集1册。

6. 特色服务

利用馆藏档案和及时收集档案，2017年5月成功展出"延安大学八九十年代教师教材展"，成为学校培育师生敬业好学品质的一个新场所。

除正常工作时间提供服务外，假期也排满值班人员，及时提供查阅服务。

三、各类获奖情况

1. 1995年，李玉林、惠静被陕西省教育委员会评为陕西省高校档案工作先进工作者。

2. 2002年，学校被陕西省委教育工委、陕西省教育厅授予"陕西省高等学校档案工作先进单位"称号，袁春梅被评为先进工作者。

3. 2008年，张竹兰被陕西省教育厅评为陕西省高等学校档案工作先进工作者。

4. 2013年，学校被陕西省教育厅授予"全省高等学校档案工作先进单位"称号，张雪梅被评为先进工作者。

5. 2015年，档案馆在延安大学年度考核中被评为年度目标责任考核优秀单位。

四、档案工作"十三五"规划建设目标

馆舍硬件达到标准要求；数字化、信息化持续保持在95%以上；编研出版更多档案资料著作；进一步做好服务利用工作。

（撰稿人：杨宇宁）

西安工业大学

一、学校基本情况

学校创建于1955年，前身为西安第二工业学校，1965年升格为西安工业学院，是国家"一五"计划156个重点建设项目的军工配套项目，具有鲜明的军工特色，是兵器行业部署在西北地区唯一的本科院校。1999年实行中央与地方共建，以陕西省管理为主。2006年经教育部批准更名为西安工业大学。2010年经国务院学位委员会批准成为博士学位立项建设单位。2011年，学校成为陕西省重点建设的高水平大学。2012年，实现陕西省人民政府与中国兵器工业集团公司共建。2013年，获批成为博士学位授予单位。2014年，获批成为博士后科研流动站设站单位。2015年获国军标质量管理体系

认证资格。2016年实现陕西省人民政府与国家国防科技工业局共建。2017年，实现陕西省人民政府与中国兵器装备集团公司共建。

学校占地面积1200亩，校舍建筑面积80万平方米。现有教职员工1800余人，全日制在校博士、硕士研究生2000余人，本科生18000余人。

学校现有14个教学单位，有"光学工程""材料科学与工程"和"机械工程"3个博士学位授权一级学科，3个博士后科研流动站。有15个硕士学位授权一级学科，6个专业硕士授权类别，20个专业学位授权领域；学校有54个本科专业。学科专业涵盖工学、理学、管理学、经济学、法学、文学、教育学、艺术学等8个学科门类。

二、档案馆概况

1. 基本情况

学校于1986年成立综合档案室，科级建制，隶属于校长办公室。2012年7月成立档案馆，为副处级建制单位，与校长办公室合署办公。档案馆现有专职档案员4名，其中馆长1名，副馆长1名；专职档案员均为本科及以上学历，专业设置合理，其中档案学专业1人，图书馆学专业1人；专职档案员3人为中级职称，1人为初级职称。档案馆现有兼职档案员73名。

档案馆总建筑面积为1260平方米，其中库房面积为1000平方米，办公室面积为130平方米，阅览室面积为130平方米。学校每年保证档案馆日常经费及专项经费，近六年累计投入各类经费120余万元，平均每年投入经费20万元。

2. 馆藏情况

学校馆藏西安工业大学1个全宗，包括党群、行政、教学、科研、基本建设、设备、出版、外事、财会九个主类，声像、实物两个辅类。全宗内共有案卷35000余卷23万余件。其中字画类档案收集了陕西省著名书法家及名人字画300余件。

3. 档案信息化、数字化情况

学校于2007年使用"南大之星"档案管理软件。自2010年启动档案数字化工作以来，现已完成所有教学类、党群类、行政类档案的数字化扫描工作，完成外事类、财会类、基建类、科研类综合档案的数字化扫描工作，共计12000余卷16万件60万页次。2017年获批校内专项经费25万元，现正对学校馆藏基本建设类档案进行数字化扫描，预计将于2018年完成所有基建类档案的数字化扫描工作，完成照片扫描数3000余张，届时学校档案数字化率将得到显著提升。近年来档案数字化累计投入经费60余万元。因学校OA办公系统正处于调研阶段，故学校档案管理软件暂未与OA办公系统实现对接。

4. 档案服务与利用情况

档案管理人员牢固树立正确的服务观念和良好的服务态度，正确处理基础工作与利用工作之间的关系，正确处理利用与保密之间的关系。积极进行档案信息咨询及利用服务，热情、主动地为学校师生提供各种档案信息服务，近五年累计提供档案利用6000余人次。

积极为学校教学与科研工作服务。档案馆多次参与学校关于史志撰写、教学评估、学科评估、专业申报及博士点申报等工作，积极为学校大型重要活动提供和整理支撑材料。近年来档案馆积极为学校校史馆的建立、信息更新等提供第一手档案资料，为学校党代会宣传提供历届党代会文字汇编及图片信息，并为学校各类展览提供图片及文字档案信息。

学校财务凭证档案为教师申报科研项目、评定职称等提供了便利条件；凭借实物档案中的名人字画档案，为学校建立刘自椟、陈泽秦书法馆提供展品复制件。档案信息利用工作能满足本单位各项工作需要，并为社会利用档案创造了便利条件。

自学校2011年开展出国学生翻译工作以来，每年为300余名出国学生提供中英文成绩翻译等整套材料，专用的防伪纸张、规范的翻译受到学生的一致好评。

积极开展多种形式的档案培训及宣传教育活动，如积极做好"6·9"国际档案日宣传活动。多批次地对兼职档案员进行培训，通过现场指导、电话咨询、网络答疑等方式解决归档及利用过程中的各种问题。

建设档案网站，积极进行改版、更新和维护。顺应信息化发展趋势，建立档案馆微信公众号，提高档案利用服务的信息化、网络化和多样化。

5. 编研情况

每年编辑出版《西安工业大学年鉴》1本，已连续出版23期；参与编写《西安工业大学史（2005—2015）》；制定并修订《西安工业大学档案法规制度汇编》；编制《西安工业大学组织机构沿革》；编制党群、行政类档案全引目录；编制名人字画档案专题目录；编制《十年干部任免文件汇编（2005～2015年）》

6. 特色服务

对"南大之星"档案管理软件使用权限按照部门进行分级，使档案归档、利用工作有序开展。加强电子档案的收集。档案馆保存学校自建校以来所有的毕业生照片电子档案6000余张，做到对学校重大新闻、学术会议、外事交流及大事件照片电子档案及时归档，对实物档案中的300余幅字画类档案进行高清拍照存档并上传至档案管理软件，对374卷2万余页次党群、行政类历史档案进行抢救性扫描和换盒。积极开展存量档案数字化扫描工作，有效提高档案利用的信息化、网络化和快捷化。

三、各类获奖情况

1. 1991年，王新慧、孙爱华、范斗《浅谈企业、事业单位综合档案机构的整体职能》，载西安工业学院《高等教育研究》1991年第3期，获机械电子工业档案学会三等奖。

2. 1993年，范斗、李文朴、潘祖彭《试论行业档案学术组织的主要任务》，载西安工业学院《高等教育研究》1993年第1期，获机械电子工业档案学会一等奖。

3. 1993年，范斗等《高等学校综合档案机构的职责、工作量及人员配备的研究报告》，载《陕西档案》1993年第3期，获中国高等学校档案工作协会科研成果二等奖。

4. 1994年，邢月娟《浅议如何提高党政管理档案案卷质量》，载《机械电子档案》1994年第4期，获全国机电系统高校档案协会优秀奖。

5. 1995年，范斗被陕西省教育委员会评为陕西省高等学校档案工作先进工作者。

6. 1995年，范斗被陕西省档案局、陕西省人事厅评为陕西省档案工作先进工作者。

7. 1995年，邢月娟、范斗《运用经济手段强化档案部门的监督职能》，载《陕西档案》1995年第4期，获中国机电兵船工业档案学会二等奖、兵器工业档案学会学术论文一等奖。

8. 1996年，学校被国家档案局授予"国家二级档案管理单位"称号。

9. 1998年，黄献松、范斗、邢月娟、孙爱华、李晶、惠淑兰、陈燕、彭渝丽、王新慧、李智军被中国兵器工业总公司授予"中国兵器工业总公司档案工作目标管理活动中有突出贡献人员"荣誉称号。

10. 2000年，范斗被陕西省档案局、陕西省人事厅评为陕西省档案工作先进工作者。

11. 2002年，学校被陕西省委教育工委、陕西省教育厅授予"陕西省高等学校档案工作先进单位"称号，邢月娟被评为先进个人。

12. 2005年，李米《西安工业学院年鉴》，获中国机械电子兵器船舶工业档案学会档案编研成果二等奖。

13. 2005年，李米《高校档案管理创新新视角的断想》，获陕西高教系统档案学会优秀论文奖。

14. 2006年，孙爱华《档案在本科教学工作水平评估中的作用》，载《创办一流的教育理论与实践探索》（第五辑），兵器工业出版社2006年出版，获陕西高教系统档案学会优秀论文三等奖。

15. 2008年，学校被陕西省教育厅授予"陕西省高等学校档案工作先进单位"称号，孙爱华被评为先进工作者。

16. 自2011年起，学校多次被陕西省教育厅授予"陕西教育年鉴先进撰稿单位"称号、"教育志、校志编纂工作优秀单位"称号。

17. 2013年，学校被陕西省教育厅授予"全省高等学校档案工作先进单位"称号，孙爱华被评为先进工作者。

18. 2016年、2017年，李宁被陕西省教育厅评为陕西教育志鉴编纂工作先进个人。

四、档案工作"十三五"规划建设目标

根据学校 2017 年印发的《西安工业大学"十三五"发展规划》的通知（校发〔2017〕101 号），明确"加快档案数字化、信息化建设"的规划，力争在五年内学校档案数字化、信息化建设迈上一个新台阶。

（撰稿人：李宁）

西安工程大学

一、学校基本情况

西安工程大学是我国西部地区唯一一所以纺织服装为特色的综合性高等学校，有金花、临潼两个校区，占地108万平方米，13个教学单位，各类在校生近2万人。

学校是国务院学位委员会首批批准的学士、硕士学位授权单位。现有联合培养博士点 1 个，一级学科硕士学位授权点 10 个、二级学科硕士点 51 个，硕士专业学位类别 4 个，硕士专业学位授权点 18 个；本科专业 63 个。学校专任教师 1000 余名，其中中国工程院院士 1 人，二、三级教授 36 人，正副教授 429 人。近年来，学校获得省部级优秀教学成果奖 89 项，承担国家攻关项目、自然科学及社会科学基金项目、创新项目 56 项；获国家科技进步奖一等奖 2 项、国家科技进步奖二等奖 3 项，学术论文被 SCI、EI、ISTP 收录 2200 余篇。

学校已有百余年的办学历程，其前身为1912年创办的北京高等工业专门学校机织科。其后，历经国立北平大学工学院纺织系、西北联合大学纺织系、西北工学院纺织系、西安交通大学纺织系、陕西工业大学纺织系、西北轻工业学院纺织系等发展阶段。1978年，学校独立建校，隶属纺织工业部。1998年，学校由纺织工业部划转为中央与地方共建，以陕西省管理为主。2006年，学校更名为西安工程大学。

二、档案馆概况

1. 基本情况

学校档案馆于2013年5月在原综合档案室的基础上成立，副处级建制。设有综合档案室、人事档案室、财务档案室、校史馆、纺织服装博物馆等业务部门。

现有专职档案工作人员9人，其中硕士5人，双学位1人，本科1人，专科2人；副高职称1人，中级职称3人。兼职档案人员75人。另外聘用熟悉校史编撰、文字能力强的3名处级干部为专家馆员。

档案馆总面积2768平方米，其中库房760平方米，公用房1992平方米，阅览室16平方米。学校对各种门类、载体的档案实行了集中统一管理。

临潼校区建有校史馆和纺织服装博物馆，列入了陕西省100所博物馆目录，为陕西省青少年教育基地、党员教育基地、西部服饰文化研究中心、学生学习和实习基地。每年接待参观学习9000人次。2014至2017年共投入档案工作各项经费165万元。

2. 馆藏情况

截至2016年底，档案馆保存纸质档案51613卷、音像档案1894盘、照片档案2719张、实物档案1968件，重要资料896册，档案编研材料16种33卷（本）。

3. 档案信息化、数字化情况

使用"南大之星"档案管理系统，将档案管理系统与OA对接，推进了档案信息化、数字化。一是建立档案馆网站，发布档案信息。二是建立档案数据库，截至2016年底，共计45万余条。三是开通网上英语四六级成绩查询。四是数字化学校荣誉证书并发布。五是建立了发布系统，及时发布档案编研情况等。六是完成人事档案数据库建设。七是继续对利用率较高的档案及归档学生成绩进行全文数字化工作，加快档案信息化进程。八是不断丰富和完善网上校史馆。

学校将档案工作经费纳入学校事业经费预决算，满足数字化建设需要。

4. 档案服务与利用情况

一是创新档案收集模式。通过"南大之星"系统、"一卡通"、档案管理系统与OA对接、"互联网+"平台等，实现收集模式的不断创新。

二是创新档案管理手段。档案管理信息化与学校管理信息化同步发展，并列入学校整体规划。不断提高管理效能，创新管理手段，为社会利用档案创造了便利条件。

三是创新档案服务机制。通过远程服务、电话查询、微信群服务、QQ群服务、实时查询、快递服务等手段，提高服务质量和效率。档案馆网站发布有多项编研成果供师生下载使用。便捷的查询服务，为学校发展提供了有力支持和服务保障。

校史馆、纺织服装博物馆面向社会开放，接待参观学习。

2014至2017年档案利用分别为1765人次2202卷次、1175人次3006卷次、4284人次5713卷次、891人次1805卷次。

5. 编研情况

2013年以来，学校积极开展档案信息资源开发和编研工作。到目前完成了37项编研工作。包括：（1）学校2011—2016年《年鉴》共6卷；（2）学校大事记六年6本，五年汇编1本；（3）学校《荣誉集》2016年1本，学校2011—2015年《荣誉集》汇编1本；（4）学校（1991—2010）二十年教育史料1卷；（5）学校（1991—2010）教育人物1卷；（6）专题检索工具及编研材料，包括1978—2016年期间的教材专著目录、教学工作编研、教学质量工程编研、教学评估编研、学校《荣誉册》及其他编研材料，共9部；（7）入编《陕西教育年鉴》（文字版、彩版各3次）、《陕西工业与信息化年鉴》（文字与彩版图片2次）、《西安志》（文字与彩版图片1次）和《中国高等学校大全》材料（文字与图片1次），共10份；（8）校史馆、成果室、教学单位简介版面更新材料，实物展柜布展材料。

完成了学校2014—2017年度教育志、校志编纂工作，完成了陕西教育志调研材料、纺织服装博物馆介绍等材料的编写。2014年以来工作人员公开发表学术论文8篇。2015年在全校开展了"档案工作为学校发展服务之我谈"征文活动，并汇编成册。

学校档案编研和志鉴编纂工作取得成绩，有力地支撑了学校本科教学评估、学位点和学科评估与建设、教学科研项目申报等。

6. 特色服务

档案资料信息查询服务便捷。借助校园网平台，设立档案馆网站，采用远程服务、电话查询、微信群服务、QQ群服务、实时查询、快递服务等多种手段，服务师生，服务社会，提高了工作质量和效率。

实现网上英语四六级成绩查询，数字化学生成绩册和获奖证书，并在学校办公系统和档案馆网站发布编研成果供师生下载使用。

工作人员坚持8小时工作制、24小时责任制和节假日值班制，实行档案查询专人负责、查询利用首问负责制、立刻就办等制度，完善数字查询系统。

近年来，在办理临时工社保、党员信息核查、社会保障、学历认证、资产清查和资产处置、上级巡视调档、化解纠纷、权益保障等方面发挥了重要作用。

三、各类获奖情况

1. 1995 年,学校被陕西省教育委员会授予"陕西省高等学校档案工作先进集体"称号,李西凤被评为先进工作者。

2. 1999 年,李西凤、李金锐、雷长林、赵文宏被国家纺织工业局评为科技事业单位档案工作目标管理活动突出贡献奖。

3. 1999 年,赵文宏《新形势下高校档案信息资源的开发和利用》,载《陕西档案》1999 年增刊,获陕、甘、新、桂、琼、赣六省区高校档案工作研讨会论文交流优秀奖。

4. 2001年,档案馆被西安工程科技学院评为校级先进集体。

5. 2002年,学校被陕西省委教育工委、陕西省教育厅授予"陕西省高等学校档案工作先进集体"称号,李西凤被评为先进工作者。

6. 2005年,杨锋《高等学校档案馆(室)学历认证工作思考》,获陕西高教系统档案学会第十三次优秀学术论文奖。

7. 2005年,杨锋《抓住发展机遇 结合实际加速高校档案管理现代化进程》,获陕西高教系统档案学会第十三次优秀学术论文奖。

8. 2008 年,学校被陕西省教育厅授予"陕西省高等学校档案工作先进单位"称号,杨锋被评为先进工作者。

9. 2013年,学校被陕西省教育厅授予"全省高等学校档案工作先进单位"称号,杨锋被评为先进工作者。

10. 2013年,学校被陕西省教育厅授予2013年度"陕西省教育志鉴编纂工作优秀单位"称号。

11. 2014年,2012年度档案事业统计年报报送情况受到陕西省档案局通报表扬。

12. 2015年,学校被评为2014年度陕西省教育年鉴编辑工作优秀单位。

13. 2016年,学校被授予2015年度"陕西省教育志编纂工作优秀单位"称号、2015年度"教育年鉴编辑工作优秀单位"称号。

14. 2016年,学校被授予2016年度"陕西省教育志鉴编纂工作先进单位",高建会被评为先进个人。

四、档案工作"十三五"规划建设目标

《西安工程大学"十三五"事业发展规划》提出"推进教育教学的互联网+,初步建立智慧校园"的目标,核心是"加强信息化机构及队伍建设""实现信息互通、数据共享""完成信息标准及三大平台建设,增加智慧校园特色项目""实现学籍档案、部分综合档案、荣誉证书的数字化工作"。

就"做好档案信息化管理工作"，提出"围绕师生信息，建立数字化档案系统，提升主动、便捷档案服务能力。包括纸质档案的数字化处理、电子公文自动归档系统、档案管理系统、档案远程查阅系统等"。

就"档案资料管理计划"目标任务，提出"档案馆、校史馆及博物馆集成建设""校内档案共享系统""多媒体档案"。

目前，全校上下正在追赶超越，为实现"十三五"规划目标任务而努力奋斗。

（撰稿人：刘清）

西安外国语大学

一、学校基本情况

西安外国语大学创建于1952年，是中华人民共和国成立后最早建立的4所外语院校之一，是西北地区唯一一所主要外语语种齐全的普通高校。其前身是西北俄文专科学校，1958年更名为西安外国语学院。2006年经教育部批准，学校更名为西安外国语大学。学校总占地面积1593亩，建筑面积80.1万平方米。学校教学科研实力强，设有23个学院（部）等教学机构，具有外国语言文学一级学科博士点，13个二级学科博士点，1个博士后科研流动站，与国外8所大学联合培养博士研究生。现有4个一级学科硕士点，59个二级学科硕士点。开设52个本科专业，7个辅修专业，覆盖文学、经济学、管理学、法学、教育学、理学、艺术学7个学科门类。现有博士研究生、硕士研究生、本专科生、外国留学生及各类培训学生2万余人。学校坚持"立足陕西、服务西北、辐射全国、面向世界"，坚持走开放式、国际化办学道路，不断深化教学改革，改善办学条件，提高教育教学质量，为建设特色鲜明的高水平大学而努力奋斗。

二、档案室概况

1. 基本情况

学校档案室成立于1959年7月。1990年5月，文书档案室和科技档案室合并成立综合档案室。由于合校，1995年5月，外语师专档案室并入学校综合档案室，档案室由党委办公室、校长办公室主管，现为科级建制，有正式编制3人，2人本科毕业，1人具有馆员职称，兼职档案员49人，档案室建筑面积250平方米，档案经费实报实销。

2. 馆藏情况

馆藏各类档案32000多卷（件），照片档案1144张，实物档案409个。

3. 档案信息化、数字化情况

使用"南大之星"档案管理软件，录入案卷级条目12311条、文件级条目82014条，全文扫描档案128058页。完成了学校从1952年建校以来大部分教学档案的数字化扫描、录入、挂接工作以及党群、行政、基建、科研、实物等各类档案的部分数字化工作。数字化经费投入12万元。档案软件已经实现与办公OA对接。

4. 档案服务与利用情况

每年查阅档案1000多人次2000多卷次。

5. 编研情况

近年来编研成果有《西安外国语大学历年毕业生毕业证书暨授予学位文件汇编》《西安外国语大学历任校级领导任免批复文件汇编》《西安外国语大学机构设置文件汇编》《西安外国语大学专业技术人员任职资格文件汇编》《西安外国语大学学位授权专业批复文件汇编》《西安外国语大学各专业批复文件汇编》等。

6. 特色服务

随着学校国际化水平的不断提高，出国和查档学生逐年递增，有些学生身处外地或国外，不能亲自来办理档案，本着服务育人和以学生为本的理念，档案管理人员核实学生身份后，采用快递、邮件等方式完成服务。

三、各类获奖情况

1. 1995年，张继红、董淑娟被陕西省教育委员会评为陕西省高等学校档案工作先进工作者。

2. 2002年，王芳被陕西省委教育工委、陕西省教育厅评为陕西省高等学校档案工作先进工作者。

3. 2008年，王芳被陕西省教育厅评为陕西省高等学校档案工作先进工作者。

4. 2013年，学校被陕西省教育厅授予"全省高等学校档案工作先进单位"称号，孟丽被评为先进工作者。

5. 2014年，档案事业统计年报报送情况受到陕西省档案局通报表扬。

6. 2015年，王芳获2014年度校级"管理成效奖"。

7. 2017年，张迪被陕西省教育厅评为"远洋杯"全省教育系统纪念《档案法》颁布30周年演讲赛优秀奖。

四、档案工作"十三五"规划建设目标

进一步做好档案的收集、整理、利用等基础工作。加快档案数字化工作进度，不断加强档案管理队伍，按要求配齐专职档案管理人员。扩大馆舍面积，做到办公室、阅览室、库房面积及安全措施符合国家要求，在条件成熟的情况下成立档案馆。

（撰稿人：王芳）

西北政法大学

一、学校基本情况

西北政法大学是一所法学特色鲜明，哲学、经济、管理、文学等多学科相互支

撑、协调发展的高水平大学。学校的前身是1937年中国共产党在延安创办的陕北公学。后历经延安大学、西北人民革命大学、西北政法干部学校、中央政法干部学校西北分校、西安政法学院、西北政法学院等时期。2000年，学校划归陕西省管理，成为中央与地方共建，以地方政府管理为主的高校。2006年，更名为西北政法大学。

学校现有雁塔、长安两个校区，占地1347亩。设18个学院，32个本科专业，5个一级学科，35个硕士学位授权点，10个省部级重点学科，12个陕西省"一流专业"，3个省级人文社科重点研究基地，承担"服务国家特殊需求博士人才培养"项目，是国家"卓越法律人才教育培养计划"全部三个类型五大实施基地之一，拥有西北地区第一个法学博士后科研流动站。有全日制本科生14000余人，博士、硕士研究生2700余人。

二、档案馆概况

1. 基本情况

学校档案馆于2017年6月正式成立，副处级建制，隶属党政办公室。专职人员5人，其中研究生学历1人，本科学历2人，大专学历1人，高中1人。职称：中级职称3人，高级工1人。兼职档案员32人。档案馆面积460多平方米。校史馆面积约800平方米。每年总经费投入10万元左右。

2. 馆藏情况

各类档案2万多卷，照片档案3000多张。

3. 档案信息化、数字化情况

使用"南大之星"档案管理软件，案卷级文件级条目电子化数字6600多条，全文扫描约10万张。数字化经费投入每年5万元。正筹建与校内OA对接事项。

4. 档案服务与利用情况

档案馆充分利用档案资源，积极主动地为学校管理、教学、科研等部门提供了大量的档案资料。每年接待查档人数约2000人次，档案利用5000多卷次。

5. 编研情况

编写了《1958—2000年学校基本情况数字汇编》《1979—2000年处级以上领导干部任职情况汇编》《图说校史》《习仲勋与西北政法大学》《西北政法大学专业设置文件汇编》等20多种编研资料。在各种核心期刊发表论文5篇，在普通期刊发表10多篇。

6. 特色服务

为学校"申大""申博"等重大活动和校史馆建设提供了大量翔实可靠的档案资料，为学校历次的教学评估、职称评定、养老保险办理、出国留学就业服务、财务账目清理、文明校园建设等提供了大量的档案资料，得到师生们的好评，已成为学校信息利用中心。

三、各类获奖情况

1. 2002年，学校被陕西省委教育工委、陕西省教育厅授予"陕西省高等学校档案工作先进集体"称号，王莉被评为先进工作者。

2. 2008年，王莉被陕西省教育厅评为陕西省高等学校档案工作先进工作者。

3. 2013年，王莉、苟维锋被陕西省教育厅评为陕西省高等学校档案工作先进工作者。

四、档案工作"十三五"规划建设目标

到2020年，建立起与学校发展相适应的档案事业发展体系，实现档案工作体制机制健全、档案事业依法治理、档案资源建设全覆盖、档案利用服务信息化、档案安全体系高效化，促进档案事业新跨越新发展。

1. 档案工作体制机制建设。成立档案馆，完善档案工作领导机构，建立档案工作分级管理体制和责任机制。

2. 档案法治建设。制定修订档案管理规章制度，为依法治档提供制度依据。强化档案法治思维，增强各单位依法履行档案收集、保管、利用等职责的能力。

3. 档案资源体系建设。坚持应收尽收，维护学校档案的齐全与完整。加大历史档案征集与保护力度。不断探索和拓展档案收集工作，丰富档案资源收集渠道。坚持档案资源建设多元化思路，构建结构优化、特色突出、覆盖广泛的档案资源体系。

4. 档案管理信息化建设。完成库存档案资料的数字化加工，逐步实现互联网电子档案检索、在线电子档案收缴。对档案开发利用进行创新，充分开发网络平台，在档案查阅方式上，争取实现在线申请、在线审批、在线授权、在线查阅。

5. 档案安全体系建设。进一步加强档案馆基础设施建设，扩大档案馆实际面积，改善档案保管条件。不断健全和完善档案安全应急机制，加大消防和监控设施的投入，确保档案安全。

6. 档案管理队伍建设。补充档案专业人员，形成队伍梯队。开展专业业务培训，提高档案工作水平。

（撰稿人：王莉）

西安邮电大学

一、学校基本情况

西安邮电大学始创于中华人民共和国成立初期，前身是1950年成立的陕西和甘肃两省邮电人员训练班及随后的西安邮电学校。1959年经国务院批准设立西安邮电学院，是国家在西北地区布局的唯一一所邮电通信类普通高校。2012年3月，经教育部批准学校更名为西安邮电大学。学校先后隶属于邮电部和信息产业部，2000年划转到陕西省，由陕西省与工业和信息化部共建。

学校坐落在西安市南郊文化区，占地1500余亩，设有长安、雁塔两个校区，现有在校学生18000余人。学校现有通信工程、计算机科学与技术、软件工程等43个本科专业，11个一级学科硕士学位授权点，47个二级学科硕士学位授权点，5个工程硕士授权领域，2个专业学位授权点，8个省部级重点学科，3个国家级特色专业和国家级专业综合改革试点。

西安邮电大学是一所以工为主，以信息科学技术为特色，工、管、理、经、文、法、艺多学科协调发展的普通高等学校，是我国特别是西北地区信息产业高级专门人才培养的重要基地。在"爱国、求是、奋进"的校训和"艰苦奋斗、自强不息、开拓进取"的西邮精神引领下，深化教育综合改革，全面提升人才培养、科学研究、社会服务、文化传承与创新、国际交流与合作的水平，努力建设有特色高水平邮电大学。

二、档案室概况

1. 基本情况

自学校成立以来，学校党政始终高度重视档案工作，一直设有专职档案人员管理全校档案工作。1997年成立综合档案室，隶属学院办公室，科级建制，实现了全校各类档案的集中统一管理。

档案室行使档案行政管理和档案保管利用双重职能。围绕学校档案工作，形成一个健全的档案工作网络体系。校党委书记主管档案工作，分管副书记（副校长）具体分管档案工作。各二级立卷部门明确档案主管领导1名、兼职档案员1—2名，负责本部门档案工作。学校现有专职档案员2名（硕士研究生、专科学历各1名），均为中级职称。兼职档案员30余名。

档案室面积总计360平方米，其中办公室28平方米、阅览室22平方米、档案库房310平方米。学校每年拨款3万元用于档案建设。

2. 馆藏情况

西安邮电大学党政办综合档案室集中管理学校建校以来的档案，现有全宗2个，包括党群963卷、行政2148卷、教学11869卷（其中学籍档案3525卷）、设备363卷、出版352卷、科研649卷、外事123卷、财会508卷（不含凭证11915卷）、基建3216卷、照片4937张、实物32件等十一大类档案。截至2017年12月，学校有各类档案37075卷，录像录音磁带33盘，室存资料6882册。目前案卷排架长度近500米。

3. 档案信息化、数字化情况

综合档案室拟计划2018年引进高校档案管理系统，目前，已完成党群、行政、设备等案卷级电子化条目6685条，扫描高考录取通知及名册（1986—2016年）7164页，扫描学籍卡、学生成绩单（2013—2016届毕业生）27318页。数字化经费投入逐年增长。

4. 档案服务与利用情况

学校高度注重档案信息的开发利用工作。通过档案利用，充分发挥室藏档案为教学、科研、管理服务。学校计划规划的制定、文件的拟写、教学科研成果的申报、教学科研工作的检查、教职工的考核、干部的任用和考察、学生的就业，以及基建维修、征地、房地产证明的办理等都需要利用大量的档案。档案室每年提供档案利用近1000次，利用档案卷（件）次约3000次。档案室还面向社会开展了学历、学位的提供、认证等服务。不断加大档案信息资源开发利用的深度和广度。

综合档案室为方便社会机构查询档案，开展邮件往来查档服务。通过电子邮件、传真等形式明确查询信息，并将认证信息通过电子化方式告知查档者，使利用者少跑路、不跑路就能查到所需的档案，为利用者解决了实际困难。

三、各类获奖情况

1. 1995年，张爱玲被陕西省教育委员会评为陕西省高等学校档案工作先进工作者。

2. 1995年，杨树梅被评为1994—1995年度全省教育统计信息工作先进工作者。

3. 1998年，学校被邮电部、国家档案局授予"国家二级档案管理单位"称号。

4. 1999年，杨树梅被国家档案局评为科技事业单位"国家二级"档案管理突出贡献奖。

5. 2000年，学校被陕西省档案局、陕西省人事厅授予"陕西省档案工作先进集体"称号。

6. 2002年，杨树梅被陕西省委教育工委、陕西省教育厅评为陕西省高等学校档案工作先进工作者。

7. 2008年，学校被陕西省教育厅授予"陕西省高等学校档案工作先进单位"称号，杨树梅被评为陕西省高等学校档案工作先进工作者。

（撰稿人：曹菁轶）

陕西中医药大学

一、学校基本情况

陕西中医药大学的前身是1952年创建于西安的西北中医进修学校，1959年升格为陕西中医学院，2015年更名为陕西中医药大学。学校隶属于陕西省教育厅。校址位于陕西省西咸新区西咸大道，总占地面积796675.3平方米，有南（新校区）、北两个校区。

学校现有13个教学院（系、部），有2所直属附属医院、18所非直属附属医院，另有陕西中医药大学制药厂和陕西医史博物馆。现有全日制在校生13569人，教职工2650人，开设22个本科专业，有各级科研平台46个。近五年，学校承担了各类纵向科研项目600余项，获省部级及以上科技成果奖励44项。学校先后为世界30多个国家和地区培养了3000多名中医药人才。学校坚持"文化铸校"战略，连续五年荣获陕西高校优秀校园文化建设成果奖一等奖。

二、档案室概况

1984年，学校在党委办公室下设文档室，1988年正式设立综合档案室，科级编制。现有专职工作人员4人，其中综合档案室办公室副主任1人，专职档案员3人。专职人员中，副高级职称2人，硕士学历2人，中级以上专业技术职务人员3人。学校各职能处室、各院系配备兼职档案员42人。综合档案室现有建筑面积459平方米，办公条件良好，设备设施齐全，每年总经费15万元。

综合档案室馆藏1个全宗，有纸质档案24369卷（其中永久12258卷，长期8325卷，短期3786卷），照片档案20余册、5223张，音像档案171盘，实物档案600余件。

综合档案室于2007年引进"南大之星"档案管理系统，进行档案电子目录录入及数字化档案数据的挂接、存储等管理。目前录入档案目录条目261580余条，已完成扫描挂接的电子档案2033卷共计28万余页。数字化经费逐年增加，共计投入20万余元。

综合档案室定期向全校开展档案信息咨询服务，及时、准确、高效地为学校各项工作开展、师生活动需求和需要出具资料和证明。2010年来，档案室共承接毕业证查补、用工查询、资料查验等业务6000余次，出具相关证明、资料数千份。根据工作需要，编制了《案卷目录》检索工具，为方便、快捷检索创造了条件。完成了《陕西中医药大学档案工作制度汇编》《陕西中医药大学名人名录》《陕西中医药大学教工职称信息汇编》等的编研工作。

三、各类获奖情况

1.1995年，尉晓莉被陕西省教育委员会评为陕西省高等学校档案工作先进工作者。

2.2013年，学校被陕西省教育厅授予"全省高等学校档案工作先进单位"称号，徐亚娟被评为先进工作者。

四、档案工作"十三五"规划建设目标

建立适应全校信息化建设需要的电子文件归档和电子档案接收系统，确保信息技术条件下各类档案得以全面收集、安全保管、有效利用。进一步加强档案基础设施建设，到2020年，各种门类载体的档案目录全部实现计算机检索，对现有文书、教学、科研、声像等有特色档案进行数字化处理。

（撰稿人：王晶）

陕西理工大学

一、学校基本情况

陕西理工大学坐落在中国历史文化名城汉中市。学校创建于1958年，是一所具有六十年办学历史的省属普通高等学校，也是全国首批具有学士学位授予权的高校之一，是汉中周边陕甘川鄂渝毗邻地区唯一一所具有硕士授予权的高校。先后经历了汉中大学、汉中师范学院与北京大学汉中分校、陕西工学院、陕西理工学院等发展阶段。2016年经教育部批准，陕西理工学院更名为陕西理工大学。

学校现有两个校区，校园总面积136.13万平方米，校舍建筑总面积68.49万平方米。现设有17个学院和2个教学实验实训中心，设有65个本科专业。

学校现有专任教师1175人。专任教师中具有硕士及以上学位871人，其中具有博士学位256人；具有高级专业技术职务431人，其中教授129人。全校共有全日制在校生20061人。

陕西理工大学是以工程教育和教师教育为主、多学科协调发展的应用型大学。

二、档案馆概况

1.基本情况

学校档案馆成立于2002年7月1日，是在原汉中师范学院档案室与原陕西工学院档案室基础上组建的，为独立的副处级建制单位。

档案馆现有专职档案管理员6名，其中本科学历3人，大专学历2人；中级职称3人，初级职称2人。档案管理人员爱岗敬业，忠于职守，有良好的知识结构、先进的管理理

念、过硬的管理技能，5人受过档案专业培训并有上岗证。学校还配有兼职档案员65名。

档案馆现有馆舍600平方米，实现了库房、办公室、借阅室三分开。档案馆配有计算机、打印机、复印机、高档扫描仪、除湿机、中央空调、档案柜、档案装具和档案现代化、信息化所需的设备设施。

学校建有700平方米的校史馆和400平方米的办学特色馆。

在学校财务预算中，除专列档案运行业务费、差旅费外，还按实际需要划拨有专项经费。近几年学校投入专项建设经费168.5万元，其中60万元用于档案馆软硬件建设、信息化建设、办公条件改善。其余108.5万元为校史馆建设经费。

2. 馆藏情况

学校档案馆藏始于1958年，有汉中师范学院、陕西工学院、陕西理工大学（学院）3个全宗。截至2016年底，馆藏各类档案总数22487卷、照片档案4748张。

3. 档案信息化、数字化情况

档案馆2011年使用"南大之星"档案管理系统软件。近年来，档案馆积极推进现行工作模式网络化，实行纸质、电子文件双重归档。对存量档案数字化从利用率较高的重要档案开始，逐步实现全覆盖。通过几年努力，完成了所有档案的案卷级目录录入、陕西理工大学全宗档案文件级目录录入，档案全文数字化98860件。目前，档案系统信息条目144966条，其中案卷级22487条、文件级122479条，档案管理实现了信息化、现代化。

4. 档案服务与利用情况

档案人员能积极进行档案信息咨询服务，以踏实、敬业的工作态度和热情、周到的工作状态，满足信息资料咨询者、查阅者的各种需求。

档案馆建有档案网站，栏目包括档案法规、业务指导、服务指南、业务学习、编研利用、兰台世界等，很好地发挥了宣传、服务、指导功能。

归属档案馆管理的校史馆，对学校六十年发展建设中具有里程碑式的重大事件、重要文物、知名校友、标志性成果进行介绍、展览、宣传，产生了较大反响和社会效果，起到了良好的宣传教育作用。

学校档案利用效果明显，每年查档近2000卷。为学校清产核资、巡视诊断、更名大学、本科教学工作审核评估、师范类专业引导性评估等工作提供了大量原始资料，成为印证学校各项工作的有力支撑材料；为各界校友、毕业生提供派遣证明、学籍档案、新生录取名册等，为其核实工龄、解决就业、深造学习发挥了重要作用。

5. 档案资源开发成效显著

档案馆依据学校发展需求，制定了开发档案信息资源的工作规划。编撰印制有《学校党政发文汇编》《陕西理工大学档案管理制度汇编》《陕西理工大学管理制度汇编》《陕西理工大学科研成果汇编》等资料。编制档案全引目录，为档案查询者提供便捷的检索工具。

三、各类获奖情况

1.1995年，朱世怡被陕西省档案局、陕西省人事厅评为陕西省档案工作先进工作者。

2.1995年，朱世怡、余广俊被陕西省教育委员会评为陕西省高等学校档案工作先进工作者。

3.2002年，学校被陕西省委教育工委、陕西省教育厅授予"陕西省高等学校档案工作先进单位"称号，朱世怡被评为先进个人。

4.2013年，学校被陕西省教育厅授予"全省高等学校档案工作先进单位"称号，刘衡志被评为先进工作者。

四、档案工作"十三五"规划建设目标

加强依法治档工作，进一步提高档案管理部门依法履职能力，促进学校档案工作持续发展；加强档案馆馆舍建设工作，将档案馆建成档案安全保管基地、爱国与爱校教育基地、档案利用中心、学校信息查阅中心、电子文件中心；加强信息化建设，加快推进档案数字化进程，全面完成重要纸质档案数字化；继续做大档案资源体系，确保档案应归尽归，保障档案资源齐全完整；调整档案馆藏结构，丰富档案门类，提高师生档案馆藏比重；积极探索档案资源共享新方式，促进学校档案信息化建设与校园办公自动化同步发展，建设集"档案、数据、信息、知识"为一体的档案信息管理和服务平台；加强档案人才建设，实现人才强档，确保档案干部队伍在质量上和数量上与学校发展相适应。

（撰稿人：王君）

西安财经学院

一、学校基本情况

西安财经学院是陕西省人民政府主办、陕西省人民政府和国家统计局共建的普通高等学校。学校前身可追溯到1952年创建的西北贸易学校。2001年6月，经教育部批准，陕西经贸学院与西安统计学院合并组建西安财经学院。学校现有长安、雁塔、翠华东、翠华西四个校区，占地面积1600余亩。

学校以经济学、管理学为主干，凸显统计学、财政学、金融学、会计学等学科的优势和特色，以文学、法学、理学、工学、艺术学为支撑，多学科协调发展。现设10个二级学院和1个教学部。

学校现有3个一级学科、20个二级学科的硕士学位授予点，3个专业硕士学位授予点；4个省级重点学科、1个省级特色学科；设有45个本科专业，在校全日制学生17000余名，本科留学生5名。

学校坚持为区域经济社会发展服务，全面推进内涵发展，为全面建设特色鲜明的高水平财经大学的目标而努力奋斗。

二、档案馆概况

1. 基本情况

西安财经学院档案馆前身为原西安统计学院档案室、原陕西经贸学院档案室，2002年合并为西安财经学院综合档案室，最远历史可追溯到20世纪50年代的西北贸易学校时期。2013年综合档案室更名为档案馆，隶属党政办公室，科级建制。现在编人员5人，其中高级职称1人，中级职称4人；本科及以上学历4人。现有兼职档案员43名。

档案馆建筑面积470平方米，其中库房370平方米，办公、阅览各50平方米，有档案密集柜5区44组，容积340立方米。校史馆建筑面积300平方米。

2. 馆藏情况

收录了陕西商业专科学校、陕西财政专科学校、陕西工商学院、西安统计学院、陕西经贸学院、西安财经学院6个全宗档案。截至目前，档案馆馆藏档案41600余卷，照片1万余张，实物200余件。校史馆建筑面积300平方米。档案馆每年业务经费5万元。

3. 档案信息化、数字化情况

2014年，学校投资17.9万元购置、启用泰坦档案管理系统，推动档案编目、著录、指导、验收、检索等工作网络化。截至目前，共计收录案卷级和文件级目录数据73640余条，档案全文数据千余页。2016年，实行立卷纸质档案与电子档案同步归档。2017年，建设西安财经学院档案馆网站，并接入学校OA管理系统，目前正在试运行阶段；起草数字化建设方案，计划申请30万元，对馆藏档案目录、重要档案、高频次使用档案案卷率先数字化，积极推动档案数字化建设。

4. 档案服务与利用情况

档案工作立足服务师生、服务社会，紧密围绕学校中心和重大活动，及时准确提供档案信息服务。仅在2016年的省委巡视、党费补缴，2017年的本科教学审核评估、更名大学、平安校园创建、全国干部人事档案审核、校友信息库建设等重大任务过程中，档案馆积极协助各部门查询材料，满足工作需要，查阅档案12660卷，档案工作的重要地位和作用更加凸显。档案馆已初步建成为学校各项工作提供依据性材料的基地。

近三年来，档案馆接待校友学籍档案查询均在千余人次以上，协助社会单位、个人查询档案印证材料年均在200人次以上，每年为教育部学位认证中心查询认证毕业生学历、学位信息达百余人。2017年初，开发学生成绩翻译系统，结束学校学生无统一、规范、权威的外语成绩档案证明时期，满足了各届毕业生留学深造对外语成绩证明的需求。同年10月，与学校教务处协商，在档案馆设置毕业生学习成绩自助打印终端，目前，2003届以后毕业生均可在档案馆自助打印中文成绩单。档案馆正逐渐成为学校档案信息资源开发利用中心。

5. 编研情况

学校不断挖掘档案资源，党政办与档案馆通力合作，组织开发学校历史沿革、优良办学传统、重大历史活动等主题档案编研。2012年以来，编制案卷目录5部、卷内目录5部，整理陕西财政专科学校全宗目录2部。编撰出版了40余万字的《西安财经学院校史》。编制《西安财经学院大事记》15部、《西安财经学院制度汇编》2部，编制《中共西安财经学院第一次代表大会资料汇编》。通过开发对学校发展有价值的档案信息，增进师生对学校办学精神的认同和传承。

目前，档案馆正筹备编写《西安财经学院年鉴》《西安财经学院2013—2022年校史》，档案馆正努力建成学校校史研究教育的专门机构。

6. 特色工作

（1）实行档案全程管理模式。对学校"四重一特"，即重要活动、重大事项、重要科研项目、重点建设工程和特色工作，档案工作坚持重心前移、超前服务、全程跟踪、同步进行，确保能收尽收。针对基建档案的特点，建制度、定措施，夯实责任，抓好落实，采取"事前介入、事中控制、事后核查"的全程管理模式，确保基建档案归档移交工作顺利完成。针对本科教学审核评估等重大工作，在前期，派专人与审核评估领导小组办公室沟通，对档案资料方面提出相关要求；在中期，主动了解工作进度，上门提供归档材料收集指导；在结束后，及时联系兼职档案员，指导其将所有材料分类、组卷、录入系统，并将实物移交档案馆，实行专项工作随完随归。

（2）推行档案管理工作日志制。紧密结合档案利用明显增多的状况，建立档案管理工作日志制，由档案查询人员如实记录查询工作情况，重点记录查询者要求，以及某项档案资料馆内尚未收藏或案卷缺页、乱页、污损等情况，既便于档案人员掌握馆藏案卷动态，又加强对应归而未归档案的补充与追收。

（3）拓展档案服务方式。着眼培养"校友意识"，针对校友查档，改进作风，热情服务，让校友感受到"回家"的温暖，增强校友对母校的归属感。开展"为校友预约查档寄档服务"，该项目立项学校党建"创新一项工作，改进一项服务"活动，受到校友欢迎。2017年4月，引进学生成绩翻译系统，进一步丰富了档案馆服务内容。

三、各类获奖情况

1. 1995年，吴连书、李璞惠被陕西省教育委员会评为陕西省高等学校档案工作先进工作者。

2. 2002年，学校被陕西省委教育工委、陕西省教育厅授予"陕西省高等学校档案工作先进单位"称号，吴连书被评为先进工作者。

3. 2002年，学校被陕西省委教育工委、陕西省教育厅授予"陕西省教育系统信息工作先进单位"称号。

4. 2003年，吴连书被国家档案局、中央档案馆评为全国优秀档案工作者。

5. 2008年，学校被陕西省教育厅授予"陕西省高等学校档案工作先进单位"称号，吴连书、王娅被评为先进工作者。

6. 2011年，王娅被陕西省人社厅、陕西省档案局评为陕西省档案工作先进工作者。

7. 2013 年，学校被陕西省教育厅授予"全省高等学校档案工作先进单位"称号，王娅被先进工作者。

四、档案工作"十三五"规划建设目标

按照"存量数字化，增量电子化"要求，投入20万—30万元，对馆藏重要档案、高频次利用档案率先数字化。认真落实新增档案电子与纸质档案同步归档，积极推进数字档案馆建设。

（撰稿人：崔军定）

西安音乐学院

一、学校基本情况

西安音乐学院创建于1949年10月，前身是1948年贺龙元帅在晋绥解放区创建的西北艺术学院。其后，历经西北军政大学艺术学院、西北艺术学院、西北艺术专科学院、西安音乐专科学院、西安音乐学院、陕西省艺术学院的历史变迁。1980年，恢复西安音乐学院建制。

西安音乐学院是西北地区唯一一所独立建制的高等音乐学府，隶属陕西省人民政府。学校位于西安市长安中路108号，占地总面积约8.95万平方米，各类建筑面积约28.9万平方米；有全日制在校学生5036人，其中本科生4064人，硕士研究生478人，附中学生494人。学校现有钢琴系、管弦系、民乐系、声乐系、作曲与作曲技术理论系等12个教学单位，拥有艺术学理论和音乐与舞蹈学2个一级学科，设有11个本科专业，其中5个专业入选省"一流专业"建设或培育项目。在六十多年的发展历程中，积淀形成了以周秦汉唐音乐文化、陕北红色音乐文化、西北区域音乐文化和秦派风格音乐文化为代表的四大办学特色。

二、档案室概况

1. 基本情况

学校综合档案室成立于1988年，为科级建制，隶属学校党政办公室。由于学校办学规模较小，目前档案库房建筑面积120平方米，办公面积16平方米，实行库房与办公分开，库房内设有20平方米阅览空间。学校现配有专职档案员2名，各部门、各院

（系）配有兼职档案员30余名。2名专职档案员中1人具有本科学历、1人具有大专学历，1人具有中级职称。形成校、院和档案员三级档案工作管理体系。每年投入5万元作为档案工作基本保障经费。

2. 馆藏情况

馆藏案卷目录22卷，全引目录18卷，归档文件目录11卷。已归文书、财会档案纸质档案10742卷，照片档案3000张，延长米129米；已归声像类档案2848件，其中光碟类1457张，录像带类887盒，数字音频504件；人事档案5418件，延长米23米。

3. 档案信息化、数字化情况

完成了1949年至今案卷级条目电子化录入工作，完成了2000年至今党群行政卷内文件目录的电子化录入工作；2018年开始使用"南大之星"档案管理系统和学生成绩翻译系统。

4. 档案服务与利用情况

每年查阅利用文书档案600余卷，复印200余份文件，复制声像档案100余件，接待300余人次。

三、获奖情况

2013年，陈秀被陕西省教育厅评为全省高等学校档案工作先进工作者。

四、档案工作"十三五"规划建设目标

1. 加强部门立卷归档制度的落实，做到"应收尽收、应归尽归"。
2. 按档案管理新标准、新要求落实到位，借档案管理信息化、数字化契机，对不合格档案进行规范化整理，合理排架。
3. 做到档案办公室、库房、阅览室三分开。
4. 实现档案管理信息化、数字化，提高档案利用服务水平。

（撰稿人：陈秀）

西安美术学院

一、学校基本情况

西安美术学院建校于1949年6月，其前身为西北人民艺术学院二分部，1949年7月

由山西临汾迁至西安市长安县兴国寺，更名为西北军政大学艺术学院，后历经西北艺术专科学院、西北美术专科学院等阶段，于1960年5月正式定名为西安美术学院。1994年学院整体迁至西安市雁塔区含光路南段。六十多年来，学院秉承"艰苦创业，追求卓越"精神，恪守"弘美厚德，借古开今"校训，以所处地域的历史文化特色及红色革命基因为传统，培养了一大批卓有成就的艺术家和美术教育工作者，创作了许多在中国当代美术史上具有深远影响的作品，2011年，被列为陕西省重点建设的"有特色、高水平"大学之一。

二、档案室概况

1. 基本情况

学校综合档案室成立于1958年12月28日，隶属院长办公室。档案室办公、库房及阅览室总面积近300平方米，校史馆约800平方米，设有档案室管理干部岗位1名，兼职档案工作人员2名。年日常办公经费3万元，档案数字化建设专项经费5万元。

2. 馆藏情况

现存文书档案共计2.2万余卷，声像资料、实物档案近万件（包含博物馆存放的名师作品）。

3. 档案信息化、数字化情况

2017年7月，学院将档案室数字化建设纳入学校数字化校园建设项目中，将工作重心由"存"转向"用"，逐步推进档案数字化建设。2016年11月收到了陕西省教育厅关于档案工作检查的通知，以此为契机，制定了详细的数字化建设日程安排。2017年上半年完成了档案室库房的新增、修缮、设备配置工作，又利用暑假及双休日完成了2016—2017年度信息资源数字化过程中的拆卷、扫描、装订等工作。因学院档案室目前的档案管理软件老旧，无法升级更新，所以在申请2018年部门经费预算时，增加了档案管理软件的购置费。2017年使用恒信档案管理系统，目前完成档案数字化机读案卷级目录1000条，机读文件级目录2500条，档案扫描数字化加工页数为4万页。

4. 档案服务与利用情况

高校档案记载了学校发展的真实面貌和历史过程，客观反映了学院教学和管理的各个环节，是查考、追溯发展的原始凭证和重要依据，其完整程度和质量高低是衡量学校教学质量和管理水平的重要标志。在做好档案实体基础工作的同时，最大限度地服务师生，配合全院校庆、教学审核评估、学科评估工作等年度重点工作和活动，做好档案的查阅及利用工作。

三、获奖情况

2008年，盛月英被陕西省教育厅授予"陕西省高等学校档案工作先进工作者"称号。

（撰稿人：黄庆莉）

西安体育学院

一、学校基本情况

西安体育学院创建于1954年，坐落在古城西安小雁塔西侧，是中华人民共和国成立后最早建立的6所体育院校之一，2001年为陕西省人民政府与国家体育总局共建院校。现有三个校区，全日制在校生8819人，21个本科专业，涵盖了经、理、教、文、管、艺6个专业门类。现有3个国家级特色专业建设点、3个省级特色专业建设点、3个省级专业综合改革试点项目建设点、1门国家级精品资源共享课程。学院有2个一级学科硕士学位授权点和10个二级学科硕士学位授权点、2个专业学位硕士授权点。体育学学科在运动技术诊断与技能评定、运动与健康促进、体育经济与管理、体育法治理论与实践、体育教育理论与实践研究、区域公共体育服务六个研究领域形成研究特色。

学院现有国家体育总局体育社会科学重点研究基地、国家体育总局重点实验室、国家体育总局体育文化研究基地等学科平台，在多个体育项目研究领域已形成特色。五年来，承担国家哲学社会科学基金项目14项、国家自然科学基金项目1项、科技部软科学科研项目3项、科技部"十一五"科技支撑重点项目课题2项等。学院先后与20多个国家30所大学及研究机构建立了校际协作关系。

二、档案室概况

1. 基本情况

综合档案室成立于1985年6月，科级建制，院党委书记分管，党政办主任主管。学院在档案建设方面有专项经费投入，统一划拨党政办，能够满足档案管理工作需要。现有专职档案员2人，中级职称，均参加过专业培训，有兼职档案人员29人。综合档案室现在学院图书馆一楼，总面积120平方米。其中，库房面积100平方米，办公室10平方米，阅览室10平方米。

2. 馆藏情况

按照高校档案归档方法，根据学院实际情况按照党群、行政、教学、外事、科研、基建、设备、出版物、财会、声像、竞赛类十一大类进行档案设置归类。现藏西北体育学院和西安体育学院2个全宗，共约18000卷。

3. 档案信息化、数字化情况

2012年12月使用"南大之星"档案管理系统软件。现机读目录案卷级9000多条，文件级约7万条。

2017年8月投资30万元，开始档案数字化工作，截至11月30号，累计扫描了31万页，著录档案条目56000条，录入2005届以前毕业生成绩单13000条。目前，机读目录案卷级9000余条、文件级约7万条。

学院2018年启用了OA系统，即将和"南大之星"档案系统挂接，实现完全电子存档。

4. 档案服务与利用情况

档案部门是学院档案信息中心。档案室及时制作、完善各类档案统计材料，如按期编制案卷目录，编制档案借阅登记簿、档案数量统计材料等，做到统计材料清晰、规范，积极、主动、热情、及时提供档案信息咨询服务。为学院机构设置、干部任免、专业职务评审、重点学科申报、科学研究开展、教学管理、教学质量评估、文明校园评比及法律诉讼等方面提供了翔实的档案资料。

5. 特色服务

作为体育类专业院校，学院突出特色建设，将竞赛类、教学类档案作为重点建设类别。竞赛类档案由竞赛成绩汇总，等级裁判员、等级运动员汇总，学生参加省市、全国、世界比赛秩序册及成绩册组成，利用率较高。

三、各类获奖情况

1. 2001年，李冬梅被国家体育总局人事司授予"国家体育总局人事档案管理先进个人"称号。

2. 2002年，贺缠虎被陕西省委教育工委、陕西省教育厅授予"陕西高等学校档案工作先进工作者"称号。

3. 2008年，张璐被陕西省教育厅授予"陕西省高等学校档案工作先进工作者"称号。

4. 2013年，贺缠虎被陕西省教育厅授予"全省高等学校档案工作先进工作者"称号。

5. 2014年，贺缠虎撰写的《学生档案影响大学生就业的因素分析》被评选为第三届中国档案职业发展论坛优秀论文。

四、档案工作"十三五"规划建设目标

1. 保证经费，加强档案信息化建设

建立学院档案目录数据库、重要档案全文数据库以及声像、照片等特殊档案的多媒体数据库，将档案管理系统同办公自动化OA管理系统融为一体，逐步提高档案信息化水平。

2. 配备人员，加强学院档案人才队伍体系建设

档案室需配备一名年轻的档案或计算机相关专业人员，学院各部门应根据职务变动及时更新分管档案工作的领导和专兼职档案人员，不断完善全校档案工作网络和体系。

3. 依法治档，加强档案法制化建设

在《西安体育学院档案管理办法》等原有规章制度基础上，拟定颁发《西安体育学院电子文件电子档案管理办法》《西安体育学院实物档案管理办法》等档案规章制度。完善、修订《西安体育学院档案工作文件汇编》。

4. 安全保护，加强学院档案安全体系建设

修订和完善档案安全应急预案，提高档案室抵御自然灾害和处置突发事件的能力，确保档案数据及设备设施安全；建立档案数据集中存储备份与灾难恢复管理机制，实施重要档案异地异质备份制度；加快馆藏重要档案副本的制作步伐，保护档案原件，确保档案实体安全。

5. 准确定位，加强档案利用体系建设

努力把握学院工作的重点，根据体育类档案的特点，有针对性地为学院科研、教学提供档案信息利用，有目的地开展档案编研工作。

（撰稿人：李冬梅）

西安医学院

一、学校基本情况

西安医学院是陕西省人民政府举办的一所全日制普通本科院校，其前身是创建于1951年的陕西省卫生学校。1959年省政府设陕西省卫生干部学院建制。1994年国家教委批准成立陕西医学高等专科学校。2006年2月经教育部批准，升格为本科院校，更名为西安医学院，隶属于陕西省教育厅。学校由含光校区、未央校区、

高新校区组成，总占地面积76万平方米，总建筑面积98.8万平方米。目前在校生13948人。

学校现有临床医学院、护理学院、药学院等14个教学单位。开办有研究生教育、普通本科教育和继续教育。临床医学具有一级学科硕士专业学位授予权，目前有全科医学、内科学、外科学、眼科学等16个二级学科硕士学位授权点。普通本科教育开办有临床医学、护理学、药学、预防医学、口腔医学等18个本科专业。现有省级一流专业5个，省级"专业综合改革试点项目"专业3项。

学校坚持"面向基层，立足陕西，培养高素质应用型医药卫生人才"的培养理念，坚持以学科建设为龙头，坚持服务地方经济和社会发展，大力实施"质量立校、特色兴校、人才强校、依法治校"战略，先后被确定为陕西省全科医生培训基地、陕西省基层医生培训中心，为陕西基层医疗卫生事业的发展做出了重要贡献。

二、档案室概况

1. 基本情况

学校1961年建立了档案室，由校长办公室负责。2007年成立西安医学院党政办综合档案室。2013年设立档案馆，隶属于党政办公室，正科级建制。现有专职档案员4人，其中本科学历3人，研究生1人，具有高级职称2人，并有兼职档案员61人。档案室总面积712平方米，其中，库房646平方米，办公区33平方米，阅档区33平方米。年经费3万元。

2. 馆藏情况

现有档案7928卷，8.4万余件，电子照片500余张，录音、录像、影片、磁带、磁盘等音像资料200余盒，实物档案243件。

3. 档案信息化、数字化情况

2011年使用"新影捷"档案管理系统软件。对1986年以后党群、行政类建立了目录级数据库，现有数据1.8万余条；对2002年以后所有学籍档案7.2万余页进行全文扫描，实现了全文数字化管理。现档案数字化建设已纳入2018年学校OA系统工程项目，进行系统升级、硬件配置及全部文书档案的数字化扫描。

4. 档案服务与利用情况

2011年学校六十年校庆之际，档案室积极参与，主动配合有关部门，查阅了千余卷档案，为《西安医学院校史》《校友名录》的编制、校史馆的建立提供了宝贵的档案信息，让师生和社会各界了解学校的发展历史，增强了师生员工的荣誉感、责任感和使命感。2014年在学校迎接教学评估中，配合各部门查阅整理各种档案，为学校顺利通过评估提供了有力证明。2016年在学校申报教学名师、创建"文明校园""平安校园"过程中，提供档案查阅服务。档案开放、利用在学校的行政管理、职称评定、教学科研、学生就业、学历认证、毕业证明等工作中发挥了不可替代的作用。

5. 编研情况

编制有《全宗介绍》《干部任免一览表》《晋升职称人员一览表》《档案案卷统计表》《离退休人员一览表》《授奖人员一览表》《内部机构设置一览表》《招生、毕业生统计表》。

三、各类获奖情况

1. 1995年，胡征爱被陕西省教育委员会授予"陕西省高等学校档案工作先进工作者"称号。

2. 2002年，胡征爱被陕西省委教育工委、陕西省教育厅授予"陕西省高等学校档案工作先进工作者"称号。

3. 2013年，聂红梅被陕西省教育厅授予"全省高等学校档案工作先进工作者"称号。

四、档案工作"十三五"规划建设目标

在学校"十三五"规划的要求和指导下，加快数字档案馆的建设步伐，依托数字化校园建设项目，完善软件、硬件设施建设，实现归档网络化和档案管理数字化，为师生提供更加便捷的档案信息服务，提升档案管理服务水平。

（撰稿人：曹沛）

西安文理学院

一、学校基本情况

西安文理学院是2003年经教育部批准，由西安市政府主办、省市共建、面向全国招生的一所全日制普通本科高校。先后由西安大学、西安师范专科学校、西安教育学院、西安幼儿师范学校和西安师范学校合并而成，办学历史可追溯至1903年设立的陕西师范学堂。学校秉承关中书院"躬行实践、经世致用、敦本尚实、笃行践履"的内涵，结合国家"育人为本，德育为先"的教育方针，凝练形成"重德、笃学、躬行、崇高"的校

训。学校确立了"地方性、应用型、开放式"的办学定位，坚持走转型升级、创新驱动、内涵发展、质量取胜之路，2011年顺利通过教育部本科教学工作合格评估，2013年成为陕西省双学士学位授予试点单位，2014年成为陕西省转型发展试点学校、联合培养研究生示范站单位，2016年成为西安市国家全面创新改革试验区试点高校。

学校占地741亩，共有高新、太白和书院三个校区，建筑面积47.07万平方米。学校现有在编教职工1174人，专任教师706人。设有涵盖文学、理学、工学、教育学、管理学、经济学、法学、历史学、农学、艺术学等10大学科门类48个本科专业，全日制在校生12817人。设有10个二级学院、1个继续教育学院、1个服务地方研究院和1个文化艺术教育中心。

学校先后荣获省级师德建设先进集体、省级精神文明校园、省级平安校园、省级卫生示范单位、省级园林式单位、市级目标考核优秀单位等40余项荣誉称号。

二、档案室概况

1. 基本情况

学校综合档案室2007年成为科级建制，隶属于学校党政办公室，承担着全校各类档案及资料的收集、整理、利用和校内各部门档案工作的业务指导。综合档案室是由原西安师范专科学校综合档案室（1986年成立）、西安大学综合档案室（1985年成立）、西安教育学院综合档案室（1987年成立）、西安幼儿师范学校综合档案室（1988年成立）、西安师范学校综合档案室（1985年成立）合并组建而成，2010年实现了各校址所有全宗档案的集中统一保管。

综合档案室现有专职档案员2名，均为本科以上学历，职称1人为副高，1人为中级。目前，全校共有归档单位40个，兼职档案员53人，涵盖了所有的党群、行政部门、二级学院及教辅、科研单位。

综合档案室建筑面积600平方米。档案经费虽未单列，但能得到有效保障。2017年学校共投入87万元用于档案新馆舍的一期建设，新增档案智能密集架226组及智能化库房管理系统，配备档案防磁柜4台，除湿、净化、消毒一体机3台，实物展柜42组，档案库房实现全智能化管理，档案管理硬件和设施得到极大改善。

2. 馆藏情况

学校档案的分类体系采用实体分类法，共有档案全宗7个，涵盖党群、行政、教学、基建、财务、学生等十一大类及纸质、声像、电子多种载体，馆藏各类档案共计33957卷、50631件，照片档案5310张，实物档案1130件。

3. 档案信息化、数字化情况

在校领导的支持下，学校档案信息化工作顺利推行并初见成效。2010年学校开始使用"南大之星"网络版档案管理软件管理档案。2015年开始档案数字化扫描工作。2016年，学校将档案信息化纳入学校整体信息化规划，档案数字化工作被纳入"西安文理学院2016工作提升年项目"，与学校其他重要工作一起纳入年终考核，并考核优秀。档案信息化经费得到有效保障。2017年，学校为档案数字化、信息化硬件建设共投入近100万元，其中，智能密集架及智能库房管理系统共87万元，档案数字化8万元。档案数字化工作现已常态化，三年累计完成各类档案数字化共390000页。现档案室室藏全部教学类、学生类档案及党群类、行政类部分档案均可实现全文检索。OA系统与档案管理系统实现对接，学校收发文已可实现自动归档至档案管理系统。即将建设的网站信息采集系统与档案信息发布系统，可以进一步促进档案从收集到利用的整体效果，让全校师生感受到智慧档案的便利服务。

4. 档案服务与利用情况

在档案信息的开发利用方面，近几年着重做了以下几方面工作：一是继续拓展丰富档案资源。采用服务外包的形式进行档案数字化，既丰富了档案库藏，也满足了更多的利用需求。二是创新服务机制。改变重藏轻用的传统观念，增强服务的主动性，创建西安文理学院综合档案室微信公众号，建立档案室工作网站。三是充分挖掘、利用电子档案。在学校前期完成大量档案数字化的基础上，申请建设"西安文理学院档案信息采集归档系统"和"西安文理学院档案信息发布系统"，现方案已基本通过，进入开发阶段。

档案工作在学校党政管理、教育教学管理活动中发挥了越来越重要的作用。2017年，在审计、检查、资产报废、教学成果申报、职称评审、学历认证、学籍证明、基建改造、法律凭证需求等工作中，共提供各类档案利用4800余卷次，接待档案利用人员400余人次。

5. 编研情况

《西安大学十五年里程》《西安教育学院历史和现状》《历程——西安文理学院校史》《西安文理学院年鉴》《西安文理学院大事记》《西安教育学院历史考证》《西安幼儿师范学校文件汇编》《西安文理学院重要文件汇编》《西安文理学院干部职务任免文件汇编》《西安文理学院职称任职资格文件汇编》。

6. 特色服务

改变重藏轻用的传统观念，增强服务的主动性，创建西安文理学院综合档案室微信公众号。

三、各类获奖情况（厅局级以上）

1. 1995年，王玉清被陕西省教育委员会授予"陕西省高等学校档案工作先进工作者"称号。

2. 2008年，宋林雅被陕西省教育厅授予"陕西省高等学校档案工作先进工作者"称号。

3. 2013年，宋林雅被陕西省教育厅授予"全省高等学校档案工作先进工作者"称号。

4. 2016年，学校被西安市档案局授予"年度考核优秀"荣誉称号。

四、档案工作"十三五"建设规划目标

在"十三五"期间将档案室建成智慧型档案室。

（撰稿人：宋林雅）

宝鸡文理学院

一、学校基本情况

宝鸡文理学院是一所省属普通本科高等学校，前身为1958年创办的宝鸡大学（本科），1963年停办，1975年恢复为陕西师范大学宝鸡分校（本科），1978年经国务院批准定名为宝鸡师范学院，1992年经国家教委批准，与1984年新设立的宝鸡大学合并，更名为宝鸡文理学院。学校现有新老两个校区，占地面积1100多亩。目前全日制在校生19137人，其中本科生18793人，硕士生330人，留学生14人。学校设有17个二级学院，66个本科专业，现有中国语言文学、化学、地理学3个一级学科学术型硕士授权点和教育、机械工程、光学工程3个专业硕士学位授权点。在近六十年的奋斗历程中，一代又一代宝鸡文理人筚路蓝缕、栉风沐雨、奋勇开拓，文理精神薪火相传，教泽留芳，学校事业康庄发展，阔步向前。

二、档案馆概况

1. 基本情况

学校于1982年11月成立综合档案室，科级建制，隶属于校长办公室的领导。2001年7月，学校将综合档案室和信息中心合并，更名为信息档案室。2017年3月升格为档案馆，正处级建制。现有档案工作人员7人，其中副研究馆员1人、馆员4人，硕士研究生学历3人、本科学历3人、大专学历1人，并有兼职档案员52人。馆舍建筑面积340平方米，其中库房321.5平方米，阅览室、办公室各18.5平方米，收藏各类档案18624卷（册）。2017年总经费22000元。

2. 馆藏情况

宝鸡文理学院档案馆收藏各类档案（含学籍、党群、行政、基建、设备、科研、外事、产品、出版等）18624卷（册），照片档案195卷，实物档案367件。

3. 档案信息化、数字化情况

自2012年开始使用"南大之星"档案管理系统，2016年更新了管理服务器，2017年做了最新升级，电子机读条目102906条。档案馆计划从2018年起全面启动数字化建设，预计投入100万元，此项工作已经列入档案工作"十三五"规划。档案馆也将与校内OA实现对接，逐步完成系统数据自动集成归档。

4. 档案服务与利用情况

档案馆发挥存史、育人、资政的功能，为学校多方面工作提供参考依据。近几年年均查档人数500余人次，调阅档案资料800余卷，档案利用率逐年提高。

5. 编研情况

为了更好地利用档案信息资源，档案馆积极参与学校《陕西教育年鉴》《宝鸡年鉴》及《宝鸡文理学院年鉴》等文献的编撰工作，为进一步扩大学校的知名度和美誉度起到了重要作用。在开展业务的同时，档案馆人员积极进行学习交流及科学研究活动，成功获批"中国高等教育学会档案工作分会'十三五'规划课题"1项，获批"陕西省教育科学'十三五'规划2016年度课题"1项，在《陕西档案》《山西档案》《黑龙江档案》《兰台世界》等期刊发表论文20余篇。

6. 特色服务

（1）实行部门立卷。档案馆派出工作人员深入相关立卷部门指导现场立卷，确保部门立卷完整高效。对学校的重大活动、重要会议派员进行档案收集的过程化跟踪和立卷的现场辅导。

（2）档案利用挂牌服务，首接负责。为全体档案工作人员制作了岗位职责牌，实行查阅档案首接负责，确保查档及时准确。

（3）开通了宝鸡文理学院档案馆微信公众平台。截至2017年底已发布内容19期，累计阅读数3222人次，点赞数233人次，总用户人数157人，进入中国高校档案类微信公众号排名榜单。

三、各类获奖情况

1. 1995年，沈利英被陕西省教育委员会授予"陕西省高等学校档案工作先进工作者"称号。

2. 2002年，学校被陕西省委教育工委、陕西省教育厅授予"陕西省高等学校档案工作先进单位"称号，惠芬被陕西省委教育工委、陕西省教育厅授予"陕西省高等学校档案工作先进工作者"称号。

3. 2008年，学校被陕西省教育厅授予"陕西省高等学校档案工作先进单位"称号，惠芬被陕西省教育厅授予"陕西省高等学校档案工作先进工作者"称号。

4. 2013年，学校被陕西省教育厅授予"全省高等学校档案工作先进单位"称号，李振辉被陕西省教育厅授予"全省高等学校档案工作先进工作者"称号。

5. 2013年、2015年，学校被宝鸡市地方志办公室授予"《宝鸡年鉴》编撰工作先进单位"称号。

6. 2013年、2015年、2016年，学校被陕西省教育厅授予"陕西教育志编撰工作先进单位"称号。

7. 2013年、2015年，李振辉被宝鸡市地方志办公室授予"《宝鸡年鉴》编撰工作先进个人"称号。

8. 2013年、2015年、2016年，李振辉被陕西省教育厅授予"陕西教育志鉴编撰工作先进个人"称号。

9. 2017年，赵钊《基于微信公众平台的高校校史文化研究》，获"第六届中国档案职业发展论坛"三等奖、中国高等教育学会档案工作分会2017年学术研讨会征文三等奖。

四、档案工作"十三五"规划建设目标

完善学校档案规章制度，建立学校档案规范化管理长效机制，提高全校师生档案意识；开发具有宝鸡文理学院特色的档案文化和校史文化产品；把档案数字化建设全面纳入学校信息化建设的整体规划，到2020年实现全部馆藏数字化，努力建成数字档案馆，为建设高水平的宝鸡大学服务。

（撰稿人：杨淑捷）

咸阳师范学院

一、学校基本情况

咸阳师范学院是一所以教师教育为特色的省属本科院校。学校肇始于1978年5月的陕西师范大学咸阳专修科。1978年12月，经教育部批准，成立咸阳师范专科学校。2001年5月，与陕西省咸阳教育学院合并，成立咸阳师范学院。2004年10月，陕西广播电视大学咸阳市分校并入。2016年7月，陕西省机电工程学校划归学校。

学校位于咸阳，有渭城和秦都两个校区，校园占地824亩，校舍建筑面积50万平方米。学校面向全国28个省市区招生。现有全日制在校本科生15000余人、留学生50余人、继续教育学生6000余人。

学校设有16个二级学院。学校现有本科专业55个，其中师范类专业19个、非师范类专业36个，涵盖文学、理学、历史学、法学、教育学、管理学、工学、经济学、艺术学等9个学科门类。

二、档案馆概况

1. 基本情况

1978年学校在建校初期就设有专人负责档案工作，1991年12月设立综合档案室，隶属于校长办公室。2015年10月成立档案馆，正处级建制。档案馆现有面积175平方米。现有专职档案人员3人，其中教授1人（研究生学历），馆员2人（本科），负责全校的档案管理工作。学校除办公经费外，每年为档案馆列专项业务费20000元。

档案馆在全校各部门设置了兼职档案人员，具体负责本部门日常工作中形成文件的收集、整理、保管、预立卷、移交归档工作，档案馆具体指导各部门业务工作。为使学校的档案材料能够按时移交档案馆，明确了档案工作职责和任务，使各部门对文件材料的形成、积累、收集、整理有据可依，在学校形成了完善的档案管理网络。

2. 馆藏情况

学校的档案从1993年之后按照实体分类法进行分类整理。目前，学校现存档案共计18986卷册，保存有实物档案419件、照片1000多张、光盘100多张。编制档案检索目录121本。2002—2016年档案检索目录已输入"南大之星"档案管理软件并上网公布，方便校内职工上网查询。

3. 档案数字化、信息化情况

档案馆使用"南大之星"档案管理软件，目前已录入案卷级条目7415条、文件级条目192635条，全文扫描160000多页，学校为档案馆数字化经费投入10万余元，并投入近20万元为档案馆库房购置密集架32组，向建设数字化档案馆的目标迈进。

4. 档案服务与利用情况

档案馆每年为学校教学等各项工作及教职工、毕业生提供档案查询利用服务400多人次。

5. 编研情况

编制有《咸阳师范学院机构沿革一览表》及《咸阳师范学院临时机构和人员组成目录》。

三、各类获奖情况

1. 1995年，刘蔚被陕西省教育委员会授予"陕西省高校档案工作先进工作者"称号。

2. 1997年，刘蔚被陕西省委教育工委授予"陕西省教育系统办公厅室先进个人"称号。

3. 2002年，张蕾被陕西省委教育工委、陕西省教育厅授予"陕西省高等学校档案工作先进工作者"称号。

4. 2008年，学校被陕西省教育厅授予"陕西省高等学校档案工作先进单位"称号，张蕾被陕西省教育厅授予"陕西省高等学校档案工作先进工作者"称号。

5. 2013年，学校被陕西省教育厅授予"全省高等学校档案工作先进单位"称号。

（撰稿人：张蕾）

渭南师范学院

一、学校基本情况

渭南师范学院，省属普通本科院校，位于陕西省渭南市朝阳大街西段。渭南师范学院前身是1923年成立的赤水职业学校，经历了渭南师范学院、渭南师范专科学校、渭南教育学院和渭南五七大学，2000年更名为渭南师范学院。学校具有学士学位授予权，与多所高校联合培养硕士、博士研究生。学校有朝阳、西岳、汉马三个校区，截至2017年10月占地面积86.7705万平方米，学生16453人。学校共设有13个二级学院（39

个系），其中本科专业63个，专科1个。

学校在建校初期曾开办初等师范、中等师范、高等师范三个层次教师教育，开设师范类、科学技术类等学科专业，现已成为以教师教育为主要特色的综合性地方高校，以建设特色鲜明的高水平地方师范大学为办学目标。

二、档案馆概况

1. 基本情况

1991年学校成立综合档案室，2012年6月成立档案馆，副处级建制。现有专职档案员6人，学历情况：研究生学历2人，本科4人；职称情况：讲师2人，初级职称4人。现有兼职档案员50人。学校有一个主档案馆和三个展馆，其中主档案馆面积310平方米，三个展馆分别是"刘志丹习仲勋关中东部革命活动纪念馆""渭南师范学院展览馆"和"科学馆"，总面积1357.2平方米。近五年来，学校投入35万元用于档案馆建设。

2. 馆藏情况

截至2017年12月馆藏各类档案18435卷、人事档案1500卷、学生档案1973卷、照片档案160卷、实物档案2215件。

3. 档案信息化、数字化情况

使用"科怡"档案管理系统网络版，目前电子化录入卷级2039卷、文件级18955件，全文扫描30582页，照片扫描1100张，每年数字化经费投入2万—3万元，档案馆网页与学校OA办公系统对接。

4. 档案服务与利用情况

每年查询利用档案2000余人次，约5000卷次，查阅内容包括学术研究、宣传教育、工作查考、教学学籍等。档案查阅过程严格遵循《档案查询利用流程》，并能详细分类填写渭南师范学院档案查询登记表。

（1）挖掘档案资源，扩大档案利用服务范围。为学校的教学、科研、管理、校庆、校史编写、校史馆、科学馆、专升本、本科教学工作水平评估、专业评估、党建评估等各项评估等，及时、准确地提供第一手资料。通过网站、展板、横幅等形式，做好档案宣传。

（2）积极探索工作创新。与学校人文学院联合开展中国古典文献课程实训，就文献学中档案材料的整理和使用规范进行实地参观，分别从档案基础知识、文件材料整理、文书档案立卷、档案系统检索查询等方面进行讲解，并演示档案的整理过程，使学生能理论实际联系，更好地领会和掌握课程内容。

5. 编研情况

档案馆负责编撰学校《年鉴》及《大事记》。

6. 特色服务

加强档案校园文化建设，拓展公共服务功能。开发档案信息资源，建立爱国主义教育基地"刘志丹习仲勋关中东部革命活动纪念馆"以及"渭南师范学院展览馆"，展区面积共780平方米，通过文字和图片等史料介绍刘志丹、习仲勋等老一辈无产阶级革命家的丰功伟绩和中国共产党早期在关中东部开展的革命活动，同时展示反映学校建设、发展、奋斗历程的有价值的文字、图表、声像等，记载学校在教学、育人、科研、管理、社会服务等诸多方面的工作。截至目前，三馆已接待上级领导、兄弟院校、师生、校友等3万余人次。

三、各类获奖情况（厅局级以上）

1. 1988年，张战虎被陕西省高等教育局授予"一九八七年度教育工作统计先进个人"称号。

2. 1990年，张战虎被授予"一九八九年度教育事业统计工作先进个人"称号。

3. 1993年，张战虎被陕西省教育委员会授予"普通高等学校科技、社科统计工作优秀工作者"称号。

4. 1994年，张战虎被陕西省教育委员会授予"陕西普通高等学校科技、社科统计工作先进工作者"称号。

5. 1995年，学校被陕西省委教育委员会授予"陕西省高等学校档案工作先进单位"称号，石超被陕西省教育委员会授予"陕西省高等学校档案工作先进工作者"称号。

6. 1995年，石超被陕西省档案局、陕西省人事厅授予"陕西省档案工作先进工作者"称号。

7. 1996年，张战虎被陕西省教育委员会授予"1994—1995年度全省教育统计信息工作先进工作者"称号。

8. 1998年，张战虎被陕西省教育委员会授予"1996—1997年度全省教育统计信息工作先进工作者"称号。

9. 2002年，学校被陕西省委教育工委、陕西省教育厅授予"陕西省高等学校档案工作先进单位"称号，张战虎被陕西省委教育工委、陕西省教育厅授予"陕西省高等学校档案工作先进工作者"称号。

10. 2004年，张战虎被陕西省教育委员会授予"全省教育系统办公室工作先进个人"称号。

11. 2008年，张战虎被陕西省教育厅授予"陕西省高等学校档案工作先进工作者"称号。

12. 2012年，学校被陕西省教育厅授予"全省教育事业统计工作先进集体"称号。

13. 2012年，学校被渭南市档案局授予"渭南市档案工作先进集体"称号。

14. 2013年，学校被陕西省教育厅授予"全省高等学校档案工作先进单位"称号，张战虎被陕西省教育厅授予"全省高等学校档案工作先进工作者"称号。

15. 2013年，学校通过陕西省档案局颁发的档案目标管理"陕西省AAA级单位"认证。

16. 2017年，宋威在陕西省教育厅组织的"远洋杯"全省教育系统纪念《档案法》颁布30周年演讲比赛中获二等奖。

17. 2017年，杨立在渭南市组织的纪念国际档案日征文"档案——我们共同的记忆"中获一等奖。

四、档案工作"十三五"规划建设目标

完成学校档案工作科学化管理规范检查工作。一是完善档案工作管理体制，加强依法治档工作的落实。二是加强档案信息化建设。加强档案资源体系建设、档案服务体系建设、档案安全体系建设，持续做好服务工作。

（撰稿人：杨立）

榆林学院

一、学校基本情况

榆林学院坐落在国家重要能源化工基地、历史文化名城和现代特色农业基地陕西省

榆林市，是一所以工科为主，工、管、文、理、农、法等多学科协调发展的省属本科院校。学校创建于1958年，2003年升格为本科院校，2013年陕西省委和省政府决定推进榆林学院升格为榆林大学。学校现占地64万平方米（约960亩），校舍建筑面积近50万平方米，教学仪器设备总值1.5亿元，图书总值125万元，设有15个院系，53个本科专业，全日制在校本科生12000余人。现有教职员工973人，专任教师754人，正高职称80人，副高职称209人，硕士研究生以上学历644人，博士123人。

学校连续多年被地方政府评为"为地方经济社会发展做出显著成绩先进单位"，是国家卓越农林人才培养试点院校、陕西能源化工人才培养基地、陕西省首批社科普及基地、陕西省首批应用型大学转型试点院校和研究生联合培养试点院校、陕西省文明校园和平安校园、全国绿化先进单位，2015年荣获中国产学研合作促进奖，2016年被确定为国家转型发展试点院校。

在"十三五"期间，学校将始终坚持立足榆林、面向陕西、辐射周边的办学定位，不断提高教育教学质量，优化学科专业结构，加大内涵建设力度，进一步提升办学层次和水平，积极举办研究生教育，努力把学校建成国内先进、省内一流的高水平应用型大学。

二、档案馆概况

1. 基本情况

1991年4月成立档案室，隶属于学校办公室，2012年7月经学校党委批准成立档案馆，隶属于党政办公室，副处级建制。2017年10月，学校机构调整，新设置校史办公室，与档案馆合署办公，升格为正处级建制。现有档案馆馆长1人，副馆长1人，专职档案员3人。

2012年以来，在各级领导重视支持下，学校档案工作在较短的时间内将原滞留在各部门的档案资料全部立卷归档，做到应归尽归，实现集中统一管理，档案工作逐步走向制度化、规范化、现代化管理的轨道。

馆库建设明显改善，档案馆总建筑面积达417平方米，其中库房面积近300平方米，实现了办公、库房、阅览三分开。档案设备较为齐全，配备计算机、复印机及打印机等。档案的信息化建设得到长足的发展，档案的利用实现了手工检索和计算机检索相结合，方便了利用者，为学校档案工作的进一步发展奠定了良好的基础。

2. 馆藏情况

学校档案馆藏起始于1970年（1958—1962年原绥德师范学院档案全部移交给榆林市档案馆），现有榆林师专、榆林农专和榆林学院3个全宗，现库存党群、行政、教学、科研、财会、基建、外事和出版八大类共13444卷，资料376卷，排架长度85米。

存有照片1635张，存有部分实物档案。

3. 档案信息化、数字化情况

目前，学校正在加快档案数字化进程，预计2018年完成档案达标升级，真正成为学校的信息服务中心。

4. 档案服务与利用情况

年平均接待利用者800余人次，利用案卷600余卷次。

5. 编研情况

根据教育部27号令精神，结合学校的实际情况，编写了《榆林学院档案管理工作制度汇编》，制定了《榆林学院档案管理办法》和《榆林学院电子文件归档管理暂行办法》，制定档案工作制度和档案工作规范，编制了重要文件目录、案卷目录和全引目录3种检索工具共42本，参编《榆林学院校史》1本，编写了《榆林学院大事记》1本，公开发表6篇档案编研论文。2018年档案馆正在积极筹备学校建校六十周年校庆暨绥师成立九十五周年校史编写、档案整理开发利用等工作。

三、各类获奖情况

1. 2008年，张鸿雁被陕西省教育厅授予"陕西省高等学校档案工作先进工作者"称号。

2. 2013年，学校被陕西省教育厅授予"全省高等学校档案工作先进单位"称号。

（撰稿人：许仲举）

安康学院

一、学校基本情况

安康学院是安康市唯一一所省属全日制普通本科院校，其前身是创建于1958年的安康大学，1963年停办，1978年8月恢复办学，1984年6月经陕西省人民政府批准，更名为安康师范专科学校，2006年2月经教育部批准改建为安康学院。

学校分为江南、江北两个校区，校园占地813亩，校舍总面积279485.01平方米，馆藏纸质图书112.0825万册、电子图书88.8527万册、中外文报刊753种，教学、科研仪器设备资产值7742.02万元。现有全日制本科学生10828人，学科涵盖法学、教育学、文学等10个门类，设有电子与信息工程学院等12个二级学院，开设38个本科专业。学校现有教职工754人，专任教师564人，副高以上职称教师224人，具有博士、硕士学位教师442人，"双师型"及行业工程背景教师74人，省级教学名师5人，国内知名作家1人，受聘为外校博导、硕导教师14人。学校建有9个省级科研平台、9个市级科研平台和9个校级研究中心，组建科技创新团队6个。设有陕西省科协院士专家工作站、陕西省研究生联合培养示范工作站。

学校紧紧围绕"加快转型发展，提升办学层次"的主要任务，坚定不移地走地方性、应用型、开放式办学之路，为把学校建成有特色、高品质的应用型本科院校努力奋斗。

二、档案室概况

1. 基本情况

档案室隶属于学校党政办公室，1997年获得省一级档案室资格认证，2005年通过陕西省档案目标管理AA级认证。现有专职档案员3人，具有本科以上学历及中级职称。档案室总面积225平方米，其中库房150平方米，阅览室38平方米，办公室37平方米。安装有档案密集架10组，配有计算机、打印机、复印机、扫描仪、防磁柜、温湿度控制设备、电子监控及消防报警等设备。

2. 馆藏情况

档案室所藏档案起始于1979年，共有安康师范专科学校、安康教育学院、安康农业学校、安康学院4个全宗，内容涉及党群、行政、教学、科研、出版、基建、财会、外事、声像、实物等十大类，记载着安康学院的发展历程和办学传统。截至2017年10月，藏有各类纸质档案资料共计10133卷（不含学生及教师个人档案和会计档案）。声像档案中含照片89册，光盘156张，录音、录像带200余盒。实物档案中有字画100余幅、礼品32件、各类证书奖牌90余件、印章112枚。

3. 档案信息化、数字化情况

学校于2014年开始使用"南大之星"档案管理软件。2017年，学校采用数字化服务外包的形式，完成了安康农业学校、安康教育学院、安康师范专科学院、安康学院4个全宗的招生录取表、录取存根、入学通知书、电子注册及毕业名单、学位审核名册等的扫描，通过OCR识别、数据挂接，完成了全部档案的文件级录入，共扫描档案146531页，OCR识别、数据挂接146531条，档案目录著录150664条。学校档案管理软件挂接在学校虚拟网上，由网络中心专业人员进行管理和维护。2012至2017年学校档案数字化共投入21.8万元。学校OA系统现已进入试运行阶段，档案室将与校内OA系统实现对接，实现OA系统数据自动归档。

4. 档案服务与利用情况

始终坚持"教学、科研、管理工作延伸到哪里，档案工作服务到哪里"的工作理念，通过接待借阅、查阅、电话咨询、信函代办等多种方式为学校本科教学评估、硕士点申报、干部档案核查、领导干部离任审计、建校以来房屋摸底调查、离退休人员工资核查、巡视整改支撑材料、教师职称评审、学生学籍证明等提供了档案利用，最大限度发挥档案的作用。年均查档 300 余人次，调阅档案 600 余卷，提供复印 1000 余张。

5. 编研情况

积极参与《安康年鉴》《安康教育志》《陕西教育年鉴》《陕西省志·教育志（1991—2010 年）》《西部大开发陕西教育发展志》《安康学院校志》等志鉴的编撰工作，积极提供图文资料。认真编写了《全宗介绍》《安康学院大事记》《安康学院个人及集体荣誉》《安康学院科研成果汇编》《安康学院组织沿革》《安康学院干部任免文件汇编》《安康学院教职工专业技术职务任职目录》《安康学院历年基本数据汇编》《安康学院档案利用效果汇编》等编研资料。

6. 特色服务

一是归档工作开始前，对兼职档案人员开展业务培训。二是归档过程中，从学校收发文登记簿入手，不放过文件之间的历史联系，深入学校各行政部门和二级学院协助、督促、指导归档部门形成、积累、整理、立卷、归档文件材料。并通过QQ群及时解决归档及系统录入中的相关问题。三是积极通过发送短信、校园网宣传、LED横幅宣传、档案知识展板宣传等多种形式开展档案宣传活动。四是不定时到学校二级学院开展档案规范化建设培训。

三、各类获奖情况

1. 1991年，学校被安康地区档案局授予"市三级机关档案室"称号。

2. 1997年，学校获陕西省档案局"机关档案管理升级一级合格证"。

3. 2000年，学校被陕西省档案局、陕西省人事厅授予"全省档案工作先进集体"称号。

4. 2005年，学校被安康市档案局授予"2004年度年检优秀单位"称号。

5. 2007年，学校被安康市档案局授予"2005—2006年度年检优秀单位"称号。

6. 2008 年，学校被陕西省教育厅授予"陕西省高等学校档案工作先进单位"称号。

7. 2013年，杨红被陕西省教育厅授予"全省高等学校档案工作先进工作者"称号。

8. 2003—2017年，学校在安康市档案工作年检中均被评为优秀。

四、档案工作"十三五"规划建设目标

一是着手特色档案的收集，着手学校发展过程中有价值的珍贵资料、照片以及实物的征集。丰富学校档案内容，优化学校档案结构。二是发挥资源优势，丰富编

研内容。在校史方面加强研究，以"编"为主，开展编研工作，发挥档案的参考作用。三是积极发挥微信等新媒体与传统媒体的各自优势，让更多的人知道档案、了解档案、熟悉档案、利用档案。四是按照"存量数字化，增量电子化，服务网络化"的建设原则，向"互联网+档案"的新型档案工作模式迈进。五是尽快设立校史馆，充分发挥档案史料的宣传教育功能和大学文化传承作用。

（撰稿人：杨红）

商洛学院

一、学校基本情况

商洛学院是教育部批准、陕西省政府举办的普通本科院校。学校溯源于1976年成立的陕西省商洛地区五七师范学院，1979年更名陕西师范大学商洛专修科，1984年更名商洛师范专科学校，2006年经教育部批准升格为本科院校并更名商洛学院。学校现有三个校区，占地800余亩。学校坚持"立足商洛，面向地方，服务基层，培养应用型人才，建设多学科协调发展的应用型本科院校"的办学定位，秉承"博闻强志、正道直行"的校训和"尚教为学、践用至要"的办学理念，坚持打造"秦岭现代中药资源和绿色食品开发利用，秦岭矿产资源综合开发利用，贾平凹研究、秦岭画派等地方文化传承创新"的办学特色。现有在校生10000余人，设有11个二级学院和体育教学研究部，开办39个本科专业，涵盖经济学、法学、教育学、文学、历史学、理学、工学、农学、管理学、艺术学10个学科门类。

二、档案室概况

1. 基本情况

商洛学院综合档案室成立于2006年5月，科级建制，隶属于学院办公室。现有专职档案员4人，均具有本科以上学历，其中副研究馆员1人，馆员1人，助理馆员1人，有兼职档案员45人。档案室总面积248平方米，其中库房120平方米，阅档室64平方米，办公室64平方米。每年总经费2万余元。

2. 馆藏情况

学校档案室所藏档案起始于1984年，共有商洛师范专科学校、商洛农业学校、商洛学院3个全宗，内容涉及党群、行政、教学、科研、基建、财会、外事、设备、出版、声像、资产等十一大类，记载着学校的发展历史和办学传统。截至2016年底，藏有各类纸质档案资料共计9680卷，5001件。人事档案 930份，在校学生档案10673份，照片档案2148张，实物档案中有字画31幅、礼品44件、牌匾23个、印章222枚。

3. 档案信息化、数字化情况

2002年使用了"科怡"档案管理软件（单机版），2016年底完成案卷级、文件级电子化条目 6067 条。

4. 档案服务与利用情况

学校档案室通过接待借阅、查阅、电话咨询、信函代办等多种方式，为学校省市共建、教学评估、退休教职工工资调整、教育志撰写、校志的编撰、巡视整改支撑材料、教师职称评审、在校及已毕业学生学历证明、校友个人档案核查等提供档案利用服务。为相关专业学生提供见习、实习机会。每学期为中文系文秘专业的学生见习、实习、观摩等提供服务和指导。平均每年接待学生70余人次。

三、各类获奖情况

1. 2008年，段和平被陕西省教育厅授予"陕西省高等学校档案工作先进工作者"称号。

2. 2008年，周华在陕西高教系统档案学会第十四次学术论文评选中获优秀奖。

3. 2013年，周华被陕西省教育厅授予"全省高等学校档案工作先进工作者"称号。

4. 2017年，刘亚静在陕西省教育厅组织的"远洋杯"全省教育系统纪念《档案法》颁布30周年演讲比赛中获二等奖。

四、档案工作"十三五"规划建设目标

在《商洛学院"十三五"发展规划》中，学校明确将档案数字化工作纳入学校发展规划。

（撰稿人：蒋贞慧）

西安航空学院

一、学校基本情况

学校创建于1955年，原名为西安航空工业学校，隶属原航空工业部。1957年合并

兰州航空工业学校。1960年升格为专科学校，更名为西安航空工业专科学校。1985年经国家教委批准升格为西安航空工业技术专科学校，1993年更名为西安航空技术高等专科学校。1999年由中国航空工业总公司划转地方，隶属陕西省人民政府，为中央与地方共建院校。2012年经教育部批准升格为普通本科院校，更名为西安航空学院。

学校现有沣惠、阎良两个校区，占地1158亩。目前全日制在校生15000余人。设有飞行器学院、机械工程学院、电子工程学院、材料工程学院、计算机学院、能源与建筑学院、车辆工程学院、经济管理学院、外国语学院、人文学院、理学院、创新创业学院、士官学院、继续教育学院、思想政治理论课教学科研部和体育部等16个教学院（部）。开设飞行器制造工程、飞行器动力工程、材料科学与工程、机器人工程、飞机机电设备维修等79个本、专科专业，覆盖航空航天、机械、材料、电气、交通运输、工商管理等16个专业大类。现拥有省级本科专业综合改革试点项目1个，省级人才培养模式创新实验区3个，省级实验教学示范中心2个，省级虚拟仿真实验教学示范中心1个，国家级、省级试点专业建设项目8个，省级重点专业9个；已建成国家级精品课程及精品资源共享课11门，省级精品课程及精品资源共享课19门。

二、档案室概况

1. 基本情况

西安航空学院档案室成立于1963年，1999年学校划转地方后，学生档案由学生处转至档案室管理。目前档案室隶属学校党政办公室。西安航空学院档案室现有专职档案员2人，其中本科学历1人，中级专业技术职称1人，有兼职档案员60名。档案室现有档案库房2间，共计100平方米，办公及阅览室1间，面积为30平方米。学校校史馆面积130平方米。学校每年给档案室划拨经费5万元。

2. 馆藏情况

现馆藏党群、行政等各类档案总数23000卷（册）、学生档案15000份、人事档案1165份、照片档案300张、实物档案5个。

3. 档案信息化、数字化情况

2004年使用"南大之星"档案管理软件，每年有专业工程师负责软件维护。同时，学校网络技术中心对档案软件提供技术支持，保障档案数据库的运行安全。现已录入案卷级、文件级条目电子化47000余条，全文扫描23600余份。2016年实现档案管理软件与学校OA办公自动化系统的无缝对接，实现上级来文、学校自制文的电子文档直接查询，进一步提高了档案工作的信息化水平。

4. 档案服务与利用情况

在工作中，合理有序地满足每个用户的需要，提高档案的利用率。协调好各种关系，积极主动地为用户服务。档案利用体现在方方面面：为干部职工退休提供招工信息，办理退休手续；为职工核实工龄、工作简历提供原始凭证；为审计提供服务；为办理临时工作人员社保提供证明；为学校后勤保障维修提供图纸资料；为学校编史提供资料；为完善干部档案材料提供资料；为学生出国留学提供招生及毕业信息资料；为教职工职称评审提供支撑材料等。档案室充分发挥职能作用，既做到合理分工，各负其责，充分发挥每个人的积极性和创造性，又加强联系，密切配合，进一步做好档案服务工作。

5. 编研情况

1996年编写《西安航空技术高等专科学校校史（1955.10—1985.12）》。2006年编写《西安航空技术高等专科学校年志（1985.1—2005.12）》。2016年编写《西安航空学院制度汇编》。

三、各类获奖情况（厅局级以上）

1. 2008年，学校被陕西省教育厅授予"陕西省高等学校档案工作先进单位"称号，强普霞被陕西省教育厅授予"陕西省高等学校档案工作先进工作者"称号。

2. 2013年，殷婷被陕西省教育厅授予"全省高等学校档案工作先进工作者"称号。

3. 2017年，尹婷婷在陕西省教育厅组织的"远洋杯"全省教育系统纪念《档案法》颁布30周年演讲比赛中获二等奖。

四、档案工作"十三五"规划建设目标

加强队伍建设。从机构、人力、财力上加大投入；开展形式多样的档案普法宣传，进一步提高档案法律意识；加强对各门类档案的接收工作；推进档案网络服务，提供快捷的档案查询服务；开展档案信息化建设，推进数字档案室建设；加强档案信息利用，发挥档案服务功能，提高档案服务水平。

（撰稿人：殷婷）

陕西学前师范学院

一、学校基本情况

陕西学前师范学院是一所省属公办本科高校，是全省中小学教师、校园长和基础教育管理干部培养培训的重要基地，也是陕西省创业研究和西安市大学生创业培训基地。

学校办学历史悠久，前身陕西教育学院，1963年由陕西省西安师范学校和陕西省教师进修学校合并成立。2012年3月，经教育部和陕西省人民政府批准，改制更名为陕西学前师范学院。学校现有雁塔和长安两个校区，总占地面积720余亩。目前在职教职工880余人，有14个教学院系，有在校生15000余人。当前，学校立足陕西，服务地方，坚持以教师教育为主要特色，积极培育学前教育特色，以培养"品德优、基础实、能力强、素质高、善创业"的应用型人才为目标，着力建设有特色、高水平的应用型大学。

二、档案室概况

1. 基本情况

学校档案室成立于1978年，为科级建制。现有专职档案员3人，1人为研究生学历，2人为本科学历。在全校建立了档案管理网络，由学校每个部门的处级领导担任本部门档案工作分管领导，兼职档案员负责本部门档案的收集、整理与移交工作，全校党群、行政管理机构、教学科研机构、培训、教辅、附属机构共43个，按要求安排了分管档案工作领导及兼职档案员，共计86人。

学校档案室总面积312.9平方米，实行一体化办公。库房配备了10列6层50节的密集架、双面铁质文件柜30组、单面铁质文件柜21组、印章保管柜、光盘保管柜等。档案室配备电脑、激光打印机、光盘刻录机、扫描仪、照相机、复印机、空调、除湿机、自制照片翻拍架等专用档案办公设备。每年经费1万元。

2. 馆藏情况

档案室馆藏1个全宗，按《陕西学前师范学院档案管理办法》进行分类、编号、编目、排架，共分为党群、行政、教学、科研、基建、仪器设备、出版、财会、声像等九大类。目前馆藏档案7900余卷，学生档案163000余份，另有照片档案4100余张，磁带、录像带100余盘，各类文书、影音等电子档案1000余兆。

3. 档案信息化、数字化情况

尚未购买档案管理软件。学生档案信息化110000余份，案卷级、文件级条目电子化条数3200余条。

4. 档案服务与利用情况

积极拓展服务方式，为档案利用者提供优质高效的服务，成效显著。近五年来，年均接待校内、校外档案利用600余人次。

三、档案工作"十三五"规划建设目标

完善档案制度建设，夯实档案基础业务工作，不断推进档案基础设施建设，推进档案信息化建设，加强档案队伍建设。

（撰稿人：丁磊雷）

民办本科院校

西安培华学院

一、学校基本情况

西安培华学院坐落在西安市长安南路，是经教育部批准的西部首家拥有学士学位授予权的民办高校，隶属于陕西省教育厅。学校前身可追溯到1928年由陕西女子职业教育促进会筹办、陕西省教育厅批准设立的西安第一平民女子职业学校；1984年经陕西省人民政府批准，国家教委备案，由著名教育家姜维之先生在恢复原培华女子职业学校的基础上，创建了中华人民共和国成立后首家专门招收女性学生、开展女性教育的普通高校——西安培华女子大学。2003年经教育部批准升格为普通本科院校，并更名为西安培华学院（男女生兼收）。

学校总占地面积130万平方米，设有13个二级学院，开设41个本科专业。现有全日制在校生21280人。

学校办学特色鲜明，坚持应用技术型的办学定位，深化产教融合，推进协同育人，创新创业教育特色明显，入选教育部2017年度50所全国创新创业典型经验高校。学校传承女性教育特色，形成了独具特色的女性教育体系，是全国妇联和陕西省妇联对外宣传交流的窗口单位。

二、档案馆概况

1. 基本情况

学校于1984年成立档案室，2006年12月更名为综合档案室，2017年4月成立档案馆，隶属校长办公室，科级建制。现配备专职档案员3人，均为本科以上学历，有档案管理中级职称。目前，全校共配备兼职档案员40人，档案馆建筑面积300平方米，校史馆面积800平方米。近几年项目改造，校史馆、档案馆每年共投入45万元。

2. 馆藏情况

现有馆藏案卷3万余卷（件），学生档案2.7万余份、照片档案11万余张、实物档案约5000件。目前，档案管理采用实体分类法，对各类档案集中统一管理。

3. 档案信息化、数字化情况

2005年使用了"科怡"档案管理软件（单机版），对档案进行管理。为了进一步推进学校档案工作信息化建设进程，2017年升级为网络版，截至2017年完成档案案卷级目录计算机录入17908条、文件级目录39120条，档案数字化经费投入约15万元。

4. 档案服务与利用情况

在档案信息的开发利用上，采取了五方面措施：一是积极拓展丰富档案资源；二是编制了各类档案检索工具；三是将收集到的档案信息进行加工；四是运用计算机进行检索；五是建立各类档案统计台账。

档案工作在学校党政管理、教育教学管理活动中发挥了越来越重要的作用。近年来，档案馆共为校内外2000余人次提供查阅服务，共查阅资料万余卷（件）次。在学校校史编撰和校史馆的筹建过程中，档案部门提供了大量的档案材料及数据支持，保证了校史编撰的完整、准确；在学校会计规范化检查、财务审计等工作中，档案部门多次提供跨度十年以上的库藏财务类凭证，保证财务、审计工作顺利进行。

5. 编研工作

档案馆近年来参与完成了《培华大事记》《培华校史》《我与培华》《印象培华》等。

三、获奖情况

2002年，王玉霞被陕西省委教育工委、陕西省教育厅授予"陕西省高等学校档案工作先进工作者"称号。

四、档案工作"十三五"规划建设目标

1. 总体目标

以档案资源、档案利用、档案安全三个体系建设为核心，以档案规章制度建设为基础，以服务师生、服务学校、服务社会为宗旨，大力推进学校档案管理法制化、服务利用社会化和档案工作信息化进程。力争经过"十三五"期间建设，把学校档案馆建设成功能完善、馆藏丰富、管理规范、利用便捷的档案信息服务中心。

2. 主要任务和举措

（1）进一步强化全员档案意识，深入贯彻落实《档案法》和《高等学校档案管理办法》，加强档案人员的业务能力培训，增强做好档案工作的责任感和紧迫感。

（2）加大制度贯彻执行力度。充分发挥档案工作委员会的作用，坚持制度先行，依法治档、依法管档，明确职责、理顺关系，规范学校档案工作。

（3）加大档案信息化工作力度，将档案信息化工作纳入学校整体规划中。加快文件档案数字化步伐，进一步完善档案信息门户网站建设，逐步提高档案信息化水平。

（4）进一步加强档案工作的规范化管理，加强对各单位档案工作的督促、检查和指导，从源头上确保档案工作的质量，使档案工作在各项工作服务中发挥更大作用。

（5）切实加强档案信息安全工作，配置符合档案保管要求的安全防护监控设施，建立档案安全应急预案，定期进行档案安全检查。加强数字档案资源安全保障体系建设，逐步形成数字档案馆安全保障体系。

（撰稿人：楼晓军）

西安翻译学院

一、学校基本情况

西安翻译学院由我国当代杰出教育家、民办教育拓荒者丁祖诒创办。学校坐落在西安市南郊的终南山下，前身为创建于1987年的西安翻译培训学院。2000年经陕西省人民政府批准成立西安翻译职业学院。2005年经教育部批准升格为本科高校。2014年被陕西省教育厅确定为首批应用型转型试点院校。

西安翻译学院隶属于陕西省教育厅管理，位于陕西省西安市长安区太乙宫，占地面积2176亩，在校学生20002人。学校现设立有11个二级学院、2个教学部及1个教学中心，学校始终坚持"不以营利为目的，取之于学，用之于学"公益性办学原则，坚持以"高尚教育"为引领，以"读书、做人、变革、奋进"为校训，实施"外语+专业+创新创业技能"和"专业+外语+创新创业技能"的应用型人才培养模式，培养服务区域经济社会发展需要的应用型高级专门人才。

学校开设近70个本、专科专业及专业方向，总体上涵盖了文学、经济学、管理学、工学、艺术学、法学、教育学、医学等8个学科门类，基本上形成了以文为主，以外语为特色、以英语为重点，多学科协调发展的学科专业建设格局。

二、档案馆概况

1. 基本情况

西安翻译学院档案馆成立于2003年，科级建制，隶属于学校办公室。档案馆办公室面积56平方米，库房面积550平方米。档案馆基础设施完备，配备了密集架、计算机、高速扫描仪、复印机、防磁柜、装订机、加湿器、除湿机等现代化装具和设备。现有专职档案员4人，均具有研究生学历，其中3人具有中级职称。

2. 馆藏情况

目前馆藏1个全宗，档案3万余件（卷）。档案基本实现集中统一管理，归档实行部门预立卷制度，档案保管采用卷件结合的方式。

3. 档案信息化、数字化情况

2004年开始使用"南大之星"档案管理软件，对各类档案进行数字化管理。截至2017年12月31日，档案管理软件中共有目录3万余条，目前扫描40138页次，照片扫描6189张。

2017年3月档案网站建立并正式投入使用，这为学校的档案事业在信息化建设方面的升级奠定了重要基础，实现了网上在线服务，成为学校档案联系社会的重要窗口。

4. 档案服务与利用情况

档案馆负责范围包括行政、教学、党群、外事、设备、基建、科研、报道、声像、实物、学生、出版等类档案的收集、整理、保管、查阅，档案业务指导，档案队伍建设等。负责在校生档案业务指导、检查，毕业生档案制作、成绩证明、学历认定等工作，每年接待各部门、社会查询、学生服务3500余人次。

5. 特色服务

2016年学校院务会通过的《西安翻译学院档案质量建设年工作方案》（西译院发〔2016〕30号），经过领导的支持、全体档案人员不懈的努力，完成了预定目标，推进了学校档案事业实现新的跨越，达到陕西省同类民办高校一流水准。

三、获奖情况

2008年，侯鸿平被陕西省教育厅授予"陕西省高等学校档案工作先进工作者"称号。

四、档案工作"十三五"规划建设

档案馆将进一步加强数字档案资源建设，加快推进档案数字化加工，不断加大开发、开放力度，努力创建高水平的数字档案馆，促进学校档案事业又快又好发展。

（撰稿人：尹小莉）

西安外事学院

一、学校基本情况

西安外事学院于1992年经陕西省教委批准成立，学校地处西安高新技术开发区，占地面积126.4万平方米，建筑面积66万平方米；校园湖光山色，建筑中西合璧。学校开设本科专业40个、高职专业27个，涵盖经济学、管理学、文学、医学、工学、艺术学、农学、教育学8个学科门类，形成了以经、管、文、医为主，工、艺、农、教协调发展的学科专业体系和独特的创新创业教育、国际化教育、德育教育三大办学特色。学校设有商学院、文学院、医学院、工学院、影视艺术学院、应用技术学院、国际合作学院、创业学院、七方书院和继续教育学院10个二级学院，主要培养面向经贸物流、文化传媒、医疗保健、智慧制造等产业的应用型人才。

二、档案馆概况

1. 基本情况

学校于建校初期，成立了档案室，隶属于院长办公室的领导。2002年8月成立了综合档案室，开始对全校各类档案进行集中统一管理。2003年学校将综合档案室升格为档案馆，隶属于图书馆，名称为档案管理中心。配备有专职档案管理人员、办公用房及必要的设施设备。档案管理中心办公用房100平方米，阅览室20平方米，库房280平方米，柜、架152件，计算机5台。学校在人力、物力和财力上给予大力支持，年平均投入5万—8万元。较好的办公条件和设施、设备保证了档案工作的正常开展。

档案管理中心设专职档案员5人，其中本科学历3人、大专1人，中级职称2人、初级职称1人。兼职档案员30余名，下设综合档案室、学生档案室、影像资料组。对学校各种门类、载体的档案实行了集中统一管理，馆藏包括党群、行政、学生、教学、科研、基建、财会、仪器设备、出版、外事十大类档案以及实物档案等。

2. 馆藏情况

截至2017年12月馆藏总计案卷为6199卷、24833件。其中，党群2477件、行政7096件、教学9530件、基建4986件、外事361件、科研225件、出版158件。财会类的文件由档案馆保管，业务档案由财务部门自行保管。档案馆建立目录、合同639件，照片150册，实物（奖杯奖牌、画框、证书等）449个，馆内学生档案共计55229份（在校生23500份、毕业生30729份），毕业生花名册180册，学生花名册80册，注册本210册，录取名册800册，学籍表、学位表2129册，毕业证书2400份。

3. 档案信息化、数字化情况

学校在档案数字化建设方面给予了大力支持。2005年使用"南大之星"档案管理软件，目前录入案卷级目录5800余卷、文件级目录23708件，文件全文扫描上传2100余件，扫描总页数25200余页，毕业学生的信息导入40428人。2016年完成了学校办公系统与档案管理软件的对接，使学校档案数字化上了一个新台阶。

4. 档案服务与利用情况

学校制定了《档案借阅制度》《学生档案资料利用须知》等规章制度。认真贯彻"管理以服务为本"的理念。时刻以饱满的热情，全心全意为广大师生服务。同时，在学校的办公系统中开通了网上借阅流程，更方便为师生服务。近年来，学校利用档案开展了多种形式的档案咨询服务和信息开发利用工作，取得了较好成效，档案馆已成为学院档案的保管基地和查找利用的中心。在学校的高职本科评估、"以法制校"验收评估、学士学位授予权验收评估等各项较大工作和重要活动中，均提供了大量的档案材料及数据，为顺利通过验收和评估做出了贡献。仅2016年文书档案查阅和利用共计110余件，毕业生提档和毕业生档案资料利用共计424人次，开具学历证明、学籍证明、学习证明等共计230人次，在校生档案资料的利用共计93人次。

5. 编研情况

自2007年开始负责编撰学校《年鉴》；2010年起开始负责编纂学校的教育年鉴，并向陕西省教育厅教育志鉴编撰办公室提供；2015年编撰了学校1992—2010年的校史资料并按时向省教志办提供；2016—2017年，完成陕西省教育厅教志办下发的《西部大开发陕西教育发展志》编撰工作要求；完成了学校2000—2010年的教育发展志的资料和图片的上报工作。

三、各类获奖情况

1. 2002年，宋晓梅被陕西省委教育工委、陕西省教育厅授予"陕西省高等学校档案工作先进工作者"称号。

2. 2014年、2015年，学校被陕西省教育厅授予"陕西教育年鉴先进撰稿单位"称号。

3. 2015年、2016年，学校被陕西省教育厅授予"教育志、校志编纂工作优秀单位"称号。

4. 2016年，董金玲被陕西省教育厅授予"2016年度教育志鉴编纂工作先进个人"称号。

5. 2017年，董金玲在陕西省教育厅组织的"远洋杯"全省教育系统纪念《档案法》颁布30周年演讲比赛中获优秀奖。

四、档案工作"十三五"规划建设目标

1. 档案馆舍建设。争取在"十三五"期间按照档案相关规定的要求，将档案库房、查阅、办公场所三分开，确保档案的安全保密工作。

2. 档案队伍建设。在"十三五"期间，进一步加强档案队伍建设，强化档案教育培训，把学校的档案队伍建设成专业素质强、综合能力强的专业队伍。

3. 档案数字化建设。这是档案馆"十三五"期间的重要工作，充分发挥"南大之星"档案系统的作用，做好与学校办公系统对接工作，将"南大之星"档案系统的应用推广到兼职档案员中，使档案系统发挥出最大作用。加大电子档案的收集和馆藏档案的扫描工作。在这五年期间逐步建立和完善档案的数字化建设。

4. 档案安全体系建设。建立相关的电子档案制度；加强对馆藏档案的保护工作。对一些重要档案或者是利用率高的档案，进行纸质和电子的双重保管或备份更多的复印件，对原件封存，利用复印件；建立健全人防、物防、技防三位一体的档案安全防范体系，确保档案的安全管理。

5. 档案资源编研。充分利用馆藏资源，进行专题档案编研。

（撰稿人：董金玲）

西安欧亚学院

一、学校基本情况

西安欧亚学院创办于1995年，是一所经教育部批准，以管理、经济学科为主，艺术、文学、教育、工学等协调发展的国际化应用型普通本科高校。经国务院批准，西安欧亚学院是陕西省唯一承担国家教育体制改革试点项目及全国唯一获批国家教育信息化试点的民办高校。

学院位于西安市南郊大学城，校园占地面积66万余平方米，总建筑面积29万余平方米。目前共有2万余名学生在会计学院、物流贸易学院、金融学院、休闲管理学院、文化传媒学院、人文教育学院、艾德艺术设计学院、信息工程学院、人居环境学院、高职学院、通识教育学院等11个二级学院的50余个专业学习。

学院始终坚持初心，践行"以学生为中心"的教育教学理念，秉承"为学生提供高质量教育服务"的使命，为实现"成为中国最受尊重的私立大学"的愿景而努力奋斗。

二、档案馆概况

1. 基本情况

档案馆成立于2013年，隶属于学院办公室，由学院党委副书记、常务副院长主管，学院办公室负责人直接领导。档案馆现有专职档案员10人，其中研究生学历2人，本科学历8人；全部取得档案工作上岗证，高级职称1人，初级职称6人。全院各单位兼职档案员39人，形成了专兼职结合的档案工作网络。档案馆总面积580平方米，其中库房480平方米，办公室75平方米，阅览室25平方米。档案馆日常运行经费为每年2万元，基本满足档案工作办公需要；档案建设专项经费，每年年初向学院提交预算，根据需要列支。

2. 馆藏情况

学院现有十大类档案共计2万余卷，学生档案3.6万件，实现了集中统一管理。档案馆实现了库房、阅览、办公三分开，拥有学生档案库房1间，财务档案库房1间，其他档案库房2间。档案场所安装有监控系统，档案库房采用roomis门禁系统，室内安装有消防烟感报警系统。档案馆配备有计算机、复印机、中央空调、扫描仪、除湿器、温湿度器、防磁柜、光盘柜、展陈柜、五节柜、密集架等硬件设备。

3. 档案信息化、数字化情况

2010年开始使用"南大之星"档案管理软件，配备了专门的服务器，积极开展档案信息化建设工作。目前已完成所有历史档案的案卷级和文件级目录84272条信息的录入工作，完成历年高考学生录取名册、人事任免文件、机构调整文件、职称评审文件、毕业生照片、上级领导来访照片等档案的扫描和录入工作，全校各单位都能利用档案管理系统进行文件归档、电子文件上传和档案查询借阅等工作，档案信息化工作进展顺利。

4. 档案服务与利用情况

通过建立档案工作网页，档案QQ群、微信群，加强校内档案工作的沟通与交流。利用微信平台向学生宣传学生档案的重要性、档案查收、档案补办流程等信息。档案信息为学生就业、出国和升学，教师职称评审，学校基本建设，世界银行贷款等提供档案支持，档案利用能满足各项工作需要。档案馆已成为学院的档案信息中心。

5. 编研情况

学院注重档案信息资源的开发，有效提升档案材料的编辑和管理、档案知识的研究和积累、档案价值的挖掘和利用。一是编纂《西安欧亚学院志》。2014年6月，学院正式启动《西安欧亚学院志》编纂工作；2015年9月，完成了13编53万字的志书编纂工作。二是整理学校制度汇编。2006年、2013年，学院两次编辑印刷了《西安欧亚学院制度汇编》。三是采集阶段性大事、要事。学院分阶段采集涉及教学改革、学生管理等学院发展的大事、要事，整理成册，以年为单位形成参考材料。四是建设教育变革理念展示馆。2015年学院建设完成教育变革理念展示馆，该馆由序厅、辅馆（校史馆）、主馆和纪念品展示区四部分构成，不仅记录了欧亚学院二十年的发展历程及标志性事件，还展示了学院基于教育理论研究、结合自身教育教学改革实践提出的对于未来教育系统性、创新性的思考。

6. 创新工作与特色服务

一是创新声像档案收集模式。声像档案一直存在收集困难，或是收集不齐全、不完整的现象。针对这一情况，档案馆以学院大事记为主线，根据大事记内容收集归档相关照片档案，大大提高了声像档案收集的及时性和档案的完整性。二是坚持每年组织一次全校兼职档案员业务培训会，通过理论学习、观摩实践、上机操作、现场问答等培训方式，使档案员掌握档案理论知识，提高实际动手能力。同时根据各单位归档工作完成情况，对归档单位和个人进行表彰和奖励。三是组织教学档案检查。从2010年开始，学院每年投入经费和人力，由档案馆与教学质量评估中心、教务处、人事处等单位联合对全院各个教学单位的档案工作进行检查评比，全面了解教学单位的档案建设情况，推动教学档案的规范化建设，为各类检查评估工作提供了档案保障。

三、各类获奖情况

1. 2013年，学校被陕西省教育厅授予"全省高等学校档案工作先进单位"称号，李俊连被陕西省教育厅授予"全省高等学校档案工作先进工作者"称号。

2. 2012—2015年，学校被陕西省教育厅授予"陕西省教育志鉴工作优秀单位"称号。

3. 2017年，赵颖被陕西省教育厅授予"陕西教育志鉴编纂工作先进个人"称号。

四、档案工作"十三五"规划建设目标

"十三五"期间，加强档案信息化建设，创新档案利用方式，做好档案编研挖掘，持续开展档案业务指导和培训，在陕西民办高校档案工作中起到示范作用。

（撰稿人：李俊连）

西京学院

一、学校基本情况

西京学院是一所以工学为主，理、经、管、文、艺、医等多学科协调发展的民办普通高校。学校始建于1994年，起初是实施自考助学及学历文凭教育的西京大学（筹）；2000年教育部批准为全日制普通高校，更名西京职业学院；2005年获批为普通本科高校，更名西京学院；2009年获学士学位授予权，2010年通过教育部本科合格评估，2011年成为首批获得硕士研究生教育专业点的全国五所民办高校之一。

学校占地1391亩，建筑面积61万平方米，现有5个专业硕士点、33个本科专业、23个高职专业，在校生2.2万余人。学校设有机械工程学院、土木工程学院、会计学院、设计艺术学院、信息工程学院、理学院、商学院、传媒学院、外国语学院、医学院等10个本科学院，3个教育中心和5个高职系。学校实行书院制学生工作模式，设有5个本科和2个高职学生书院，探索并形成了富有西京特色的学生工作体系。

二、档案馆概况

1. 基本情况

西京学院档案馆成立于2002年，处级建制。2004年通过陕西省档案目标管理认证AAA级。2010年7月，成功承办了全国首届民办高校档案工作研讨会。

档案馆共三层，总面积1000多平方米，为独立办公区，实现了办公、库房、阅览三分开。其中库房面积为700平方米，办公、阅览300多平方米。库房配备密集架、档案柜、温湿度计、除湿机、中央空调、摄像头、烟感报警器等设备。办公区配有计算机、复印机、打印机、A3和A4扫描仪、装订机等。

现有专职档案员4人，其中馆长1人。硕士研究生学历1人，本科学历3人，均具有档案系列职称。学校配有兼职档案员55人。学校校史馆位于图书馆二层，占地300多平方米，配有专职的讲解员，以图文并茂、实物展示的形式全景记录学校的发展历程。

2014年开始学校实行全预算管理。2014—2017档案经费分别为：14万元、14.17万元、14.5万元、14.8万元。学校经费的支撑基本能够满足档案工作业务需求。

2. 馆藏情况

目前，馆藏各类档案共87707卷（件），其中案卷级16599卷、文件级60191件。学生档案40528件、照片档案2354张、实物档案2184件。对全院党群、行政、财会、教学、科研、产品、基建、设备、外事、出版、学生、后勤十二大类，实物、声像两个辅类进行了集中统一管理。

3. 档案信息化、数字化情况

使用"南大之星"档案管理软件。自2010年以来，先后购买了A3、A4扫描仪共3台。全文扫描39251页，照片扫描1000余张。数字化经费投入4万余元。档案管理软件预计2018年与学校OA对接。

4. 档案服务与利用情况

档案馆作为学校档案资料的保管基地和查询服务中心，利用馆藏的各类档案开展了多种形式的档案咨询和借阅服务工作。学校教职员工使用OA办公软件填写档案借阅申请表，针对学生编写了《西京学院学生档案查阅指南》，简化了档案借阅流程。档案人员调卷迅速，查询准确，使档案在服务学校教学、科研及各项管理工作中发挥了重大作用。

档案馆建立网站，设有规章制度、服务指南、档案通知、最新动态等主要栏目，还通过QQ在线交流、档案转递查询，为毕业生提供咨询与查询服务。

5. 编研情况

共完成各类编研6项。分别为《西京学院档案管理文件汇编》《学生档案管理工作汇编》《西京学院精品课程文件汇编》《西京学院干部任免信息汇编》《西京学院1994—2016年机构组成与变更》《西京学院校志》。在各类期刊发表有关档案方面的论文4篇。

三、各类获奖情况

1. 2002年，学校被陕西省委教育工委、陕西省教育厅授予"陕西省高等学校档案工作先进集体"称号。

2. 2008年，学校被陕西省教育厅授予"陕西省高等学校档案工作先进单位"称号，王涛、杨妙灯、张寒梅被陕西省教育厅授予"陕西省高等学校档案工作先进工作者"称号。

3. 2013年，学校被陕西省教育厅授予"全省高等学校档案工作先进单位"称号，张寒梅被陕西省教育厅授予"全省高等学校档案工作先进工作者"称号。

四、档案工作"十三五"规划建设目标

完善档案工作体制机制，实现依法治档。建立健全档案安全体系，确保档案保护和安全保密。加大对档案工作的支持保障力度。通过档案展览、知识讲座等，创新档案宣传形式，提高广大师生档案意识，实现人人重视档案，人人参与档案。在强化基础工作上，实现档案信息化资源建设进度。加大档案收集整理力度，完善归档制度。

加强档案干部队伍建设。加强对档案信息的分析研究、综合加工、深度开发，加强编研的深度和力度。加快数据库建设，到2020年馆藏数字化达到80%以上，能够实现馆藏开放目录的网上查询和浏览服务。经过五年的努力，积极创造一个和谐的服务型、管理型、研究型为一体的档案馆。

（撰稿人：马燕）

西安思源学院

一、学校基本情况

西安思源学院是教育部批准设立的普通本科高校。1998年7月1日，经陕西省教育委员会批准，成立了西安思源科技培训学院，实施高等教育自考助学和学历文凭考试教育。2002年6月，经陕西省人民政府批准，教育部备案，学院更名为西安思源职业学院，实施专科层次的高等职业教育，纳入国家统招计划，面向全国招生。2008年4月，经教育部批准，更名为西安思源学院，升格为本科院校。2012年4月，学院获学士学位授予权。2015年学院通过了新建本科院校的合格评估。

学院位于西安市东郊风景秀丽的白鹿原上，经过近二十年发展，已经建设成为一所以本科、高职教育为主，以成人高等教育为辅，经、管、文、理、工等多学科多层次的综合性大学。学校现有11个二级学院，其中6个本科二级学院，70余个本、专科专业。校园占地1548亩，建筑面积40.8万平方米，在校全日制学生15182人。

二、档案馆概况

1. 基本情况

2002年11月成立档案室，科级建制。2004年11月28日，学院下发〔2004〕89号文件，确定了分管档案工作的院领导，颁发了《西安思源学院档案工作管理办法》，该办法决定对学院档案工作实行集中统一管理，并具体规定了各部门分管档案工作的领导及兼职档案员的职责。2007年10月10日，档案室升格为档案馆，副处级建制单位。配备专职档案员3人，其中本科1人、大专2人，工程师1人、馆员1人。兼职档案员40人。档案馆面积397平方米，校史馆面积337平方米，每年经费3万—4万元。

2. 馆藏情况

馆藏各类档案总数（不含产品类）10665卷，32520件。学生档案数15182袋、照片档案数2356张、实物档案数41件。

3. 档案信息化、数字化情况

使用"科怡"档案管理软件（网络版），目前案卷级、文件级条目电子化条数分别是10665和32520个，全文扫描页数11874页，照片（1998—2008年）扫描数908张。数字化经费投入2.3万元。

4. 档案服务与利用情况

档案馆是学校档案资料的信息中心，随着学校的发展、馆藏档案资料的增加，来馆查询者逐年增加，档案馆能提供纸质、电子、扫描件的查询等服务，服务于学校的各项工作。每年查询人数在200人以上。

5. 编研情况

2008年由档案馆牵头建成校史馆，史料主要来自馆藏档案资料。编纂了学校校志（1998—2008）。将学校的校发文件编撰成册。

6. 特色服务

校史馆是对外展示学校发展和教育学生的一个平台。2008年建成后，上级领导考察、检查学校时参观校史馆，可以直观地了解学校的发展、历史沿革、取得的成绩。另一方面参观校史馆是新生入学教育重要的组成部分。

三、各类获奖情况

1. 2008年，学校被陕西省教育厅授予"陕西省高等学校档案工作先进单位"称号，刘志超被陕西省教育厅授予"陕西省高等学校档案工作先进工作者"称号。

2. 2013年，学校被陕西省教育厅授予"全省高等学校档案工作先进单位"称号，刘志超被陕西省教育厅授予"全省高等学校档案工作先进工作者"称号。

3. 2013年、2016年、2017年，学校被陕西省教育厅教育志办授予"陕西省教育志鉴编纂工作先进单位"称号。

四、档案工作"十三五"规划建设目标

根据学校的"十三五"规划要求，档案馆在档案数字化方面要加快步伐，全面推进档案数字化建设，在设备、人力上加大投入，提高工作效率，重点在学籍档案类上，实现档案的数字化转换，其他档案类别有序跟进。

（撰稿人：赵莹）

陕西国际商贸学院

一、学校基本情况

陕西国际商贸学院由步长制药有限公司创办于1997年，是经教育部批准的全日制民办本科高校。前身是陕西国际商贸专修学院，2002年更名为陕西国际商贸职业学院，2008年经教育部批准升格为全日制民办本科高校，学校实行董事会领导下的校长负责制。学校坐落在国家首个以创新城市发展方式为主题的国家级新区——西咸新区，占地面积75.3万平方米，建筑总面积33.07万平方米。教学科研仪器设备总值9059万元，图书馆纸质藏书105.6万册，拥有教育网、电信网等两个网络出口，总宽

带1.1GB。设有9个二级学院，3个教学部，29个本科专业，19个高职专业，涵盖经济学、文学、工学、医学、管理学、艺术学、教育学7个学科门类。形成了适应区域经济需要，以药商为特色，多学科协调发展的学科专业布局。学校现有全日制在校学生13361人，其中本科生7729人，专科生5632人。已向社会输送各类人才3.86万余名。

二、档案室概况

1. 基本情况

档案室成立于2009年9月，科级建制，隶属党政办公室，是全校档案工作归口管理部门。现有档案专职工作人员2人，兼职档案员43人，所有人员均为本科以上学历，其中5人取得了档案类专业技术中级职称，11人取得初级职称。档案科占用面积137平方米，在管理上实现了办公、库房、阅览三分开。

2. 馆藏情况

学校档案工作经过几年的建设，建立了较为完善的档案工作网络，对全校党群、行政、教学、科研、基建、外事、出版、财会、声像、实物等各类档案进行集中统一管理。目前，档案室各类档案共35000余卷（件），排架长度160余米。

3. 档案信息化、数字化情况

使用"科怡"档案管理软件，建了档案案卷级、目录级数据库和全文数据库。现根据档案发展要求，已启动档案数字化加工工作。

4. 档案服务与利用情况

在档案利用方面，立足本职工作，充分发挥档案资源优势，平均每年接待查档500余人，调阅档案900余件次，复印2000余页。每年因升学、参加各类比赛、就业、参军等因素查询人数占总查询人数的80%以上，同时在学校的本科教学合格评

估、校史馆建设、学校房屋改造、教师职称评审等方面档案资料的使用也取得了很好的利用效果。

三、档案工作"十三五"规划建设目标

档案工作围绕学校发展的大局，以27号令为指导，从学校建设和发展的全局制定学校档案管理工作发展规划，坚持务实与创新相结合，坚持档案工作与学校发展同步、与社会发展同向的原则，结合学校档案工作实际情况，以档案信息化建设为重点、以档案法制化建设为保障、以档案利用体系建设为关键、以档案可持续发展为目标，建立档案工作的长效机制，发挥长效作用，实现档案事业的跨越式发展。

（撰稿人：潘晓娟）

陕西服装工程学院

一、学校基本情况

陕西服装工程学院创办于1994年，2002年经陕西省人民政府批准，教育部备案，设置陕西服装艺术职业学院。2011年经教育部批准设立陕西服装工程学院。

学校是以工为主，工、文、管、经、医相结合的多学科协调发展的全日制本科高校。按照"市场化思维、国际化视野、特色化发展"的办学理念，在办学实践中坚持"质量立校、人才强校、特色兴校、依法治校"，不断深化教育教学改革，加强内涵建设，形成了鲜明的办学特色。现设服装艺术学院、艺术工程学院、经济管理学院、信息工程学院、城市建设学院、珠宝学院、医药学院、教育学院等8个二级学院，开设60余个本、专科专业。

学校位于西安西咸新区黄金地带，西周王朝都城镐京遗址之侧，占地70多万平方米，建筑面积30万平方米。学校校区呈园林式建筑，教学楼、数字化图书馆、科技综合楼、学生公寓等风格迥异的现代建筑与音乐喷泉、生态园林交相辉映，是一座格调高雅、散发着浓郁艺术气息的高等学府。

二、档案室概况

1. 基本情况

学校2003年5月设立档案室，为科级建制，隶属学院党政办公室。现有档案工作人

员3人（本科学历，其他类高级职称）。各处室、二级学院配备兼职档案员36人。档案室面积320平方米，其中办公室面积36平方米，库房面积130平方米，实现了办公、查阅、库房三分开。

2. 馆藏情况

馆藏档案门类齐全，有全宗档案1个（包括党群、行政、教学、基建、设备、科研、外事、财务、声像、出版、产品十一大类）共20659卷（件），影像、实物资料等千余件。

3. 档案信息化、数字化情况

使用"南大之星"档案管理软件，打印、扫描、复印一体机，防磁柜，除湿器等现代化设备基本齐全。

4. 档案服务与利用情况

档案服务于学校，服务于社会，积极配合查阅和调阅档案，做到服务周到热心。档案室承接学生专升本学籍查询、资料查验、历史文档借阅、复印等业务，为相关单位出具证明、资料。为扩大学院影响，提升学院知名度，推进学院快速发展发挥了一定的积极作用。

5. 编研情况

档案信息资源开发工作稳步推进，"划分准确、分类科学，组卷合理、便于利用"是学校档案工作始终坚持的原则。根据工作实际，编制了"案卷目录"检索工具，为方便、快捷检索创造了条件。2013年以来，先后完成了《陕西服装艺术学院规章制度选编》《陕西服装艺术学院规章制度汇编》《陕西服装艺术学院行政管理主要规章制度汇编》《陕西服装工程学院综合管理规章制度汇编》等档案管理规章制度。

6. 特色服务

创建了陕西服装工程学院档案工作管理QQ群，随时沟通、交流和探讨日常工作中遇到的新问题。

三、档案工作"十三五"规划建设目标

陕西服装工程学院档案工作"十三五"规划确定在今后的工作中，进一步加大档案工作人员培训力度和档案管理人员的稳定性，切实加强档案资源保护和利用，努力提高档案管理规范化、现代化和信息化水平，积极开展档案编研工作，促进学校档案管理工作再上新台阶。

（撰稿人：付亚群）

公办高职院校

西安电力高等专科学校

一、学校基本情况

西安电力高等专科学校是西北地区唯一的电力类全日制高等院校，学校总占地404.4亩，教学校舍总建筑面积16.35万平方米。学校2007年被中国电力企业联合会认定为电力行业高技能人才培训基地，2008年成为陕西省示范性高等职业院校建设计划项目单位，2010年成为国家电网公司高技能人才培训基地，2012年被全国总工会授予全国职业技能实训基地，2013年被中国电力企业联合会授予电力行业仿真培训基地，先后荣获2010年度和2016年度"国家电网公司先进集体"，2017年荣获第五届全国文明单位。国家电网陕西培训中心、国网技术学院西安分院、国家电网公司党校西安分校等机构纷纷落户于此，高考录取分数线连年位居陕西省高职高专第一位，毕业生就业率亦名列前茅。

二、档案室概况

1. 基本情况

学校档案室建立于1953年的电力工业学校，经历了1994年的中专升大专，1999年

与西北电业职工大学合并，2008年与西安工业学校、咸阳技校合并，各校之前的档案留于原处，借阅保存。目前，档案室由办公室（党委办公室）管理，下设3个分室，即南校区、灞桥校区、咸阳校区，实行统一集中管理。设专职档案员1名（本科，助理馆员），兼职档案员33名，库房面积128平方米，校史馆面积40平方米。

2. 馆藏情况

负责文书档案、会计档案、科技档案、基建档案、声像实物档案的收集、整理、归档和综合利用。现库存案卷29759卷，21586件，共2079盒；录音磁带、影片191盘，照片档案10457张，底图2086张；人事档案、学籍档案由专门部门存档。

3. 档案信息化、数字化情况

使用"清华紫光"档案管理软件，在国网陕西省电力公司的统一部署下，2016年5月学校启动文书档案数字化项目，专、本部共扫描539936页，南校区274648页，灞桥校区139109页，咸阳校区62171页，合计扫描1016493页，著录82014条。2017年6月，完成1953—2016年非涉密历史文书档案数字化率98%，新增档案数字化率100%，科技档案总体数字化率不低于70%。音像档案数字化工作2017年底启动，预计2018年6月完成。

4. 档案服务与利用情况

坚持将宣传工作与档案日常工作相结合，积极拓宽档案信息宣传渠道，大力宣传档案用途及价值。积极开展档案案例征集活动，收集、整理了各部门、单位的档案案例材料，并录制视频。以"档案宣传月"活动为载体，举办"档案——我们共同的记忆"主题系列宣传巡展，组织各部门、单位兼职档案管理员及职工40余人进行了参观学习。通过档案宣传活动进一步增强档案工作的荣誉感和使命感。

5. 编研情况

以档案工作为基础，进行重新组合、深度加工，编制成全宗指南、历年文件汇编、组织机构沿革、大事记、历年荣誉、领导任免、基础数据等编研产品，以满足利用档案的各种需求，使档案的潜在价值得到充分体现。

三、获奖情况

2017年，学校被国家电网陕西省电力公司授予"先进集体"称号，刘纪卫被国家电网陕西省电力公司授予"先进个人"称号。

（撰稿人：刘纪卫）

杨凌职业技术学院

一、学校基本情况

学院先后获国家技能人才培育突出贡献单位、首批28所国家示范性高职院校之一、首批50所全国毕业生就业经验典型高校之一、全国职业教育先进单位等省级以上荣誉60多项。

"十三五"发展规划学院提出了坚持六校理念，围绕质量核心，构建四个一流，实施十项工程的"61410发展思路"，确定了到2020年建成国内一流、具有一定国际影响力的高职名校奋斗目标。目前，学院正在着力建设国家优质专科院校和陕西省一流高职院校。

二、档案馆概况

1. 基本情况

1999年合校建院后，由原三校档案室合并组建杨凌职业技术学院档案室，科级建制，2014年升格为档案馆，副处级建制。现有档案工作人员3名，其中馆长1名，研究生学历，副教授；专职档案员2名，1名大学本科学历，副研究馆员，1名研究生学历，高级经济师。学院共有兼职档案员41名。

目前档案馆面积380平方米，校史馆面积2119平方米。2010—2016年共支出8.72万元。此外，学院2013年档案馆及校史馆建设预算安排专项款200万元，档案馆实际支出49.11万元，其中档案设备购置45.89万元，搬迁及档案盒等支出3.22万元；2014年校史馆专项经费350万元，实际支出300万元；2015年和2016年分别安排档案馆专项预算50万元、10万元。

2. 馆藏情况

学院有原三校及杨凌职业技术学院档案全宗4个，共有档案19480卷，19083件。其中原陕西省农业学校全宗档案3557卷，原陕西省林业学校全宗2339卷，原陕西省水利学校全宗共有档案3966卷。杨凌职业技术学院全宗共有党群、行政、教学、科研、财会、基建、设备、外事、出版、声像、实物等十一大类，共有档案9618卷，19083件，资料3461件。其中党群类5636件；行政类4432件；教学类2370卷，6118件；科学研究类569卷，871件；基建类748卷，137件；设备类290卷，10件；出版类99件；外事类426件；财会类658卷（不含凭证档案），973件；照片8520张，电子照片1017GB，实物档案267件。

学院职工人事档案由人事教师处负责管理，共有档案1466卷；学生档案（个人）由学生处负责管理，共有档案22433袋。

3. 档案信息化、数字化情况

2011年使用"南大之星"档案管理软件，初步实现档案管理数字化。2015年档案管理系统和学院办公自动化系统对接，配置了档案软件独立服务器。目前基本实现了学院OA办公系统与档案管理系统的对接，对学院部分文件档案实现了全文电子化管理，共上传文件1250件，案卷级、文件级目录电子化条目25532条。

4. 档案服务与利用情况

（1）为教学、科研服务。2010年至今，档案馆为学院各部门和职工提供对现行教学和科研等工作有参考价值和凭证作用的档案，共达1260人次，3328卷（件）。其中，为教学评估查阅档案346卷（件），为职称评审查阅档案652卷（件），为基建维修提供档案537（卷）件，为财务及审计提供原始依据773（卷）件，为学院学生参加高校的各种体育赛事查阅档案共420多卷（件），为科学研究查阅档案295卷（件）。

（2）社会服务。2010年至今，档案馆为往届毕业生补办毕业证、工作调动及职务晋升等补办档案，共查阅相关档案达1387人次，2826卷（件）；处理各种来函30人次，核实文凭69人次，120卷（件）；学生当兵入伍、户口迁移等，查阅录检表等档案共120人次，150多卷（件）；为职工补办独生子女证、增加退休工资、解决职工家属及临时工养老保险等，查阅档案共320人次，1615卷（件）；为杨凌示范区创业史丛书之一《杨凌科教体制改革史料汇编》和《杨凌地方志》编写，提供档案查阅488卷（件）。

5. 编研情况

1999—2015年《杨凌职业技术学院年鉴》17本，2014年学院编著《杨凌职业技术学院校史》，2015—2016年编写了《杨凌科教体制改革史料汇编·杨凌职业技术学院分卷》。自2012年来，专兼职档案管理人员共发表档案管理方面的论文78篇。2010年出台了《杨凌职业技术学院贯彻〈高等学校档案管理办法〉实施意见》，2011年制定了《杨凌职业技术学院基建档案管理实施细则》，2012年制定了《杨凌职业技术学院档案安全应急预案》，2013年重新修订了《学院档案室工作职责》《档案工作保密职责》《档案借阅利用制度》及《档案库房管理办法》等管理制度，2015年制定《杨凌职业技术学院档案管理办法》。先后制定、修订了11种档案管理制度。

6. 特色管理及服务

（1）打包重整，分类归档，确保原三校老档案的利用管理。针对原三校档案管理方法不一、标准不一、查找不便等现状，按照统一规范、分类打包、高效服务的思路，编制新的案卷目录，实现新旧档案的有效对接，并结合档案查阅实际需要，增设全引目录、专题索引2种检索工具，为老档案的查阅和管理提供了科学、便捷的途径和方法。

（2）加强指导，细化管理，创新档案管理模式。针对部门档案归档质量不一等现状，自2012年，学院推行了部门立卷归档制度，档案馆统一编制档案归档样板下发各部门，详细说明归档方法、内容、要求等，形成切实可行的档案分类方法和档案管理模式，大大提高了部门归档意识和归档率。

（3）与时俱进，更新手段，积极构建数字化档案管理体系。紧跟学院数字化校园建设步伐，自2011年引进了"南大之星"档案管理系统，对学校纸质档案资源进行数字化转换处理，逐步构建档案信息化管理体系，促进档案管理模式从"手工纸质化"向"智能电子化"的转变。自2015年档案管理系统和学院办公自动化系统实现对接，对学院文件档案进行全文电子化管理。

三、各类获奖情况

1. 2008年，学校被陕西省教育厅授予"陕西省高校档案工作先进单位"称号。

2. 2013年，学校被陕西省教育厅授予"全省高等学校档案工作先进单位"称号，被陕西省教育厅授予"陕西省教育年鉴撰稿工作先进单位"称号，被陕西省教育厅授予"陕西省教育志编撰工作优秀单位"称号。

四、档案工作"十三五"规划建设目标

一流的档案管理是一流学院建设的重要组成部分和条件支撑。学校"十三五"规划明确提出："建设数字化档案馆，建成数字化档案采集、加工、存储、管理系统；对原有纸质档案建立数字化存储资源；加强档案的开发、利用。"围绕这个目标，档

案馆将采取有力措施，进一步促进人员素质、技术设施、制度机制同步建设，全力推动档案工作迈上新台阶。

1. 积极推进档案信息化建设，提高档案管理水平。立足学校信息化平台，按照传统手段与现代化管理相结合的思路，积极推进部门立卷，实现与各类管理软件系统同步建设、同步运行。

2. 进一步提升档案管理工作的使用效率。随着时间的推移，档案馆的作用会进一步凸显，在以后的工作中，要充分提高档案利用率，确保档案馆实现为教学中心服务和为社会服务的多重作用。

3. 做好档案整理与史料研究工作，提高档案利用率。加大档案队伍建设，不断提高档案管理团队的专业素养。

（撰稿人：霍慧敏）

陕西工业职业技术学院

一、学校基本情况

陕西工业职业技术学院是1999年3月经教育部批准、由创办于1950年的国家级重点中专——咸阳机器制造学校改制升格的省属全日制普通高等学校，是西北地区首家由教育部批准改制升格的高职学院。

学院地处历史文化名城咸阳市，占地面积650亩，校外教学用地1200亩；学生总数近20000名，专职教师及职工1080名。学院设有10个二级学院、三部一中心，建有校内196个门类齐全、设备优良的实训基地和工程训练中心，其中3个国家级实训基地，2个央财支持实训基地，8个省级实训基地。专业设置立足产业急需，涵盖装备制造、电子电气、工程材料、信息技术、财经商贸、公共事业、物流管理、工民建筑、纺织染化、服装艺术等十大职业门类65个专业。

2005年学院在教育部高职高专院校人才培养工作水平评估中被评为"优秀"，2011年被教育部、财政部确定为"国家示范性高等职业院校"，2016年国家优质高职院校建设项目获批立项，2005年、2014年连续两届荣获"全国职业教育先进单位"，先后荣获"全国文明单位""全国机械行业骨干职业院校"等多项荣誉称号。

在六十多年的发展历程中，共培养各类专业技术人才13万余名，为陕西乃至全国装备制造业的发展做出了重要贡献。

二、档案室概况

1. 基本情况

1958年成立学院文书档案室，隶属党委办公室；1981年成立科技档案室，隶属校长办公室；1986年学校财务档案由档案室统一保管；1988年文书档案室与科技档案室合并成立综合档案室，隶属校长办公室；2000年初学院档案室列入科级建制。2010年1月，档案室接收、管理原陕西纺院所属的所有档案；2012年2月经院长办公会批准，学院人事档案室归属学院档案室管理，隶属党政办公室。

目前档案室总面积400平方米左右。现有专职档案员3人，3人具有本科学历、研究生学历，1人为副教授，2人为中级职称；各部门兼职档案管理人员40余人。每年档案室办公经费平均约为2万元。

2. 馆藏情况

目前档案室馆藏包括2个全宗（原陕西纺院和陕西工院）及教职工人事档案，实行集中统一管理，并按照《高等学校档案实体分类法》对党群、行政、教学、科研、产品与科技开发、基建、仪器设备、出版、外事、财务、声像等十一个类别的档案进行管理。截至2017年底，共保存纸质档案3万余卷、10万余件，人事档案2000余份，照片档案5000余张，实物档案1000余件，声像档案150余盘。

3. 档案数字化、信息化情况

2002年起开始使用"南大之星"档案管理软件，加强对归档文件的收集整理、管理和利用，基本实现档案案卷目录电子化查询；对馆藏档案数字化后，通过档案管理系统基本实现对重要的、珍贵的、查询率较高的档案全文检索功能。

库存档案数字化。对馆藏的纸质档案按照轻重缓急，以学籍档案、照片档案、珍贵档案和利用率较高的档案为重点，分批实现数字化加工和管理。通过外包分别于2013年至2014年2月实施了档案数字化一期项目，2015年11月至2016年3月实施档案数字化二期项目，基本完成学院教学档案中学籍档案（包括录取新生名册、学籍卡、成绩单、毕业验印、毕业分配名单）的数字化，共计数字化扫描20余万张，并按照对应档号全部上传至档案管理系统，同时在系统中著录档案信息15万余条。目前，正在对学院1950年建校至今老照片、建校初期部分重要文书档案进行数字化扫描和整理。

增量档案的电子化。2002年起加强对学院各部门产生的重要电子文件、数码照片、重要领导人讲话等进行收集和整理，通过网络传输，以及光盘、活动硬盘等存储设备，对学院的发文、收文电子稿，宣传部门的各类数码照片，毕业生数码毕业合影，院长、书记重要讲话，进行收集和存储管理。目前，案卷级条目1.3万余条，文件级条目10万条，全文扫描页数20万余张，近年来数字化投入20万元左右。

4. 档案服务与利用情况

档案室始终以服务学院大局为重，不断提高服务意识。多年来，始终坚持以资源的有效利用为重点，充分发挥档案作为学院各项工作实践的真实记录和重要的历史参考、凭证作用，不断改革档案管理方式，拓展服务功能，热情接待师生员工的查阅。一是在学院的各项活动中提供热情、细致的服务，如召开职代会、召开教代会、资产清查、干部离任审计、基建维修，档案室全力配合，为各相关部门提供了大量档案材料。二是为学院教职工在职称评定期间提供大量的科研、教学、党群、行政档案原件或复印件。三是近年接待了大量与学院有关的精简下放职工，以及学院原来的临时聘用人员，为其办理养老、补贴等提供工资凭证材料以及技术支撑材料。四是为在校生、毕业生参加各项比赛、补办学生个人档案、补办毕业证、出国留学等，提供大量的学生学籍档案材料信息。五是为国家学历学位认证中心、用人单位等，提供学生学籍信息核对服务。在档案咨询服务过程中，通过传真、电话、电子邮件等为远程档案利用者提供便利服务。每年提供利用人数超过1000人次。

5. 编研情况

参与编制学院《年鉴》，学院历任院级领导任职情况统计，历年招生、毕业生、在校学生统计，历年教师情况统计，专业设置统计，厅局级以上表彰统计等。

6. 特色服务

以人为本，重在利用。一方面，对利用频繁的档案材料进行加工处理，如学生学籍档案利用频繁，将学生招生录取名册、学籍卡、成绩单、毕业生名册等设置专题目录；对学校的老照片进行重新整理编目；对学生毕业后未及时带走的个人档案和毕业证收回档案室统一管理。另一方面，大力推进馆藏档案的数字化，提高档案的利用效率。目前，对2015年之前的所有学籍档案进行数字化扫描，并上传档案管理系统。同时，对利用率较高的学院老照片和部分档案、行政、教学等文件进行了数字化扫描。如每年9至11月份教师职称评定需要提供大量的档案材料，如职称认定文件、考核、获奖、科研等，档案工作人员提前将这些文件进行整理，并将其进行数字化扫描，极大地提高了档案查阅和利用的效率。

三、各类获奖情况

1. 1988年，学校被陕西省机械厅授予"科技档案工作先进单位"称号，陈玉萍被陕西省机械厅授予"陕西省机械厅科技档案工作先进个人"称号。

2. 2002年，学校被陕西省教育厅授予"陕西省高等学校档案工作先进单位"称号，张娟被陕西省教育厅授予"陕西省高等学校档案工作先进工作者"称号。

3. 2008年，学校被陕西省教育厅授予"陕西省高等学校档案工作先进单位"称号，张娟被陕西省教育厅授予"陕西省高等学校档案工作先进工作者"称号。

4. 2013年，学校被陕西省教育厅授予"全省高等学校档案工作先进单位"称号，张娟、吴凡被陕西省教育厅授予"全省高等学校档案工作先进工作者"称号。

四、档案工作"十三五"规划建设目标

全面贯彻党的十八大、十九大精神，以马克思列宁主义、毛泽东思想、邓小平理论、"三个代表"重要思想、科学发展观为指导，深入贯彻习近平总书记系列重要讲话精神，紧紧围绕协调推进"四个全面"战略布局，牢固树立和贯彻落实创新、协调、绿色、开放、共享的发展理念，深入贯彻落实科学发展观，认真落实《全国档案事业发展"十三五"规划纲要》《高等学校档案管理办法》等精神。紧紧围绕学院教育事业战略目标、总体规划和中心工作，充分发挥高校档案和档案工作存凭、留史、资政、育人的功能，全面提升档案工作的服务能力和水平，建立与学校和社会发展相适应的档案机构，到2020年基本实现以信息化为核心的档案管理现代化、档案治理法治化、档案资源多样化、档案安全高效化、档案队伍专业化，充分发挥档案工作服务学院教学、科研、管理以及领导决策，服务全校师生员工、历届校友，服务社会各界需求的作用。

（撰稿人：张娟）

陕西职业技术学院

一、学校基本情况

陕西职业技术学院是一所全日制公办普通高等学校，1995年创建陕西省职业教育

中心，2001年在陕西省职业教育中心的基础上成立陕西职业技术学院。2017年9月，兼并西安外贸职工大学。有长安、白鹿原两个校区，校园占地977亩，建筑面积34.2万平方米。现有在校生11000余名，专兼职教师700余名。学院以"低重心、基地式、综合性"的办学定位，设立了财经学院、建筑工程学院、艺术与学前教育学院、航空服务与汽车工程学院、电子商务与现代物流学院、计算机科学系、旅游系、对外贸易学院、管理系等9个二级院系和思想政治理论课教学科研部、基础课部、陕西职业教育（应用技术）研究院等3个教学科研单位。现开设有50个专业，其中2个中央财政支持"高等职业学校提升专业服务产业发展能力"重点建设专业、4个国家骨干重点建设专业、10个陕西省重点专业，有14个专业入选陕西省"一流专业"和教育部"骨干专业"建设项目，6个专业入选陕西省高等职业院校专业综合改革试点项目。

二、档案室概况

1. 基本情况

学院自2001年就设立了档案室，2010年10月升格为独立科级建制单位，隶属党政办公室，档案室设在长安校区图书馆一楼。现有专职档案员3人，其中副高职称1人，初级职称2人；研究生学历1人，本科学历2人。现有兼职档案员31人。占地面积约210平方米，其中库房120平方米，阅览室60平方米，办公室30平方米。每年根据情况划拨1万—10万元不等的经费。

2. 馆藏情况

目前档案室收集、整理、保存了1995年建校至2016年期间，包括党群、行政、教学、科研、财会、出版、基建、外事、设备仪器、声像十大门类的档案，建档2236卷，1961盒。其中党群类档案326卷，行政类档案359卷，教学类档案1289卷，财务类38卷，基建类54卷，代管基建档案149卷，其他类41卷，学生档案约4.5万人。学院人事档案由人力资源部管理。

3. 档案信息化、数字化情况

2016年使用"南大之星"档案管理软件，已录入案卷约1万条，扫描5000余页，2017年数字化经费投入5000元。2018年全面实现数字化管理，预算6万元用于数字化建设，全面启动OA办公系统与"南大之星"对接工作。

4. 档案服务与利用情况

档案室拥有二十多年的各门类档案，已成为学院档案的保管基地和查找利用的中心。在2012年国家骨干示范高职院校立项申请、2015年国家骨干示范高职院校验收、2016年陕西职业技术学院建校二十周年、2017年国家优质高职院校建设等重大工作和重要活动中，档案室均提供了大宗档案材料及数据，并承担、参与编印了多种文件、材料汇编。

5. 特色服务

一是成立学院年鉴编辑部，由档案资料室牵头，负责年鉴资料的收集、整理、编辑、印刷成书。每年年初，开始启动前一年度年鉴编辑工作，由档案资料室主任牵头，对年鉴内容进行审核整理，第二学期开学后编印成书。二是成立学院校史办公室，办公室设在档案资料室，由档案资料室主任牵头，以十年为一个校史周期，抽调2名专职工作人员，做好校史工作，此项工作于2016年启动，现正在编撰1995—2004年卷。三是每年对档案相关专业学生进行2次以上的档案工作培训，并让学生参与学院档案工作的各个环节实地操作，在档案课程结业后按实验实训课计入平时成绩。

三、获奖情况

2008年，张萍被陕西省教育厅授予"陕西省高等学校档案工作先进工作者"称号。

四、档案工作"十三五"规划建设目标

1. 建立标准化档案室

按陕西省档案工作要求，实现库房、办公、阅览面积标准化，配置现代化设施设备，统筹协调档案室搬迁，初步设想将档案室搬迁至老校区图书馆二楼区域或在新校区开辟专门的档案室，并按要求进行布置布局。

2. 档案信息化建设

保证网上查档的准确性和时效性，购置专业档案信息软件，引进档案管理专业人才从事档案信息化工作，进一步提升档案在线服务效果；改进设备设施，提高网络档案的应用水平；与相关部门协作，将现有档案软件与学院OA系统衔接。

3. 提高档案服务质量

做到老校区与新校区档案工作无缝对接，随时随地都可以为师生员工提供档案查询服务，做好档案工作AB角工作，保证档案室随时有人值班，建议为档案室增加工作人员1人。

4. 建成校史陈列馆

以学院二十几年的发展为线索，建立校史陈列馆或者展览室，搜集自建校以来的图片、具有意义的实物，聘请专业人员制作新老校区沙盘，培训档案序列讲解员，成为学院对外的一个亮点。

（撰稿人：王薇）

西安航空职业技术学院

一、学校基本情况

学院始建于1958年，前身为第三机械工业部阎良第一航空工业工人技术学校，隶属于原第三机械工业部。1979年，更名为空军航空工程部第三技工学校，隶属空军技术装备部。1985年，更名为中国人民解放军空军西安航空工程学校。2001年，学院由空军移交陕西省人民政府管理，同年升格为高等职业院校，并更名为西安航空职业技术学院。2007年以"优秀"等次通过了示范验收，被教育部、财政部确定为"国家示范性高等职业院校"。学院占地面积约800亩，在校生11000余名。设有9个二级学院，开设了50个高职专业。2016年学院成立了士官学院，目前有近600名准士官生在学院培养。

二、档案馆概况

1. 基本情况

2011年6月，学院在原保密室基础上成立了综合档案室，科级建制，隶属党政办。2018年1月5日学院在综合档案室基础上成立了档案馆，正处级建制。档案馆现有专职人员4名，均具有大学学历。高级职称2人，中级职称1人。

档案馆总面积为308.8平方米，其中档案库房159.2平方米，查阅室84.1平方米，办公室65.5平方米，实现了办公室、档案库房、查阅利用室三分开。

档案馆2011—2017年共支出772610.7万元，主要用于档案人员培训费、档案印刷费、档案管理费、档案建设维护费。另外2010年另投入档案专项建设经费11.73万元，用于档案密集架购置。

2. 馆藏情况

学院档案现有党群、行政、学生、教学、科研、基本建设、仪器设备、产品生产、出版物、外事、财会等十一大类，人事、声像类、实物、人物四个辅类，档案门类齐全，且进行了集中统一管理。馆藏各类档案2万余卷。目前人事档案数918份、学生个人档案13000份、照片档案数4160张、实物档案400件。

3. 档案信息化、数字化情况

使用"南大之星"档案管理软件，2011—2017年的文书档案、学籍档案、基建图纸档案已全部数字化。档案系统信息条目累计达81393条，其中案卷级2694条，文件级78699条；全文数字化59231件129667面（A4：126475面；A3及以上：3192面；著录：

53185条；转PDF：129667面；双层PDF：4943条42496面；文件挂接：59415条）。

档案馆建有档案网站，实现了各类档案在线收集与管理，建成了档案信息发布平台，为师生提供便捷的档案查询和利用途径。

4. 档案服务与利用情况

为教学、科研服务。2011年至今，档案馆为学院各部门和职工提供档案达6520余人次，为职称评审查阅档案450余人次，为学院学生参加高校的各种赛事查阅档案500余卷次，为教学评估查询档案620余卷次。

为社会服务。2011年至今，档案馆为学院往届毕业生查询核实文凭等接待查档利用者1420人次，提供案卷3000余卷；处理各种来函126件次；为学生应征入伍、户口迁移、查阅录检表等提供档案共百余人次，190卷次。

2016年学校按照陕西省教育厅、财政厅安排，对学院所有国有资产全面清查，根据档案馆提供的财务档案、固定资产档案，清查资产5亿元左右，圆满完成资产清查任务。

5. 编研情况

近年来，档案馆员工公开发表学术论文近30篇，申报院级课题1项，发表专著《大数据时代档案管理理论与实践新探》1部。担任副主编，出版高职高专教育"十三五"规划教材《文书与档案管理》1本。学院档案馆员工2015—2017年连续三年参加第四、五、六届中国档案职业发展论坛征文，并获一、二、三等奖及优秀奖各1项。并在第四、五届（银川、南昌）中国档案职业发展论坛（中国档案学会主办）上，作为陕西省高职院校唯一进行主旨发言交流的学校，获得与会代表和专家评委的一致好评。

三、各类获奖情况

1. 2008年，毕淑玲被陕西省教育厅授予"陕西省高等学校档案工作先进工作者"称号。

2. 2013年，学校被陕西省教育厅授予"全省高等学校档案工作先进单位"称号。

四、档案工作"十三五"规划建设目标

学院"十三五"期间，积极推进学院档案资源的数字化与网络化，整合力量，建设集档案馆、校史馆、图书馆一体的大型综合场馆。档案工作力争实现"六化"，即档案治理法治化、档案资源多样化、档案利用便捷化、档案管理信息化、档案安全高效化、档案队伍专业化。启动"标准档案馆"建设，促进档案馆硬件建设规范化，保证档案实体与信息安全。

（撰稿人：张欢）

陕西财经职业技术学院

一、学校基本情况

陕西财经职业技术学院创建于1960年4月，其前身为陕西省财政学校，先后更名为陕西省统计财经学校、陕西省财政会计学校、陕西省统计财金学校、陕西省财经学校等，1986年由西安迁建咸阳。2001年9月，陕西省财经学校正式改制为陕西财经职业技术学院。2011年7月由陕西省财政厅划转陕西省教育厅管理，是一所全日制公办普通高等职业院校，是教育部人才培养工作水平评估优秀院校，是省级示范性高等职业院校。

学院设有会计一系、会计二系、会计三系、经济与金融管理系、基础部、体育部和思想政治理论教学科研部等7个教学系、部。开设22个专业，有会计、会计与审计、财务管理、会计信息管理、电商、酒店管理、建筑工程等专业，形成了以会计专业为龙头、财经商贸大类专业为主干、多专业协调发展的格局，专业相对聚焦，专业特色鲜明。拥有会计等7个省级高等职业教育重点专业、市场营销等3个省级教学改革试点专业、证券与期货等2个中央财政支持的"高等职业学校提升专业服务产业发展能力"专业。学院建有181个多媒体教室、35个校内实训室（其中3个省级示范性实训基地，2个中央财政支持的实训基地）、187个校外实习基地。图书馆藏资料丰富。有全日制在校学生9000余人，毕业生就业状况良好，近五年平均就业率在96%以上，连续两年获得陕西省"就业工作先进单位"称号。

二、档案室概况

1. 基本情况

1986迁建咸阳后，1990年正式成立学校档案室（属办公室下设机构）；2001年独立升格改制后，成立了学院综合档案室（属党政办公室下设机构）。综合档案室现有档案人员28名，其中专职档案人员2名（1名为馆员，1名为硕士研究生学历），兼职档案人员26名，均具备本科及以上学历。综合档案室面积约120平方米，其中库房80平方米，办公用房20平方米，阅览室20平方米。每年档案办公经费约1万元。

2. 馆藏情况

学院按照《高等学校档案实体分类法》，结合工作实际，共有党群、行政、教学、学生、科研、财会、基建、设备、外事、实物等十大类档案。截至2017年底，共保存纸质档案10万余件，学生类档案1.5万余件，人事档案500余份，照片档案2万余张，声像档案270余盘。

3. 档案信息化、数字化情况

2017年使用"南大之星"档案管理软件，投入近13万元购置计算机、复印机、扫描仪等相关设备，极大地改善了学院档案信息化硬件设施。正在推进学院档案数字化扫描、电子化归档工作，2018年将实现与校内OA全面对接，加快实现档案数字化管理进程。

4. 档案服务与利用情况

综合档案室不断拓展服务功能，规范查阅程序，方便师生查阅，坚持为促进教学工作、促进管理决策提供保障。在教师职称评定、学生学历鉴定、档案证明服务、档案辅助查询中，发挥自身优势，提供良好服务。学院档案室转变理念，更新观念，做到了三个转变。一是转变服务观念，将被动服务转变为主动服务；二是转变重管轻用的观点，变"看摊守业"为"按需服务"；三是转变管理模式，将滞后的手工模式转变为信息化模式。近三年，为全院各部门及师生提供档案服务1500余次。

5. 编研情况

完善、修订了《陕西财经职业技术学院档案管理制度汇编》《陕西财经职业技术学院档案管理工作规范》等制度汇编；协助党政办公室编制《年鉴》《大事记》等工作。

6. 特色服务

加强对学院各部门兼职档案管理员的业务培训。一是专职档案员深入各部门指导兼职档案员进行档案收集及整理等工作；二是通过学院邮箱和档案QQ群等渠道及时发布档案的最新制度及知识供兼职档案员学习交流；三是利用每年收集各部门档案的时机，对兼职档案员进行现场培训；四是加强专兼职档案员走出去进行业务学习，与其他院校进行档案工作交流，不断提升档案工作能力，为学院师生提供更优质的服务。

三、获奖情况

2008年，学校被陕西省教育厅授予"陕西省高等学校档案工作先进单位"称号，窦曼娟被陕西省教育厅授予"陕西省高等学校档案工作先进工作者"称号。

四、档案工作"十三五"规划建设目标

学院综合档案室将认真落实《全国档案事业发展"十三五"规划纲要》《高等学校档案管理办法》等精神，围绕学院中心工作，大力推进档案工作信息化、数字化建设，充分发挥档案对学院各项工作的真实记录和重要的历史参照、凭证作用。综合档

案室将继续学习党的十九大精神，学习贯彻习近平新时代中国特色社会主义思想，在学懂弄懂、做实上下功夫，坚决维护习近平总书记在党中央和全党的核心地位，维护党中央权威和集中统一领导，自觉在思想上、政治上、行动上同以习近平同志为核心的党中央保持高度一致。

（撰稿人：马美玲）

陕西国防工业职业技术学院

一、学校基本情况

陕西国防工业职业技术学院1958年建校，是一所由陕西省人民政府举办的全日制公办普通高校，隶属于陕西省教育厅。2010年进入国家示范高职院校建设行列，2013年以"优秀"等次通过教育部、财政部验收，成为西北五省首批建设院校中唯一以"优秀"等次通过验收的高职院校。

学院位于西安市鄠邑区，有南北两个校区，占地1003亩，建筑面积39.2万平方米。现有在校生14000余人，教职工900余人，其中副高职称以上302人，双师素质教师409人，博士、硕士研究生365名。

学院现有10个二级学院，开设涵盖制造、电子信息、生化与药品、材料与能源、土建、财经、艺术、公共事业等八类54个专业。其中，全国职业院校健康服务类示范专业1个、国家示范建设重点专业4个、中央财政支持专业2个、省级重点专业14个、省级综合改革专业6个、国家级专业教育资源库1个、省级专业教学资源库2个。学院与戴姆勒奔驰、中兴通讯、三星电子等世界500强企业合作，建成校内外实习、实训基地355个，为学生个性发展和创新创业提供了平台。学院多次被陕西省教育厅评为陕西省"高等学校毕业生就业工作先进集体"。

二、档案室概况

1. 基本情况

1990年，学院成立综合档案室，设有党群、行政、教学、财会、基建、科技、产品、设备、出版、声像、人事、学生、荣誉等十三门类不同载体形式的档案。综合档案室现有专职档案员4人，有兼职档案员37人，专兼职档案员全部为大学本科以上学历。综合档案室室内总面积448平方米，设有办公室、阅览室、库房等，配备档案柜（110

套）、计算机、打印机、碎纸机、加湿机等档案管理设备。

2. 馆藏情况

馆藏各类档案总数为78700余件，人事档案716份（职工个人，其中包括离退休人员档案），学生档案14000余份（学生个人）。

3. 档案信息化、数字化情况

使用"南大之星"档案管理软件，电子化条数为68794条。目前还没有做全文扫描，2018年开始进行数字化建设及档案管理系统与校园OA对接。

三、各类获奖情况

1. 1982年，学校被兵器工业部授予"文书档案恢复整顿合格单位"称号。

2. 1998年，学校通过了科技事业单位档案管理国家二级评审，被中国兵器工业总公司批准为档案工作目标管理国家二级单位。

3. 2008年，学校被陕西省教育厅授予"陕西省高等学校档案工作先进单位"称号，张亚红被陕西省教育厅授予"陕西省高等学校档案工作先进工作者"称号。

4. 2013年，学校被陕西省教育厅授予"全省高等学校档案工作先进单位"称号。

（撰稿人：牛莉侠）

陕西交通职业技术学院

一、学校基本情况

陕西交通职业技术学院前身为成立于1952年的陕西省人民政府交通厅干部训练班，1956年改称为陕西省交通学校，2001年晋升为高等职业院校，定名为陕西交通职业技术学院，2011年由陕西省交通运输厅划转至陕西省教育厅管理。建校六十多年来，为国家特别是西部地区培养交通运输行业技术技能型人才6万余名。

学院现有文景（西安市经济开发区文景路19号）、自强、太白三个校区，总建筑面积为31万平方米，资产总值9.03亿元。文景校区2000年投入运行，是学校的主校区；自强校区已有六十多年的历史，主要承担经管类专业教育教学和驾驶培训等任务；太白校区2009年启用，主要承担学生实训教学任务。目前全日制在校生共11000余人，继续教育与远程教育学生1500余人。

学院设有公路与铁道工程学院、建筑与测绘工程学院、汽车工程学院、经济管理学院、轨道交通学院、交通信息学院、继续教育与国际交流学院、基础学科部、思政部、体育部等10个教学单位，共开设全日制高职专业38个、成人教育专业10个。全日制专业中省级重点专业11个，省级综合改革试点项目6个；国家级教学团队1个，省级教学团队5个；省部级教学名师8人；国家级实训基地3个，省级实训基地5个；获陕西省教育教学成果特等奖1项、一等奖1项、二等奖4项，省级精品课程8门。

二、档案室概况

1. 基本情况

1979年，学院复校后设立了档案室，隶属学院办公室管理。档案室配备专职档案管理员1名。档案室面积为25平方米，配置了相应的档案设备。

2000年搬入文景校区，学院领导非常重视档案工作，档案室面积增加到72.6平方米，档案柜43组，配置了计算机、打印机、扫描仪、档案管理软件等办公软硬件。

2008年，学院档案室顺利通过了陕西省AAA级档案工作目标管理认证。

2016年，学院重新调整机构设置和人员编制，展开了第5轮岗位竞聘工作。学院综合档案室为党政办公室下正科级建制，由院长助理分管，承担全院档案管理工作。目前档案科编制1人，大专学历，2008年取得档案系列副研究员职称；学院各内设机构均设有兼职档案员1人，负责本部门档案的收集、整理、立卷、归档、移交等工作。

2017年学院综合实训大楼竣工，9月初综合档案科搬入新的办公场所，面积增加到242平方米，实现了档案专用库房、办公和阅览三分开。其中档案库房160平方米，档案办公60平方米，档案阅览22平方米。校史馆面积为160平方米。

学院档案管理经费由2012年的7429元，逐年递增，仅2017年一年投入就达136523元。

2. 馆藏情况

学院档案室馆藏档案是从学院1952年成立以来形成的各门类和载体的档案，包括文书、教学、基建、科研、设备、财会、实物、声像和照片。截至目前学院综合档案室有案卷5389卷（其中除凭证外，文书档案1328卷、教学档案1267卷、科研档案67卷、设备档案288卷、基建档案1079卷、财会档案1360卷），2001至2016年文件8578件，照片档案800余张，实物档案280件，录像带50盒。

3. 档案信息化、数字化情况

2007年使用"科怡"档案管理软件（单机版），建立了学院档案管理数据库，共录入案卷目录12291条、文件级目录8578条，各门类档案已实现了计算机目录检索。

4. 档案服务与利用情况

档案室，不仅要担好"一把锁"的责任，更要成为一把"万能钥匙"。作为学院档案管理员深知这一岗位的重要与特殊性，即"管理是手段，利用是目的"，本着高度的责任感和良好的职业操守，在日常服务中能做到主动、热情，百拿不厌，百问不烦，随查随到，想方设法为利用者服务，让每一位利用者带着问题而来，满意而去。同时，积极开展档案的咨询服务，采用电话查档、上门服务等多种形式的档案查询形式，方便利用者快速、准确、无误获得所需信息。仅2017年学院档案室借阅查阅档案人数达245人，借阅查阅案卷423卷、文件254件、实物档案18件，复印档案文件资料1951张。

5. 编研情况

档案室作为学院机关管理和研究性咨询性质的专业机构，充分发挥其"机关助手"的作用，依靠档案室真实、全面、准确、强大的信息基础，和办公室一起编写了学院组织沿革、全宗介绍、大事记、学院制度汇编、2014至2016年学院年鉴等编研资料。

6. 特色服务

在多年探研关于档案功能发挥的有效路径上，学院结合自身情况与时代大背景，逐渐走出了一条属于自己的档案工作创新服务之路：

（1）坚持档案培训，做好档案宣传。第一，重视学院专兼职档案员的培训工作，近几年连续邀请陕西省档案局业务指导处和陕西省高教系统档案方面的专家来学院进行档案业务知识培训和专题讲座，对提高专兼职档案员业务水平收效显著。第二，利用学院广播站、报刊栏、报刊、宣传画等宣传档案的法律法规和档案知识，让档案工作被更多的人所熟知，从而更好地被加以利用。

（2）活化服务方式，提供上门业务。为了让档案高效、准确加以利用，学院一直以来提供上门服务业务，需求者能在第一时间内获得所需的信息资料，满足其工作需要。

（3）实行即询即查方式。其根本就是延长服务时间，实行档案管理人员节假日24小时待命制，如有紧急需要，工作人员就责无旁贷地来提供查阅服务，实现了档案服务的最佳状态。

三、各类获奖情况

学院档案员在日常工作的同时，十分注重经验的总结与输出，曾在陕西省档案局出版的《新世纪档案理论与实践——创新成果》及《唐都学刊》《陕西师范大学学报》上发表多篇论文。王丽萍撰写的《档案执法中存在的问题与对策》获得陕西省交通系统档案学会论文三等奖；2008 年，学校被陕西省教育厅、陕西省交通厅分别授予"陕西省高等学校档案工作先进单位"称号和"陕西省交通系统档案工作先进单位"称号。

四、档案工作"十三五"规划建设目标

1. 充实档案室人员队伍

档案工作事无巨细，头绪众多，作为一项专门的职业，要求档案工作人员是具备档案专业知识和其他专业知识的复合型人才。在"信息资源"的今天，尽快补充档案室从业人员，防止专业人员的梯队断层。

2. 充分利用信息化技术和手段

在"互联网+"时代及大数据的背景下，利用信息化、技术化手段，将学院档案管理软件从单机版提升为网络版，把所有永久和长期保管的档案全文扫描入库，同时与学院 OA 系统对接，以达到不断提升档案保存质量、利用服务的手段和方法、服务水平的目的。

（撰稿人：王丽萍）

陕西能源职业技术学院

一、学校基本情况

陕西能源职业技术学院是一所由陕西省人民政府举办的全日制普通高等职业院校，其前身创建于 1953 年。2001 年，经陕西省人民政府批准，由原国家级重点中专陕西煤炭工业学校、省部级重点中专西安煤炭卫生学校和陕西煤炭职工大学合并组建陕西能源职业技术学院，隶属于陕西省煤炭生产安全监督管理局，2011 年划转陕西省教育厅管理。学院本部位于咸阳市文林路 29 号，占地面积大约为 333 亩。辖设临潼医学校区和西安培训中心，设有资源与测绘工程学院、建筑工程学院、机电与信息工程学院、化学工程学院、护理学院、医学院、经济管理学院、继续教育学院等 8 个二级学院。其中机电与信息工程学院是陕西省省级高等学校创新创业教育改革试点院（系）。开设专业 43 个，其中中央财政支持的高等职业学校提升专业服务产业发展能力项目建设专业 1 个、国家骨干建设专业 6 个、首批全国职业院校健康服务类示范专业点 1 个、省级一流专业 2 个、省级一流培育专业 4 个、省级重点建设专业 8 个、省级示范院校建设专业及专业群 4 个、省级专业综合改革试点专业 3 个。其中国家级实训基地 2 个、

陕西省省级示范性实训基地3个。现有省级高等职业教育专业教学资源库建设专业1个，在线资源共享课程108门。

学院有全日制普通在校学生12000余人。学院发挥办学特色优势，实行毕业生"双证书"制度，被陕西省科技局批准为"陕西众创空间孵化基地"；受咸阳市政府委托，学院牵头成立了咸阳能源化工职业教育集团；学院被咸阳市人社局批准为"咸阳创业培训定点机构"；发挥教育辐射作用，学院"模拟矿井""地质陈列室""生命科学馆"被咸阳市政府设为咸阳市青少年科普教育基地。

二、档案室概况

1. 基本情况

2001年合校建院后，由原三校档案室合并组建陕西能源职业技术学院综合档案室，科级建制，2012年升格为副处级建制（由院办副主任兼任综合档案室主任）；2015年12月，综合档案室划归图书馆（图书馆馆长兼任综合档案室主任）。综合档案室主要负责综合文书及实物档案，学生档案、职工档案、财务档案分别由综合档案室专职档案员和各部门兼职档案员共同管理。

综合档案室面积约205平方米，校史馆面积约230平方米。综合档案室现有档案人员33名，其中专职档案人员4名，兼职档案人员29名。具有本科以上学识水平的人员占专职档案管理人员总数的75%（1人具有上海大学档案管理方向的硕士学位），每年档案办公经费约1.5万元。

2. 馆藏情况

综合档案室有原陕西煤炭工业学校、原西安煤炭卫生学校、原陕西煤炭职工大学、陕西能源职业技术学院全宗4个。结合学院工作实际，学院按照《高等学校档案实体分类法》共有党群、行政、教学、科研、财会、基建、设备、外事、实物等九大类档案。截至2017年底，共保存纸质档案6805余卷，6万余件；学生类档案4万余件；人事档案1000余份；照片档案3万余张，声像档案170余盘。

3. 档案信息化、数字化情况

2016年11月更换了原有档案管理软件，购买"南大之星"档案管理软件（网络版）。2017年5月，学院投入8.8万元，将2000年以来的学生学籍卡片、成绩册、录检大表、毕业生验印册及近五年来利用频率较高的行政、教学类文件进行档案数字化加工（已扫描A461513页；A331392页；著录45232条；转PDF32442页；双层PDF1652页；挂接32442条）。

4. 档案服务与利用情况

综合档案室坚持以资源的有效利用为重点，充分发挥档案作为学院各项工作的真实记录和重要的历史参照、凭证作用，拓展服务功能，规范查阅程序，方便师生查阅。档案员熟悉馆藏，服务热情、周到，随叫随到。在学院制定"十三五"规划，"双一流"建设，校庆筹备，上级检查评估，年报、综合报表的编制，校史馆建设，学院领导决策等方面，提供了大量资料。在职工职称评定、学历证明、档案普查、干部档案审核、消防监控设备维修、申报培训资质、学院建筑维修、整改、谈判、解决纠纷等方面，档案室进行了大量查阅工作，提供了周到的服务。

5. 编研情况

完善、修订了《陕西能源职业技术学院档案管理制度汇编》《陕西能源职业技术学院档案管理工作规范》，完成了《案卷目录》《卷内目录》《计算机检索目录》的编制；基本实现计算机和纸制目录双重检索功能；从2013年开始协助党政办公室编制《年鉴》《大事记》等工作。

6. 特色服务

创新档案管理工作。在档案收集方面，专职档案员走访各处级单位，通过QQ、微信等新媒体平台收集档案，尤其在安装"南大之星"档案管理系统、建立档案管理局域网后，档案的收集由传统的模式走向了信息化的模式；在档案管理方面，实现了档案实体与档案信息的分离；在档案服务机制创新方面，档案员解放思想，更新重藏轻用的传统观念，打破坐等上门的陈旧思想，增强服务的主动性、积极性；通过档案信息化建设，把档案服务从简单的人力手工劳动中解放出来，依托现代计算机和网络技术，实现档案数字化、处理信息化、传输网络化。

三、档案工作"十三五"规划建设目标

学习贯彻习近平新时代中国特色社会主义思想，在学懂弄懂、做实上下功夫，坚决维护习近平总书记在党中央和全党的核心地位，维护党中央权威和集中统一领导，自觉在思想上、政治上、行动上同以习近平同志为核心的党中央保持高度一致。认真落实《全国档案事业发展"十三五"规划纲要》《高等学校档案管理办法》等精神，紧紧围绕学院教育事业战略目标、总体规划和中心工作，充分发挥高校档案和档案工作存凭、留史、资政、育人的功能，档案工作要树立创新、协调、绿色、开放、共享发展理念，主动适应经济发展新常态，抓住机遇，改革创新，为全面建成小康社会做出应有贡献。

（撰稿人：李军）

陕西铁路工程职业技术学院

一、学校基本情况

陕西铁路工程职业技术学院创办于1973年，前身是铁道部渭南铁路工程学校。2002年由铁道部划归陕西省人民政府，2003年经陕西省人民政府批准，教育部备案，改制升格为专科层次的高等职业技术学院。学院以交通运输类和土木工程类专业为主干，培养铁路、城轨、公路、建筑等基础设施工程建设管理需要的技术技能人才，形成了以大专层次的全日制高职教育为主，成人教育、短期培训和技能培训鉴定相结合的办学格局。

学院地处"三秦要道，八省通衢"的渭南市区。建有临渭、高新两个校区，占地面积1050亩，各类在校学生13000余人。学院依托铁路行业办学，突出铁路特色育人。开设铁道工程技术、高速铁道技术、道路桥梁工程技术、地下工程与隧道工程技术、城市轨道交通工程技术、城市轨道运营管理、盾构施工技术、工程测量技术、材料工程技术、建筑工程技术、工程造价、工程监理、物流管理、铁道交通运营管理、工程机械运用与维护、铁道通信信号、铁道电气化技术等39个专业。

二、档案室概况

1. 基本情况

学院综合档案室成立于1983年，前身为渭南铁路工程学校和铁道部第一工程局成人中等专业学校合署办公的档案室。2003年更名为陕西铁路工程职业技术学院综合档案室，隶属院长办公室管理；2017年6月，学院调整内设机构，现隶属图书馆管理。现有专职档案员3人，其中研究生学历2人，大专学历1人；中级职称1人，初级职称2人。各部门兼职档案管理员30名。档案室位于临渭校区综合楼（A）十二楼，总建筑面积为308平方米，设有独立的库房、办公室、阅览室，其容量基本满足了学院档案工作发展需要。基础设施完备，配备有档案室密集架、铁皮柜、音像防磁柜、复印机、打印机、扫描仪、切纸机、打孔装订机、计算机等符合要求的装具和设备，并配备有防火、视频监控系统和防晒、防虫、防腐蚀等档案保护措施。校史馆面积约315平方米。综合档案室每年总经费约3万元。

2. 馆藏情况

综合档案室对全院档案实行集中统一管理，目前共计十二门类，包括党群类、行政类、教学类、科研类、外事类、基建类、仪器设备类、出版类、财会类、声像类、实物类及人物类。截至2017年年底，馆藏各类档案9200余卷，人事档案500余卷，学生档案13000余卷，实物档案300余卷。

3. 档案信息化、数字化情况

使用"南大之星"档案管理软件，目前文件级条目电子化条数约3000条。2017年10月初步完成档案管理系统与校内OA对接方案。

4. 档案服务与利用情况

档案门类齐全，基础工作扎实。教师业务档案具有特色，设备档案、实物档案收集较好；档案管理人员责任心强，工作认真细致，不断提升服务水平和服务质量，最大限度地满足全院教学、科研和管理工作的各种需求。

档案的开发和再利用工作有进展。档案室每月接受校内外查阅平均100人次，年查阅档案数达1000人次以上。校史馆、窦铁成事迹展览馆和中国铁路建设发展史展览馆每年接待校内外参观人数合计近万人次。利用率最高的是教师业务档案、学生的学籍登记表和毕业生登记验印表（学院毕业生大多数工作在施工现场一线，属于流动单位，有许多学生毕业证丢失，等到职称评审时回母校开具证明，开证明就要查实毕业生学籍和毕业生登记验印表）。综合档案室在学院国家骨干与省级示范建设、新校区建设、文明校园建设、平安校园建设等重大活动中，都充分发挥了资料信息中心的作用，为学院的发展增添了不少光彩。

5. 编研情况

综合档案室充分利用档案信息资料，编写了各年大事记、校史、年鉴、专题汇编等，使学院档案工作能够真正活起来。近几年的编研成果有《陕西铁路工程职业技术学院校园文化建设优秀成果汇编（2009—2012）》《陕西铁路工程职业技术学院校史（2003—2013）》；每年都参与编写《陕西铁路工程职业技术学院党委文件汇编》《陕西铁路工程职业技术学院年鉴》。

三、档案工作"十三五"规划建设目标

进一步解放思想，转变观念，由传统的保管档案向利用档案转变，由窄口型服务向多渠道型服务转变，由纸质档案向电子档案转变；加强档案基础业务建设，推进学院各部门档案工作科学化、规范化、标准化；培养建立适应职业院校发展需要的、具有较高政治文化和专业素质的档案管理队伍；充分合理地开发、利用档案信息资源，加快学院档案现代化建设，最大限度地为学院提供有效服务。2020年通过陕西省档案工作目标管理AAA认证。

（撰稿人：孟庆兰）

西安铁路职业技术学院

一、学校基本情况

西安铁路职业技术学院是西安市人民政府主办的全日制普通高等职业院校，是陕西省示范性高职院校。学校创建于1956年，由隶属于原铁道部的西安铁路运输学校和西安铁路运输职工大学合并组建而成。

学校有港务校区（本部）、自强校区、临潼校区等三个校区，总占地700余亩。现有教职工680余人，专职教师450余人。学院面向全国招生，全日制在校生12600余人。

学校秉承"尚德、守则、强能、笃行"的校训和"办学不脱轨、育人不离道"的办学理念，紧紧依托行业，服务区域经济，坚持特色立校、人才强校，发挥六十多年的轨道交通行业办学积淀，形成了以铁道运输类、城市轨道交通类两大行业涵盖的专业与专业群为重点，以电力技术类、土木建筑类、装备制造类和电子信息类等相关专业为辅的专业群。学校于2009年通过教育部人才培养工作评估，2014年成为陕西省优秀示范性高职院校。

目前设置7个专业学院，共开设38个高职专业，其中省级专业综合改革建设项目6个、省级重点专业9个、省级示范性实训基地4个、中央财政支持的实训基地2个、中央财政支持提升专业服务产业发展能力建设项目1个。

二、档案科概况

1. 基本情况

学院档案科成立于2012年底，隶属学院办公室，主管领导为学院副院长。学院档案科现有专职档案员2人，其中科长1人（中级职称），全院各部门专兼职档案员33

人，形成了较完善的院级档案综合管理体系。

档案管理实现了办公室、库房、阅览室三分开，学院本部档案库房4间（140平方米）、人事部门档案库房1间（70平方米）。学院有满足全院档案工作的经费支持和保障，实施实报实销制，年均约为3万元。

2. 馆藏情况

2012年以前，学院档案主要是文书档案管理，主要保存的是学校党政文件和财务档案，其他的档案由各部门自行管理。目前，按照《高等学校档案管理办法》（教育部27号令）的要求，学院已实现了对党群、行政、学生、教学、科研、基建、财会、设备、声像、实物等十大类档案由学院办公室档案科集中统一管理模式。

现有各类档案总数为8674件，人事档案1298卷，学籍档案675卷，招生录检表52卷，学生档案12658件，照片档案39.5GB，实物档案81件。

3. 档案信息化、数字化情况

2013年使用"南大之星"档案管理系统，极大提高了档案管理条件和管理水平。目前已将12万页转换成为数字资源，文件级条目电子化条数8014条，照片扫描数4656张。数字化经费投入约6万元。

4. 档案服务与利用情况

近年来，学院利用档案开展了多种形式的档案咨询服务和信息开发利用工作，取得了较好效果。档案科已成为学院档案的保管基地和查找利用的中心，是代表学院出具档案证明的唯一科室，有专用公章。在档案利用过程中，编制了手工、计算机检索工具，建立了档案利用人次、件数、效果登记簿，每年为教职工评职、评优、评先、年度考核提供相关个人资料和数据，为各部门查考和学院评选西安市绿色校园、陕西省文明校园等提供了大量档案材料及数据。在2016年开展建校六十周年编撰校史以及内部质量诊断改进等工作中，档案工作发挥了不可替代的作用。

5. 编研情况

学院档案科牵头编写《西安铁路职业技术学院制度汇编（2006—2016）》《行政发文汇编》《建校60周年校史（2006—2016）》等。

三、获奖情况

2016年5月，在陕西省教育厅举办的"远洋杯"全省教育系统纪念《档案法》颁布30周年演讲比赛中，兼职档案员朱叶荣获三等奖。

四、档案工作"十三五"规划建设目标

学院档案工作"十三五"规划总体目标为：以档案资源、档案利用、档案安全三

个体系建设为核心，以档案规章制度建设为基础，以服务师生、服务学校、服务社会为宗旨，大力推进学院档案管理法制化、服务利用社会化、档案资源结构多元化和档案工作信息化进程，力争经过"十三五"期间建设，把学院档案科建设成功能完善、管理规范、利用方便的档案信息服务中心。

（撰稿人：吕菁）

陕西警官职业学院

一、学校基本情况

陕西警官职业学院是在1953年10月举办的省司法干部训练班的基础上发展而来的，1981年3月，经陕西省政府批准成立省政法干部学校。1992年，经国家教委批准成立省政法管理干部学院，正式举办成人大专教育。1999年开始举办高职教育。2002年

1月，经省政府批准，省人民警察学校、省司法学校、省警官学校并入省政法管理干部学院，之后学院隶属省委政法委领导。2003年4月，经省政府批准，成立陕西警官职业学院。2004年4月，学院获教育部备案。2008年6月，省政府对学院进行了机构体制调整。调整后的学院归省司法厅领导，2013年7月，省政府决定将学院划转省教育厅主管。2016年9月，省政府决定将学院划转由省公安厅主管，省教育厅按照国家有关政策规定进行业务指导。

学院主要实施公安司法类高等职业学历教育，同时作为全省公安、司法机关重要的培训基地，承担相关的培训任务。学院以应用型公安类院校为发展方向，围绕陕西法治工作队伍建设需要，立足为全省公安、司法系统服务，培养政治合格，具备专业知识和实战能力，胜任基层公安、司法工作的应用型、职业型人才。

学院现有雁塔和浐灞两个校区，总占地面积700余亩，面向全国14个省、自治区、直辖市招生，开设治安管理、交通管理等10个专业。现有在校学生6000余人，年培训在职干警700余人。

二、档案室概况

1. 基本情况

学院档案室隶属学院党政办管理，目前暂无独立建制。档案室配备专职管理人员3人，均具有档案管理资格并受过档案专业培训，其中2人具有大专文化程度，1人具有本科学历以及副研究员专业技术职务任职经历，兼职档案员28人。档案室分办公用房和库房，总面积207平方米。学院将档案工作经费列入年度财务预算，保证每年8000元费用，另投资近20万元，按照标准化档案室建设要求技术规范建成了标准化档案室。

2. 馆藏情况

学院档案室严格按照《高等学校档案管理办法》的分类要求，进行档案分类管理。目前共有室存文书、教学档案4211卷；财务会计凭证2958件、账簿131本、报表36本；照片档案70607张，其中数字化的照片档案70607张；DV原始资料带258盘；荣誉档案（集体及个人）236项。

3. 档案信息化、数字化情况

使用"南大之星"档案管理软件系统，编有配套的检索工具，录入案卷级目录1534条、文件级目录15642条。自2017年开始每年投入3万元进行文书档案的电子化扫描存储。

4. 档案服务与利用情况

学院档案室积极开发信息资源，进行了《学院大事记》等参考资料的汇编，并为校史的编撰提供了重要素材；在日常工作中，档案工作人员除正常的工作查询外，还放弃节假日休息，配合相关部门查阅已退休临时工工资原始凭证，为他们办理养老保险提供方便；为顺利推进学院入警入列工作，配合有关部门开展教职工"三龄两历"核查。学院在法律文秘专业开设了"档案管理"作为必修课程，不断提升学生的职业能力。

三、档案工作"十三五"规划建设目标

学院"十三五"期间，着力推进档案信息化建设，实现档案资料全部数字化扫描存储。进一步提高档案管理水平，挖掘馆藏档案资源，实现档案资源的统一管理和高效利用。同时，完成学院校史馆的建设。

（撰稿人：武自亮）

陕西邮电职业技术学院

一、学校基本情况

陕西邮电职业技术学院是经陕西省人民政府批准成立的全日制公办普通高等学校，是西北地区唯一一所全日制公办通信信息类高等职业技术学院。学院始创于1958年，1999年被评为国家级重点中专，2004年升格为高职院校，2008年顺利通过了教育部人才培养工作水平评估。学院被陕西省科技厅批准成为陕西首批众创空间孵化基地

之一。

学院占地面积180亩，建筑面积7万余平方米。现有在校生8500余名，其中全日制在校生近6000名。学院以高职教育目标与企业需求为依据，开设有通信技术、移动通信技术、软件技术、金融管理等20个热门专业，初步形成了以通信类专业为龙头，计算机类、管理类、财经类等专业协调发展的专业格局。全院现有教师300余人，其中教授、副教授30人，中级职称127人。硕士以上学位约占专任教师总数的50%，双师素质教师占专任教师总数的90%以上。目前，学院已经形成了融短期技能培训，中长期职业培训，成人本、专科学历教育和全日制高等职业教育为一体的多形式、多层次办学格局。

二、档案室概况

1. 基本情况

1994年学院设立了档案室，在学院办公室管理下开展工作。为了推进学院信息化建设，2017年7月，学院成立了图书与信息中心，负责学院图书馆、档案室和学院信息化建设工作，由主管教学的院长分管。现有专职档案员1人，学历层次为本科。兼职档案员24人（涵盖全院17个部门）。档案室总面积100平方米，其中库房面积占80平方米，公用房12平方米，阅览8平方米。

2. 馆藏情况

档案室保存了学院党群、行政、学生、教学、科研、基本建设、设备仪器、出版、财会、声像十大门类的档案。以卷为保管单位的档案3331卷（永久810卷、长期281卷、短期2240卷），以件为保管单位的档案3816件（永久918件、长期2015件、短期883件）

3. 档案信息化、数字化情况

使用"科怡"档案管理软件（单机版），目前有案卷级条目694条、文件级条目4506条。

4. 档案服务与利用情况

近年来，学院利用馆藏的各门类档案开展了多种形式的档案咨询服务和信息开发工作，取得了较好效果。档案室作为学院档案的保管基地和查询服务中心，在2001年学院申报国家级重点中专、2004年学院升格、2008年接受教育部人才培养工作评估及2015年接受陕西省教育厅教育巡视诊断等学院历次重大活动中，提供了大宗档案材料及数据，支撑了学院多项工作的开展。

学院档案室按照《档案利用（查阅借阅）制度》的规定，向有关部门提供了大批档案材料。档案人员调卷迅速，查询准确，使档案在服务学院教学、科研、管理等工作中发挥了重大作用。档案室先后参与编撰出版了《学院制度汇编》、《一九九九年校史》、《五十年校庆校史册》、《五十年校庆画册》、学院宣传片（VCD）等文件资料，受到了学院领导和师生员工的广泛好评。

三、获奖情况

2008年，学校被陕西省教育厅授予"陕西省高等学校档案工作先进单位"称号，张连梅被陕西省教育厅授予"陕西省高等学校档案工作先进工作者"称号。

四、档案工作"十三五"规划建设目标

中央办公厅、国务院办公厅《关于加强和改进新形势下档案工作的意见》（中办发〔2014〕15号）和中共陕西省委办公厅、陕西省人民政府办公厅《关于加强和改进新形势下档案工作的实施意见》指出"加快推进档案信息化建设"，在2020年前实现档案数字化、电子档案规范化。为此，学院档案室需要做以下工作：

1. 单机档案管理软件升级为网络版管理系统并融入学院信息化平台。
2. 购买专业设备或购买专业公司的外包服务，实现传统载体档案数字化。

（撰稿人：毛小红）

陕西经济管理职业技术学院（陕西省行政学院）

一、学校基本情况

陕西经济管理职业技术学院与陕西省行政学院为一套机构、两块牌子，为陕西省政府直接管理的事业单位。

1989年陕西省行政学院成立，与陕西省财贸管理干部学院一套机构、两块牌子，1998年陕西省行政学院、省财贸管理干部学院、省经济管理干部学院三院合并，组建陕西省行政学院（保留省经济管理干部学院牌子），2004年陕西经济管理职业技术学院成立，与陕西省行政学院为一套机构、两块牌子，为省政府直接管理的事业单位。现校址为西安市碑林区友谊西路175号、雁塔区纬二街65号。友谊校区有教学区和住宅区，纬二街是住宅区，总面积共59203平方米。目前在校学生2160人，专业设置有计算机网络技术（电子政务方向）、软件与信息服务、税务（税务师方向）、金融管理、财务管理、会计、国际经济与贸易、市场营销、电子商务、物流管理、人力资源管理、行政管理、应用化工技术、工业分析技术、化工装备技术、移动互联应用技术、机械制造与自动化、投资与理财。

二、档案室概况

1. 基本情况

2001年3月，院办机要档案科成立，正科建制。有专职档案人员3名，均硕士研究生学历，参照公务员管理。档案室建筑总面积120平方米，其中库房面积70平方米。每年档案经费5000元。

2001年以前的档案情况是：存有1982年以来原陕西省财贸管理干部学院、陕西省经济管理干部学院档案和1998年两校合并重新组建的省行政学院、省经济管理干部学院文书档案、基建档案、学籍档案资料共5121卷，其中永久1568卷，长期2390卷，短期1163卷。

从2002年起，按年度—机构（问题）—保管期限分类法整理归档，2002年至2016年度的文书、毕业生学籍档案归档工作已经完成，共15710件，其中永久8436件，长期（三十年）4173件，短期（十年）3101件。由于现档案室面积小，目前档案存储量已接近饱和，学院声像档案（机关党委分室管理）、财会类档案（财务处分室管理）、人事档案（人事处分室管理）和在校学生学籍档案（教务处分室管理）均实行分室管理。下一步，将扩大档案室使用面积和配置设备，实现各门类档案集中统一管理。

2. 档案信息化、数字化情况

2010年使用"科怡"档案管理软件，实行档案目录数字化管理。

3. 档案服务与利用情况

档案工作的本质就是管理好档案以供利用。多年来，学院档案室为学院各部门及师生提供查借档400多卷（件）次，在人才培养和应用方面发挥着基础性的作用。一是为领导决策提供信息服务。建校以来，学院档案室为领导决策提供了及时、客观、全面的信息，促进了学院的科学、健康、快速发展。二是为教育教学提供服务。根据学院专业调整、学生培养目标、市场需求等实际情况需要，学院档案室为教学部门提供了上级主管部门相关政策、法规文件以及历年来学校相关教学方面的资料，从而为教学计划、教学大纲的制定提供参考依据。三是为学院师生提供咨询查档服务。一直以来，档案室积极为各部门、师生提供档案查阅工作，如为教职工住房改革，学院教学楼内部改造、装修等提供原始资料；为毕业生提供咨询查档服务、学籍学历证明等工作。优质的服务满足了有关人员的需要，得到校内外师生的广泛好评。

4. 编研情况

档案室每年编写大事记1册。

三、各类获奖情况

1. 2013年，学校被陕西省档案局授予"省级机关年检优良单位"称号。

2. 2013年，牛华伟被陕西省教育厅授予"全省高等学校档案工作先进工作者"称号。

四、档案工作"十三五"规划建设目标

学院"十三五"发展规划基础设施建设首项是建设综合科技大厦，未来将在综合科技大楼中规划建设500平方米档案室，配置自动化的密集档案柜和档案管理软件，严格按档案室要求配备现代化的硬件设施和提高档案管理人员的专业化水平，健全各门类，实现各门类档案集中统一管理，促进学院档案信息化建设，使之与学院档案未来发展相匹配，促进学院档案发展符合时代要求。

（撰稿人：杨云玲）

陕西青年职业学院

一、学校基本情况

陕西青年职业学院是一所全日制公办普通高等职业院校，前身是创办于1952年的陕西省团校，2003年独立举办高职教育，2005年转制为高等职业院校，2010年通过教育部全国高职院校人才培养工作评估，与陕西省团校一套机构、两块牌子，既举办高等职业教育，又承担陕西省共青团干部及其他青少年工作者的教育培训任务。

学院设文化传媒系、财经系、管理系、数字信息技术系、公共事业系、艺术系、五年制高职部、思想政治课教研部、培训部和继续教育中心等10个二级教学单位，开设38个高职专业，其中省级重点专业5个，省级专业综合改革试点项目专业3个，在建省级一流专业2个，骨干专业2个。学院共有专任教师189人，选聘校外兼课教师100人，在校高职学生7503人。

学院占地面积约476802平方米，教学科研及辅助教学用房面积39577平方米，行政办公用房面积3500平方米，生均占地面积63.55平方米，生均宿舍面积6.94米。馆藏纸质图书43.2万余册，2017年新增2.34万册，生均图书57.58册。

学院以创建"高品质、有特色、省内一流"的高职院校为目标，形成了以管理服务类技术技能人才培养为主，共青团干部、青年骨干、志愿者教育培训为辅的办学格局。近年来先后荣获陕西省依法治校示范校、陕西高校志愿服务先进集体、省级园林

式单位、西安市文明单位等荣誉称号。

二、档案室概况

1. 基本情况

近几年来，学院领导非常重视档案工作，在档案工作的财力、物力、人力上给予了充分支持。经过不懈努力，学院的档案工作正逐步走入正轨。

2013年6月18日第九次院长办公会上决定建立综合档案室。现有专职档案员2人，均为大学本科学历，其中1人为中级馆员职称，1人为档案管理员；全院兼职档案员50人。含光校区综合档案室面积约60平方米，配备工作用台式电脑4台、办公桌椅3套、打印机2台（含彩打1台）、联络电话2部、档案密集架7列，现存各类别档案2500余盒；灞桥校区综合档案室约60平方米，配备档案柜20组、办公桌椅2套、台式电脑1台、打印机1台、联络用电话1部，有力保障了档案工作的顺利开展。

建立完善了档案管理工作制度，2013年第九次院长办公会通过了《陕西青年职业学院档案管理办法（暂行）》，先后又制定了档案查借阅制度、档案库房管理制度、综合档案室工作制度、档案工作人员职业道德，做到了职责明确，借阅有规定，保密有条例，库房管理有措施，保证档案管理的顺利开展。

2. 馆藏情况

2013年11月至2016年9月圆满完成了2006—2016届十年来毕业生档案的顺利归档移交上架工作，共收集自高职办学以来19568名毕业生学籍档案共计58704件900余卷，进一步丰富了学院档案馆藏，也为毕业生的档案查阅、提取、利用提供了非常有力的服务保障。目前，学院基本实现了毕业生档案归档移交工作常态化、制度化，每年上半年根据上一年度存在问题整理下发当年归档标准，每年下半年各归档单位按要求按期进行归档工作，毕业生档案以每年100余盒的存储量归档。

2013年至今，档案室在学院范围内收集归档了各类校级以上荣誉类实物档案。荣誉类实物档案是各项活动评价的真实记录，反映了学院工作水准和取得的成绩。收集的实物档案主要包括反映学院在教学、文体等各项活动中获得的各种奖状、奖杯、奖牌、锦旗、荣誉证书等共计120余件，均保存于综合档案室的实物陈列柜中。

3. 档案信息化、数字化情况

2014年使用"南大之星"档案管理软件（单机版），实现了档案目录录入、查询检索实现正规化。2016年10月到2017年6月，完成了对已归档毕业生学籍档案918卷档案的数字化扫描加工工作，并根据27号令对学院2005年以来所有档案进行了规范整理，完善了档案管理工作。

三、档案工作"十三五"规划建设目标

不断加强档案业务培训和学习，提升档案人员业务水平，提高档案管理水平，加强档案开发利用，切实提高服务水平，积极做好每年6月9日国际档案日的档案宣传工作，认真完成陕西省教育厅下达的关于档案工作的各项工作任务。努力使学院档案管理工作达到《高等学院档案管理办法》各项要求，不断缩小学院与兄弟院校的档案管理工作之间的距离，进一步走向规范。

（撰稿人：于咏莉）

陕西广播电视大学（陕西工商职业学院）

一、学校基本情况

陕西广播电视大学与陕西工商职业学院，实行"一套班子、两块牌子"的管理体制。陕西广播电视大学1978年建校，是陕西省唯一一所综合性现代远程教育开放大学；陕西工商职业学院是2010年经陕西省人民政府批准、教育部备案的公办普通高等学校。主校区位于西安市长安区郭杜北街41号。

陕西广播电视大学目前开设了19个本科、49个专科成人教育专业。建校四十年

来，学校充分发挥系统网络优势和现代化教学手段优势，累计培养本、专科毕业生47万余人，实施各类培训53万余人次。目前，各级各类学历教育注册学生有15.5万余人。

陕西工商职业学院目前下设旅游与酒店管理学院等12个二级学院，以现代服务业类专业为主，开设酒店管理、物流管理等36个专业，其中国家级骨干专业4个，中央财政支持重点建设专业2个，省级专业综合改革试点专业3个，省级重点建设专业5个，省级一流专业2个、一流培育专业3个。现有高职类在校生7800余人。

二、档案室概况

1. 基本情况

学校自建校之初就设置了综合档案室，于2002年4月正式成立综合档案科，隶属校党政办公室。档案科现有编制3人，其中具有中级职称1人。现有办公用房2间、档案库房8间，面积260余平方米。郭杜校区建筑面积为800平方米的新档案室将于2018年下半年投入使用。

2. 馆藏情况

学校档案设有陕西广播电视大学、陕西工商职业学院2个全宗，库藏档案设党群、行政、学生、教学、科研、基建、设备、出版物、外事、财会、人事、声像（照片）、电子、实物档案等十四门类，库藏档案案卷12083卷，声像档案922盘，照片档案7391张，奖状、奖杯、奖牌等实物档案共计118件。

3. 档案信息化、数字化情况

使用"科怡"档案管理软件，已完成了1988年至2002年部分和2003年以来库藏档案电子目录的录入工作，录入档案电子目录共计25800余条。学校主动适应管理信息化的需要，制定了《电子文件归档暂行管理实施细则（试行）》，从电子文件的形成、处理、收集、整理、移交等方面，规范了学校电子文件的归档与管理工作。

4. 档案服务与利用情况

学校不断完善规章制度，扩大档案收集范围，大力开发利用档案信息资源，积极为学校发展和社会各方面服务。依据多校区办公实际，创新服务方式，充分利用信息化手段提高服务师生、社会组织及个人的效率。在学校的重要工作和重大活动中，档案科主动提供查询、利用服务，分别在2006年中央电大"开放教育与人才培养模式改革试点"总结性评估、建校三十周年大事记及画册编撰、省级"文明校园"创建、综合楼基建档案验收、固定资产清查、2016年省委巡视组对学校党委巡视等工作中，为学校各项工作的顺利开展和圆满完成发挥了重要的、不可替代的作用。在解决学校原大皮院房产纠纷过程中，档案科提供的档案材料，作为有力证据，为避免学校财产损失发挥了重要作用。截至目前，学校档案科提供查阅档案资料25000余卷（次），提供照片5000余张，为教学评估提供2000余卷（次），为落实政策、干部考核解决600余人次的疑难问题，接待毕业生核实学籍等档案利用者咨询共计7000人次，复印档案共计20500余张。

5. 编研情况

档案室积极组织开展档案编研工作，编制了《制度汇编》《年度工作总结、要点汇编》《领导讲话稿汇编》等，方便用户的查询和利用。

三、各类获奖情况

学校档案工作在陕西省教育厅的领导下，在陕西省档案局、陕西高教系统档案学会的支持和帮助下，在全校教职工共同努力下，取得了一定成绩。近年来，在全省档案事业单位统计工作中，多次受到通报表扬。

1. 2008年，学校被陕西省教育厅授予"陕西省高等学校档案工作先进单位"称号。

2. 2013年，陈雅丽被陕西省教育厅评为"全省高等学校档案工作先进个工作者"称号。

3. 2012年、2016年，学校两次被陕西省教育厅授予"全省教育系统办公室工作先进集体"称号。

四、档案工作"十三五"规划建设目标

学校把档案基础设施建设放在重要位置，在新校区建设规划中把档案基础设施建设一并纳入。学校郭杜校区综合楼内，划分了一层约800平方米的办公用房供学校档案专用，并设计建设占地200平方米档案存贮密集架，计划投资建设资金共计50余万元。与现有档案基础设施相比，新档案馆舍的建筑面积将扩大3倍，档案藏量将提升5倍。新档案室的建设，将极大地改善学校档案办公用房、库房、设施设备等硬件条件，为档案工作的持续发展提供必要的物质保障和良好环境。

（撰稿人：宋永利）

陕西艺术职业学院

一、学校基本情况

陕西艺术职业学院是经陕西省人民政府批准、教育部备案的一所公办全日制高等艺术院校，是西北地区第一所公办艺术类高职院校，也是全国唯一一所秦腔人才学历

教育的高校。

学院坐落在历史文化名城西安市文艺南路，北临举世闻名的明代长安城墙，南眺气势恢宏的唐代大雁塔。前身院校是享有盛名的陕西省艺术学校、陕西省电影电视学校等单位。其办学历史可以上溯到1952年。

学院现设戏曲系、舞蹈系、影视系、声乐系、器乐系、美术系等9个教学单位，设有戏曲表演、舞蹈表演、广播影视节目制作等17个大专专业，6个五年一贯制专科专业和6个中专专业。"戏曲表演"专业是省级一流专业建设项目，同时也是全国文化艺术职业教育教学指导委员会确定的高等艺术职业院校骨干专业。"学前教育""音乐表演""舞蹈表演"专业是省级一流专业培育项目。全日制学生3800余人。

学院新校区地处西咸新区秦汉新城秦汉大道400亩中央公园东侧，南临万亩薰衣草基地，占地335亩，规划建筑面积18万平方米。2016年被列入陕西省"十三五"重大建设项目，计划投资7亿元。

建校以来，为陕西乃至全国培养了15000多名优秀艺术人才，先后获得各类荣誉300余项，被誉为"西北艺术人才的摇篮"。

二、档案室概况

1. 基本情况

学院于2011年成立综合档案室，隶属于党政办公室。专职档案管理员1人，兼职档案员15人。专职档案员具有本科学历，中级职称。综合档案室设有档案库房、档案查阅室、办公室，使用面积总计110平方米。配备档案工作需要的计算机、打印扫描一体机等电子设备。

2. 馆藏情况

馆藏档案材料分别为党群513件、行政2313件、教学1365件、基建11件、财务509件、实物43件，共计5000余件。

3. 档案信息化、数字化情况

使用"南大之星"档案网络管理软件，计划2018年对档案进行数字化加工。目前尚未与校内OA对接。

三、档案工作"十三五"规划建设目标

强化档案意识，实现档案工作的规范化、制度化和科学化，推进档案信息化、数字化建设。

（撰稿人：张蕾）

陕西机电职业技术学院

一、学校基本情况

陕西机电职业技术学院创办于1986年，是一所省属公办普通全日制高等职业院校，隶属于陕西省教育厅。

学院地处陕西省宝鸡市，占地315亩，建筑面积12万平方米，设有机电、电子、信息、汽车、建筑、经济管理与艺术等6个专业教学系（部），建有电子电工、数控、机械切削、汽车、计算机等86个校内实习实训室。经过三十多年的建设发展，学院逐步探索形成了"理论实践一体化"教学模式和"校企双元"育人机制，建立了机电、汽车、电子、信息、加工制造等特色鲜明的装备制造专业体系，人才培养质量深受用人单位认可，先后被授予陕西省职业教育先进单位、陕西省就业先进单位、陕西省平安校园、全国信息产业系统先进集体、全国教育系统先进集体等荣誉称号。

二、档案室概况

1. 基本情况

陕西机电职业技术学院档案工作始于1986年，2000年经学校批准建立综合档案室，隶属于院长办公室，由主管院长领导，院长办公室主任分管档案工作。

学院综合档案室建筑面积44.1平方米，是集中统一管理文书档案、财务档案、科学技术档案和人事档案等门类及影像、照片等载体的档案室，实现了库房、办公室两分开，新开辟了实物档案陈列室。现有档案管理员3名。成立了档案工作领导小组，档案管理网络和制度健全，并根据人事变动及时进行调整，形成了一支由院办领导分管、各系部兼职档案员互相配合的科学合理的档案管理网络。

2. 馆藏情况

学院综合档案共分六大类：党群类、行政类、教学类、财会类、基建类、设备类。现学院综合档案室以卷为保管单位的文书档案181卷（1986—2001），以件为保管单位的文书档案4695件（2002—2016），其中党群类1063件，行政类2069件，教学类1155件，财会类433件，基建类72件。综合档案室还藏有声像档案，其中包括照片、光盘档案；实物档案包括奖状及证书、奖杯、奖牌。馆藏人事档案分为教工人事档案和教工党员档案两部分，其中教工人事档案有162件，主要是反映教工个人履历、学历、任免、工资、职称、鉴定、考察、考核以及奖惩的材料等，教工党员档案有121件。

3. 档案信息化、数字化情况

档案室配备了新式统一的档案柜，办公室配备了电脑、复印机、打印机等专用设备，不断加强档案室的硬件建设，为档案现代化管理创造条件。档案库房逐步落实"八防"措施，配备了温湿度仪器、暖气、灭火器、干燥剂、除虫剂等，使档案保管工作落到实处。为推进档案信息化建设，实现档案信息资源的快捷搜索，建立了馆藏档案的电子目录，实现了档案目录的电子搜索，提高了档案检索利用水平和工作效率，满足了各项业务工作需要。

三、档案工作"十三五"规划建设目标

加强思想重视，落实建制和编制；完善档案工作管理体制，加强依法治档工作的落实；加强档案人员队伍建设；扎实推进学院综合档案室建设，档案信息化提上日程。

（撰稿人：屈娜）

西安职业技术学院

一、学校基本情况

西安职业技术学院是经陕西省人民政府批准，由西安市人民政府举办的全日制综合类高等职业技术学院，学院于2006年12月挂牌组建成立。

学院分院本部、土门校区、辛家庙校区三个校区开展教学工作，总占地面积382亩，固定资产总值4亿4000万元。学院共设有9个教学系（院、部），开设三年制高职专业42个，五年制高职专业14个。学院现有教职工540人，在校生9300多人。近年来，学院大力推进内涵建设，稳步提升人才培养质量，毕业生就业率一直保持在90%以上，用人单位满意度达95%。

学院坚持"人文素养润德，职业标准砺能"的办学理念，突出"校企合作、工学互融、产教一体"办学特色，紧密围绕区域产业，立足西安，服务陕西区域经济，大力开展校企合作。学院成立了西安动漫职教集团，建成校内实验实训室近百个，建成校外顶岗实习就业一体化基地百余个，先后被授予"国家高技能人才培养基地"、"全国物流职业教育人才培养基地"、"陕西省就业先进单位"、陕西省和西安市"文明校园"、西安市教育系统"精神文明建设先进单位"称号。

二、档案科概况

1. 基本情况

学院于2011年12月正式成立档案科，明确为科级建制，隶属学院党政办公室，承担全院各类档案资料的收集、整理、利用和院内各部门档案工作的业务指导。综合档案室建筑面积196平方米，人事干部档案室80平方米。档案经费能得到有效保障。目前，档案的分类体系采用实体分类法，按照高校档案管理工作规范和要求，学院对每年度生成的各类档案材料进行认真收集、鉴定、整理、保管并编制规范的检索目录，提供利用服务。档案材料基本齐全、完整、系统，在学院各项管理活动中发挥了重要作用；校史馆面积150平方米，目前装修基本完成，正在筹建中。

档案科现有专职档案人员2名，均为本科以上学历，1人为档案管理副研究馆员，1人为档案管理员。目前，全校共有归档单位30个，兼职档案员30人，涵盖了所有党群、行政部门、二级学院及教辅、科研单位。

2. 馆藏情况

学院现有档案全宗为5个。原中专学校全宗4个，分别为原农校、财校、经贸、工业学校，原各校档案共9200余卷，6012件，主要包括文书、教学、财会、基建、实物等；现西安职业技术学院全宗1个，西安职业技术学院自2008年起开始建档，现有党群、行政、教学、学生、科研、基建、实物、产品开发等十一大类及纸质、声像多种载体，共计5694卷，10025件，实物184件，照片30000余张。

3. 档案信息化、数字化情况

2012年使用"南大之星"档案管理软件（网络版），2017年开始档案数字化外包工作，投入5万元，扫描100000页，目前已完成；档案数字化外包工作被纳入学院年终考核指标，现档案室所藏部分教学类、学生类及党群类、行政类部分档案均可实现全文检索；OA系统与档案管理系统暂时还未实现对接，2018年正在规划中。档案的信息化建设让全校师生感受到智慧档案的便利服务。

4. 档案服务与利用情况

档案工作在学院党政管理、教育教学管理活动中发挥着越来越重要作用。如学院评建时，档案部门提供了大量的档案材料支持；在历年目标考核等学院重大工作中，档案均发挥了重要作用。据统计，近十年以来，学院档案部门共为校内外4000余人次提供档案利用，查阅资料10000余件。

5. 编研情况

编写《西安职业技术学院大事记》（2006—2017）、《西安职业技术学院重要文件汇编》、《西安职业技术学院干部职务任免文件汇编》、《西安职业技术学院职称任职资格文件汇编》、《西安职业技术学院获奖》（2013—2017）。

三、获奖情况

2013年，王朝霞被陕西省教育厅授予"全省高等学校档案先进工作者"称号。

四、档案工作"十三五"建设规划目标

在"十三五"期间，继续自上而下强化档案意识，进一步大力推进档案数字化、电子化，努力使档案工作更加制度化、规范化、系统化，逐步向数字档案室迈进。

（撰稿人：王朝霞）

宝鸡职业技术学院

一、学校基本情况

学院是在 2003 年 4 月，经陕西省人民政府批准，教育部备案，由 7 所国家省级重点中专和 1 所二甲医院合并组建成立的一所公办全日制专科层次高等院校。学院地处华夏始祖炎帝故里、周秦文化发祥地、中国西部工业重镇宝鸡市。新校区占地 1203 亩，建筑面积 43 万平方米，馆藏各类图书资料 60 万册，拥有院内实验实训场所 8 万平方米，各类实验实训中心 11 个、实验实训室 228 个，教学仪器设备总值 1.15 亿元。现有教职工和医务工作者 1434 人，其中专任教师 715 人，副高级以上职称 269 人，博士、硕士 204 人。现有全日制在校学生 16222 人。开设三年制高职专业 46 个，形成了以医药卫生、文化教育、财经贸易、机械制造、电子信息、建筑工程等专业大类为主，融高职教育、中职教育、职业技能培训与成人教育于一体的办学格局。近年来，毕业生年底就业率保持在 91% 以上。

二、档案馆概况

1. 基本情况

档案馆是 2007 年 9 月在原 7 所市属中专学校档案室基础上合并组建的，机构正式设立于 2013 年 7 月，正科级建制。档案馆在院党政办公室领导下，履行学院档案、院史馆管理职能。现有工作人员 6 名，其中馆长 1 名（副教授），负责档案馆日常管理；有专职档案技术人员 4 名（2 名副研究馆员、1 名副教授、1 名经济师），承担档案的收集、

整理、归档和查借阅任务；有院史馆工作人员1名（馆员），承担院史馆日常管理及讲解任务。同时聘有兼职档案员38人，负责各系部档案整理、移交工作。档案馆现有库房400余平方米，办公场所50平方米，阅览室100平方米。院史馆于2013年4月建成开放，展厅面积400余平方米，展板800余幅，以图文并茂和实物展示的形式记录了学院一百一十多年的办学历史和发展历程，集中展示了组建升格十年来取得的辉煌成就。每年接待来访领导、师生5000余人次，是学院进行对外宣传和开展院史教育的重要阵地。

2. 馆藏情况

截至2017年，馆藏党群、行政、教学、科研、学生、基建、外事、财会、声像等各类档案资料24913卷（盒），照片档案3418张，实物档案235件。

3. 档案信息化、数字化情况

学院高度重视智慧校园、数字校园建设，将档案信息化、数字化工作纳入《学院"十三五"教育事业发展规划》，先后投入10万余元推进数字档案室建设。目前，档案馆配备有计算机6台、打印机3台、复印件1台、照相机1台、扫描仪1台、20TB容量的移动储存设备3台、碎纸机1台、除湿机1台。按照省市关于建设数字档案馆要求，2017年6月启动数字档案馆建设，购置"科怡"档案管理软件和1台A3档案专用高速扫描仪，安排1名计算机专业人员负责档案数字化工作。目前，档案馆已将2007年建馆以来10142条档案目录顺利导入档案管理软件，初步实现了档案目录网络化查询的目标。下一步，学院将继续加大资金投入，拟采取外包加工的方式，计划2019年前完成建馆以来所有档案的数字化工作。

4. 档案服务与利用情况

建馆十余年来，先后为毕业生查询录取毕业大表档案，为新校区建设、职称评审、迎评促建、省级示范建设等工作提供查借档5300人次，查询档案共计1万余卷（件），出具各类证明材料、复印件4000份，在学院建设、人才培养、社会应用方面发挥了重要作用。2013年4月，学院投资30余万元建设的校史馆建成并开放，集中展示了从1902年凤翔师范学校创建到2013年一百多年珍藏下来的有关图文、实物等珍贵史料。十多年来，先后接待上级领导、兄弟院校参观100多场次，接待新生参观3万人次，为宣传学院发展史，提升学院影响力和知名度发挥了积极作用。

5. 编研工作

近年来，学院高度重视档案信息资源的收集、开发和利用工作。档案馆发挥自身优势，确定专人每年定期向《陕西教育年鉴》《陕西教育事业统计年鉴》《宝鸡党委纪事》《宝鸡教育年鉴》提供入编资料；安排信息员及时向陕西省教育厅网站、宝鸡日报、宝鸡新闻网、学院官网等编发信息报道；先后配合完成了《学院制度汇编》

《学院建院十周年纪念册》的编制工作，承担了院史馆大量建设工作；认真编制了学院组织机构沿革、大事记和全宗介绍等。同时，档案馆工作人员不断提高档案科研水平，先后有20多篇档案专业类文章在核心期刊和普通期刊上刊发。

三、各类获奖情况

1. 2008年，周虹被陕西省教育厅授予"陕西省高等学校档案工作先进工作者"称号。

2. 2013年，董利红被陕西省教育厅授予"全省高等学校档案工作先进工作者"称号。

3. 2017年，周虹被宝鸡市档案局授予"宝鸡最美兰台人"称号。

4. 2017年，杨彦科被陕西省教育厅授予"2017年度教育志鉴工作先进个人"称号。

四、档案工作"十三五"规划建设目标

"十三五"期间，学院档案工作将继续保持"存凭留史，资政育人，服务师生"的工作理念，牢固树立档案意识，严格执行档案法律法规，不断加强档案队伍建设，持续提升档案工作水平，加快新档案馆建设搬迁步伐，基本实现档案资料数字化，为学院追赶超越，创建"两个一流"做出积极贡献。

（撰稿人：杨彦科）

咸阳职业技术学院

一、学校基本情况

咸阳职业技术学院位于西咸新区统一大道1号，是2004年9月由陕西省彬县师范学校、陕西省仪祉农业学校、陕西省乾县师范学校、咸阳市体育运动学校四校整合，2015年3月咸阳市技工学校、咸阳市卫生学校两校并入而成的咸阳市人民政府直属的唯一一所全日制公办高职院校，教学业务受陕西省教育厅指导，已有建校八十年、建院十三年的办学历史。占地1300多亩，总建筑面积28.3万平方米。全日制在校生15000余人。开设涵盖医学、机械、电子、建筑、化工、财经、师范、农林等大类47个高职专业，其中护理专业是中央财政支持提升专业服务产业发展能力建设项目和首批全国职业院校健康服务类示范专业点，有国家骨干专业7个、省级一流专业2个、院级专业综合改革试点项目3个、省级精品课程1门、省级教学成果奖2项。2010年以来，先后获得中国食品安全示范单位、省级平安校园、省级园林式单位、全省就业工作先进集体、省级绿色文明示范单位、全国高校后勤十年社会化改革先进院校、省级绿化模范单位称号。2014年被陕西省教育厅确定为省级示范性高职院校立项建设单位，2015年被中央文明委命名为全国文明单位，2016年被陕西省教育厅确定为国家优质高职院校建设单位。

二、档案馆概况

1. 基本情况

学院档案馆原名档案室，2006年9月设立，科级建制，隶属院办；2009年8月，搬至图书馆一楼，建筑面积884平方米；2010年5月更名为档案馆，仍为科级建制，隶属学院党政办，岗位编制6个：馆长1名、副馆长2名、档案员3名（其中外聘2名）。内设馆长办、综合办、档案收集室、整理室、查阅室、消毒室、声像室、资料室、编研室等办公场所，拥有校史馆（173平方米）1个、馆藏库房（344平方米）3个，有兼职档案员35名、立卷员60余名。每年总经费7.5万元。

2. 馆藏情况

（1）全宗命名。2009年9月搬迁新校区后，尊重原编档规则，将农校、乾师、彬师、体校档案全宗号分别命名为1、2、3、4号，职院档案全宗号命名为5号。2015年7月接收市卫校、市技校档案，尊重原编档规则，将其全宗号分别命名为6、7号。

（2）类属藏量。包含原四校（农校、乾师、彬师、体校）、后两校（市卫校、市技校）、新学院档案在内，即1932—2017年的所有归档档案，涵盖党群、行政、学生、教学、科研、基建、设备、产品、出版、外事、财会、声像、实物、名人等14大类，时跨八十六年（1932—2017年）。至2017年底，馆藏纸介质档案50416卷（件）、编著727本（篇）、照片2331张、音像96盘、实物744件。其中，1932年（民国二十一年）3月形成的一份土地权状书（购地五亩五分），是馆藏最早的档案。

（3）宗属藏位。分藏3个库房，实行全宗管理。1、2、3、4号全宗馆藏纸介质档案及7号全宗绝大部分纸介质档案，集中藏于1号库房（图书楼127室）；7号全宗部分建筑图纸藏于130室；5号全宗纸介质档案集中藏于2号库房（图书楼128室）；6号全宗纸介质档案集中藏于3号库房（图书楼118室）；全馆声像档案集中藏于116室。诸如奖牌、奖杯、校牌、纪念章、重大节庆时的礼品等实物档案分置陈列于3个库房及校史馆等处。

3. 档案信息化、数字化情况

档案信息化、数字化工作相对滞后，数字化经费投入不足，数字化率偏低。上传"南大之星"系统时，仅对档案标题等（档案全文并未扫描上传）相关信息进行录入，目前录入档案标题类信息条目32722条。2012年起，学院发文的部分文书档案，尚有电子版存入系统之中。全文扫描、照片扫描仍须加快推进。与院内OA办公系统对接工作尚未全面展开。

4. 档案服务与利用情况

2007—2017年，补办学历证明类，共接待599人，查毕业验印及部分录检表800余卷（件）；2009—2017年，校内外人士查档服务类，查（借）阅档2144件（卷），复印资料5000余页。

2010年以来，学院在省市年鉴编报、党课讲义报送、档案馆年报表、名人档案选送、学院组织沿革史编写等方面，累计输送编研资料30余份。

改造后的校史馆展出主题6个、展板50个、图表205张、实物120件；至2017年底，接待院内外参观团体、个人500余场次2500余人。

至2017年举办"6·9"国际档案日主题宣传活动3次。以"守护历史，服务社会"等为主题，制作专版10余块，宣传档案法规，展示档案人的奉献精神和学院发展历程。

在学院内外官方网站编发学院档案工作信息100余篇，学术期刊上发表档案论文10余篇。

为便于查阅，逐年更新完善《学院市管领导干部任免一览表》《学院荣誉一览表》数据信息采集工作。

5. 编研情况

2010年以来，在院志编纂、大事记编写、校史馆改建、全宗建设、课题研究等方面累计编研成果5项80余万字，图照近500余幅。

（1）院志编纂。2014年6月启动院志编纂工作，至2017年8月，图照110余张、40万字的《咸阳职业技术学院志》通过咸阳市地方志专家组评审，由陕西人民出版社出版发行。志书客观记载了学院建院十余年来，围绕"三步走"战略，争创"陕西一流、全国知名"高职院校的办学历程，展现了咸阳职院人艰苦创业、奋进图强的精神风貌，成为省内市属职业院校编辑出版的首部校志。

（2）大事记编写。2010年，学院出台《大事记编写规则》，负责编研的副馆长负责落实编记工作。至2017年底学院内部印发《学院大事记（2003.12—2009.12）》，逐年编记《学院年度大事记》8本（2010—2017年）。

（3）校史馆改建。2017年初，编拟搜集校史馆更新改造的总体框架与资料；7月议定《校史馆更新方案》；8月开工改造；至9月初八十周年校庆前，改造完工并对外开放。一个以图文并茂、实物展览等形式呈现八十年辉煌办学历史的校史馆，由序厅、概况要览、薪火相承、升格建院、亲切关怀、展望未来六个板块组成，涵盖了组建学院的四校和并入学院的两校及学院升格发展的艰苦卓绝的办学历程。

（4）全宗建设。由专人搜集资料，对档案馆历史沿革、人事变化、办公设施及馆藏内容、宗号编排、类目设置、形成过程、检索查阅、编研利用等，进行了一次较为彻底的清查梳理。形成了一本70000余字的《全宗指南》和内含30余个大类82盒400余卷（件）的全宗卷。

（5）课题研究。2013年，针对学院档案管理工作实际，特别是预立卷工作中的一些困惑，由馆内1人负责组成课题组，申报院级课题"职业院校档案预立卷制度的实践与研究"（编号2013KYB24），历经立项、调研、结题，在《咸阳职业技术学院学报》《黑龙江史志》等期刊发表论文《浅谈档案管理预立卷制度》《职业院校推行档案预立卷制度存在的问题与对策》《预立卷与预立卷制度推行的历史概述》《高校教师档案管理系统的设计与实现》4篇。2014年10月，获得结题证书。其研究成果在学院档案移交过程中得以践行。

三、各类获奖情况

1. 2008年1月，何勤俭被陕西省委教育工委授予"陕西省教育系统2007年度精神文明建设先进工作者"称号。

2. 2008年4月，杨宏涛被陕西省教育厅授予"陕西省高等学校档案工作先进工作者"称号。

3. 2011年12月，王莉红被陕西省人力资源和社会保障厅、陕西省档案馆授予"陕西省档案工作先进工作者"称号。

4. 2013年6月，刘纯学被陕西省教育厅授予"陕西省高等学校档案工作先进工作者"称号。

5. 2015年，学校被陕西省教育厅授予"陕西省2014年度教育志鉴综合工作优秀单位"称号。

6. 2016年，学校被陕西省教育厅授予"陕西省2015年度教育志鉴编纂工作优秀单位"称号，被陕西省教育厅授予"陕西省2015年度教育年鉴编辑工作优秀单位"称号，被陕西省教育厅教育志编纂办公室授予"陕西省2016年度教育志编纂工作先进单位"称号。

7. 2017年12月，燕海荣被陕西省教育厅教育志编纂办公室授予"2017卷《陕西教育年鉴》优秀撰稿人"称号。

四、档案工作"十三五"规划建设目标

根据《咸阳职业技术学院"十三五"事业发展规划》，档案工作要持续推进档案信息化保障体系建设，不断提高档案馆信息化建设水平，力争建成省级标准化档案馆。

（撰稿人：燕海荣）

铜川职业技术学院

一、学校基本情况

铜川职业技术学院是2004年9月经陕西省人民政府批准，教育部备案，由原铜川

师范学校、铜川教育学院、铜川市职工卫校、铜川电大四校合并而成，是铜川市人民政府直属的唯一一所全日制公办普通高等学校。行政隶属铜川市人民政府，上级业务主管部门是陕西省教育厅。学院现有新区、虎头山、黄堡三个校区，其中新区校区占地面积12万平方米。校内建成机械制造、电工电子与自动化、建筑工程技术、材料工程、护理、人文科学和计算机等7个实训中心，教学仪器设备总值3600余万元，实践教学用房总面积21700平方米。建院十多年来学院各项事业取得了长足发展，已为社会培养8084名各类技术技能人才。学院现设师范教育与管理学院、机电工程学院、建筑工程学院、孙思邈医学院、基础部、培训部、继续教育学院等7个教学单位和12个党政群机构。现有教职工342人，其中专任教师228人，占全院教职工总数的66.6%；具有研究生学历教师60人，占20%；具有高级职称教师35人，占15%。目前学院面向四川、重庆、河南、山西、青海、内蒙古、宁夏等9省市区招生，现已初步形成了人文、机电、建工、医学4个专业群，专业设置及学生人数逐年增加。开设三年制高职专业30个，五年制高职专业14个，截至目前全日制在校生学生3555人，非全日制在校成人教育学生4562人，年岗位培训各类人员近万人。

二、档案室概况

1. 基本情况

学院档案室于学院组建的同时成立，科级建制，隶属学院办公室，并根据需要，设立电大档案室和干部人事档案室两个分室，并配备专职管理人员。档案室位于学院综合办公楼七楼，总建筑面积498平方米（库房231平方米，办公61平方米，阅览61平方米，校展室145平方米），实现了办公、阅览、库房三分开。现有专职档案人员2人（中级职称1人，档案学研究生1人；本科学历1人）。

2. 馆藏情况

学院档案实行部门立卷、集中管理，共保存5个全宗的党群、行政、教学、科研、基建、设备、财会、出版、人事、学生、实物十一大门类档案21464卷（件），照片2248张、音像96盘、实物86件。

3. 档案信息化、数字化情况

使用"南大之星"档案管理软件，录入档案信息条目6142条，档案数字化录入学籍档案64297页。目前，档案室已成为学院各类信息资源的汇聚中心，既为学院日常管理、教学科研等提供充足的信息保障，也为社会发展提供档案查询服务功能。

4. 档案服务与利用情况

2010年以来，档案室先后为学院二期工程建设、旧校区置换、职称评审、人才培养评估、省级示范院校创建、创建国家卫生城市、完善规范全市工作人员人事档案等专项工作，为历届毕业生、相关社会职能部门出具证明、复制资料上千份，在学院建设、人才培养、社会应用等方面发挥了一定的基础建设性作用。2009—2011年，档案室为学院迎接陕西省教育厅高职人才培养工作评估提供了大量翔实的原始文字、图片、音像等珍贵资料，确保了检查评估的顺利通过。2011—2012年，为曾经在原四校工作过的20余名临时用工人员查阅凭证资料60余件，复制佐证资料近百份，为他们顺利办理社会养老统筹提供了最原始的证明材料。2014—2016年，在全国事业单位工作人员档案核实过程中，接待原四校毕业生近千人，查阅、复制录取表、学籍、毕业验印、毕业证存根、入党等相关个人档案1000余份，为历届毕业生办理个人档案复查工作提供证明。档案室档案资料收集保存齐全完整、分类科学有效、查阅方便快捷，工作人员的优质服务得到了广大校友的一致认可和好评。

5. 编研情况

重视收集，开发资源，编研工作初见成效。充分利用档案资源进行编研工作，围绕学院决策与社会需求，深化对档案资源的研究和开发。编写了《铜川职业技术学院大事记》《铜川职业技术学院制度汇编》《铜川职业技术学院教学制度汇编》《铜川职业技术学院党政发文汇编》等编研材料，为学院教育教学、领导、广大师生和社会提供优质服务，满足学院教育教学各项工作需要。2010年以来，确定专人逐年定期向《陕西教育年鉴》《铜川年鉴》提供入编资料；同时注重编制各种检索工具，为历届毕业生和社会利用提供纸质目录查阅、计算机目录查阅和全文检索、档案阅览等多种形式的服务。

三、各类获奖情况

1. 2012年，张红梅被陕西省教育厅、陕西高教系统档案学会授予"档案工作先进个人"称号。

2. 2016年，张红梅被陕西省教育厅史志办评为先进个人。

3. 2017年，学院档案室在陕西省教育厅志鉴调研中被评为先进单位，张红梅被评为优秀撰稿人。

四、档案工作"十三五"建设规划目标

学院档案室保存有1972年至2016年四十五年的档案21000余卷（件），库存档案信息形态主要是纸质和照片等载体形式，电子文件和档案信息化数字化的要求越来越迫切，而且也是学院档案工作的薄弱点。在"十三五"期间，重点工作是学院档案的信息化和数字化建设。完善软硬件设施，做好数字化的各项准备工作。

（撰稿人：张红梅）

渭南职业技术学院

一、学校基本情况

渭南职业技术学院是经陕西省政府批准、教育部备案的一所高等职业院校。其前身是原陕西省中医学校、陕西省大荔师范学校、陕西省蒲城师范学校、陕西省渭南农业学校，办学历史可追溯到1905年创建的"同州实业中学堂"。

学校地处陕西东大门——渭南市，有高新、朝阳两个校区，占地面积880亩，建筑面积33.1万平方米。现有教职工849人，其中专职教师534人，在职副高以上职称195人，硕士以上学位316人，双师型教师313人。聘请兼职教师53人，客座教授65人，陕西省科技新星、省级教学名师等省级以上优秀人才8人。馆藏图书89.03万本。教学用计算机1125台。校内实验实训室128个、国家级实训基地4个、省级实训基地18个，校外实训基地259个。在校学生11115人。下设护理学院、医学院、师范学院、经济管理学院、机电工程学院、农学院、3D打印学院、创新创业学院、工学院、建筑工程学院、基础课部、继续教育学院等12个教学单位。开设三年制高职专业38个、五年制高职专业7个、省级重点专业6个，涵盖了医学、教育学、农学、工学、管理学、经济学等6个学科。

2015年，学校荣获"全国文明单位"称号，被陕西省教育厅确定为省示范高职院校建设单位。2016年，学校被确定为国家优质专科高职院校建设单位。

二、档案馆概况

1. 基本情况

学校档案馆成立于2012年3月，隶属党政办公室，正科级建制。2012年11月被陕西省档案局评为AAA级馆，新档案馆于2017年12月对外开放。学校档案馆分两期建设：一期硬件设施总投资420万元，已全部完成；二期软件设施约投资130万元，正在审核中。2012年至今总投资约570万元。档案馆位于学校图书馆四楼，使用面积720平方米。严格按照国家级档案馆标准进行建设，其中CQC环保标志达到十环，设备及办公设施质量均达到国家级质量检测标准。档案馆内外设有醒目的引导标识区域，包含1个接待大厅、3个库房（实物库、密集库、五节柜库），分别存放文书类、人事类、财会类、学生类、基本建设类、照片类、出版类、设备仪器类、科学研究类等档案资料。办公室2个，借阅、电子档案室1个，整档室1个，操作室1个。档案达到规定的12个门类。

学校对工作人员实行按需设岗、按岗聘用、竞争上岗。现有馆长1名，专职档案人员3名，负责全校的档案管理工作以及原四校区档案工作、附属医院档案工作。工作人员取得档案中级职称2人，初级1人。参加各类业务培训和继续教育50余次，合计1823学时；学历深造2人，参加市级和兄弟院校交流发言5次，参加国家级专业机构培训3次、省级专业机构培训6次、市级专业机构培训15次，取得专业培训证书4人。全体人员都具有合格的档案上岗资格。

2. 馆藏情况

档案馆现有计算机终端4台，购买数据库1个，自建人事、财会数据库2个，馆藏文书档案20580卷（件）（1940年至今）、财会档案6229卷、人事档案1070卷、学生档案8600卷、基建档案494卷、实物档案334件、照片档案369册、电子文档1080件、电子照片档案120件，其他资料869册。

学校古籍室目前共藏书4385册（其中复本223册），分经、史、子、集、类丛、新学六部，内容涵盖历史、地理、儒家、医学、本草数百类。版本类型有刻本、石印、铅印、影印、排印、抄本、稿本多种。版本年代为明代洪武、成化、弘治、嘉靖、万历、崇祯及清代康熙、乾隆、道光、咸丰、同治、宣统至民国时期，还有部分1955—1983年的再版古籍。

档案的完整率、准确率和归档率均达到97%以上，做到了组卷编目规范，摆架合理整齐，档案管理工作整体达到较高水平。

3. 档案信息化、数字化情况

2012年10月使用"南大之星"档案管理软件，2017年11月接入了300MB的移动通信光纤网络，与学校智慧校园网和OA办公系统对接，WIFI免费开放，覆盖率100%，配备了2台磁盘阵列专用存储设备，总容量为72TB。

4. 档案服务与利用情况

档案馆认真贯彻"管理以服务为本"的工作理念。在服务方式上，一是转变思想观念，提高员工的责任意识，克服档案人员"坐、等、靠"的传统思想，实现从"你要我为你服务"到"我要为你服务"的观念转变，为做好窗口服务打下牢固的思想基础。二是档案人员实行挂牌上岗，提倡文明服务，使用文明用语，变"被动"服务为"主动"服务。开通网上检索，实行预约查档，吸引更多师生走进档案、熟悉档案、利用档案，把档案部门打造成收藏历史的宝库和展示形象的窗口。三是增强档案服务的主动性和有效性，从封闭的工作方式转到开放的工作方式上来，从单纯的保管利用转到研究利用上来，从等待各二级学院、部门移交指定材料转到主动收集各种见证学院发展的材料上来，实现档案工作从"有什么查什么"到"查什么有什么"的根本转变。四是不断增强档案工作服务发展的前瞻性，做到学校党政工作部署到哪里，档案工作就跟踪到哪里。在档案利用服务中，坚持"以人为本"，不断增强服务意识，既按照档案借阅规定，严格履行程序，又为前来查阅档案的人员提供热情周到的服务，查全率、查准率不断提高，形成了热爱本职、爱岗敬业、无私奉献、争创一流的良好氛围，树立了良好的窗口服务形象。

5. 特色服务

通过馆内两个智能大屏对档案的重要性、作用等进行宣传。

三、各类获奖情况

1. 2012年、2017年，档案工作目标管理认证被陕西省档案局认证为AAA级单位。

2. 2013年，学校被陕西省教育厅授予"全省高等学校档案工作先进单位"称号，淮伟凤被陕西省教育厅授予"全省高等学校档案工作先进工作者"称号。

3. 2013—2016年，学校连续被渭南市档案局授予"全市档案工作先进单位"称号。

4. 2013—2017年，档案室连续被学院授予"档案工作成绩突出先进集体"称号。

5. 2015年，范洁被渭南市档案局授予"全市档案先进个人"称号。

（撰稿人：淮伟凤）

延安职业技术学院

一、学校基本情况

延安职业技术学院是2005年起先后由原延安教育学院、师范学校、财经学校、农业学校、机电工程学校、林业学校、卫生学校、技工学校、鲁迅艺术学校和宝塔区职教中心等10所学校逐步合并而组建的一所全日制普通高职院校。2014年跻身陕西省示范性高职院校。2016年被列入国家优质专科高等职业院校建设单位。

学院位于延安市枣园路莫家湾，占地830亩（其中主校区525亩），建筑面积34万平方米。现开设38个专业，设置有石油工程系、化工化学系、经济管理系、农林建筑工程系、机电工程系、师范教育系、医学护理系、航运工程系、艺术系（延安鲁迅艺术学校）、公共教学部、继续教育学院、延安干部培训学院枣园分院、职业技术技能培训中心（延安技工学校）、中职教育中心（宝塔区职教中心）等九系一部两院两中心。学院还有三所附属学校，分别是附属中学、附属小学和延安创新实验小学。学院校内建有十大实训中心、151个实训室，校外有156个实训基地。各类在校学生13280人，其中全日制在校生8571人。

二、档案室概况

1. 基本情况

2007年学院成立档案室。2016年，为了加强学院档案管理工作，在原有档案室的基础上成立综合档案室，科级建制，隶属于党政办公室。

综合档案室现有专业档案员7人，其中大专学历2人、本科学历5人；高级职称2人、中级3人、初级1人、无职称1人；50—55岁3人、40—50岁3人、30—40岁1人；长期从事档案工作的2人。有兼职27人。学院综合档案室占地面积1350平方米，现有专用库房2间（面积860平方米）、业务办公用房2间（面积280平方米），鲁迅师范校史展览室占地面积约140平方米。

2. 馆藏情况

档案室馆藏档案由学院、财校、延安教育学院、师范、农校、鲁艺5个全宗构成，包括党群、行政、教学、科研、基建、出版、外事、财会、声像、实物类档案。截至2017年9月馆藏档案2446卷、13538件。学院档案1122盒（7785件），归档文件目录10册；原财校档案1535卷（盒、袋），归档文件目录18册；农校档案339盒（4530件），会计档案（账簿报表53本）；师范档案911卷，1223件。

3. 档案信息化、数字化情况

目前暂未安装档案管理软件，只将目录输入计算机，现录入目录14449条，其中卷级911条，文件级13538条。

4. 档案服务与利用情况

在制度规定的范围内，尽量简化程序，提供便利，及时为相关部门和个人提供档案服务。比如在学院评估验收、示范校创建、专业申报、教学督导检查、职称评聘、毕业生就业、鲁迅师范校史展等多项活动中及时提供信息咨询服务。对归档过程中存在的困难和问题，利用现场指导、电话指导、网络指导等方式，给予及时解决。在出具档案证明时，做到了以事实为准，有据可依，有案可查，程序合法，操作合规，同时做好档案利用效果登记。

5. 编研情况

档案信息资源开发利用是档案工作的重要组成部分。档案室参与编写了《校史》《制度汇编》《大事记》《年鉴》等多部档案资料，整理编印了《历届毕业生名册》等常用档案资料，可用于检索。

2013年以来，学院专兼职档案人员在各类学术期刊上公开发表档案专业论文40余篇，其中核心期刊10余篇。

6. 特色服务

依托学院所存鲁师档案珍品，实施开发与利用，2017年初，学院为了纪念鲁迅师范创建八十周年，建成鲁迅师范校史展览室，追述学院办学历史。当前，学院校史馆已经成为学院师生接受革命传统教育的重要场所和接待兄弟院校访问交流的重要窗口。

三、获奖情况

2013年，宁海琴被陕西省教育厅授予"全省高等学校档案工作先进工作者"称号。

（撰稿人：李春芳）

汉中职业技术学院

一、学校基本情况

汉中职业技术学院由汉中教育学院、汉中农业学校、汉中师范学校、汉中市卫生学校、汉中财经学校5所大、中专学校组建而成。2004年9月经陕西省人民政府批准，2005年4月教育部〔2005〕46号文件备案，成立由汉中市人民政府主办的第一所高等院校，教学业务受陕西省教育厅管理指导。

学院位于中国优秀旅游城市、国家级历史文化名城汉中市汉台区宗营镇，校园占地690余亩，建筑面积28万平方米。学院是一所集汉文化与现代元素于一体的生态公园式学府，现有全日制大、中专在校学生10786人，学院下设11个党政管理部门和12个教学辅助机构，拥有2个职业技能鉴定站、1所三级综合附属医院、1所二级甲等附属医院和1个汽车驾驶培训学校。开设有医学类、经济管理类、农林类、教育类、机电类、土建类等6个专业群，34个大专专业，6个省级重点专业。每年培训各类专业人员1万余人。建有中央财政支持的实训基地2个、中央财政支持的重点建设专业1个、省级重点综合实训基地4个、省级示范性实训基地1个，校内设有10个综合实训中心，同企业、行业共建稳定的校外实训基地有200多个。2010年，顺利通过教育部人才培养工作评估，被教育部评估专家誉为"汉中人才高地，陕南学界明珠"。2015年12月被陕西省教育厅确定为省级示范性高等职业院校建设计划立项建设单位。

二、档案室概况

1.基本情况

学院2004年9月正式挂牌，启用学校公章，从此开始建档，并将"汉中职业技术学院"确定为档案全宗名称。学院设立档案管理科隶属于党政办公室，属正科级设置，目前配有3名专职档案管理人员，26名兼职档案管理人员。档案室用房总面积370平方米以上，其中库房面积290平方米，办公用房30平方米，阅览50平方米。

2012年学院新校区建成并投入使用，新建成档案室370平方米，实现了原五校区档案最终集中管理。投入档案建设专用经费50多万元，购置了档案密集架、计算机、扫描仪、除湿机、复印机、打印机、防磁柜等办公硬件设施，库房容量可满足未来几十年的档案存放。每年学院都列支有档案专项经费，保证工作开展。2017年12月投入12万元新采购档案管理专用系统。

2.馆藏情况

2004年9月以前，原五校档案按照档案管理要求独立存放，所形成的档案材料按其原有的归类方案保存，并按其单位独立存放。2009年以后档案管理工作都统属于学院党政办公室管理。经过不断完善提升，学院档案室存放着自建校以来的党群、行政、教学、科研、财会、出版、基建、外事、设备仪器、声像、人物等十一大门类档案。归档文书类档案9276件（卷）、1035卷，人事档案1174盒。

3. 档案信息化、数字化情况

2017年12月已投入12万元购置档案管理软件，即将与学院OA办公系统实现对接，将全面提升学院档案管理信息化、现代化水平。

4. 档案服务与利用情况

学院档案是一个集众多门类为一体的综合性档案体系，2012年以来为学院各部门及师生提供查借档服务984卷次，在人才培养和应用方面发挥了基础性的作用，主要体现在：

（1）为领导决策提供信息服务。如学院在制定《汉中职业技术学院"十三五"发展规划》时，档案室为领导提供了师资队伍建设、设备建设等相关基础数据。

（2）为教育教学提供服务。根据学院专业调整、学生培养目标、市场需求等实际情况需要，学院档案室为教学部门提供了上级主管部门相关政策、法规、文件以及历年来学校教学方面的资料，从而为课程标准、课程实施方案的制定，提供了参考依据。同时，档案室还为学院迎接教育部人才培养评估工作，省级示范性高等职业院校、首批教育信息化建设试点单位申报工作，以及其他学院发展的重大活动和事项提供了大量翔实的原始文字资料，确保了各项检查评估的顺利通过和需要事业的快速发展。

（3）为全院师生提供咨询查阅，做好服务。档案管理人员对前来查阅、借阅档案的老师和学生，热情接待，不怕麻烦，想方设法为其排忧解难。多年来，档案室积极为各部门工作人员、各系（部）师生提供档案查阅服务，如为教职工晋升职称、干部提拔任用、办理养老保险、财务审计、编纂《汉中教育志》，以及为学院房屋内部改造、装修等提供原始资料、图纸等，为历届毕业生提供咨询查档、学籍证明等服务。优质的服务满足了相关人员的需要，得到了广大教职工的广泛好评。

三、获奖情况

张琼撰写的《对新组建高职院校实施〈高等学校档案管理办法〉的一些思考》在全国"职业技术教育优秀教育论文"科研成果评比中被评为一等奖。

四、档案工作"十三五"规划建设目标

根据学院《"十三五"发展规划》的基本精神和总体要求，为了推进学院档案事业在新的起点上健康、有序、可持续发展，使档案工作在为学院稳定发展的服务中发挥更大的作用，以档案资源、档案利用、档案安全三个体系建设为核心，以档案规章制度建设为基础，以服务师生、服务学校、服务社会为宗旨，大力推进学院档案建设管理法治化、服务利用社会化、档案资源结构多元化和档案工作信息化进程，力争经

过"十三五"期间建设，把学院档案室建设成馆舍先进、功能完善、室藏丰富、管理规范、利用方便的档案信息服务中心。

（撰稿人：张琮）

安康职业技术学院

一、学校基本情况

安康职业技术学院是经陕西省政府批准、教育部备案，由安康市人民政府举办的一所全日制公办高等职业院校，位于安康市国家级高新区。学院于2004年由安康师范学校、安康卫生学校、安康第二师范学校合并组建，组建初期实行分校区办学。2010年，学院在高新区征地420亩，投资7.5亿元，基本建成新校区，于2016年8月底整体迁入新校区办学。2016年9月，学院一次性实质性整合安康技师学院、安康市技工学校、陕西省广播电视大学安康分校等市直7所职业教育院校，实行集中统一办学，真正成为一所融中等职业教育与高等职业教育于一体、职业教育与技能培训并举、全日制学历教育与成人继续教育兼顾的具有综合办学功能的高等职业院校。

学院占地面积550亩，校舍建筑面积21.5万平方米。现有教职工604人。学院全日制五年制、三年制高职教育共开设医药卫生类、教育与体育类、文化艺术类、电子信息类、土木建筑类、财经商贸类、装备制造类、旅游类、能源动力与材料类九大类31个专业。护理专业为省级"一流专业"建设专业，护理、临床医学、学前教育3个专业为全省高等职业教育改革创新行动计划骨干专业，临床医学、护理、医学检验技术3个专业为"专业综合改革项目"，形成了以医药卫生类专业为主导，以教育、工程、经贸、管理、文化艺术等多类专业协调发展的格局。全日制高职在校学生11663人，成人高等教育（开放教育）在册学生8000余人。面向社会开展各类技能培训，年培训近万人次。

二、档案室概况

1. 基本情况

学院于2017年9月调整完善了内部机构，成立了学院档案管理部门，隶属于党政办公室，和党建科合署办公。综合档案室现设专职档案管理员3人，负责学院档案的统一管理；各部门、二级分院设兼职档案员21人，负责部门档案的临时管理工作。综合档案室位于学院图书馆一楼，办公用房35平方米。2017年5月，投资68.2万元，建成380余平方米标准较高的档案库房，配有电子保密柜8个、电脑2台、复印机1台、扫描仪1台、自动除湿器4台、干粉灭火器6个。

学院校史馆建设于2017年初正式启动，建筑面积400平方米，预算投资150万元。目前重点完成了墙面布展的文本设计、实物资料的收集归类和展厅初步设计等工作。下一步将抓紧修改文案和设计方案，并启动施工的招投标工作，力争2018年暑假前竣工。

2. 馆藏情况

现库存归档档案2881卷6990件。学院将档案工作经费纳入预算，每年预算档案工作人员年人均办公经费800元，档案管理经费年均达到10000元。

3. 档案数字化、信息化情况

学院投资3000万元的数字化校园项目已完成中心机房基础设施建设，现已启动应用软件建设。学院将档案数字化纳入数字化校园建设规划，目前正统筹推进档案数字化建设。

4. 档案服务与利用情况

近年来，学院一方面对未利用档案进行妥善保管和防护，另一方面对可利用档案按照审批、登记、发出的程序向师生及社会提供咨询服务，受到社会各界的一致好评。据统计，近五年先后接待学院各部门、师生、社会人员查档1100人次，查档2000多卷（件）。为学院迎接各类检查评估、工程审计，教职工及毕业校友职称晋升、人事档案，毕业生就业应聘、学历证明等提供了大量的原始凭证或文字资料。在档案信息利用方面，积极开展档案信息资源开发工作，认真进行文件汇编、组织沿革和大事记的编写，并协助编写了从学院成立至2012年的校志，2017年又为正在筹建的学院校史馆提供大量档案资料。

三、各类获奖情况

1. 2013年6月，谭仕慧被陕西省教育厅授予"全省高等学校档案工作先进工作者"称号。

2. 2016年9月，张敏被学院评为"优秀党员"。

3. 2017年3月，谭仕慧被安康市委、市政府授予"安康市档案工作先进工作者"称号。

4. 2017年7月，谭仕慧参加安康市纪念《档案法》颁布30周年演讲比赛获得二等奖。

5. 2017年9月，谢贤芳被学院评为"先进工作者"。

6. 2012—2016年度档案工作在接受安康市档案局的档案工作年检中都被评为"优秀"等次。

四、档案工作"十三五"规划建设目标

"十三五"期间，学院将认真贯彻落实《高等学校档案管理办法》，进一步强化

师生档案意识，加强档案管理人员配备和培训，优化各类档案安全存放和规范管理，将档案管理服务信息化作为数字化校园建设的重点工程优先实施，努力使学院档案工作在基础条件、管理水平、服务效率等方面达到省级一流，为学院存凭留史、资政育人提供有力支撑。

（撰稿人：吕照端）

民办高职院校

西安高新科技职业学院

一、学校基本情况

西安高新科技职业学院是1999年由博士群体创办，2002年经陕西省人民政府批准，并经教育部备案设立的民办性质的普通高校，实施高职（专科）层次的高等职业技术教育。

学院拥有两个校区，分别为泾河校区和长安校区。校园环境优美，学习氛围浓郁，实验设备齐全。新建的泾河校区占地近500亩，正在建设图文信息大楼、体育馆、教学楼、现代化的实验实训室集群、信息化公寓等，结合现代科技发展，将成为产、学、研一体的现代化新校区。

2002年开始，学院全国统一招生。从最初设置的5个专业发展到建筑类、机电及电子类、管理类、网络软件类、财经类等30个专业。学院设有五系一部，即土木工程系、工程管理系、信息管理系、机械电子工程系、财经系和基础部。

二、档案馆概况

1. 基本情况

2007年，档案馆正式成立，处级建制，由1名院级领导直接分管。档案馆既是学院档案工作的职能管理部门，又是永久保存和提供学院档案利用的专门机构。有专职档案员4人，均为本科以上学历，且具有中、高级专业技术职称。学院各主要部门设立兼职档案人员6人。

档案馆总建筑面积298平方米，阅览室、办公室90余平方米，库房面积约200平方米；在西咸新区的泾河校区，将建设包含档案馆在内的10000平方米的图文信息中心。

档案馆现有密集柜12列，并配有复印机、切纸机、计算机、档案标签打印机和柜式空调等设备。

2. 馆藏情况

档案馆现有馆藏纸质档案2600余卷，录像带212盘、光盘67张、照片2000余张，学生个人档案8000余卷。

3. 档案信息化、数字化情况

2010年使用"科怡"档案管理软件，已输入案卷级条目1500余条，卷内信息18000余条。

4. 档案服务与利用情况

档案馆每年为出国、考研、考公务员的在校生、毕业生提供档案查询并出具高考录取证明、学业成绩证明等资料，并为学院各部门和教职员工提供各类档案利用查询。

（撰稿人：靳林弋）

陕西电子信息职业技术学院

一、学校基本情况

陕西电子信息职业技术学院创建于1992年，前身是中国电子信息技术应用学院。1993年经陕西省教育委员会批准，更名为陕西电子信息技术培训学院。1998年经陕西省教委批准更名为陕西电子信息专修学院。2003年4月经陕西省人民政府批准，教育部备案，更名为陕西电子信息职业技术学院，正式实施普通高等职业教育，招生纳入国家统招计划，隶属于陕西省教育厅。

学院位于西安市蓝田县，占地面积13.81万平方米，图书馆藏书24.4万册，有校内实验实训室48个、校外实习实训基地10个。

学院实行院系二级管理，设有5个系、3个教学部，18个高职专业和5个五年制高职专业。目前，有全日制在校生769人，教职工98人，其中专任教师58人，专任教师中具有高级职称的12名，具有中级职称的22名。

二、档案室概况

1. 基本情况

学校综合档案室成立于2009年4月，隶属于学院党政办公室。现有专职档案人员2人，均为大学本科学历，其中1人为中级专业技术职称。兼职档案人员13人。档案用房120平方米，每年投入经费2万余元。

2. 馆藏情况

现有文书档案2101卷，其中全院文书档案 443 卷、财会档案 604 卷、学生档案1054卷。

3. 档案信息化、数字化情况

配备计算机、打印复印一体机、彩色打印复印扫描一体机等现代化办公设备。

4. 档案服务与利用情况

为教职工职称晋升，学校质量工程建设、专业建设，学生应征入伍、报考公务员、就业、学籍查询等提供档案利用服务。

5. 编研情况

编撰了《陕西电子信息职业技术学院管理规章制度汇编》《陕西电子信息职业技术学院档案工作规章制度汇编》《大事记》等系列资料。

三、档案工作"十三五"规划建设目标

1. 完善档案制度建设，提高依法治档水平。
2. 改善档案收藏结构，做好基础业务建设。
3. 不断加强档案基础设施建设，加快推进档案信息化建设。
4. 加强档案队伍建设和档案信息安全工作。

（撰稿人：马放奇）

西安汽车科技职业学院

一、学校基本情况

西安汽车科技职业学院创建于1987年，2004年4月经陕西省政府批准，教育部备

案，成为一所全日制普通高校。

学院由白鹿原校区和临潼校区组成。白鹿原校区占地287.26亩，校舍建筑面积21.07万平方米。临潼校区占地554.9亩，校舍建筑面积37.07万平方米。馆藏纸质图书60.55万册，实验实训室90个，建有校外实习实训基地53个、校内职业技能鉴定站1个。学院设有8个教学系（部）和汽车技术研究所、实训中心、驾训中心、职业技能鉴定站等机构。现有三年制高职专业28个，其中省级重点专业5个，并有省级教改研究项目5项、省级专业综合改革试点项目3项、省级精品课程1门、省级示范性实训基地2个。公开出版教材20余部。至2017年底学院共有教职工502名：教师386名，其中国家级教学名师1人、省级教学名师1人；职工116名。现在校三年制高职学生6162人。

学院现已成为世界主流品牌车企和众多道路桥梁、轨道交通企业首选的定点技术技能人才培养基地。近三年毕业生就业率均在96%以上。

二、档案室概况

1. 基本情况

档案室成立于2006年，隶属党政办公室。现有专职档案员1人，大专学历，初级职称。兼职档案员23人。馆舍面积223平方米，设有学生档案室、财务档案室、综合档案室，库房188平方米，办公室和阅览室35平方米。临潼校区预留有档案室面积300余平方米，校史馆面积1000平方米（筹建中）。学校档案工作实行经费预算制，2012年至今每年划拨6000元用于档案设备、档案用品的采购及档案管理系统服务器的更新维护。截至目前学校共投入档案工作经费4.6万余元，逐步改善了档案保管条件。

2. 馆藏情况

档案室现有党群、行政、教学、学生、科研、基本建设、仪器设备、出版、外事、财会、声像、实物等十二大类档案，共计3417卷，41106件。学生档案7000余件，照片档案20盒，实物档案267件。

3. 档案信息化、数字化情况

2008年使用"南大之星"档案管理软件。2001至2016年归档资料均已录入系统，对永久保管的文件基本完成数字化加工，做到纸质、电子档案并行归档。截至目前，系统中上传案卷级目录3457条、文件级目录41985件，数字化文件数43565条，扫描图像4057张。

4. 档案服务与利用情况

综合档案室现已成为学院各类档案资料的信息中心，编制了案卷目录、卷内文件目录、归档文件目录等检索工具，并开展了档案信息咨询服务。2004年至今，共查阅档案300余人次。档案资料在学院校庆、学籍注册、教育部教学评估、省督导组巡视诊断评估、学院升格本科院校等重大活动及教学工作中发挥了重要作用。

5. 编研情况

学院办公室利用档案资料编写学院大事记、校史、规章制度汇编等，为《陕西年鉴》《陕西教育事业统计年鉴》提供稿件，使档案资料能更好地服务于学院教学、科研、管理等各项工作。

三、档案工作"十三五"规划建设目标

"十三五"档案工作指导思想是主动适应学院发展，围绕学院中心，服务大局，提升档案治理能力，推进档案工作提质增效，为学院发展奠定良好基础。

1. 档案工作科学化，管理规范

一是落实建制和编制。二是完善档案工作管理体制，加强依法治档工作的落实。将档案工作纳入各级领导和工作人员的岗位职责，纳入各项工作流程，纳入年度目标考核，使档案工作与学院各项业务工作同部署、同检查、同奖惩，建立健全学校档案工作网络和规范管理体系，增加执行能力，做到依法治档。三是加强档案信息化建设。按照电子文件管理办法，规划、实施电子文件归档和电子档案在线移交、接收、共享利用，争取早日实现文档一体化。

2. 加强"三个体系"建设，持续做好服务工作

首先，资源体系建设。一是加强档案资源前端控制，在完善档案制度规范体系的基础上，督促各部门做到各种档案应归尽归、安全管理、科学整理、依法移交，不断提高规范化管理水平。二是加强重要档案的收集。

其次，档案服务体系建设。完成各类检索工具的建立，确保文档服务工作规范化、制度化。加强档案资源开发利用，主动推出档案文化服务，扩大档案宣传效应。

最后，档案安全体系建设。一是完善档案安全管理机制，构建人防、物防、技防、联防"四位一体"的档案安全防范体系，增强防范能力。二是确保档案实体和信息安全，切实落实库房安全措施，加强档案安全设施配备。

（撰稿人：朱小燕）

西安海棠职业学院

一、学校基本情况

西安海棠职业学院是经陕西省人民政府批准，教育部备案，纳入国家统一招生

计划，并具有独立颁发国家承认学历证书资格的普通高等院校。经陕西省教委批准，1996年成立陕西海棠中医美容培训学院，1999年更名为陕西海棠美学专修学院，开始学历文凭教育，2004年陕西省人民政府批准建立西安海棠职业学院。学院位于西安东郊白鹿原，占地面积500余亩，总建筑面积16万平方米。

学院专业学科建设独具特色，构建了以医学保健类专业为龙头，管理、工学、财会等类专业并举的专业体系，主要专业有医疗美容技术、护理、中药、康复治疗技术、口腔医学技术、会展策划与管理等。下设医学美容学院、医学技术学院、经济管理学院、继续教育学院、创业学院5个二级学院，在校学生11000余人。医学美容技术专业被陕西省教育厅确立为"省级重点专业"；护理专业被陕西省政府确立为"省级重点专业"。学院被陕西省教委批准为"西安市唯一一家国际护理教学基地"。

二、档案馆概况

1. 基本情况

档案馆前身是机要室，隶属学院办公室。2009年6月从学院办公室分离出来。2010年6月成立档案馆，2012年成立档案处，2013年9月，档案处与图书馆合并，新成立图档处，实行了"统一领导，分室管理"的模式。目前有3名专职档案人员，兼职档案员24人。档案馆馆舍面积约249平方米，年投入经费约2万元。

2. 馆藏情况

共收藏十一个门类的档案。其中，文书档案4338件，教学类档案2881件，基建类档案107卷，财会类档案351卷，电子类档案205张，学生类19537件，照片类档案12册，实物类档案55件，特色类档案42件，录取新生大表217件，资料类档案52册。

3. 档案信息化、数字化情况

购置了"南大之星"档案管理软件，配置了电脑、灭火器、档案柜、打印复印机、扫描仪、电子密码柜、电子防磁柜等专用设备，配备了档案专用密集架26组。

4. 档案服务与利用情况

近年来，学院利用档案开展了多种形式的档案咨询服务和信息开发利用工作，取得了较好效果。档案馆已成为学院档案的保管基地和利用中心。为更好地服务于教学、科研、党政管理及社会各方面需求，档案馆通过多种途径、形式、渠道和方法传递档案信息，实现档案信息价值，使档案的潜在作用得到发挥。

三、获奖情况

2013年，学校被陕西省教育厅授予"全省高等学校档案工作先进单位"称号，史君被陕西省教育厅评为"全省高等学校档案工作先进工作者"。

四、档案工作"十三五"规划建设目标

《西安海棠职业学院"十三五"事业发展规划纲要》明确提出：推进档案信息化建设进程，实现档案信息化服务水平提升，进一步做好目录数据库建设，逐步开展全文数据库工作。

（撰稿人：何林海）

西安医学高等专科学校

一、学校基本概况

西安医学高等专科学校是经教育部批准设立，陕西省教育厅主管的一所全日制普通高等专科学校。学校创建于1999年，原名陕西卫生培训学院。2008年2月，经教育部批准设立西安医学高等专科学校（筹）。2009年3月，经教育部批准，西安医学高等专科学校正式成立。

学校坐落在西安市秦渡镇，占地783亩，建筑面积42.4万平方米。现有在校生15000余人，设有护理系、口腔医学系、临床医学系、药学系、医学技术系、成教院、基础部、思政部、体育部等五系一院三部，基本形成覆盖医、护、药、技等多个专业领域，结构合理、特色鲜明的专业布局。

二、档案室概况

1. 基本情况

综合档案室成立于2009年3月，独立建制。目前，有专职档案员3人，其中2人研究生学历，中级职称；1人本科学历，初级职称。兼职档案员30人。库房237平方米，办公室25平方米，校史馆约120平方米。年总经费约5万元。

2. 馆藏情况

收藏党群、行政、教学、科研、出版、设备仪器、声像、财会、学生、实物、外事等十一类档案，共计1840余卷（件），照片300余张。

3. 档案信息化、数字化情况

2015年开始使用"南大之星"档案管理软件，录入案卷级条目18000余条，数字化经费合计投入10万余元，档案系统即将与校内OA系统对接，提高归档率。

4. 档案服务利用与编研情况

档案年利用率在400人次以上，每年由档案室和宣传处合编的学校大事记受到大家的一致好评。

三、各类获奖情况

1. 2013年，梁爱萍被陕西省教育厅评为"全省档案先进工作者"。

2. 2017年，梁爱萍在陕西省教育厅组织的全省教育系统纪念《档案法》颁布30周年演讲比赛中获三等奖。

四、档案工作"十三五"规划建设目标

1. 加强档案队伍建设，增加外出培训学习和交流机会。

2. 加强档案保障建设，档案库房安装密集架扩大库房存储容量。

3. 建立内容丰富、方便共享的优质档案信息资源，优化馆藏。

4. 加强对各部门电子文件积累、著录、归档等工作的监督、指导，以保证各部门产生的有保存价值的电子文件齐全、完整、有效。

5. 加强档案服务体系建设，更好、更便捷地为师生、校友服务。

6. 加强学校档案安全体系建设，积极参与数字档案容灾备份体系，争取多样化备份。

（撰稿人：梁爱萍）

独立学院

西安交通大学城市学院

一、学校基本情况

西安交通大学城市学院是由西安交通大学和西安博通资讯股份有限公司共同举办，2004年5月经教育部批准设立的全日制本科层次独立学院。坐落于西安经济开发区草滩生态产业园，占地面积523亩，规划建筑面积30万平方米。

学院依托西安交通大学百年名校雄厚的师资力量、规范而严格的教学管理优势，根据现代科学技术发展趋势和地方经济社会发展需求设置专业。现设有电气与信息工程系、计算机科学与信息管理系、机械工程系、经济系、管理系、外语系、艺术系、护理系、传播系、土木建筑工程系等10个系以及数学教学部、体育部、物理教学部、思政教学部4个教学部，共有42个本科专业。学院建设有物理、电路、电子、机械、计算机、经管、人文社科、护理及艺术等基础和专业实验室107个，建设有经管类、电气信息类、计算机类、人文艺术类等校外实习实训基地113个。学院面向全国招生，在校全日制本科学生8353人。

西安交通大学城市学院是在我国高等教育改革与发展过程中应运而生的新型大学。学院中长期建设与发展目标为：经过十到二十年的努力，将学院建设成为一所与地方经济发展紧密结合，独立学院运行机制优势充分发挥，应用型人才培养特色鲜明，现代大学管理制度健全完善，国际交流与合作办学优势突出，育人环境优良，校园设施先进的品牌大学。

二、档案室概况

1. 基本情况

档案室成立于2010年，隶属于学院图书馆。其中，综合档案室总面积为133.8平方米，其中库房70平方米，办公用房33.8平方米，阅览室30平方米；学生档案室约40平方米，库房约30平方米。

学院档案工作由1名副院长领导，图书馆馆长兼档案室主任具体分管。档案室专职档案员3人，硕士研究生学历1人，本科学历1人，大专学历1人。学院二级单位共有25名分管领导和32名兼职档案员，构建了涵盖全校的档案管理网络，为履行监督指导职能奠定了坚实基础。档案室每年经费约4.5万元。

2. 馆藏情况

档案室共收藏2080卷案卷、16561件文件（不含会计凭证）。学生档案8673份，照片档案63卷7880张。

3. 档案信息化、数字化情况

使用"南大之星"档案管理软件，录入案卷级条目数为3079卷、文件级条目数为16561件。

4. 档案服务与利用情况

坚持为学院的教育教学、科研管理服务，为学院建设服务的宗旨，自2013年至2017年五年间共计服务查阅980人次，提供查阅案卷1435卷；服务借阅31人次，提供借阅案卷86卷。

5. 编研工作

完成《西安交通大学城市学院档案手册》编印工作。

6. 特色服务

按照以人为本，服务为先的理念，严格执行查档无假日制度，通过电话预约、假日预约、网上查询等多种方式，为利用者提供热情、周到、方便快捷的档案查询、接待服务。

三、档案工作"十三五"规划建设目标

依据《关于进一步加强和改进新形势下档案工作的实施意见》的要求，学院制定了档案室工作发展规划，要求加强档案信息化建设，将数字档案室建设列入学校信息化建设规划，将建设经费列入预算，并与学校OA系统对接，逐步实现文档一体化。加强电子文件归档和接收工作，逐渐实现电子文件归档与电子档案规范化、常态化。加快制定档案信息化建设规定及标准，将档案信息资源建设与信息资源开发利用和数字校园建设结合起来。

（撰稿人：王译旋）

西北大学现代学院

一、学校基本情况

西北大学现代学院是经教育部批准设立的独立学院。学校占地1305.42亩，校舍总建筑面积231232平方米。学校拥有计算机1837台、语音室座位548个，以及多媒体教室座位11140个。图书资料114.2万册。共设文、理、经、管、艺术等学科28个专业，学院以经济管理类专业为龙头、以工程技术类专业为重点，突出艺术传媒类专业发展特色，并注重文化传播类专业协同发展，构成了财经管理、工程技术、艺术传媒和文化传播四大专业集群，基本形成各专业互补、交叉渗透、协调发展的格局。在校生近8000名，教职工821人，其中专任教师425人。

二、档案室概况

1. 基本情况

2004年建校后档案工作由院务工作办公室负责管理，2012年正式设立综合档案室，配备主任1人，专职档案员3人，兼职档案员41人。综合档案室位于学院图书馆一楼东侧，建筑面积345.6平方米，设有综合档案库、实物档案库、声像档案库、财会档案库。室内各种现代化设备基本达到国家综合档案室建设标准，每年总经费约10万元。

2. 馆藏情况

经过五年建设与发展，共收藏建校以来党群、行政、教学、科研、出版、设备、外事、财会、基建、声像、实物、学生等十二大门类档案，共存案卷4398卷，文件9869件；声像档案照片光盘386张，容量758GB，约23万张；视频130468个，DV带1415盒，约21.2TB，视频成品6432个，约2.64TB；实物档案402件；学生学籍档案归档19174卷，学生个人管理档案17354卷。

3. 档案信息化、数字化情况

使用"南大之星"档案管理系统，进行档案的编目、检索、利用、统计、电子档案管理、检索工具编制等。全校所有案卷、归档文件全部采用软件进行管理。

近年来，学校加大档案数字化建设力度，制定了档案数字化发展规划，分学年按计划逐步实现全校档案数字化，将2004年以来的学生学籍档案、文书档案进行扫描数字化。目前已完成了学生学籍档案及部分永久类文书档案的数字化，共计8万余页。计划2018年完成全部档案数字化。

4. 档案服务与利用情况

开展了多种形式的档案咨询服务和利用工作。编制了多种检索工具，建立了提供利用登记制度，从申请、审批、登记均有记录。按照档案借阅规定，向有关部门提供档案材料，档案人员调卷迅速、准确。查全率、查准率98%以上。2012年以来综合档案室接待档案咨询近万人次，查找利用档案2000余人次。

5. 编研情况

编制《现代十年——西北大学现代学院建校十周年发展掠影》《西北大学现代学院2003—2010年教育志史料》《西北大学现代学院大事记（2003—2016）》等。每年为陕西省教志办报送《陕西教育年鉴》西北大学现代学院篇。

6. 特色服务

结合学校发展，学校档案工作在不断探索、总结完善中形成了一系列档案管理特色手段，收到了一定成效。一是建立档案工作目标责任管理机制；二是实行了"以件管理""件卷结合"档案管理模式；三是以评促建，推动档案工作再上新台阶；四是建立学生个人管理档案，推进学生档案建设。

三、各类获奖情况

1. 2012—2017年，学校连续被陕西省教育厅评为教育志鉴编纂工作先进单位。

2. 2013年，学校被陕西省教育厅授予"全省高等学校档案工作先进单位"称号。

3. 2016年，马迎弥被陕西省教育厅评为"教育志鉴编纂工作先进个人"。

4. 2017年，杨昌俊被陕西省教育厅评为"2017卷《陕西教育年鉴》优秀撰稿人"。

5. 2017年，康健在陕西省教育厅组织的"远洋杯"全省教育系统纪念《档案法》颁布30周年演讲比赛中获优秀奖。

四、档案工作"十三五"规划建设目标

以构建档案信息化建设为目标，加快档案信息资源建设，完善档案设施，加强电子档案文件收集管理，推进档案信息的开发利用。

（撰稿人：杨昌俊）

西安建筑科技大学华清学院

一、学校基本情况

西安建筑科技大学华清学院是经教育部批准，由西安建筑科技大学联合社会力量以新机制、新模式于2004年创办的全日制本科院校。

学院坐落在西安高新技术东开发区幸福林带南段，交通便利，占地面积600余亩，建有高标准的教学楼、公寓楼、图书馆、餐饮服务中心、室内外运动场、大学生活动中心、信息网络中心、计算中心、现代教育技术中心等。实验、实训基础设施健全，仪器设备先进。

西安建筑科技大学华清学院是一所以建筑、土木、管理、艺术类学科为特色，以工学学科为主体，多学科协调发展的教学型本科院校。在校生8400余人，专职教师600余人。设有6个二级学院，9个职能部门，39个本科专业面向全国30个省市区招生。自2013年起，学院全部专业在陕西省升入二批次本科招生。

二、档案室概况

1. 基本情况

综合档案室成立于2008年10月30日，隶属于学院综合管理部，是学院综合性档案的保管、利用中心及档案业务指导监督机构。

现有专职档案员5人，其中主任1人，副主任1人，干事3人，具有本科以上学历人员占80%以上，全部受过档案专业培训。另有兼职档案员20余人。档案室总面积482平方米，其中办公室52平方米，库房225平方米，实物档案库180平方米，阅览室25平方米，基本实现了库房、办公、阅览三分开。

近几年基本业务经费每年10万元左右，基础建设费、设备费、信息化投入等费用逐年增长。

2. 馆藏情况

学院综合档案室保存了自建院以来的党群、行政、教学、科研、财会（不含凭证）、出版、基建、外事、设备仪器、声像、实物、人事、学生等十三大门类档案，综合类档案共计2970卷，卷内文件14818件，图书资料916册，声像档案114件，实物档案327件；学生档案近9000份。

3. 档案信息化、数字化情况

使用"科怡"档案管理软件，建立档案目录数据库，同时利用扫描仪对库存档案、学生档案信息进行数字化处理。目前电子化档案126卷，预计2019年底完成存量档案数字化任务。

4. 档案服务与利用情况

学院档案信息利用效果明显，库存档案资源能够满足学院各项工作的需要。为校志编撰、教学评估、基建维修等学院的重要工作提供依据和凭证。在日常工作中，档案室能为教职工学习掌握各种文件、核对信息、编写材料等提供参考。综合档案室档案利用服务主要是为已毕业学生公务员考试、考研、入伍参军、出国留学等开具入学证明和在校期间学习成绩单，为编制档案利用效果汇编提供依据。

5. 编研情况

进行了党政文件汇编、办学相关资料汇编、综合档案室列入学院发展规划文件汇编等工作。

三、获奖情况

2013年，学校被陕西省教育厅授予"全省高等学校档案工作先进单位"称号，吴晓梅被陕西省教育厅授予"全省高等学校档案工作先进工作者"称号。

四、档案工作"十三五"规划建设目标

学院"十三五"发展规划纲要提出加强公共服务体系建设，积极推进数字化校园建设，力争实现校园的无线网覆盖，加快网络辅助教学和学习、教师网络培训、教学信息化管理、办公自动化、档案信息化建设的进程。启动并完成院志编撰工作，不断推进校史馆建设等工作。

（撰稿人：崔杨）

陕西科技大学镐京学院

一、学校基本情况

陕西科技大学镐京学院是全国重点大学陕西科技大学按照新机制、新模式与陕西斯卡雷·博德制衣有限公司合作举办的本科层次独立学院。学院成立于2004年，是陕

西省首批设立的八所独立学院之一。

学院位于西安市西咸新区沣西新城统一大道，占地面积548亩。建有教学楼、科技楼、实验室、图书馆、学生宿舍、学生餐厅及标准田径场等设施；建成数字化校园，校园网络高速畅通；现有校内实习工厂2个、校外实训基地17个、各类综合性实验室57个，充分满足各专业学生实验课程教学需要和实践能力的培养。

学院根据国家经济趋向、产业结构调整和区域经济建设需要，依托陕西科技大学的专业特色，进行学科建设和专业设置。设有会计学院、经济贸易学院、电信工程学院、服装与艺术设计学院、医药工程学院、思政部、基础部、外语部、体育部等二级教学单位。现设会计学、财务管理、金融工程等27个本科专业。在校生7000余人。

学院在充分发挥陕西科技大学的优质师资资源的同时，积极组建年轻教师队伍，采取国外深造、国内名校培养及以来带新方式促进青年教师的快速成长，已经形成了一支满足教学需求、结构合理、爱岗敬业、教学水平高的师资队伍。目前有专任教师419人，其中著名专家教授135人，具有硕士研究生以上学历259人。

二、档案室概况

1. 基本情况

综合档案室于2007年设立，总面积120平方米，其中库房78平方米，办公用房22平方米，阅览20平方米。档案室设施齐全，库房内配有密集架、灭火器、温湿度计等，办公室配有计算机、打印机、扫描仪、复印机等，实现了办公、查阅、库房三分开。现有专职档案员4人，兼职档案员14人。具有本科以上学历的有17人，占档案员总数的94%。制定《陕西科技大学镐京学院档案管理办法》《陕西科技大学镐京学院文件材料归档范围》等规章制度，以及档案室领导、工作人员岗位职责，档案工作基本实现了科学化、规范化、制度化。

2. 馆藏情况

收藏了自建校以来党群、行政、教学、学生、科研、出版、外事、设备、声像等门类的档案，共计820卷。学生个人档案7362份，其中历届毕业生遗留档案170份。学院组织学生假期社会实践档案333卷，照片44800余张，视频资料达200GB，实物类档案87件。

3. 档案信息化、数字化情况

使用"南大之星"档案管理软件，案卷级、文件级条目全部数字化录入，实现了学院档案的数字化管理。学校投入专项资金为档案室配备计算机、打印复印机、扫描仪、刻录机等设备。

4. 档案服务与利用情况

综合档案室已成为学院档案的保管基地和查找利用的中心，为每年的招生宣传、

2008年全省高校教学工作评估、2009年高校毕业生就业工作评估、2011年陕西省教育厅阳光体育专项评估、2012年学院学士学位授予权单位评估、2015年陕西高校巡视诊断、2016年陕西省教育厅体育专项评估等各项重大活动，均提供了大量档案材料及数据，并承担、参与编印了多种文件、材料汇编，使学院顺利完成各项评估准备工作，并取得较好效果。

近年来学院档案室积极开展档案信息咨询服务活动，开展多种形式的档案宣传教育活动，建立了提供利用登记制度，按照档案借阅规定，向有关部门提供了档案材料。档案人员调卷迅速、准确，查全率、查准率达95%以上。档案工作已经在学院教学、科研、管理、服务中发挥了积极作用，档案室2012年被学院评为先进集体。

5. 特色服务

综合档案室先后举办两次毕业生照片回顾展，既给离开的毕业生留下了美好的大学回忆，也起到了以史育人的作用。

三、档案工作"十三五"规划建设目标

"十三五"期间，学院拟采取以下措施加大建设：加大档案信息化建设，建立档案信息门户网站，完善学院档案信息平台，基本满足师生员工对档案网上信息的需求；加强档案收集指导工作，注重实物、声像等多媒体特色档案的收集整理；加强队伍建设，加强对专兼职档案员的培训，进一步强化档案意识；加大档案编研工作力度，加强档案业务研究活动；努力实现档案工作的科学化、现代化，使档案工作在为教学、科研、管理等各项工作的服务中发挥更大作用。

（撰稿人：刘威）

延安大学西安创新学院

一、学校基本情况

延安大学西安创新学院是2004年5月经教育部批准，由延安大学举办的一所全日制普通本科独立学院，位于西安市长安区皂河路2号，占地面积232.1亩，教学行政用房面积44249平方米。图书馆藏书37.5万册。学院建有微格教学、网络工程、解剖学、电子综合开放实验室等72个实验分室，建立了77个实习实训基地，实行董事会领导下的院长负责制管理。

学院现设护理学院、计算机学院、土木学院、商学院4个二级学院，中文系、外语系、艺术系3个教学系，思想政治教学部、体育教学部2个公共教学部，1个实验教学中心。设有汉语言文学、汉语国际教育、英语等30个本科专业，涵盖文、理、工、管、农、医、艺术等7个学科门类。在校学生6898人，教职工685人，其中专任教师403人，有教授40人、副教授112人、博士9人、硕士223人。有全国优秀教师2人、省级教学名师获得者2人。2017年面向全国16个省市区招生。

学院始终把提高教育质量作为办学治校的核心任务，不断创新培养模式，优化培养方案。各项工作规范、有序，人才培养特色鲜明，取得了显著的办学成绩。2007—2017年，为社会共培养17015名毕业生，其中考取研究生和各级公务员1722人。学院荣获各级各类竞赛奖项200余项。教师科研水平不断提高，近三年来发表出版论文、论著736余篇（部），其中核心期刊发表论文119篇；获得"实用新型"和"外观设计"13项国家专利。

二、档案馆概况

1. 基本情况

2006年3月，在院长办公室下设立综合档案室。2014年12月，成立学院档案馆，副处级建制，挂靠院长办公室。配专职档案员3名，兼职档案员28名，并在全院建立了较为完整的档案工作网络体系，各归档单位均有1名领导分管档案工作。

学院实行档案集中管理。档案馆现有综合档案室110平方米、学生档案室40平方米、办公室40平方米。2017年学院下拨给档案馆5万元专项经费，基本上满足目前档案工作需要。

2. 馆藏情况

馆藏档案包括党群、行政、教学、科学研究、产品生产与科技开发、基本建设、仪器设备、出版、外事、财会、人物综合、声像等十二大类，截至2017年底共立卷3762卷。

3. 档案信息化、数字化情况

2013年使用"南大之星"档案管理软件，录入信息条目4348条。学院正准备启用智慧校园管理系统，届时实现与院内OA的对接工作。

4. 档案服务与利用情况

一是给广大师生提供档案信息查阅服务。二是在档案信息利用上，建立了借阅利用档案制度。三是编制了三种适用的档案查找检索工具，分别是档案案卷目录登记簿、各单位移交文件目录登记簿、收（发）文登记簿。四是出具各类档案证明材料。

5. 编研情况

编写了延安大学西安创新学院校史。

三、档案工作"十三五"规划建设目标

树立全员档案意识，科学规范管理档案工作，大力提高案卷质量，建立健全档案数字化库房，积极有效地为学院教育教学工作和顶层设计服务。

（撰稿人：同燕媚）

西安财经学院行知学院

一、学校基本情况

西安财经学院行知学院是2004年经教育部批准，由西安财经学院举办的一所特色鲜明的经管类独立学院。2006年9月，学校正式搬迁至西安白鹿原大学城，位于西安市灞桥区狄寨路57号。占地面积421377平方米，校舍建筑面积157998平方米，馆藏纸质图书59.45万册。现有在校生7187人，教职工633人，其中专任教师369人，具有副高级以上职称的149人，并从"985""211"院校引进了18名教授作为专业负责人。

建校十余年来，学校已发展成以经济和管理类专业为主干，经、管、文、理、艺相互支撑、协调发展的应用型大学。学校设有管理科学分院、会计分院、经济与统计分院、人文艺术分院、通识教学部、思想政治理论课教学部、体育教学部等7个教学单位，开设会计学、金融学、统计学、物流管理、广播电视学等23个本科专业。目前拥有金融学省级专业综合改革试点项目、金融学省级教学团队、财税应用型人才培养模式创新实验区。

二、档案室概况

1.基本情况

自2004年建校开始就成立了档案室，隶属综合办公室。2008年7月学校机构调整，成立文秘档案科，隶属于党政办公室。2015年成立学院办公室，下设文秘档案室。现有专职档案员3人，均为本科学历，其中中级职称1人。兼职档案员19人。目前有学生档案室、财务档案室、综合档案室，总面积为94平方米，办公室和阅览室均为22平方米，共138平方米。校史馆面积200平方米。学校档案工作实行专项经费，2012年至今，每年划拨1万元用于档案设备、档案用品的采购及档案管理系统服务器的更新维护，基本满足了学校档案工作的需要。

2. 馆藏情况

学校档案室现有党群、行政、教学、学生、科研、基本建设、仪器设备、出版、外事、财会、声像、实物共十二类档案，共计2365卷，学生档案7187件，照片档案44盒，实物档案49件。

3. 档案信息化、数字化情况

2012年使用"南大之星"档案管理软件，上传案卷级目录1388条、文件级目录39808条，电子化9523条，照片扫描580张，上传附件总数13345个，上传附件总量10.92GB。

4. 档案服务与利用情况

学校档案室编制了案卷目录、卷内文件目录、归档文件目录等检索工具，积极进行档案信息咨询服务。严格执行《西安财经学院行知学院档案查借阅制度》，主动、及时地提供档案信息。2004年至今，共查阅档案资料388次。此外，档案资料在学校十年校庆、学士学位授予权、巡视诊断评估等重大活动和重要工作中发挥了很大的作用，档案室现已成为学校档案资料的信息中心。

5. 编研情况

学院办公室利用档案资料编写学校大事记、校史、规章制度汇编等，为《陕西年鉴》《陕西教育事业统计年鉴》提供稿件。

三、档案工作"十三五"规划建设目标

以档案资源、档案利用、档案安全三个体系建设为核心，以档案规章制度建设为基础，以服务师生、服务学校、服务社会为宗旨，大力推进学校档案管理法制化、服务利用社会化、档案资源结构多元化和档案工作信息化进程，力争经过"十三五"期间建设，把学校档案室建设成功能完善、馆藏丰富、管理规范、利用方便的档案信息服务中心。

（撰稿人：马世仙）

西北工业大学明德学院

一、学校基本情况

西北工业大学明德学院是2005年教育部批准设立的全日制本科层次独立学院，前身

是于1999年成立的西北工业大学金叶信息技术学院。2005年，陕西金叶科教集团股份有限公司与西北工业大学在金叶信息技术学院成功办学的基础上，共同申办本科层次的独立学院——西北工业大学明德学院，并获得教育部批准，于当年9月起正式招收本科生，成为实施本科学历教育的普通高等学校。2014年在陕西招生批次调整为本科二批。

学院地处西安市长安区秦岭北麓、沣河之畔，毗邻西安高新技术产业开发区和西北工业大学长安校区，占地610亩，在校生8561人。

学院依托西北工业大学雄厚的综合办学实力，已初步形成规模适中、特色鲜明的本科办学格局。专业建设以工为主，文、经、管、艺等协调发展，设有软件工程、通信工程、物联网工程、机械设计制造及其自动化、飞行器制造工程、英语、金融学、能源经济、会计学、工业设计、播音与主持艺术等31个本科专业。

二、档案室概况

1. 基本情况

学院档案室于2003年成立，隶属学院办公室。档案室有专职档案员3人（3人均为本科学历，其中1人为高级职称，2人为中级职称）、兼职档案员27人。档案室总面积约为195平方米，每年总经费3万元。

2. 馆藏情况

馆藏综合档案2625卷5296件、人事档案数423卷、学生档案数为8794卷、照片档案数43卷1823张、实物档案数83件。

3. 档案信息化、数字化情况

2015年使用"南大之星"档案管理软件，逐步开始对案卷目录及综合文件进行扫描录入与管理。目前文件级条目数量达到5296条，全文扫描12941页。近三年来，学院为档案室投入数字化经费3.5万元。

4. 档案服务与利用情况

学院档案室已成为学院档案的保管基地和查找利用的中心。档案室为学院提供大量内容翔实的材料，为举办历届教代会、职代会，巡视诊断工作及某些重大活动提供大量档案支撑材料，确保重大会议和活动的顺利召开；在协调办理土地过户工作中，提供了大量档案，使得学院在办理土地过户手续中能够顺利开展工作。

三、档案工作"十三五"规划建设目标

1. 进一步强化档案意识。
2. 加强对档案工作的领导和目标管理。
3. 加强档案信息咨询服务的工作力度。

4. 加大档案信息开发利用的力度。

5. 积极开展多种形式的档案宣传活动。

6. 为了更好地保存和利用档案资料，学院拟在两年内搬迁档案室至0#教学楼，在一楼设立档案室，更换档案柜和档案设备。同时，建立校史馆。

（撰稿人：王静）

西安科技大学高新学院

一、学校基本情况

西安科技大学高新学院是2006年经教育部批准，由西安电子科技大学和陕西西科美芯科技集团有限公司投资合办的全日制普通本科独立学院。

学院抢抓高等教育改革发展机遇，秉承西安科技大学优良的办学传统，充分发挥独立学院在体制和机制上的优势，面向地方经济社会发展和应用型人才市场需求，围绕"应用型本科高校"的办学定位，以高素质应用型人才为培养目标，构建"产教融合、校企合作"的办学模式，深入探索创新创业教育改革，积极推进国际化开放办学，走出了一条教育改革和人才培养的新路子。

学院位于西安市长安区大学城子午大道中段39号，经过十余年的建设发展，"千亩校园、万名学子"的办学格局已基本稳固，综合声誉不断提升。现占地面积912亩，设有信息科技与工程学院、新传媒与艺术设计学院、国际教育学院、经济与管理学院和城市建设学院5个二级学院，开设本、专科专业41个，涵盖了工、管、文、艺等多个学科门类，拥有教职工725人，全日制在校生8665人。

二、档案室概况

1. 基本情况

档案室于2007年12月经学院董事会批准成立，现隶属于学院办公室。设专职档案员5人，全部本科学历，高级职称1人，中级职称1人，初级职称3人。档案室主任负责全面工作，副主任负责日常管理工作及全院档案工作的总协调，其他3名专职档案人员，分别负责文书档案、科技档案、专门档案，档案管理工作分工明确，责任清晰。成立了以常务副院长担任组长，院长助理担任副组长，各处级单位负责人为成员的档案工作领导小组，各部门及二级学院设兼职档案员40人。

档案室建筑面积198平方米，其中档案库房116平方米，办公用房42平方米，阅览室40平方米。学院校史馆285平方米。每年档案业务经费10余万元。

2. 馆藏情况

档案室集中统一保管全院在教学、行政、党群、基建等各个方面发展形成的档案资料。现保管有各种门类和载体档案总计12449卷、27644件。其中，教学档案1290卷，15249件；党群档案121卷，1029件；行政档案522卷，4931件；基建档案546卷，4733件；学生档案9148卷。

3. 档案信息化、数字化情况

使用"南大之星"档案管理软件，馆藏档案全部录入系统，实现了电子档案、电子文件的集成管理。学院计划投入经费开展档案数字化工作，对馆藏档案进行数字化扫描。

4. 特色服务与档案利用情况

学院档案室定期举办对各部门档案工作主管领导以及专兼职档案员的档案业务培训。档案室积极做好对外服务，在档案资料的利用上，先后为全院各职能部门提供了大量的文字、图纸的档案资料，为学院的建设发展工作发挥了积极的作用。同时在每年收集、整理学院档案资料的基础上编制馆藏档案检索工具、学院大事记等。

三、获奖情况

2013年，学校被陕西省教育厅授予"全省高等学校档案工作先进单位"称号。

（撰稿人：原艳丽）

西安理工大学高科学院

一、学校基本情况

西安理工大学高科学院是2006年经教育部批准成立的全日制本科普通院校。2012年取得学士学位授予权。学院拥有位于西咸新区的泾河校区和位于西安市长安区大学城的长安校区。长安校区占地400余亩，建筑面积15万平方米，校园环境优美，学习氛围浓郁，实验设备齐全，实验实训条件优良。新建泾河校区占地500亩，已列入政府重点项目。正在建设的学院教学楼、图文信息中心、现代化的实验实训室集群以及信息化公寓，将使新的校区向国际化一流大学的标准迈进。

学院传承西安理工大学的优势专业和特色专业，开设了机械设计制造及自动化、电气工程及自动化、水利水电工程、土木工程、材料成型及控制工程、包装工程、电子信息工程、计算机科学技术、工程管理、财务管理、英语、信息管理与信息系统、软件工程、印刷工程、工业设计、产品设计、国际经济与贸易以及审计共18个本科专业。

二、档案馆概况

1. 基本情况

学院在2007年成立了档案馆，处级建制，由1名副院长直接分管。档案馆既是学院档案工作的职能管理部门，又是永久保存和提供学院档案利用的专门机构。现有专职档案人员3名，均为本科以上学历，并分别具有中、高级技术职称，兼职档案人员6名。

学院档案馆现有总建筑面积298平方米。阅览室、办公室70余平方米，库房面积约200平方米。在西咸新区的泾河校区，将建10000平方米的图文信息中心。

2. 馆藏情况

有各类纸质档案2200余卷。

3. 档案信息化、数字化情况

使用"科怡"档案管理系统，为档案管理的规范化、科学化、信息化奠定基础。现已输入系统的案卷级条目1800条，卷内信息20000条以上。录像带78盘，光盘36张，照片980余张。学院档案馆存有学生个人档案4000余份。

（撰稿人：蒋铁钦）

陕西省高等学校档案馆（室）科研成果
（1988—2017）

一、西安交通大学

1. 科研项目

（1）陶永琴、姜士馨、白凤琴、李启高等研制"西安交大档案微机管理系统"，1988年12月获西安交通大学科技成果三等奖。

2. 编研及著作

（1）刘露茜、陈贻芳主编《交通大学校史（1949—1959）》，高等教育出版社1996年出版。

（2）刘露茜、王桐苏编注《唐文治教育文选》，西安交通大学出版社1995年出版。

（3）凌安谷等编著《交通大学内迁西安史实》，西安交通大学出版社1995年出版。1993年9月获西安交通大学科技成果二等奖；1995年6月获中国高校档案工作协会科研成果一等奖；1996年11月获陕西省档案学会优秀成果一等奖。

（4）《百年回首》编辑组《百年回首》，西安交通大学出版社1996年出版。

（5）《交大春秋》编辑组《交大春秋》，西安交通大学出版社1996年出版。

（6）凌安谷、杨文海等主编《中国高等学校档案馆要览》，西安交通大学出版社1996年出版。2001年12月获中国档案学会第四次档案学优秀成果二等奖。

（7）霍有光、顾利民编著《南洋公学——交通大学年谱（1896—1949）》，陕西人民出版社2002年出版。2004年获西安交通大学首届人文社会科学研究优秀成果二等奖，西安交通大学"饮水思源杯"首届校史知识竞赛用书。

（8）《西安交通大学校史》编写组《西安交通大学校史（1959~1996）》，西安交通大学出版社2003年出版。

（9）《西安交通大学大事记》编写组《西安交通大学大事记（1896~2000）》，西安交通大学出版社2004年出版。

（10）艾萧编《百年足迹——西安交通大学110年》，西安交通大学出版社2006年出版。

（11）西安交通大学档案馆编《西安交通大学人才培养与教学科研成果荟萃（1957~2004）》，西安交通大学档案馆2006年3月。

（12）霍有光《交通大学（西安）百年电气工程高等教育发展史》，西安交通大学出版社2008年出版。

（13）霍有光编著《钱学森年谱》，西安交通大学出版社2011年出版。

（14）霍有光等、雷玲主编《积厚流光——交通大学附属小学图志（1896—1949）》，西安交通大学出版社2012年出版。

（15）霍有光编《交通大学（西安）年谱（1950—1978）》，中国青年出版社2012年出版。

（16）石慧敏《知识经济时代档案馆知识资源建设的意义及措施》，载《档案管理与利用——方法技术实践》，中国文史出版社2013年出版。

（17）霍有光《为世界之光——交通校史蠡测》，中国文史出版社2013年出版。

（18）霍有光编著《交通大学（西安）百年高等机械工程教育年谱》，中国文史出版社2013年出版。

（19）贾箭鸣《百年淬厉电光开——西安交大的历史脉络与文化传承》，西安交通大学出版社2014年出版。

（20）贾箭鸣《交通大学西迁：使命、抉择与挑战》，西安交通大学出版社2015年出版。获中国高等教育学会校史研究分会第十四届学术年会优秀成果二等奖。

（21）贾箭鸣、史瑞琼《兴学强国120年—— 我们的交大岁月》（上），西安交通大学出版社2016年出版。

（22）贾箭鸣、史瑞琼《兴学强国120年—— 我们的交大岁月》（下），西安交通大学出版社2016年出版。

（23）贾箭鸣、史瑞琼《兴学强国120年—— 我们的交大老师》，西安交通大学出版社2016年出版。

（24）贾箭鸣、史瑞琼《兴学强国120年—— 我们的交大学长》，西安交通大学出版社2016年出版。

（25）黄上恒、蒋本珊、史瑞琼等编《从黄浦江边到兴庆湖畔》，西安交通大学出版社2016年出版。获中国高等教育学会校史研究分会第十四届学术年会优秀成果三等奖。

（26）房立民、杨澜涛《交通大学西迁亲历者口述历史》（1），西安交通大学出版社2016年出版。

（27）房立民、杨澜涛《交通大学西迁亲历者口述历史》（2），西安交通大学出版社2016年出版。

（28）贾箭鸣、石慧敏《英俊济跄——西安交大杰出学子影存》，西安交通大学出版社2016年出版。

（29）贾箭鸣、谢立勤《交通大学西迁纪念册》，西安交通大学出版社2016年出版。

（30）宫辉、史瑞琼、杨澜涛《双甲子弦歌——西安交通大学"校史故事365"选编》，西安交通大学出版社2017年出版。

3.论文

（1）姜士馨、张玉璋《建立高校教学档案初探》，载《陕西档案》1988年第3期。

（2）潘益平《录象档案磁带的类型及管理使用》，载《陕西档案》1988年第4期。

（3）西安交大档案馆《西安交大微机档案管理系统》，载《陕西档案》1988年第6期。

（4）凌安谷《坚持实事求是的榜样》，载《西安交大高教研究》1988年特辑。

（5）凌安谷、姜士馨《高校档案要积极向社会开放》，载《高等教育研究》1989年第2期。

（6）姜士馨《试论科技工作中的档案意识》，载《学校档案》1989年第3期。

（7）潘益平《高校照片档案的收集管理》，载《陕西档案》1989年第4期。

（8）凌安谷、姜士馨《高校档案馆要有计划有步骤地向社会开放》，载《学校档案》1990年第1期。

（9）西安交大档案馆《西安交大召开文秘与档案工作会议》，载《学校档案》1990年第2期。

（10）西安交大档案馆《西安交大档案馆简介》，载《学校档案》1990年第2期。

（11）史维祥《进一步增强档案意识为贯彻落实〈普通高等学校档案管理办法〉而努力》，载《学校档案》1990年第3期。

（12）凌安谷、谢立勤、白凤琴、姜士馨《建立高校人物档案的探索》，载《档案工作》1990年第4期。

（13）凌安谷《学习贯彻"六号令"浅见》，载《学校档案》1990年第4期。

（14）张玉瑛《如何确定高校教学档案的归档年度》，载《陕西档案》1990年第4期。选入《中国档案管理精览》一书，中国档案出版社1997年出版。

（15）姜士馨、刘春海《一组历史档案年代的考证》，载《学校档案》1991年第1期。

（16）李志远《理工类高校档案分类之我见》，载《学校档案》1991年第2期。

（17）凌安谷《坚法依法治档，认真贯彻实施〈六号令〉》，载《学校档案》1991年第4期。

（18）潘益平《委属高校档案工作协会西安会议照片新闻》，载《学校档案》1991年第4期。

（19）凌安谷、李志远《再议学习贯彻〈六号令〉》，载《学校档案》1992年委属高校获奖论文集。1991年获委属高校档案工作协会优秀论文三等奖。

（20）西安交大档案馆《坚持依法治档开拓档案工作新局面》，载《学校档案》

1992年委属高校获奖论文集。

（21）张玉瑛《加强对口述性材料的收集》，载《陕西档案》1993年第2期。

（22）凌安谷《〈南洋公学章程〉评析》，载《学校档案》1993年第2期。

（23）范斗、白凤琴等《高等学校综合档案机构的职责、工作量及人员配备的研究报告》，载《陕西档案》1993年第3期。1995年6月获中国高校档案工作协会科研成果二等奖。

（24）凌安谷、谢立勤《浅议高校运行机制的转换与高校档案工作》，载《学校档案》1994年第1期。1995年6月获中国高校档案工作协会优秀论文二等奖。

（25）凌安谷、谢立勤《试论坚持高校体制改革与高教法制建设相统一的原则》，载《西安交大教育研究》1994年第2期。

（26）凌安谷《试论交通大学早期历史档案与中国高校及高校档案的起源》，载《学校档案》1994年委属高校获奖论文集。1993年获委属高校档案工作协会优秀论文一等奖。

（27）石慧敏《国际档案理事会》，载《学校档案》1994年第2期。

（28）石慧敏《国际档案理事会的组织机构》，载《学校档案》1994年第2期。

（29）潘益平《采用新方式，延长照片影像的寿命》，载《陕西档案》1994年第3期。

（30）白凤琴、姜士馨《高校出版物档案的开发和管理工作初探》，载《学校档案》1994年第5期。1994年5月获陕西高教系统档案学会学术论文二等奖；1995年6月获中国高校档案工作协会科研成果参评奖。

（31）张玉瑛《张元济与南洋公学特班章程》，载《学校档案》1994年第4期。1994年5月获陕西高教系统档案学会学术论文二等奖。

（32）谢立勤《国际档案理事会东亚分会简介》，载《学校档案》1994年第4期。

（33）凌安谷《高校设置、变更、停办中的法律问题刍议》，载《西北教育管理研究》1994年第4期。

（34）张晏莹《高等学校外事档案的特点及其管理》，载《陕西档案》1994年增刊。

（35）石慧敏《严复的〈原富〉与南洋公学译书院》，载《学校档案》1994年委属高校获奖论文集。1993年获委属高校档案工作协会优秀论文三等奖。

（36）凌安谷、白凤琴《社会主义市场经济体制与档案工作若干问题的思考》，载《档案学研究》1995年第1期。1994年5月获陕西高教系统档案学会学术论文一等奖；1994年9月获中国高等学校档案工作协会优秀论文一等奖；1996年11月获陕西省档案学会优秀成果一等奖；1996年入选《中国"八五"科学技术成果选》；1997年5月获中国档案学会第三次档案学优秀成果四等奖。

（37）凌安谷、谢立勤《独具特色的南洋公学创建之路》，载《学校档案》1995年第3期，又载《百年回首》，西安交通大学出版社1996年出版。

（38）陶永琴《新型载体档案及现代设备的保护》，载《陕西档案》1995年第6期。

（39）凌安谷《迁校——交通大学发展史上的重要里程碑》，载《百年回首》，西安交通大学出版社1996年出版。

（40）凌安谷《大学生活点滴回忆》，载《交大春秋》，西安交通大学出版社1996年出版。

（41）凌安谷《忆苏庄同志》，载《交大春秋》，西安交通大学出版社1996年出版。

（42）霍有光《盛宣怀生平及盛公与南洋公学》，载《交大春秋》，西安交通大学出版社1996年出版。

（43）霍有光《唐文治与〈学生格〉》，载《交大春秋》，西安交通大学出版社1996年出版。

（44）凌安谷《盛宣怀与南洋公学章程》，载《西安交大教育研究》1996年第2期。

（45）凌安谷、冯蓉《锻造辉煌》，载《陕西档案》1996年第4期。

（46）谢立勤、凌安谷《坚持把档案利用摆在档案馆工作首位》，载《学校档案》1996年第4期。

（47）张玉瑛《浅谈高校教育评估与档案工作》，载《陕西档案》1996年第6期，又载《西安交大教育研究》1996年第4期。1996年获陕西高教系统档案学会学术论文二等奖。

（48）冯蓉、凌安谷《西安交通大学档案文物珍品展简介》，载《学校档案》1996年第6期。

（49）霍有光《交大馆藏江南制造局译印图书概貌及其价值》，载《西安交通大学学报》（社会科学版）1997年第1期。

（50）冯蓉《寻觅交大早期的对外交流》，载《陕西档案》1997年第3期。

（51）冯蓉《独特的馆藏——西安交大校园出土文物》，载《陕西档案》1997年第6期。

（52）郗焦达《一次别开生面的档案珍品展览》，载《档案学通讯》1998年第3期。

（53）石慧敏、谢立勤《浅谈高校科技档案的开发途径》，载《陕西高教档案求是》，西北工业大学出版社1998年出版。1997年获陕西高教系统档案学会学术论文三等奖。

（54）霍有光《南洋公学译书院与译印图书》，载《西安交通大学学报》（社会科学版）1999年第4期。

（55）石慧敏、侯磊《档案管理亟待加强标准化》，载《陕西档案》1999年增刊。

（56）石慧敏《科技信息共享与知识产权保护的思考》，载《档案与社会》2000年第6期。

（57）陈凤英《部门立卷之我见》，载《陕西档案》2001年第1期。

（58）张玉瑛《高校档案工作应在积极参与社会实践中求发展》，载《陕西档案》2001年第2期。

（59）陈凤英《论调查基建档案的完整性》，载《学校档案》2001年第3期。

（60）石慧敏《从〈规则〉的实施看文件的归档鉴定》，载《山西档案》2001年第4期。

（61）石慧敏《以件代卷的整理方法对文件鉴定工作的影响》，载《四川档案》2001年第4期。

（62）石慧敏《电子邮件在档案查询中的应用》，载《四川档案》2001年第6期。

（63）石慧敏《网络环境下电子文档信息安全性问题》，载《档案与社会》2001年第6期。

（64）陈凤英《在实践中进一步认识〈高等学校档案实体分类法〉和〈高等学校档案工作规范〉》，载《档案与社会》2001年第6期。

（65）马瑾《如何做好学位论文档案的开发利用工作》，载《西北医学教育》2001年第9卷。

（66）石慧敏《"伊妹儿"的功劳》，载《陕西档案》2002年第1期。

（67）陈凤英《浅析高校档案实体分类法与工作规范》，载《档案学研究》2002年增刊。

（68）王文娟《怎样用Excel 2000打印档案数据库中的案卷目录》，载《学校档案》2002年第2期。

（69）陈凤英《对新形势下高校档案工作的思考》，载《西北大学学报》（哲学社会科学版）2002年第2期。

（70）陈凤英《浅谈非手稿类文件定稿的归档问题》，载《档案》2002年第2期。

（71）张玉瑛《南洋公学特班》，载《陕西档案》2002年第2期。

（72）张玉瑛《高校档案馆两种内设机构的比较》，载《学校档案》2002年第2期。

（73）石慧敏《档案馆人员的继续教育问题之我见》，载《四川档案》2002年第3期。

（74）王青干《重塑形象，服务社会——对开发档案信息资源的几点思考》，载

《西安档案》2002年第3期。

（75）王元琪、王青干《谈新时期档案工作者应具备的素质》，载《西安档案》2002年第6期。

（76）陈凤英《对〈归档文件整理规则〉过渡性的认识》，载《浙江档案》2002年第4期。

（77）陈凤英《浅议在高校开展档案用户教育的必要性与途径》，载《信息管理导刊》2002年第5期。

（78）石慧敏、王文娟《构建档案馆数据库中的几个问题》，载《陕西档案》2002年第6期。2002年获陕西省档案学会档案学优秀成果二等奖。

（79）陈凤英《为"以件为单位"叫好》，载《湖北档案》2002年第6期。

（80）齐虹、石慧敏《知识服务及其在档案管理中的实现》，载《北京档案》2002年第8期。

（81）陈凤英《如何做好建设工程监理材料的归档工作》，载《现代情报》2002年第10期。

（82）陈凤英《抓基建项目档案管理，促工程建设质量》，载《现代情报》2002年第11期。

（83）陈凤英《法制化建设是做好基建项目档案收集归档工作的有力保证》，载《现代情报》2002年第11期。

（84）陈凤英《建设工程监理档案是高校基建档案的组成部分》，载《宝鸡文理学院学报》（自然科学版）2002年第22期。

（85）陈凤英《基建档案也需要全面质量管理》，载《西安档案》2003年第2期。

（86）陈凤英《对高校档案归档范围和保管期限的思考》，载《档案学通讯》2003年第3期。

（87）王元琪、白凤琴《严复与〈原富〉》，载《陕西档案》2003年第4期。

（88）王文娟《"入世"对高校档案工作的影响及对策初探》，载《西安档案》2003年第4期。

（89）马瑾《对高等学校出版类档案馆藏鉴定与优化的思考》，载《学校档案》2003年第4期。

（90）谢立勤《亟待加强高校音像档案的管理工作》，载《西安档案》2003年第5期。

（91）陈凤英《档案信息与网络化建设》，载《海南档案》2004年第2期。

（92）张玉瑛《从几份历史档案看交通大学早期教育质量》，载《学校档案》2004年第3期。

（93）王文娟、房荣军《试论档案馆局域网的组建》,载《陕西档案》2004年第4期。2004年获陕西高教系统档案学会学术论文二等奖。

（94）王艳琴、王文娟《电子档案管理存在的问题及对策》,载《西北大学学报》2004年第5期。

（95）石慧敏《信息时代对高校档案人员的素质要求》,载《档案与社会》2004年第6期。

（96）石慧敏《矛盾中的图纸档案存与用》,载《中国档案》2005年第1期。

（97）石慧敏《谈档案馆领导的人文关怀管理》,载《学校档案》2005年第1期。

（98）张小亚《交通大学校徽溯源》,载《兰台世界》2005年第4期。

（99）马瑾《影响档案鉴定工作的因素及对策》,载《学校档案》2005年第4期。

（100）霍有光《五四运动前期南洋公学科技期刊传播科学文化与科学思想的地位与作用》,载《河北农业大学学报》2005年第4期。

（101）陈凤英《高校档案工作规范化建设浅议》,载《中国教育与教学》2005年第11期。

（102）霍有光《从交大西迁历程看西迁精神》,载《高等教育研究学报》2006年第1期。

（103）王文娟《如何将归档部门产生的卷内目录转换为档案馆机检文件级目录》,载《西安档案》2006年第1期。2004年获陕西高教系统档案学会学术论文三等奖。

（104）王文娟《档案信息网络化呼唤保密意识》,载《兰台世界》2006年第3期。

（105）王文娟《档案馆的数字信息资源建设应注意的几个问题》,载《陕西档案》2006年第5期。2007年获中国高等教育学会档案工作分会学术论文三等奖。

（106）王文娟《网络环境下面向大众的档案馆人文关怀》,载《兰台世界》2006年第12期。

（107）洪楠、张小亚《时光逆转五十年——西安交通大学西迁历史纪念馆纪实》,载《校友之声》2006年第1期。

（108）石慧敏《高校档案馆不容忽视的一个问题——馆员的职业倦怠》,载《北京档案》2007年第7期。

（109）霍有光《建设交通大学西迁历史纪念馆、溯源馆的几点体会》,载《学校档案》2007年第3期。

（110）石慧敏《独特的馆藏,现代的设计》,2008年获陕西高教系统档案学会学术论文三等奖。

（111）张小亚、侯磊《高校馆藏历史档案数字化发展与数字化实践研究》,2008年获陕西高教系统档案学会学术论文一等奖。

（112）张小亚、王文娟《高校历史档案数字化发展学实践探讨》，载《陕西档案》2008年第4期。

（113）胡亚南《基于服务质量的档案现代管理》，载《学校档案》2008年第6期。

（114）刘平《如何做好研究生的学位档案归档工作》，载《档案学通讯》2008年第12期。

（115）张小亚《馆藏珍贵资料〈南针〉述评》，载《西安档案》2008年第1期。

（116）马瑾《网络条件下做好档案管理应注重的几项工作》，载《兰台世界》2008年第3期。

（117）马瑾《档案软件应用给档案管理带来的益处》，载《兰台世界》2008年第9期。

（118）陈凤英《与时俱进促发展——学习〈高等学校档案管理办法〉有感》，载《学校档案》2009年第2期。

（119）陈凤英《把握时代脉搏，加快提升高校档案工作水平》，载《档案与建设》2009年第1期。

（120）胡亚南《高校数字档案馆管理模式若干问题探讨》，载《黑龙江省档案》2009年第5期。

（121）胡亚南《浅谈基于互联网的现代档案管理和服务环境》，载《辽宁省档案》2009年第5期。

（122）胡亚南《学习〈高等学校档案管理办法〉体会点滴》，载《西安档案》2009年第6期。

（123）刘平《数字化时代档案双套制问题之我见》，载《学校档案》2009年第2期。

（124）刘平《档案服务于学校中心工作之探讨》，载《学校档案》2009年第3期。

（125）马瑾《高校电子文件归档工作问题分析与对策》，载《辽宁档案》2009年第3期。

（126）杨凌《西安交通大学爱国主义教育基地——西迁历史纪念馆调研总结报告》，载《学校档案》2009年第3期。

（127）张玉瑛《浅谈高校馆藏档案优化》，载《西安档案》2009年第4期。

（128）张玉瑛《档案现代化管理的实践与体会》，载《西安档案》2009年第5期。

（129）张玉瑛《筹办纪念馆的前前后后》，载《中国档案》2009年第5期。

（130）张玉瑛《教学评估与高校档案建设关系之分析》，载《杨凌职业技术学院学报》2009年第3期。

（131）张玉瑛《浅议档案信息资源网络的建设》，载《学理论》2009年第4期。

（132）马瑾《学生管理工作新模式下档案的收集与整理》，载《陕西教育》（高教版）2010年第3期。

（133）马瑾《对新颁布〈高校档案管理办法〉的学习与思考》，载《学理论》2010年第7期。

（134）马瑾《对学校档案归档质量与鉴定工作的思考》，载《西安档案》2010年第1期。

（135）张玉瑛《我们的收集室》，载《西安档案》2010年第5期。

（136）赵红《浅谈信息技术环境下高校档案管理及应用》，载《档案天地》2010年第11期。

（137）石慧敏、柯峰《论数字档案馆建设中的风险管理》，载《档案学通讯》2010年第6期。

（138）胡亚南《感悟档案人》，载《西安档案》2010年第3期。

（139）胡亚南《对高校科研档案归档工作存在问题的分析与对策》，载《学理论》2010年第6期。

（140）胡亚南《云计算在档案信息资源管理中的应用初探》，载《兰台世界》2011年第3期。

（141）张小亚《高校历史档案数字化加工问题探讨》，载《兰台世界》2011年第3期。

（142）张小亚《浅谈交通大学校徽》，载《西安交大校刊》2011年第5期。

（143）赵红《访日本京都府立综合档案馆》，载《中国档案》2011年第1期。

（144）赵红《高校学历学位认证工作的特点》，载《陕西档案》2011年第1期。

（145）赵红《日本档案管理的"外围"模式》，载《中国档案》2011年第7期。

（146）赵红、石慧敏《谈档案管理中的汉字标准化问题》，载《四川档案》2011年第1期。

（147）姬晓鹏《浅谈数字档案的备份系统》，载《云南档案》2011年第9期。

（148）姬晓鹏《浅谈自动化档案库房的建设》，载《城建档案》2011年第9期。

（149）房荣军《浅析档案馆计算机局域网络系统的安全保护》，载《兰台世界》2011年第11期。

（150）刘淑妮《浅谈高校基建档案收集工作存在问题及对策》，载《西安档案》2011年第1期。

（151）刘淑妮《如何突破竣工图质量瓶颈》，载《陕西档案》2011年第1期。

（152）刘淑妮《高校基建档案之竣工图系列问题初探》，载《档案学通讯》2011年第12期。

（153）赵红《中国高校档案馆学历学位认证工作的特点》，载《information》

2012年第4期。

（154）赵红、石慧敏《论档案管理人员的文字修养问题》，载《山西档案》2012年第4期。

（155）赵红、姬晓鹏《高校档案馆数字化建设中的问题及对策》，载《城建档案》2012年第1期。

（156）房荣军《论档案馆数据中心网络安全建设》，载《城建档案杂志社》2012年第7期。

（157）洪楠《档案数字化的质量和安全保密控制》，载《办公室业务》2012年第7期。

（158）洪楠《现阶段我国档案数字化的制约因素及破解对策》，载《办公室业务》2012年第11期。

（159）石慧敏、杨凌《展追根溯源之璀璨，述西迁奉献之精神》，载《陕西档案》2012年第6期。

（160）石慧敏、刘淑妮《在档案工作实践中对"8号令"保管期限表的再思考》，载《兰台世界》2012年第6期。

（161）刘平《浅谈高校信访工作与信访档案》，载《西安档案》2012年第3期。

（162）刘淑妮《甩项工程基建档案归档工作不容忽视》，载《云南档案》2012年第4期。

（163）刘淑妮、石慧敏《徜徉在档案的世界里》，载《西安档案》2012年第2期。

（164）刘淑妮、石慧敏《殚精竭虑情系"兰台"》，载《西安交大报》2012年第815期。

（165）石慧敏《关于高校图书馆建立书刊健康档案的思考》，载《学理论》2013年第7期。

（166）刘平、刘淑妮《如何做好档案著录工作、更好地为查阅利用服务》，载《华章》2012年第5期。

（167）胡亚南《浅议档案馆员情绪的自我调适》，载《西安档案》2013年第4期。

（168）胡亚南《浅谈云计算环境下数字档案馆信息资源的安全管理》，载《档案时空》2013年第12期。

（169）刘淑妮、石慧敏《优化机关文件材料归档范围和文书档案保管期限的思考》，载《档案学研究》2013年第2期。

（170）石慧敏、刘淑妮《先秦时期史官在当时档案文献编纂活动中的重要贡献》，载《兰台世界》2013年第7期。

（171）张小亚《高校历史档案数字化过程中的三种文件格式并存问题探讨》，载

《教育教学论坛》2013年第1期。

（172）张小亚《高校档案馆学历学位认证工作实践》，载《浙江档案》2013年第7期。

（173）张小亚《推进校史研究，传承校园文化》，载《西安交大报》2013年第828期。

（174）陈凤英《高校档案信息数字化建设的途径》，载《兰台世界》2013年第10期。

（175）陈凤英《产权过户中的基建档案管理之我见》，载《城建档案》2013年第2期。

（176）刘平《做好办公室归档工作的几个小招数》，载《西安档案》2013年第1期。

（177）刘平《涉及个人信息的档案保护与利用》，载《兰台世界》2013年第4期。

（178）杨凌《严世兴校友向母校捐赠交通大学纪念章》，载《校友之声》2013年第2期。

（179）侯磊《校训、校歌、校徽历史沿革及文化内涵》，载《西安交通大学发展研究报告》2013年第1期。

（180）石慧敏、刘淑妮《信息化环境下的工程档案管理新模式》，载《北京档案》2014年第1期。

（181）石慧敏《高校研究生学位归档电子数据信息共享实践》，载《陕西档案》2014年第2期。

（182）石慧敏、赵红《高校档案资料的价值属性及其管理》，载《黑龙江科学》2014年第5期。

（183）石慧敏、赵红《协调完善高校档案管理工作中的几种关系》，载《黑龙江档案》2014年第2期。

（184）张小亚《西安交通大学所藏日本东亚同文书院档案》，载《历史档案》2014年第4期。

（185）张小亚《文化企业运作下的高校档案信息增值服务探索》，载《广州档案》2014年第6期。

（186）胡亚南《创建档案馆网上展览　传承历史文化遗产》，载《兰台世界》2014年第1期。

（187）刘平《办公室人员如何做好办公室归档工作》，载《办公室业务》2014年第1期。

（188）石慧敏《高校数字档案馆知识资源的建设及其开发利用》，载《学理论》2014年第3期。

（189）石慧敏《网络管理模式下的档案信息用户研究》，载《新形势下档案资源管理　服务》，中国文史出版社2014年出版。

（190）刘平《从档案史料看"交通大学"早期办学情况》，载《兰台世界》2014年第5期。

（191）刘平《谈谈档案整理工作中的几个具体问题》，载《档案时空》2014年第2期。

（192）石慧敏《构建和谐高校档案管理体系若干关系的思考》，载《西安交通大学发展研究报告》2014年第1期。

（193）刘淑妮《信息文明环境下档案文化功能实现途径的探析》，载《山西档案》2015年第5期。

（194）刘淑妮《守望历史的天使——带你走进西安交大档案馆》，载《西安档案》2015年第6期。

（195）胡亚南《关于本科成绩档案数字化管理的新思考》，载《西安档案》2015年第10期。

（196）刘平《火灾档案建设的几点思考》，载《兰台世界》2015年第12期。

（197）赵红等《创新查阅模式，提升利用效果》，载《西安档案》2015年第1期。

（198）刘淑妮、雷励《干部人事档案审核工作探析》，载《黑龙江档案》2016年第8期。

（199）刘淑妮《追忆西迁历史纪念馆背后的故事》，载《兰台世界》2016年第6期。

（200）房荣军《刍议云计算环境中数字档案馆服务与管理对策》，载《兰台世界》2016年第20期。

（201）房荣军《高校档案编研与高校档案文化建设》，载《档案天地》2016年第8期。

（202）房荣军《大数据条件下高校档案工作发展的对策》，载《佳木斯职业学院学报》2016年第3期。

（203）房荣军《高校档案工作法制化建设的路径与对策选择》，载《才智》2016年第21期。

（204）房荣军《探究信息化背景下档案管理技术创新模式》，载《办公室业务》2016年第17期。

（205）史瑞琼《交大最早的党组织建设》，载《西安交大报》2016年第914期。

（206）史瑞琼《为世界之光——交大精神的历史解读》，载《西安交大报》2016年第921期。

（207）房荣军《信息化时代高校档案职业技能的拓展与变迁》，载《办公室业务》2016年第11期。

（208）刘淑妮《再谈卷改件——新〈归档文件整理规则〉颁布之后》，载《档案学研究》2017年第8期。

（209）刘淑妮《高校基建档案馆藏特点实证研究——以西安交通大学为视角》，载《档案学研究》增刊2017年第8期。

（210）赵钊、刘淑妮《基于微信公众平台的高校校史文化研究》，载《兰台世界》2017年第10期。

（211）刘淑妮、康雨晴《故纸堆里那些"小确幸"》，载《档案时空》2017年第4期。

（212）刘淑妮《掌握基本建设程序，为基建档案归档管理保驾护航》，载《档案》2017年第9期。

（213）赵钊、刘淑妮《高校档案馆微服务比较研究——基于新浪微博和腾讯微信平台》，载《宝鸡文理学院学报》2017年第5期。

（214）雷励《"三孔一线"穿起我的档案梦》，载《中国档案》2017年第3期。

（215）张小亚、叶晨露《抗战期间交通大学重庆办学的学科设置与发展》，载《社会科学》2017年第2期。

（216）石慧敏、赵大良《档案馆建馆三十周年工作回顾》，载《西安交通大学发展研究报告》2017年第6期。

（217）杨澜涛《深掘老交大传统，助力"思想交大建设"》，载《西安交通大学发展研究报告》2017年第3期。

（218）杨澜涛《交通大学高等教育创始过程的历史考察》，载《西安交通大学发展研究报告》2017年第6期。

二、西北工业大学

1.编研及著作

（1）党秋霞参编《西北工业大学年鉴》，1992—1993年，西北工业大学出版社1993—1994年出版。

（2）党秋霞参编《陕西高教档案求是》，西北工业大学出版社1998年出版。

（3）党秋霞参编《西北工业大学发展概要》，西北工业大学出版社2003年出版。

（4）党秋霞参编《西北工业大学年鉴》，2002—2005年，西北工业大学出版社2003—2006年出版。

2.论文

（1）王太平《计算机用于文书档案探索的尝试》，载《航空档案》1988年增刊第2号。

（2）张吉满、党秋霞《浅议教学档案》，载《航空档案》1989年第2期。

（3）马琳《略谈档案的整理鉴定工作》，载《档案工作理论与实践》，陕西师范大学出版社1992年出版。

（4）党秋霞、黄建森《浅议档案工作管理中的双向选择管理方法》，载《航空档案》1993年第4期。获航空工业系统档案协作组二等奖。

（5）马琳《高校档案工作应在开发利用中求发展》，载《学校档案》1993年第4期。

（6）党秋霞《浅议高校档案馆（室）的目标管理》，载《学校档案》1994年第5期。获陕西高教系统档案学会论文二等奖、1991—1995年陕西省档案学会优秀成果三等奖、中国高校档案工作协会论文三等奖。

（7）钱晓月《浅议新时期高校财务档案工作者应具备的基本素质》，载《高校财会》1995年第55期。获陕西高教系统档案学会论文三等奖。

（8）钱晓月、党秋霞《贯彻高校档案实体分类法，努力提高财会档案管理水平》，载西北工业大学《高等教育研究》1996年第4期，又载《陕西高教档案求是》，西北工业大学出版社1998年出版。获陕西高教系统档案学会论文三等奖。

（9）张吉满、丁尚、姚冰梅《高校基本建设档案分类与组卷方法的探讨》，载《图书与石油科技信息》1996年第1期。

（10）李改琴《大力开发档案信息资源，推动档案计算机网络建设》，载《陕西高教档案求是》，西北工业大学出版社1998年出版。

（11）张吉满《改革档案专业教育体系，推动档案教育事业发展》，载《陕西高教档案求是》，西北工业大学出版社1998年出版。

（12）柯峰、党秋霞《档案网络化及档案馆之对策》，载《陕西档案》2001年第5期。获陕西省第七次档案学术讨论会一等奖、陕西高教系统档案学会第十一次学术会论文二等奖、中国高校档案工作协会第四次学术会论文三等奖。

（13）党秋霞、柯峰《新世纪新阶段高校档案人才队伍建设》，载《西北工业大学学报》（社会科学版）2004年第3期。获陕西高教系统档案学会第十二次学术会论文二等奖。

（14）土红莉《关于建立"商业性文件管理中心"的设想》，载《陕西档案》2005年第1期。获陕西高教系统档案学会第十二次学术会论文二等奖。

（15）党秋霞《检查民办高校档案管理工作引发的若干思考》，2004年5月获陕西高教系统档案学会第十二次学术会论文二等奖。

（16）柯峰《浅谈高校照片档案的管理》，2004年5月获陕西高教系统档案学会第十二次学术会论文二等奖。

（17）柯峰《浅谈电子档案的鉴定、保管及利用》，2004年5月获陕西高教系统档案学会第十二次学术会论文二等奖。

（18）土红莉《高校档案资源信息化建设的几点思考》，2004年5月获陕西高教系统档案学会第十二次学术会论文二等奖。

（19）柯峰、冯冬《高校档案数字化建设刍论》，载《西北工业大学学报》（社会科学版）2005年第2期。

（20）蔡利剑《浅析电子文件的前端控制》，获国防科工委所属高校2006年档案学术论文评选一等奖。

（21）柯峰《浅谈新时期档案编研工作》，获国防科工委所属高校2006年档案学术论文评选二等奖。

（22）党秋霞《信息化进程中高校档案工作的改革与发展方向》，获国防科工委所属高校2006年档案学术论文评选三等奖。

（23）柯峰、冯冬《高校照片档案数字化管理刍论》，获国防科工委所属高校2006年档案学术论文评选三等奖。

（24）王彬彬《高校人事档案现代化建设和管理的思考》，获国防科工委所属高校2006年档案学术论文评选三等奖。

（25）土红莉《高校基本建设档案管理工作模式初探》，获国防科工委所属高校2006年档案学术论文评选三等奖；2006年4月获陕西高教系统档案学会第十三次学术会论文三等奖。

（26）李改琴《关于实施〈归档文件整理规则〉的认识与思考》，获国防科工委所属高校2006年档案学术论文评选三等奖；2006年4月获陕西高教系统档案学会第十三次学术会论文三等奖。

（27）党秋霞《信息化进程中高校档案工作的改革与发展方向》，2006年4月获陕西高教系统档案学会第十三次学术会论文二等奖。

（28）土红莉《数字档案馆及其实现形式》，2006年4月获陕西高教系统档案学会第十三次学术会论文二等奖。

（29）蔡利剑《档案馆网站与图书馆网站建设的比较》，2006年4月获陕西高教系统档案学会第十三次学术会论文二等奖。

（30）柯峰《浅谈新时期档案编研工作》，2006年4月获陕西高教系统档案学会第十三次学术会论文三等奖。

（31）土红莉、党秋霞、蔡利剑《高校基本建设档案管理工作模式初探》，载《西北工业大学学报》（社会科学版）2009年第1期。

（32）柯峰、土红莉《创新档案工作与构建和谐社会》，载《中国档案》2010年第3期。

（33）王彬彬、蔡利剑《人事档案信息化建设的SWOT分析》，载《中国档案》2010年第3期。

（34）石慧敏、柯峰《论数字档案馆建设中的风险管理》，载《档案学通讯》2010年第6期。

（35）蔡利剑《电子文件的前段控制》，载《中国科技博览》2010年第5期。

（36）屈艳、党秋霞《对加强高校校史馆建设的探讨》，载《管理学家》2013年第2期。

（37）王彬彬《高校干部人事档案目标管理工作中的问题与对策》，载《管理学家》2013年第4期。

（38）耿坤《加强档案管理信息化促进档案工作现代化进程》，载《管理学家》2013年第5期。

（39）柯峰《浅谈新时期档案编研工作》，载《管理学家》2013年第6期。

（40）刘碧珊《建设高校校史馆的意义》，载《杨凌职业技术学院学报》2013年第3期。

（41）曲春梅、赵玉《美国国家档案馆馆长大卫·S·菲尔力诺评介》，载《兰台世界》2014年第8期。

（42）刘碧珊《校史研究的新构想——基于叙事学理论的"文化校史"观》，载《西北工业大学学报》（社会科学版）2015年第2期。

（43）赵玉、王健《英国国家档案馆在线社交媒体档案库及其特色》，载《档案与建设》2015年第12期。

（44）蔡利剑《大数据背景下的档案管理问题研究》，载《西北工业大学学报》（社会科学版）2016年第1期。

三、西北农林科技大学

1.科研项目

（1）安聪娥主持完成"本科教学工作水平评估支撑材料建设研究与实践"，西北农林科技大学教学成果奖项目，2006年12月通过校级专家委员会鉴定验收。

（2）安聪娥参与西北农林科技大学思想政治教育研究课题"创建文明校园长效机

制研究"，2006年12月通过校级专家评审委员会鉴定验收。

2. 编研及著作

（1）西北农林科技大学档案馆编《西北农林科技大学年鉴》，1999—2005年，西北农林科技大学出版社2003—2006年出版。

（2）西北农林科技大学档案馆参编《杨陵区志》，西安地图出版社2004年出版。

（3）西北农林科技大学档案馆编《西北农林科技大学组织沿革》，西北农林科技大学2004年8月内部发行。

（4）西北农林科技大学档案馆参编《西北农林科技大学大事记》，西北农林科技大学出版社2004年出版。

（5）西北农林科技大学档案馆编《西北农林科技大学民主革命回忆文集》，西北农林科技大学出版社2005年出版。

（6）西北农林科技大学档案馆编《西北农林科技大学年鉴 2007》，西北农林科技大学出版社2008年出版。

（7）西北农林科技大学档案馆编《西北农林科技大学年鉴 2008》，西北农林科技大学出版社2009年出版。

（8）西北农林科技大学档案馆编《西北农林科技大学年鉴 2009》，西北农林科技大学出版社2010年出版。

（9）西北农林科技大学档案馆编《故人手泽——辛树帜信函选编》，2010年。

（10）西北农林科技大学档案馆编《西北农林科技大学年鉴 2010》，西北农林科技大学出版社2011年出版。

（11）西北农林科技大学档案馆编《西北农林科技大学年鉴 2011》，西北农林科技大学出版社2012年出版。

（12）西北农林科技大学档案馆编《西北农林科技大学年鉴 2012》，西北农林科技大学出版社2013年出版。

（13）王文慧《寻踪西农》，西北农林科技大学出版社2013年出版。

（14）西北农林科技大学档案馆编《西北农林科技大学年鉴 2013》，西北农林科技大学出版社2014年出版。

（15）西北农林科技大学档案馆参编《西北农林科技大学史稿》，西北农林科技大学出版社2014年出版。

（16）王文慧《民国西农纪事（1932—1949）》，西北农林科技大学出版社2015年出版。

（17）西北农林科技大学档案馆参编《西农抗战记忆》，西北农林科技大学出版社2015年出版。

（18）西北农林科技大学档案馆编《西北农林科技大学年鉴　2014》，西北农林科技大学出版社2015年出版。

（19）西北农林科技大学档案馆编《西北农林科技大学年鉴　2015》，西北农林科技大学出版社2016年出版。

（20）西北农林科技大学档案馆编《西北农林科技大学年鉴　2016》，西北农林科技大学出版社2017年出版。

3. 论文

（1）安聪娥《"支点"＋"交叉点"＝成功——记农业文化学家邹德秀教授》，载《后稷传人》（第二辑），陕西人民出版社1999年出版。

（2）李文艳、宋武彩《浅谈档案人才开发途径》，载《陕西档案》2000年第1期。

（3）李文艳、安聪娥、刘文娟《西北农林科技大学档案馆卷改件试点工作的做法和体会》，载《陕西档案》2001年第6期。

（4）耿宏锁、安聪娥《数字地球及其在知识经济中的地位和作用》，载《西北农林科技大学学报》（社会科学版）2001年第2期。

（5）安聪娥《试论虚拟技术在档案现代化管理中的作用》，载《陕西档案》2001年第4期。

（6）刘文娟、李文艳、贺莲昌《浅谈西部高校档案局域网建设》，载《档案学研究》2002年增刊。获陕西省档案学会档案与计算机网络化学术研讨会一等奖。

（7）安聪娥《浅谈实现文件级管理需要解决的几个问题》，载《新世纪档案理论与实践创新成果》，西安地图出版社2002年出版。

（8）刘文娟《照片档案的数字化管理》，载《西北农林高等教育》2002年第2期。

（9）白黎琼《对人事档案归档材料的探索与思考》，载《新世纪档案理论与实践创新成果》，西安地图出版社2002年出版。

（10）周俊、贺莲昌《院系合并后档案工作的实践》，载《中国档案》2003年第6期。

（11）宋武彩、李文艳《去伪存真　去粗存精——试论高校档案鉴定工作》，载《陕西省档案学会档案学术讨论会论文选辑》，2004年。

（12）安聪娥《卷改件过渡时期的档案管理模式》，2004年5月获陕西高教系统档案学会第十二次学术会论文一等奖。

（13）刘有全、安聪娥《前进中的西北农林科技大学档案馆》，载《陕西档案》2004年第4期。

（14）宋武彩等《高校档案信息资源开发多样化探索》，载《高等农林教育》

2004年第4期。

（15）牛梦君《在希望的田野上》，载《学校档案》2004年第3期。

（16）刘怀、白黎琼《西部高校人才资源存在的问题及对策浅析——以西北农林科技大学为例》，载《中国农学通报》2005年第3期。

（17）白黎琼《当前高校人事档案管理存在的问题与对策》，载《现代教育研究》2005年第2期。

（18）安聪娥《从高校评估谈高校档案管理的发展趋势》，载《农业图书情报学刊》2006年第4期。

（19）康云霞、安聪娥、张小绒《高校档案馆在构建和谐校园中的着力点》，载《兰台世界》2007年第4期。

（20）康云霞、李文艳《本科教学评估对高校档案工作的促进作用》，载《陕西档案》2007年第3期。

（21）安聪娥《领导重视是做好档案工作的源泉——记西北农林科技大学副校长赵忠》，载《陕西档案》2007年第2期。

（22）周俊《瓜甜人美的王鸣教授》，载《陕西档案》2007年第2期。

（23）安聪娥、周俊《西北农林科技大学发现水利大师李仪祉珍贵资料》，载《陕西档案》2007年第1期。

（24）安聪娥《合并院校档案资源建设思路与模式初探》，载《北方交通大学学报》2008年4月。

（25）徐吉莲、安聪娥《试论公文的美学特征》，载《西北农林科技大学学报》（社会科学版）2008年第4期。

（26）李高峰《由档案现状看档案数字化的必然》，载《延安职业技术学院学报》2010年第5期。

（27）李高峰《档案数字化负面问题的一些思考》，载《科技信息》2010年第27期。

（28）杨恒《高校档案馆在当代大学生素质教育中的作用》，载《广西师范大学学报》2011年第47卷增刊。

（29）杨恒《档案数字化外包中信息保密安全防范试论》，载《西北农林科技大学学报》（社会科学版）2012年第12卷。

（30）马国胜《科研档案数据库著录中的问题分析与对策研究》，载《山西档案》2013年第3期。

（31）杨恒《我的兰台生涯》，载《兰台世界》2013年第S4期。

（32）杨恒《我国高等农业教育服务"三农"的早期探索——民国时期以大学为

依托的农村合作社》，载中国科技论文在线（http://www.paper.edu.cn），2015年1月。

（33）杨恒《抗战时期的西农开放办学》，载《西北农林科技大学报》2015年第583期第2版。

（34）安聪娥《党的群众路线教育实践活动档案的收集与管理》，载《陕西档案》2015年第4期。

（35）马国胜、李高峰、王文慧《案卷盒背脊打印功能开发实践》，载《兰台世界》2016年第23期。

（36）马国胜《"南大之星"档案管理系统数据导入功能在档案信息著录中的应用实践》，载《山西档案》2016年第5期。

（37）杨恒、王文慧《民国时期我国农业高等教育的开放办学实践——以国立西北农林专科学校及国立西北农学院为例》，载《兰台世界》2016年第14期。

（38）马国胜《对高校档案工作的认识与理解》，载《兰台世界》2016年第S1期。

（39）马国胜《农业院校科技档案服务方法的拓展分析》，载《山西档案》2016年第2期。

（40）马国胜、王文慧《对档案仿真复制工作的几点思考》，载《兰台世界》2016年第13期。

（41）马国胜、王文慧《科研档案对高校的服务价值及其社会意义》，载《兰台世界》2016年第16期。

（42）李高峰、马国胜《从档案期刊数据视角看档案学科衰弱的现实》，载《兰台世界》2017年第19期。

（43）李高峰、马国胜、王文慧《档案机构人员数字化管理探索——基于档案工作量为基础的档案机构人员配置优化》，载《兰台世界》2017年第17期。

（44）李高峰、马国胜、王文慧《依托新媒体的高校档案大数据共建共享平台建设构想》，载《经营管理者》2017年第11期。

（45）王文慧、马国胜《档案管理软件应用培训的问题与对策研究》，载《兰台世界》2017年第22期。

（46）安聪娥《高校实物档案特色教育功能构建》，载《陕西档案》2017年第1期。

（47）安聪娥《归档章中页数和件号编制方法探讨——关于对新〈归档文件整理规划〉的认识和实践》，载《兰台世界》2017年第3期。

（48）马国胜、王文慧《"南大之星"档案管理系统中的数据导入功能应用分析》，载《兰台世界》2017年第6期。

（49）马国胜、王文慧《农业高校科研档案中的突出问题与对策研究》，载《兰台世界》2017年第20期。

四、西安电子科技大学

1. 编研及著作

（1）档案馆与学校七系合作"高等院校事务管理系统"，1986年10月部级鉴定。获电子工业科技进步二等奖。

（2）校史编委会编《西北电讯工程学院校史》，西北电讯工程学院出版社1987年出版。

（3）档案馆《西北电讯工程学院》（中国著名高等学校概况丛书），知识出版社1987年出版。

（4）范斗、曹启荣等《教学档案建档规范》，1990年机电部鉴定，机办〔1990〕200号颁布试行。

（5）档案馆与学校计算机系合作"高校档案计算机管理系统"，1991年电子部鉴定。

（6）范斗、潘祖彭等《高等学校档案机构工作量及人员配备》，1994年机械部鉴定。

（7）漆再钦、杨妙灯等《机械工业档案管理规范JD/T002》，1994年机械部鉴定，机械部〔1994〕377号颁布施行。

（8）房春安等《辉煌七十周年》画册、《西安电子科技大学》画册，1996年印刷。

（9）杨妙灯副主编《陕西高教档案求是》，西北工业大学出版社1998年出版。

（10）杨妙灯、房春安、刘武宇等《西安电子科技大学基建档案专题汇编》，2000年印刷。获中国机电兵船工业档案学会编研成果二等奖。

（11）周燕来、房春安等《流金岁月》，西安电子科技大学出版社2001年出版。

2. 论文

（1）曹启荣《耗散结构理论与教学档案》，载《机械电子档案》1990年第1期。1989年获机械电子工业档案学会学术论文荣誉奖。

（2）潘祖彭、杨妙灯等《使高校档案进入信息流通领域的探讨》，载《机械电子档案》1991年第2期。1991年获机械电子工业档案学会二等奖。

（3）李文朴、田斌《西电文书档案的挖掘与利用》，1992年获机械电子工业档案学会二等奖。

（4）杨妙灯《档案事业的生命力在于提供利用》，载《档案工作理论与实践》，陕西师范大学出版社1992年出版。1992年获机械电子工业档案学会三等奖。

（5）李文朴《校（院）办公室主任要用新观念抓好档案工作的建设》，载《档案工作理论与实践》，陕西师范大学出版社1992年出版。

（6）田斌《强化档案编研完善检索手段》，载《档案工作理论与实践》，陕西师范大学出版社1992年出版。

（7）曹启荣《开展定题服务是开发档案信息的重要手段》，载《档案工作理论与实践》，陕西师范大学出版社1992年出版。

（8）陈安宁《立足学校档案工作实际，探索档案管理现代化》，载《档案工作理论与实践》，陕西师范大学出版社1992年出版。获陕西省电子工业档案学会优秀论文奖。

（9）曹启荣《开展定题服务充分发挥高校档案作用》，载《机械电子档案》1992年第1期，又载《中国档案管理精览》，中国档案出版社1997年出版。1995年获中国高校档案协会首次档案科研成果参评奖。

（10）杨妙灯《浅谈高校科研档案的超前控制》，载《机械电子档案》1993年第1期，又载《中国新时期社会科学成果荟萃》，中国经济出版社1999年出版。 1992年获机械电子工业档案学会三等奖。

（11）杨妙灯《新形势下高校档案工作的思考》，载《机械电子档案》1994年第3期。1994年获陕西省电子工业档案学会优秀论文第一名；1995年获中国高校档案协会首次档案科研成果参评奖。

（12）曹启荣《浅谈档案信息开发中的深加工》，载《机械电子档案》1994年第6期。1994年获中国机电兵船工业档案学会优秀论文奖；1996年获陕西省首次档案学优秀成果奖。

（13）杨妙灯、刘武宇《浅谈高校设备仪器档案的管理》，载《机械电子档案》1995年第2期。1994年获中国机电兵船工业档案学会优秀论文奖。

（14）杨妙灯《编研架起开发档案信息的桥梁》，1994获陕西省电子工业档案学会优秀论文奖。

（15）曹启荣《档案分类主题一体化的思考》，载《机电兵船档案》1996年第2期。1995年获中国机电兵船工业档案学会三等奖。

（16）房春安《浅谈对照片档案的认识及其作用》，1996年7月获陕西省电子工业档案学会优秀论文奖。

（17）田斌《试论照片档案的整理与深加工》，1996年获陕西省电子工业档案学会优秀论文奖。

（18）房春安《谈照片档案》，载《机电兵船档案》1996年第1期。

（19）刘武宇、杨妙灯《浅谈新形势下档案人员继续教育和素质要求》，载《机电兵船档案》1997年第3期。1996年获陕西省电子工业档案学会优秀论文奖。

（20）曹启荣《新形势下档案检索语言的发展》，1996年获陕西省电子工业档案学会优秀论文奖。

（21）杨妙灯、陈安宁、潘祖彭等《高校档案与社会信息化的接轨》，载《陕西高教档案求是》，西北工业大学出版社1998年出版。1997年7月获陕西省第五次档案学术研讨会优秀论文一等奖。

（22）房春安、李文朴《浅谈基建档案整理编研与利用》，载《机电兵船档案》1997年第1期。1997年获中国机电兵船工业档案学会三等奖。

（23）房春安《怎样搞好档案考评定级》，载《机电兵船档案》1997年第2期。

（24）田斌《对高校档案规范标准化管理的尝试》，载《中国档案管理精览》，中国档案出版社1997年出版。

（25）房春安《法律援助对"档案法"实施办法的思考》，载《机电兵船档案》1998年第2期，又载《陕西高教档案求是》，西北工业大学出版社1998年出版。1998年获中国机电兵船工业档案学会三等奖；1999年获陕西省第六次档案学术研讨会一等奖。

（26）曹启荣《对高校档案定题服务的再思考》，1998年获中国机电兵船工业档案学会论文二等奖、陕西省电子工业档案学会优秀论文奖。

（27）何翔《浅谈高校档案宣传工作的现状及出路》，载《中国档案学会第二届青年档案学术研讨会论文集》，中国档案出版社1998年出版。1999年获青年论文奖。

（28）杨妙灯《重视高校档案目标管理考评定级　提高档案管理水平》，载《当代中国档案学文库》，中国档案出版社1999年出版。1999年获中国机电兵船工业档案学会三等奖。

（29）房春安、田斌《照片档案刍议》，载《当代中国档案学文库》，中国档案出版社1999年出版。1996年获中国机电兵船工业档案学会二等奖。

（30）田斌、李文朴《高校照片档案的整理分类》，载《当代中国档案学文库》，中国档案出版社1999年出版。

（31）杨妙灯、何翔《关于档案价值鉴定工作的思考》，载《新世纪档案理论与实践创新成果》，西安地图出版社2002年出版。入选2002年中国档案学会第六次全国档案学术讨论会；2001年分获中国机电兵船工业档案学会二等奖、教育部直属高校档案工作协会学术论文二等奖第一名。

（32）杨妙灯《高校档案部门的法制建设》，载《陕西档案》2003年第1期。2003年获陕西省电子工业档案学会优秀论文奖第一名。

（33）杨妙灯《高校记忆工程之行政手段探讨》，载《西安电子科技大学学报》

（社会科学版）2004年第1期。2003年获中国机电兵船工业档案学会三等奖。

（34）田斌《完善档案编研的再思考》，载《西安电子科技大学学报》（社会科学版）2004年第1期。

（35）田斌《试论规范公文格式提高案卷质量的有效途径》，载《西安电子科技大学学报》（社会科学版）2004年第1期。

（36）杨黎娟《浅谈研究生学位论文档案管理开发和利用及开发》，载《西安电子科技大学学报》（社会科学版）2004年第1期。

（37）杨妙灯、房春安等《从档案质量探讨科研档案的生命力》，载《陕西档案》2004年第2期。2004年获陕西省档案学会优秀成果（论文类）一等奖、中国机电兵船工业档案学会一等奖；2006年12月获中国档案学会第五次档案学优秀成果奖档案学术论文类三等奖。

五、陕西师范大学

1.编研及著作

（1）解大远、马骏、吕彦明《鲜血换来的丰碑——全国各市、县（旗）历次解放时间资料汇编》，陕西师范大学出版社1986年出版。获陕西省社联三等奖。

（2）杨宏娥、马骏、张自强《档案工作理论与实践》，陕西师范大学出版社1992年出版。

（3）任晓云、吕彦明、赵际星、张丽平《干部档案管理工作问答》，陕西师范大学出版社1993年出版。

（4）张建祥、杨克勇、王景堂《陕西师范大学校史人物传略》，陕西师范大学出版社2006年出版。

（5）张建祥、杨克勇《启夏之路——陕西师范大学图史》，陕西师范大学出版社2007年出版。

（6）张建祥、卢胜利、王景堂、苟亚锋、晋平、问宪莉《陕西师范大学校史人物传略》（管理干部卷1944—1984），陕西师范大学出版社2014年出版。

2.论文

（1）晋平《浅谈案卷装订之弊端及其改进》，载《陕西档案》1987年第2期。获陕西省档案学会三等奖。

（2）马骏、赵际明《档案库房温湿度测试方法新探》，载《陕西档案》1989年第2期。获陕西高教系统档案学会优秀奖。

（3）晋平《档案人员在"升级活动"中的心理素质初探》，载《陕西档案》1990

年第6期。获陕西省档案学会一等奖。

（4）马骏、马琴绒《档案张页号编写新探》，载《陕西档案》1991年第3期。

（5）张京兰《档案的分类整理和编目分类》，载《陕西档案》1991年第4期。

（6）卢佩琴《从院校实际出发，实现档案集中统一管理》，载《解放军档案》1992年第2期。

（7）晋平《档案文件中劣质圆珠笔字迹的超前控制》，载《档案工作》1993年第3期。

（8）杨宏娥《稀世珍宝秦封宗邑"瓦书"研究》，载《陕西档案》1993年第4期。获国家教委直属高校档案协会三等奖。

（9）杨宏娥《档案馆（室）领导何以称职》，载《陕西档案》1994年第4期。获中国高校档案协会三等奖。

（10）马琴绒《档案利用者心理刍议》，载《陕西档案》1994年第4期。

（11）晓云、吕彦明、赵际星、张丽平《人才交流与人事档案》，载《陕西档案》1996年第3期。

（12）晋平《档案"真实性"思忖》，载《陕西档案》1996年第4期。

（13）晋平、耿景和、周倩《实施高校档案实体分类法后文号目录的编制方法》，载《档案学研究》1997年第2期。

（14）晋平《刍议档案心理学的构建》，载《陕西档案》1997年第6期。获陕西高教系统档案学会一等奖。

（15）黎光《信息技术的发展与二十一世纪的档案馆》，载《陕西档案》1997年第6期。

（16）赵豪迈《计算机推动档案现代化管理的三次技术革命》，载《陕西档案》1998年第2期。

（17）晋平《文号编制与著录中问题与对策》，载《档案学研究》1999年第4期。

（18）赵豪迈《现代档案管理模式下的"案卷"作用》，载《档案学通迅》2000年第2期。

（19）晋平《档案价值鉴定的来源原则及其应用》，载《档案学通讯》2000年第2期。获中国档案学会二等奖。

（20）晋平《无"批复"请示的归档处置》，载《中国档案》2000年第6期。

（21）晋平《加强归档文字审校，做好历史的把关人》，载《陕西档案》2001年第1期。

（22）赵豪迈《高等学校学籍档案浅议》，载《陕西档案》2002年第2期。

（23）晋平《不应否认"现行档案"的存在——兼与吴品才同志商榷》，载《档案学研究》2003年第5期。

（24）晋平、耿景和、周倩《政务公开环境下档案开放范围的重新界定》，载《陕西档案》2004年第6期。获陕西高教系统档案学会一等奖。

（25）赵豪迈《电子政务档案（网络）信息资源记忆、存取与知识组织》，载《档案与缩微》2004年春季卷。

（26）晋平《"件中件"也应编目》，载《中国档案》2005年第1期。

（27）晋平、尚瑞清、偶晓霞《从"死档"成因谈附件著录问题》，载《档案管理》2005年第6期。获陕西高教系统档案学会一等奖。

（28）赵豪迈《电子政务新趋势对档案馆造成的影响与对策》，载《档案学研究》2006年第2期。

（29）杨克勇《珍贵的"文革"史料——陕西师范大学档案馆馆藏"文革"小报、刊物浏览》，载《陕西档案》2006年第2期。

（30）杨克勇《一件战国时期的陶文档案》，载《中国档案》2007年第1期。

（31）偶晓霞《谈新时期档案利用服务工作的创新》，载《兰台世界》2007年第3期。

（32）赵豪迈、白庆华《电子政务中利益关系委托代理模型分析》，载《同济大学学报》2007年第1期。

（33）赵豪迈、白庆华《电子政务"数字鸿沟"分析与数字援助政策》，载《情报杂志》2007年第3期。

（34）尚瑞清《西北地区教师的摇篮——陕西师范大学档案工作创新发展纪实》，载《中国档案报》2008年4月21日。

（35）赵豪迈《〈高等学校档案管理办法〉解读》，载《陕西师大报》2008年10月。

（36）偶晓霞、原晓燕、卢佩琴《电子文件信息安全与保护措施研究》，载《兰台世界》2008年第10期。

（37）张莺《政务公开环境下档案开放新视角》，载《兰台世界》2008年第24期。

（38）晋平《关于档案密级问题的再思考》，载《中国档案》2008年第1期。

（39）晋平、偶晓霞、原晓燕《政府信息公开环境下公文标密的缺憾与完善》，载《档案学研究》2009年第2期。获陕西省档案学会优秀成果二等奖。

（40）晋平《高校档案利用办法的实践难题与应对策略》，载《学校档案》2009年第3期。

（41）问宪莉《春风化雨　润物无声——记李震先生二三事》，载《中国研究生》2009年第9期。

（42）晋平《从文献保密等级考量学位论文的合理使用》，载《学位与研究生教育》2010年第10期。

（43）晋平《对〈高校档案实体分类法〉的实践反思与修订建议》，载《档案管理》2010年第6期。

（44）庞莉《机遇与挑战并存——新解〈高等学校档案管理办法〉》，载《现代学术研究》2010年第6期。

（45）庞莉《电子文件背景下高校档案集中管理模式初探》，载《兰台世界》2010年第12期。

（46）孙大东《〈文件与档案研究〉——名副其实的研究之作》，载《档案管理》2010年第6期。

（47）高旭《数字档案信息资源的管理策略》，载《兰台内外》2010年第10期。

（48）高旭《高校数字档案信息资源建设之我见》，载《云南档案》2010年第11期。

（49）孙大东《陕西师范大学档案馆十年（2000—2009年）利用调查》，载《档案管理》2011年第1期。

（50）孙大东《一位谦虚严谨的档案学人——访浙江绍兴文理学院潘连根教授》，载《档案管理》2011年第1期。

（51）孙大东《我国高校档案利用问题研究综述》，载《档案管理》2011年第3期。

（52）孙大东《一路走来 ——访攀枝花学院邹吉辉教授》，载《档案管理》2011年第4期。

（53）孙大东《基于用户需求的高校档案利用工作研究——以陕西师范大学档案馆为个案》，载《档案管理》2011年第5期。

（54）问宪莉《关于加强高校兼职档案员队伍建设的思考》，载《陕西档案》2012年第1期。

（55）问宪莉《关于加强高校民生档案工作的实践与探析》，载《陕西档案》2012年第3期。

（56）孙大东《我国档案安全体系建设研究综述》，载《档案管理》2012年第1期。

（57）晋平、问宪莉《基于贯彻落实"27号令"视域的高校档案利用收费问题研究》，载《档案管理》2012年第1期。

（58）庞莉《基于数字信息长期保存的音频视频档案数字化研究》，载《科技档案》2012年第4期。

（59）问宪莉《高校学籍档案利用流程视角的学历造假分析》，载《陕西档案》2013年第1期。

（60）赵豪迈、高旭《数字档案集中管理技术初探》，载《陕西档案》2013年第6期。

（61）孙大东、高旭《高校档案数字化"黑洞"现象研究》，载《档案管理》2013年第4期。

（62）高旭、赵豪迈《数字档案长期保存利用技术机制》，载《档案学通讯》2013年第6期。

（63）高旭、赵豪迈《论数字档案馆的功能要求》，载《云南档案》2014年第12期。

（64）赵豪迈、庞莉《国外数字档案集中管理的历史、现状与经验》，载《陕西档案》2014年第6期。

（65）庞莉《高校学籍档案翻译过程的服务性思考》，载《档案管理》2015年第2期。

（66）庞莉《高校档案的多元化利用——学籍档案翻译过程的创新研究》，载《云南档案》2015年第7期。

（67）庞莉《面向服务对象的学籍档案利用与翻译机制研究》，载《城建档案》2015年第10期。

（68）曹妍《高校档案管理建设优化策略探析》，载《兰州教育学院学报》2015年第10期。

（69）张莺、杨又溪《对〈高等学校档案管理办法〉的反思》，载《兰台世界》2015年第35期。

（70）高旭、苟亚锋、张莺《高校数字档案馆建设探索与实践——以陕西师范大学为例》，2015年获中国高等教育学会档案工作分会优秀论文二等奖。

（71）高旭、高瑜、赵豪迈《国际档案服务领域的发展现状与研究热点——基于CitespaceIII的可视化图谱分析》，载《档案管理》2016年第1期。

（72）晋平《政府信息公开与档案开放的整合路径探析——基于文档密级标识一体化的思考》，载《档案管理》2016年第3期。

（73）高旭、高瑜、赵豪迈《基于Wos的档案学知识图谱分析》，载《兰台世界》2016年第6期。

（74）庞莉《基于信息安全保障策略的档案外包业务过程监管研究》，载《档案与建设》2016年第3期。

（75）问宪莉《基于"三严三实"视角下的高校档案队伍建设分析与思考》，载《陕西档案》2016年第2期。

（76）晋平《查档者的背影》，载《中国档案》2016年第5期。

（77）问宪莉《高校校史馆德育教育功能及实现路径思考》，载《陕西档案》2017年第1期。

（78）高旭、赵豪迈《我国智慧档案馆研究现状与热点的可视化分析》，载《档案管理》2017年第2期。

（79）晋平《馆藏档案回溯著录应同步兼顾"五项鉴定"》，载《档案管理》2017年第3期。

（80）庞莉《特殊载体档案数字化扫描处理方法探析》，载《北京档案》2017年第6期。

（81）问宪莉、韩春霞《践行"三严三实"要求　加强高校档案队伍建设》，载《历史档案与文化传承》，陕西人民出版社2017年出版。

六、长安大学

1. 科研项目

（1）吕建辉主持完成长安大学教育教学研究课题"大学生信息获取技能训练模式的建立"，2006年3月通过校级专家委员会鉴定验收。

2. 编研及著作

（1）宗培岭、赵秉中《档案文献保护技术学》，航空工业出版社1989年出版。

（2）赵秉中《专门档案管理问答》，档案出版社1989年出版。

（3）吕建辉主编《长安大学年鉴》，2002—2006年，长安大学2003—2007年出版。

（4）吕建辉主编《长安大学年鉴》，2007—2016年，长安大学2007—2016年出版。

3. 论文

（1）赵秉中《教学档案归档范围》，载西安公路交通大学《高教研究》1988年第1期。

（2）赵秉中《档案开放及其对档案馆的挑战》，载《档案》1989年第1期。

（3）赵秉中《当前机关档案工作建设中的几个重大转变》，载《西安档案》1989年第3期。

（4）赵秉中《档案利用形式类型的新探讨》，载《学校档案》1990年第2期。

（5）秦健玲《我们是怎样编制文号卷号对照表的》，载《陕西档案》1990年第3期。

（6）赵秉中《陕西地区第二次档案虫害高潮的发展及其对策》，载《陕西档案》1991年第5期。获陕西省昆虫学会三等奖。

（7）江代有《从档案的本质属性谈档案的监督作用》，载《档案工作理论与实践》，陕西师范大学出版社1992年出版。

（8）秦健玲《关于稳定档案干部队伍的探讨》，载《档案工作理论与实践》，陕西师范大学出版社1992年出版。

（9）赵秉中《对档案虫害在新疆地区种类与分布的探讨》，载《新疆档案》1992年第1期。

（10）李秀英《运用PDCA循环的现代科学管理手段促进院校档案管理工作的发展》，载《档案工作理论与实践》，陕西师范大学出版社1992年出版。

（11）黄明娟《浅谈科技档案参考工具编制和利用》，载西安工程学院《高教研究》1992年第2期。

（12）史文智《试谈高等学校教学档案的作用》，载《档案工作理论与实践》，陕西师范大学出版社1992年出版。

（13）王秉纲《加强领导，发展高校档案工作》，载《陕西档案》1992年第4期。

（14）杨希琴《浅谈高校基建档案的管理》，载《西安档案》1993年第2期。

（15）黄明娟《浅议高校科技档案人员的职业素质》，载西安工程学院《高教研究》1993年第1期。

（16）赵秉中《中国档案害虫区系研究》，载《陕西档案》1993年第1期。获陕西省人民政府二等奖。

（17）秦健玲《关于高校档案情报资料"一体化"的设想》，载西安工程学院《高教研究》1993年第1期。获陕西高教系统档案学会三等奖。

（18）秦健玲《学校档案在教学评价的使用与启示》，载西安工程学院《高教研究》1993年第1期。

（19）赵秉中《对档案防虫剂防虫效果的探讨》，载《西安档案》1993年第3期。

（20）江代友、汪表《"档政不分"——中国古代的一个怪圈》，载《陕西档案》1994年第3期。

（21）江代有《档案，助廉政一臂之力》，载《陕西档案》1994年第6期。

（22）任芳娥《档案部门也应公关》，载《陕西档案》1994年第4期。获陕西省档案学会三等奖。

（23）江代有《市场经济条件下档案人员应具备的五个"V"素质》，载《陕西档案》1995年第6期。

（24）江代有《历史档案是进行民族主义教育的好素材》，载《西安档案》1995年第1期。

（25）任芳娥《档案库藏也要"吐故纳新"——谈过期档案的鉴定与销毁》，载《西安档案》1995年第6期。

（26）任芳娥《谈谈高校档案馆库建设》，载《陕西档案》1995年第4期。

（27）赵秉中《档案有害微生物的定义及种类》，载《陕西档案》1995年第3期。获陕西省档案学会三等奖。

（28）刘晓梅《高校兼职档案工作浅议》，载西北建筑工程学院《高教研究》1995年第3期。

（29）刘爱萍《档案的全和精》，载《陕西档案》1995年第3期。

（30）刘爱萍《简析"请示"与"函"错位现象》，载《陕西档案》1996年第2期。

（31）刘爱萍《检查档案应该成为制度》，载《西安档案》1996年第4期。

（32）刘晓梅《从教学工作合格评价的信息收集看档案建设》，载西北建筑工程学院《高教研究》1996年第3期。

（33）赵秉中《档案的除氧保护》，载《陕西档案》1996年第4期。

（34）赵秉中《有害微生物毁坏档案的过程和机理》，载《陕西档案》1997年第3期。

（35）任芳娥《试论"分级断号开放型编号法"之短长》，载《陕西档案》1997年第5期。获陕西高教系统档案学会一等奖。

（36）任芳娥《档案库藏也要"吐故纳新"》，载《中国档案管理精览》，中国档案出版社1997年出版。

（37）任芳娥《档案商品论质疑》，载《中国档案管理精览》，中国档案出版社1997年出版。

（38）任芳娥《关于档案实体编号的思考》，载《陕西高教档案求是》，西北工业大学出版社1998年出版。1998年获中国高等教育学会档案工作分会二等奖、陕西高教系统档案学会一等奖。

（39）任芳娥、秦健玲《档案工作者职业道德浅议》，载《陕西高教档案求是》，西北工业大学出版社1998年出版。

（40）秦健玲《学校档案在教学评价中的作用与思考》，载《陕西高教档案求是》，西北工业大学出版社1998年出版。获陕西高教系统档案学会二等奖。

（41）赵秉中《档案害虫在各省区的种类和各虫种分布的省区》，载《陕西档案》1998年第2期。

（42）赵秉中《我国法治档案公害的历史发展》，载《西安档案》1998年第2期。

（43）赵秉中《花斑皮蠹的特征及其防治》，载《西安档案》1998年第5期。

（44）赵秉中《档案的首要害虫——药甲虫》，载《西安档案》1998年第6期。

（45）刘晓梅《高校兼职档案工作浅议》，载《陕西高教档案求是》，西北工业大学出版社1998年出版。

（46）史文智《浅议我院档案管理工作》，载西安公路学院《高教研究》1988年第1期。

（47）史文智《谈高等学校工作机构建设》，载《西安档案》1988年第2期。

（48）刘晓梅《新形式下高校档案管理工作面临的新课题》，载《陕西档案》1999年增刊。

（49）赵秉中《档案遭受毁坏的人为因素》，载《西安档案》1999年第4期。

（50）赵秉中《维护档案的完整与安全是档案人的天职》，载《西安档案》1999年第6期。

（51）赵秉中《新型档案材料的特征及其保护》，载《陕西档案》1999年第5期。

（52）刘爱萍《代办查档好处多》，载《云南档案》1999年第4期。

（53）史文智《试谈档案室与档案利用者的关系》，载《当代中国档案学文库》（第一卷），中国档案出版社1999年出版。

（54）史文智《关于档案工作者专业思想稳定性的探讨》，载《陕西档案》1999年增刊。

（55）刘爱萍《文书处理三问题》，载《广州档案》2000年第2期。

（56）史文智《漫谈档案与精神文明》，载《教育科学研究》，内蒙古大学出版社2000年出版。

（57）史文智《高校档案室档案信息工作的实践与思考》，载《陕西档案》2000年增刊。

（58）史文智《新时期档案工作者素质要求初探》，载《当代中国档案学文库》（第二卷），中国档案出版社2001年出版。

（59）赵秉中《关中地区危害档案的几种蜚蠊》，载《陕西档案》2001年第4期。

（60）任芳娥、史文智《试论档案实体编号"两套制"》，载中国人民大学书报资料中心《档案学》2001年第5期。获陕西省档案学会二等奖。

（61）刘爱萍《浅谈档案利用工作四忌》，载《陕西档案》2001年第6期。

（62）赵秉中《关中地区危害档案的几种蜚蠊（二）》，载《陕西档案》2001年第5期。

（63）赵秉中《档案虫害的预测预报》，载《西安档案》2001年第3期。

（64）赵秉中《档案文献安全长效杀虫剂的研制与使用》，载《西安档案》2001年第4期。

（65）赵秉中《文献害虫的饲养》，载《西安档案》2001年第5期。

（66）赵秉中《激素在档案虫害防治中的研究应用》，载《西安档案》2002年第5期。

（67）刘晓梅《WTO与高校档案事业的发展》，载《新世纪档案理论与实践》，西安地图出版社2002年出版。

（68）刘晓梅《留学生的史料一则》，载《华夏文化》2002年第2期。

（69）詹弘《档案管理效益浅议》，载《新世纪档案理论与实践》，西安地图出版社2002年出版。

（70）赵秉中《档案害虫天敌昆虫的研究与应用》，载《西安档案》2003年第2期。

（71）赵秉中《黄金分割在档案管理和生活中应用》，载《西安档案》2003年第5期。

（72）赵秉中《档案库房消毒慎用过氧乙酸》，载《陕西档案》2003年第3期。

（73）秦健玲、吕建辉《高等学校档案工作现状分析及对策》，载《陕西档案》2003年第5期。获陕西高教系统档案学会三等奖。

（74）秦健玲《学籍档案利用中一些问题的探讨》，载《陕西档案》2004年第2期。

（75）赵秉中《档案害虫防治中以菌制虫的研究应用》，载《西安档案》2004年第1期。

（76）赵秉中《到达美洲大陆最早的是中国人》，载《西安档案》2004年第3期。

（77）刘晓梅《放"待销毁档案"一条生路》，载《陕西档案》2004年第3期。

（78）吕建辉、秦健玲《论档案系列专业技术职务资格量化评审体系的建立》，载《档案学研究》2004年第2期。

（79）吕建辉《高等院校年鉴编纂概述》，载《年鉴信息与研究》2004年第6期。

（80）赵秉中《郑和对世界人民的贡献》，载《西安档案》2005年第2—3期。

（81）赵秉中《档案害虫的辐射和不育防治》，载《西安档案》2005年第5期。

（82）詹弘、吕建辉等《档案工作人员的继续教育研究》，载《兰台世界》2005年第7期。

（83）吕建辉《论档案部门干部素质的考核与提高》，载《兰台世界》2005年第

12期。

（84）吕建辉《论档案馆（室）人本管理中的"导化"》，载《档案学通讯》2006年第3期。

（85）吕建辉《论年鉴客观效能的目标性》，载《年鉴信息与研究》2006年第4期。

（86）赵秉中《中国人开发了美洲大陆》，载《西安档案》2006年第2期。

（87）刘晓梅《"易俗诸君未许轻"——丁玲与易俗社》，载《陕西档案》2006年第1期。

（88）刘晓梅《数码相片档案的归档与管理》，载《城建档案》2007年第6期。

（89）吕建辉、刘晓梅《档案历史内涵的挖掘及现实意义的彰显》，载《兰台世界》2007年第2期。

（90）吕建辉《档案馆知名度与美誉度提升的实践探索》，载《档案学通讯》2007年第3期。

（91）吕建辉《年鉴的价值及其编辑》，载《中国科技期刊研究》2007年第4期。

（92）吕建辉《有"为"必有"位"》，载《陕西档案》2007年第4期。

（93）吕建辉等《〈陕西省普通高等学校档案工作检查标准〉解读》，载《陕西教育》（高教版）2011年第4期。

（94）詹弘《小议档案工作人员的继续教育》，载《教育教学论坛》2012年总41期。

（95）张建娥、吕建辉《"馆人合一"——校史馆建设模式的理论与实践探索》，载《陕西档案》2012年第5期。

（96）赵维超《档案工作在企业知识管理中的新定位》，载《办公室业务》2013年第22期。

（97）詹弘《从馆藏档案看新中国口号标语的变迁》，载《学子》2013年第9期。

（98）詹弘《延河大桥与大桥设计者史话——记长安大学教授周楫》，载《黑龙江史志》2013年总306期。

（99）詹弘《对陕西高校新校区建设项目档案管理工作的反思》，载《教育教学论坛》2013年第43期。

（100）赵维超等《我国综合档案馆开放档案的问题与对策探讨》，载《兰台世界》2014年第14期。

（101）赵维超等《基于实践视角的企业档案鉴定问题与对策探析》，载《兰台世界》2014年第20期。

（102）赵维超等《我国综合档案馆开放档案的SWOT分析》，载《黑龙江档案》

2014年第1期。

（103）赵维超等《浅谈我国的电子文件管理模式》，载《黑龙江档案》2014年第1期。

（104）詹弘《高校档案馆与大学审美教育浅析》，载《教育教学论坛》2014年总177期。

（105）詹弘《论档案馆与校园文化建设的互动关系》，载《教育教学论坛》2014年第41期。

（106）藏萌《社会主义核心价值体系引领高校档案工作发展的路径探索》，载《产业与经济论坛》2014年第7期。

（107）藏萌《高校档案信息化建设的若干思考》，载《统计与管理》2014年第7期。

（108）贺冰花、吕建辉《基于微信的高校档案信息服务探析》，载《科技情报开发与经济》2015年第23期。

（109）詹弘《档案馆文化功能开发过程中存在的不足及其改进措施》，载《黑龙江档案》2015年第5期。

（110）贺冰花、吕建辉《基于物流网技术的档案存储环境监测》，载《山西科技》2016年第1期。

（111）赵维超《档案开放鉴定的问题与对策辨析》，载《办公室业务》2016年第12期。

（112）赵维超、吕建辉《浅析信息化背景下对档案职业能力的拓展》，载《档案天地》2016年第6期。

（113）藏萌、杜向民、吕建辉《高校档案工作相关利益主体研究》，载《山西档案》2016年第4期。

（114）赵维超《浅析信息化背景下对档案职业能力的拓展》，载《办公室业务》2017年第2期。

（115）藏萌、吕建辉《档案"收管用"创新管理实践探索——以长安大学为例》，载《办公室业务》2017年第1期。

（116）藏萌、吕建辉《高校档案OTO服务发展模式探究》，载《中国档案》2017年第2期。

七、西北大学

1. 科研项目

（1）王旭州主持完成西北大学研究生教育教学改革研究项目"1956—1966年西北

大学研究生教育研究"，项目编号为YJG14009。

2. 编研及著作

（1）崔漪、程玲华主编《西北大学教授专家名录》，西北大学出版社1994年出版。获中国高等教育学会档案工作分会科研成果二等奖、陕西省档案局档案学优秀成果二等奖。

（2）赵弘毅、程玲华主编《西北大学大事记（1901—2002年）》，西北大学出版社2002年出版。获陕西省高等教育学会优秀高教研究成果奖。

3. 论文

（1）程玲华《浅议档案人员的监督指导职能》，载《学校档案》1989年第2期。

（2）程玲华《对高校档案分类编号的点滴思考》，载《西北大学学报》（社会科学版）1990年第3期。获陕西档案局档案学优秀成果二等奖、陕西高教系统档案学会优秀论文奖。

（3）程玲华、桑玉祥《谈我校档案工作的管理体制》，载《西北大学高教研究》1990年第2期。

（4）程玲华《浅议档案教育与档案学发展的关系》，载《档案工作理论与实践》，陕西师范大学出版社1992年出版。

（5）程玲华《搞好业务培训是提高档案人员素质的有效途径》，载《陕西档案》1993年第3期。

（6）张叶《对高等院校实施档案分类法和档案工作规范的几点思考》，载《陕西档案》2001年第2期。

（7）张叶《论高校档案在西部大开发中所面临的发展与创新》，载《西北大学学报》2001年第3期。获陕西省档案学会二等奖。

（8）张叶《关于大学教学科研档案信息资源开发与利用的分析与思考》，载《陕西档案》2001年第5期。

（9）张叶《试论高校档案意识》，载《高校发展研究》2001年第2期。

（10）陶利《实体分类法与高校档案工作的标准化与规范化》，获陕西高教系统档案学会论文二等奖。

（11）曹振明《西北联大的使命自觉——兼谈西北联大"公诚勤朴"校训》，载《西北联大与中国高等教育》，西北大学出版社2013年出版。

（12）曹振明《西北开发与西北联大——以学科为中心的考察》，载《西北联大与中国高等教育 Ⅱ》，世界图书出版公司2014年出版。

（13）邵婧《关于新形势下高校档案法治建设的思考》，载《知识文库》2015年第18期。

（14）邵婧《关于新形势下高校档案信息化建设的思考》，载《长江丛刊》2015年第19期。

（15）齐鸿雁：《新常态下地方高校档案工作的思考》，载《陕西档案》2015年第4期。

（16）王旭州《抗战时期的西北大学抗日救亡运动》，载《陕西档案》2015年第5期。

（17）齐鸿雁《大数据时代档案管理的"新三观"》，载《陕西社会主义学院学报》2016年第1期。

（18）王旭州《由一起档案查阅案例引发的思考》，载《陕西档案》2016年第3期。

（19）邵婧《新形势下高校毕业学生档案管理工作存在的问题和对策》，载《山西青年》2016年第22期。

（20）王旭州《西北大学研究生招生工作的历史研究与启示——以1956—1966年西北大学档案为依据》，载《新西部》（理论版）2017年第5期。

八、西安理工大学

1. 科研项目

（1）王芊主持完成横向课题"档案管理在小型科技企业中的应用"（602-400231301）。

2. 编研及著作

（1）许行珺《西安理工大学2011—2015年教学成果获奖情况一览表》，西安理工大学2016年印刷。

（2）王艳琴《西安理工大学2011—2015年科研获奖情况一览表》，西安理工大学2016年印刷。

（3）许行珺《1990—2014年研究生学位资料姓名索引目录》，西安理工大学2017年印刷。

（4）许行珺《2015届、2016届本科毕业生信息汇编》，西安理工大学2017年印刷。

（5）冯春莲《西安理工大学部分领导小组（委员会）名单》，西安理工大学2017年印刷。

3. 论文

（1）刘英则《增强档案意识提高法制观念，切实做好高校档案工作》，载《陕西档案》1994年。

（2）刘英则《考评定级对档案事业发展的作用》，载《陕西档案》1997年第5期。

（3）刘英则《影响档案质量的因素及对策》，载《机电兵船档案》1997年第5期。

（4）刘英则《高校档案图书情报一体化管理初探》，载《情报杂志》1997年第6期。

（5）刘英则《基层重要科技档案如何进馆》，载《陕西档案》1988年第2期。

（6）冯春莲《以档案建设促档案利用》，载《机电兵船档案》1999年第6期。

（7）冯春莲《贯彻〈归档文件整理规则〉开创高校档案管理新局面》，载《机电兵船档案》2003年第5期。

（8）王艳琴《网络环境下档案安全防治的探析》，载《档案》2003年第4期。

（9）王艳琴《加强照片档案的科学管理》，载《陕西档案》2003年第4期。

（10）王艳琴《浅析档案信息的利用》，载《中国高等教育与科学研究》，陕西人民出版社2003年出版。

（11）王艳琴《影响高校科研档案信息资源利用的因素》，载《陕西档案》2004年第2期。

（12）王艳琴《电子档案管理存在的问题与对策》，载《西北大学学报》2004年第5期。

（13）王艳琴《论高校基建档案的质量管理》，载《西安电子科技大学学报》2004第3期。

（14）王艳琴《高校科研档案信息资源的开发与利用》，载《档案》2004年第5期。

（15）王艳琴《科研档案网络化面临的问题与对策》，载《档案》2004年第6期。

（16）王艳琴《议照片档案的保护》，载《山西档案》2004年第2期。

（17）王艳琴《高校电子档案收集归档工作的探讨》，载《陕西档案》2004年第5期。

（18）王艳琴《高校科研档案管理中的知识产权保护》，载《陕西师范大学学报》2004年第5期。

（19）王艳琴《加入WTO对高校档案事业发展的影响》，载《档案》2005年第5期。

（20）王艳琴《浅析霉菌对档案的危害及防治》，载《西安电子科技大学学报》2005年第1期。

（21）王艳琴《激光打印件档案字迹耐久性的探析》，载《陕西档案》2005年第2期。

（22）王艳琴《电子档案与纸质档案长期并存的思考》，载《档案与建设》2006

年第1期。

（23）王艳琴《对当前高校基建档案工作的思考》，载《陕西档案》2006年第2期。

（24）王艳琴《加强高校科研证书类档案管理》，载《陕西档案》2007年第2期。

（25）张发亮、晋平《政务信息公开环境下档案密级鉴定工作的思索》，载《兰台世界》2008年第18期。

（26）张发亮《强化高校新校区重点建设项目档案管理的探讨》，载《机电兵船档案》2008年第6期。

（27）冯春莲《推动家庭档案建设的社会意义》，载《新情况、新热点、新方法——2009年档案工作透视》，中国档案出版社2009年出版。

（28）冯春莲、张发亮《历史档案的价值再现》，载《机电兵船档案》2009年第4期。

（29）冯春莲《积极推动家庭电子档案建设》，载《陕西档案》2009年第5期。

（30）王艳琴、王文娟《探索高校科研专利档案的科学管理》，载《陕西档案》2009年第6期。

（31）冯春莲《影响高校档案利用的因素及对策》，载《陕西档案》2010年第6期。

（32）冯春莲《新时期高校档案编研工作的方式与途径》，载《机电兵船档案》2011年第1期。

（33）王艳琴《如何突破竣工图质量瓶颈》，载《陕西档案》2012年第4期。

（34）王艳琴《如何突破高校基建档案进馆难的问题》，载《陕西档案》2012年第6期。

（35）冯春莲《高校人事档案载体规格的变迁与思考》，载《机电兵船档案》2013年第3期。

（36）许行珺《完全学分制下高校毕业生成绩单组卷方法谈》，载《陕西档案》2017年第1期。

（37）许行珺《人事档案补充学籍档案的实践与思考》，载《陕西档案》2017年第2期。

（38）许行珺《高校学籍档案利用中的隐私问题及对策》，载《机电兵船档案》2017年第4期。

（39）王芊《档案、图书与情报的融合发展模式》，载《图书情报》2017年第4期。

（40）王芊《中外档案发展历程比较分析》，载《卷宗》2017年第5期。

（41）王芊《发挥档案优势服务"一带一路"建设》，载《办公室业务》2017年第9期。

九、西安建筑科技大学

1.科研项目

（1）谢尊贤主持的"档案馆安全风险评估研究"获准国家档案局科技项目计划立项（2017-R-04）。

（2）谢尊贤主持的"我校档案管理体系建设与实践研究"获准西安建筑科技大学高等教育科学研究项目立项（GJ160210）。

（3）谢尊贤主持的"高校大学生档案规范化管理研究"获准西安建筑科技大学教改项目立项（JG021648）。

（4）陈丹主持完成了获准西安建筑科技大学青年科技基金项目"高校档案服务大学文化建设研究"（QN1448）。

（5）吴晓茹主持完成了获准西安建筑科技大学青年科技基金项目"网络环境下高校校友档案管理模式的探索"（QN1449）。

（6）吴晓茹主持的"基于互联网+的我校毕业生出国成绩翻译系统"获准西安建筑科技大学教改项目立项（JG021750）。

（7）文小琼主持完成了陕西省科技厅工业攻关项目"学生档案信息管理系统"（2009K01-49）。

（8）文小琼主持完成了西安建筑科技大学教改项目"学生档案信息化管理模式的构建"（JG021236）。

2.论文

（1）张新宏《教学档案管理研究》，1995年获冶金部高校档案学会论文三等奖。

（2）张新宏《高校档案馆（室）在学校教学工作水平评估中的地位和作用》，2006年获陕西高教系统档案学会第十三次学术会论文二等奖。

（3）张新宏《高校电子文件的形成与归档管理》，2006年获陕西高教系统档案学会第十三次学术会论文三等奖。

（4）张新宏《谈高校档案馆（室）的保密工作》，载《学校档案》2006年第4期。

（5）李小花、张新宏《高校档案馆（室）网络信息安全防护体系的建立与维护》，载《中国教育教学杂志》2007年总144期。获中国教育教学研究会论文评比一等奖。

（6）文小琼《高校档案工作机遇、发展与创新关系研究》，载《档案学通讯》2009年第6期。

（7）文小琼《普通高校毕业生档案管理工作中的问题及对策研究》，载《陕西教育》（高教版）2009年第5期。

（8）文小琼《高校学生党员档案管理对策研究》，载《陕西档案》2012年第4期。

（9）文小琼、张新《对做好高校学生档案管理工作的思考》，载《黑龙江档案》2012年第6期。

（10）文小琼《高校学生党员档案管理对策研究》，载《陕西档案》2012年第4期。

（11）吴晓茹《高校学生档案管理工作研究》，载《决策与信息》2013年第1期。

（12）吴晓茹、文小琼、张新宏《高校学生档案管理系统的研发与构建》，载《决策与信息》2013年第3期。

（13）吴晓茹《高校新校区基建档案管理之我见》，载《决策与信息》2013年第5期。

（14）吴晓茹、陈丹、张新宏《构建高校学生档案信息化管理新模式》，载《陕西档案》2014年第4期。

（15）陈丹、吴晓茹《高校档案服务大学文化建设》，载《劳动保障世界》2015年第7期。

（16）陈丹《新常态下高校档案馆的发展路径研究》，载《劳动保障世界》2015年第33期。

（17）陈丹、吴晓茹《档案馆网站的人文特色建设》，载《企业技术开发》2015年第10期。

（18）陈丹、谢尊贤、鲁莉《高校档案馆文化功能扩展路径及策略研究》，载《北京档案》2016年第8期。

（19）吴晓茹《高校档案库存管理存在的问题及对策》，载《山西档案》2016年第1期。

（20）吴晓茹、张欢《构建校友档案信息化管理新模式》，载《山西档案》2016年第4期。

（21）陈丹《高校档案信息化建设研究》，载《信息与电脑》（理论版）2016年第13期。

（22）吴晓茹《陕西高校档案网站调查分析研究》，载《陕西档案》2017年第2期。

（23）陈丹《可持续发展理念下的高校档案数字化建设分析》，载《科技经济导刊》2017年第26期。

十、陕西科技大学

1. 论文

（1）张桂香《教学档案分类之我见》，载《轻工高教研究》1990年第2期。

（2）张桂香《浅谈人物档案建立》，载《机电教育档案通讯》1991年。

（3）杨敏霞《对开展档案著录工作之浅见》，载《档案工作理论与实践》，陕西师范大学出版社1992年出版。

（4）刘玉、邓善勇《做好新形势下高校档案工作的几点体会》，载《档案工作理论与实践》，陕西师范大学出版社1992年出版。

（5）杨敏霞《对高校教学报档案的文献分布及著作情况统计分析》，1994年获档案学术论文三等奖。

（6）杨敏霞《加强基层管理，搞好教学科研》，载《社会科学与高教探索》1995年第2期。

（7）杨敏霞《高校实验设备档案管理问题探讨》，载《高教研究通讯》1996年第2期。

（8）杨敏霞、王雯《我院是如何开展档案管理达标升级的》，载《陕西档案》1996年第4期。

（9）杨敏霞《高校外事档案的特点及探讨》，载《社会科学与高教探索》1997年第1期。

（10）张桂香《学校应用综合档案管理系统》，1997年获陕西省轻工业局科学进步一等奖。

（11）杨敏霞《对高校学报及档案的文献分布及著者情况数理统计分析》，载《陕西高教档案求是》，西北工业大学出版社1998年出版。

（12）刘玉《我们是如何赢得领导对档案工作重视和支持的》，载《陕西档案》2003年第4期。

（13）刘玉、邓善勇、刘愁《信息时代档案队伍建设的几点思考》，载《陕西档案》2003年第5期。

（14）郑勇、侯燕芳《关联研究中信息的提取与压缩》，载《陕西科技大学学报》（自然科学版）2011年第4期。

（15）李江瑞《高校档案评估工作带来的思考》，载《陕西档案》2012年第6期。

（16）郑勇、李江瑞《基于信息化技术下的高校档案管理创新》，载《内蒙古科技与经济》2013第13期。

（17）李江瑞《RFID技术在高校档案现代化管理中的应用》，载《陕西档案》2013年第2期。

（18）王娟《〈王凤仪嘉言录〉阅读疗愈作用阐释》，载《宿州教育学院学报》2014年第4期。

（19）王娟《档案检查后续影响的追踪探讨——以陕西科技大学为例》，载《山西档案》2015年第4期。

（20）王娟、陈南仿《朗达·拜恩〈秘密〉阅读疗愈作用阐释》，载《芒种》2015年第18期。

（21）李江瑞、郑勇《云技术在高校档案馆中的应用》，载《兰台世界》2015年第29期。

（22）李江瑞、郑勇《高校数字档案馆云服务平台的构建》，载《兰台世界》2016年第21期。

（23）李江瑞、赵丽《新加坡国家档案馆网站信息服务建设策略及其启示》，载《档案管理》2017年第2期。

十一、西安科技大学

1. 论文

（1）张治红《高校管理工作应注重学生素质的培养》，载《高等教育研究》2002年第2期。

（2）郭怀珍《高校毕业生遗留档案管理中存在的问题与思考》，载《新世纪档案理论与实践创新成果》，西安地图出版社2002年出版。

（3）郭怀珍、李瑞《浅谈高校人事档案的作用》，载《高等教育研究》2002年第1期。

（4）李瑞《论知识经济时代档案人员的素质》，载《科技人才市场》2002年第2期。

（5）李瑞《浅议科技档案基本价值及开发利用》，载《高等教育研究》2002年第2期。

（6）李瑞、郭怀珍《浅议科技档案基本价值及开发利用》，载《高等教育研究》2002年第2期。

（7）李瑞、郭怀珍《浅谈高校人事档案的作用》，载《高等教育研究》2002年第1期。

（8）杨清《论档案管理中"卷"改"件"的实施》，载《科技人才市场》2003年第3期。

（9）杨清《信息时代档案的现代化管理》，载《西安科技学院学报》2003年增刊。

（10）张治红《高校毕业生就业指导课不容忽视》，载《高等教育研究》2003年第1期。

（11）张治红《从毕业生看高校学生思想政治工作》，载《西安科技学院学报》

2003年第1期。

（12）郭怀珍《数字化信息时代对高校学生档案管理的思考》，载《西安科技学院学报》2003年增刊。

（13）李瑞《结合大学生心理特点开展心理健康教育》，载《西安科技学院学报》2003年第1期。

（14）李瑞《简论加强高校档案管理工作的途径》，载《陕西教育学院学报》2004年第2期。

（15）李瑞《浅议科技档案信息资源开发途径》，载《西安科技学院学报》2004年增刊。

（16）张治红《新时期高校共青团工作的几点体会》，载《高等教育研究》2004年第1期。

（17）张治红《学生思想素质与其他诸素质培养过程的相互渗透》，2004年7月获西安科技大学思想政治教育研究课题三等奖。

（18）杨清《以人为本，狠抓高校师德建设》，载《西安科技大学学报》2006年第2期。

（19）张治红《浅谈高校学生管理工作》，载《唐都学刊》2007年第4期。

（20）李瑞《做好高校人事档案管理工作之我见》，载《陕西教育学院学报》2007年第1期。

（21）杨清《声像档案的管理问题及对策》，载西安科技大学《高等教育研究》2007年第2期。

（22）郭怀珍《信息化把档案请出高阁》，载《中国校外教育》2007年第8期。

十二、西安石油大学

1. 论文

（1）陈光军、纪侠玲《教学档案标准化初探》，载《沈阳档案》1988年第3期。

（2）陈光军《运用系统工程管理综合档案室》，载《图书与情报》1989年第2期。

（3）陈光军《搞好高等学校教学档案分类》，载《图书与情报》1990年第1期。

（4）许丹《学习档案知识，增强档案意识》，载《图书与情报》1990年第1期。

（5）陈光军《高校照片载体档案分类与编号的探讨》，载《图书与情报》1991年第1期。

（6）陈光军《依据〈办法〉论学校档案分类》，载《档案工作理论与实践》，陕西师范大学出版社1992年出版。

（7）许丹《科技工作者档案意识转变初探》，载《图书与石油科技信息》1994年第3期。

（8）陈光军、张淑芬、张吉满《高校档案信息产品推向社会主义市场经济的特点》，载《陕西档案》1994年第6期。1994年获陕西高教系统档案学会一等奖。

（9）张淑芬、杨宏娥、陈光军《浅谈学校资料工作的管理》，载《高教新论　高等教育教学研究论文选集》，1994年。

（10）史足民、张淑芬《创优争先做好档案目标管理考评定级工作》，载西安石油学院《高教研究》1996年第1期。

（11）许丹《谈科技档案信息与技术市场》，载西安石油学院《高教研究》1996年第1期。1996年获陕西省档案学会三等奖。

（12）张淑芬、王瑛、许丹《试论新时期档案工作人员的职业道德建设》，载《新时期思想政治工作研究》，西北大学出版社1997年出版。1997年获陕西高教系统档案学会二等奖。

（13）何军民、张淑芬、耿岭、崔亚新《社会主义市场经济条件下办公室人员的素质修养》，载《新时期思想政治工作研究》，西北大学出版社1997年出版。

（14）张淑芬、张吉满《试论高校期刊档案的归档范围与整理》，载《社会科学论丛》，陕西人民出版社1998年出版。

（15）张淑芬《做好达标定级工作，提高档案管理水平》，载《陕西高教档案求是》，西北工业大学出版社1998年出版。

（16）张淑芬《试论教学评价与档案工作的关系》，载《高校办公室工作理论与实践》，西北大学出版社1999年出版。

（17）张淑芬《认真做好高校教学档案工作，积极为教育教学服务》，载《转变教育思想提高教育质量》，西北大学出版社2002年出版。

（18）张淑芬《普通高等院校档案管理实践与思考》，载《加强教学工作提高教育质量》，西安地图出版2004年出版。

（19）张淑芬《以教学评估为契机，促进高校档案管理》，载《教育改革与创新》，西安地图出版社2006年出版。

（20）朱媛《加强期刊管理，改善信息服务》，载《科技文献信息管理》2008年第1期。

（21）朱媛《关于高校档案馆地质灾难管理体系的震后反思》，载《沧桑》2010年第1期。

（22）薛金玲《高校图书馆学科馆员制度对档案管理工作的启示》，载《科技文献信息管理》2010年第6期。

（23）陈芳《现代高校档案馆专题馆员职能发挥》，载《才智》2012年第5期。

（24）陈芳《高校档案馆社会服务功能拓展浅议》，载《办公室业务》2012年第7期。

（25）薛金玲《试论民俗档案的开发资源模式研究》，载《西安石油大学学报》2012年第6期。

（26）薛金玲《高校图书情报档案一体化管理探讨》，载《科技文献信息管理》2012年第1期。

（27）许红英《高校档案管理存在的问题及解决对策》，载《教育教学论坛》2014年第1期。

（28）许红英《高校档案管理存在的问题及对策》，载《山东行政学院学报》2014年第4期。

（29）陈芳《高校档案馆的功能及发展浅论》，载《办公室业务》2015年第3期。

（30）薛金玲《档案鉴定与销毁中存在问题与解决办法》，载《科技文献信息管理》2016年第3期。

（31）姜春宇《专业认证思想与实践对档案学人才培养的启示》，载《档案学通讯》2017年第1期。

十三、西安工业大学

1. 论文

（1）范斗《档案学史上一个科学的定义》，载《陕西档案》1988年第2期。

（2）范斗、郭亚广《再议高等教学档案的建立及管理》，载西安工业学院《高等教育研究》1988年第1期。

（3）吴怀真《人事档案的利用与人事材料综合卡》，载西安工业学院《高等教育研究》1988年第2期。

（4）桑玉祥、范斗《一部典型的古典教学档案——〈论语〉》，载西安工业学院《高等教育研究》1988年第2期。

（5）范斗《档案工作者应率先学习、宣传、贯彻〈档案法〉》，载《机械电子档案》1988年第2期。

（6）范斗、李金钢《关于"档案定义"中主概念的选择的浅见》，载《机械电子档案》1989年第2期。

（7）桑玉祥、李润清、范斗《对档案类目细分方法的探讨》，载《西北大学学报》1989年第2期。

（8）范斗、李金钢《学习〈中国档案分类法〉的几点浅见》，载《学校档案》

1989年第3期。

（9）李金钢《建立完整、系统、规范的教学档案的几个问题》，载西安工业学院《高等教育研究》1990年第3—4期。

（10）邢月娟《教学档案管理浅见》，载西安工业学院《高等教育研究》1990年第3—4期。

（11）李金钢《关于宣传、灌输"档案意识"的几个问题》，载《机械电子档案》1991年第2期。

（12）王新慧、孙爱华、范斗《浅谈企业、事业单位综合档案机构的整体职能》，载西安工业学院《高等教育研究》1991年第3期。获机械电子工业档案学会三等奖。

（13）范斗《关于高校档案分类的新构想》，载《档案工作理论与实践》，陕西师范大学出版社1992年出版。

（14）王新慧、李润清《对会计档案定义的探讨》，载《档案工作理论与实践》，陕西师范大学出版社1992年出版。

（15）孙爱华《试论机械电子工业部试行的〈教学档案建档规范〉的特色》，载《档案工作理论与实践》，陕西师范大学出版社1992年出版。

（16）李金钢《增强档案意识浅议》，载《档案工作理论与实践》，陕西师范大学出版社1992年出版。

（17）李金钢《我院教学档案利用类型的探讨》，载西安工业学院《高等教育研究》1992年第3—4期。

（18）范斗《学习、宣传、贯彻〈档案法〉要在执法上下功夫》，载《机械电子档案》1992年第4期。

（19）范斗、李文朴、潘祖彭《试论行业档案学术组织的主要任务》，载西安工业学院《高等教育研究》1993年第1期。获机械电子工业档案学会一等奖。

（20）李金钢《教学档案利用问题浅探》，载《学校档案》1993年第1期。

（21）邢月娟《试论照片档案的特点及管理》，载西安工业学院《高等教育研究》1993年第2期。

（22）范斗、白凤琴等《高等学校综合档案机构的职责、工作量及人员配备的研究报告》，载《陕西档案》1993年第3期。获中国高等学校档案工作协会科研成果二等奖。

（23）邢月娟《浅议如何提高党政管理档案案卷质量》，载《机械电子档案》1994年第4期。获全国机电系统高校档案协会优秀奖。

（24）邢月娟、范斗《运用经济手段强化档案部门的监督职能》，载《陕西档案》1995年第4期。获中国机电兵船工业档案学会二等奖、兵器工业档案学会学术论文一等奖。

（25）邢月娟、范斗《用经济手段强化档案部门的监督职能是当前高校档案工作发展的关键措施》，载《学校档案》1995年第4期。

（26）黄献松《完善档案管理、迎接考评定级》，载西安工业学院《高教研究学报》1996年第1期。

（27）范斗等《高校档案工作应注意的几个问题》，载西安工业学院《高教研究学报》1996年第2期。

（28）孙爱华《提高教学档案质量浅议》，载西安工业学院《高教研究学报》1996年第2期。

（29）邢月娟《抓住四个依靠完成考评定级》，载西安工业学院《高教研究学报》1997年第2期。

（30）王庆玉、邢月娟《浅谈丰富馆（室）藏的途径》，载《西安档案》1997年第2期。获中国机电兵船工业档案学会优秀奖。

（31）邢月娟、范斗《房改档案初探》，载《陕西档案》2000年第3期。

（32）邢月娟《从档案价值鉴定工作的三段式程序看如何做好档案价值鉴定工作》，载《档案学通讯》2001年第5期。

（33）李米《档案管理要与高校建设新思路同步发展的定位思考》，载《机电兵船档案》2003年第1期。

（34）李米《用科学发展观创新档案技术，服务教学改革》，载《创办一流的教育理论与实践探索》（第三辑），兵器工业出版社2004年出版。

（35）李米《西安工业学院年鉴》，2005年获中国机械电子兵器船舶工业档案学会档案编研成果二等奖。

（36）李米《高校档案管理创新新视角的断想》，2005年获陕西高教系统档案学会优秀论文奖。

（37）孙爱华《档案在本科教学工作水平评估中的作用》，载《创办一流的教育理论与实践探索》（第五辑），兵器工业出版社2006年出版。获陕西高教系统档案学会优秀论文三等奖。

（38）孙爱华《增强服务意识　提高档案管理利用水平》，载《陕西档案》2007年第4期。

（39）李宁《论学分制之应用型高校成绩档案管理之策略》，载《兰台世界》2013年7月中旬。

（40）李宁《高校档案资源信息化发展探索研究》，载《机电兵船档案》2013年第4期。

（41）李宁《档案部门应对突发性自然灾害的风险管理》，载《兰台内外》2013

年第3期。

（42）李宁《高校档案信息化的途径及其模式研究》，载《城建档案》2013年第5期。

（43）李宁《浅析以用户需求为导向的档案信息服务》，载《办公室业务》2013年第5期。

（44）杨培培《关于"互联网+"时代高校档案宣传工作的思考》，载《机电兵船档案》2017年第6期。

十四、西安工程大学

1. 编研及著作

（1）《西安工程大学年鉴》（2012—2017卷），西安工程大学印刷。

（2）《西安工程大学大事记》（2011—2016年），西安工程大学印刷。

（3）《西安工程大学荣誉集》（2011—2016年），西安工程大学印刷。

（4）《西安工程大学1991—2010年度教育史料》，2015年上报陕西省教育厅。

（5）《西安工程大学1991—2010年 "教育人物"》，2014年上报陕西省教育志办公室。

（6）《西安工程大学百年记事》，西安工程大学2016年印刷。

（7）《西安工程大学教育教学工作编研材料（1978—2015）》，西安工程大学2016年印刷。

（8）《西安工程大学优秀教材、部委级规划教材、出版教材、译著、专著目录汇编》，西安工程大学2016年印刷。

（9）《西安工程大学教育教学质量工程编研材料（1978—2017.6）》，西安工程大学2017年印刷。

（10）《西安工程大学教育教学评估编研材料》，西安工程大学2017年印刷。

（11）七彩纱线织就美丽生活——《西安博物院》专辑材料，2017年印刷。

（12）《西安工程大学》材料，《西安志》（2017卷），2017年印刷。

2. 论文

（1）雷淑琦、邢秋云、李金锐《开架阅览新尝试》，载《档案工作》1990年第2期。

（2）李西凤《试谈各类干部量化考核中的有关问题》，载西北纺织工学院《高教研究》1990年第3期。

（3）李西凤《为了人民的穿着舒适——记纺织材料专家姚穆》，载《陕西科技精英》（第一集），陕西科学技术出版社1990年出版。

（4）杨锋《浅谈大学生对图书馆图书的阅读倾向》，载《纺图学刊》1992年第2期。

（5）李金锐《浅谈加强高校教学档案管理》，载《档案工作理论与实践》，陕西师范大学出版社1992年出版。

（6）赵文宏《浅谈高校基本建设档案的收集与管理》，载《档案工作理论与实践》，陕西师范大学出版社1992年出版。

（7）雷长林《试论实现档案管理现代化的迫切性和重要性》，载《档案工作理论与实践》，陕西师范大学出版社1992年出版。

（8）李西凤《高等学校教学档案及其分类》，载《档案工作理论与实践》，陕西师范大学出版社1992年出版。

（9）李金锐《进一步加强高校科研档案的管理》，载西北纺织工学院《西纺高教研究》1993年第1期。

（10）杨锋《试论高校图书阅览工作中的导读》，载《纺图学刊》1994年第4期。

（11）杨锋《图书流通量化管理中的各项量浅析》，载《当代图书馆》1995年第2期。

（12）杨锋《我馆科技书库计算机管理系统一年运作情况浅析》，载《纺图学刊》1997年第2期。

（13）赵文宏《新形势下高校档案信息资源的开发和利用》，载《陕西档案》1999年增刊。1999年5月获陕、甘、新、桂、琼、赣六省区档案工作研讨会论文交流优秀奖。

（14）李金锐《浅谈档案在高校评价工作中的作用》，载《陕西档案》1999年增刊。

（15）杨锋《我馆文献资源建设藏书部分概述》，载《纺织高校基础科学学报》2001年增刊。

（16）杨锋《中国数字图书馆建设研究》，载《2002年图书情报科学研究年刊（上）》2002年。

（17）杨锋《新世纪高校图书馆文献采访工作研究》，载《2002年图书情报科学研究年刊（上）》2002年。

（18）杨锋《馆藏中文资源分析》，载《唐都学刊》2002年专辑。

（19）赵文宏《浅析高校档案工作面临的新特点及新思路》，载西安工程科技学院《社会科学与高教探索》2003年第1期。

（20）杨锋《图书馆文献建设工作质量管理》，载《面向知识与信息的现代图书馆发展之路》，2004年。

（21）李金锐《浅谈科研档案与科研管理》，载《中华学术论坛》（上册），2004年。

（22）袁玫、李金锐《新时期高校图书馆情报信息服务与学校创新》，载《西安电子科技大学学报》2004年第3期。

（23）杨锋《高等学校档案馆（室）学历认证工作思考》，2005 年 4 月获陕西高教系统档案学会第十三次优秀学术论文奖。

（24）杨锋《抓住发展机遇　结合实际加速高校档案管理现代化进程》，2005 年 4 月获陕西高教系统档案学会第十三次优秀学术论文奖。

（25）袁玫、李金锐、周婧《三大检索工具与陕西省高校科研水平探析》，载《西北大学学报》2005 年第 3 期。

（26）李金锐《加强新校区基建档案管理工作之我见》，载《西安工程科技学院学报》2005 年专辑。

（27）李金锐《提高认识　立足本职　以实际行动为教学评估做贡献》，载《西安工程科技学院学报》2006 年增刊。

（28）李金锐《加强自身综合素质的培养　努力做好高校档案工作》，载《西安工程科技学院学报》2007 年增刊。

（29）李金锐《适应形势、强我素质、努力做好我校档案工作》，载《陕西档案》2007 年第 5 期。

（30）王程程《档案信息安全保障措施探析》，载《档案天地》2014 年第 243 期。

（31）薛斌《工程档案服务民生的策略》，载《黑龙江档案》2014 年第 5 期。

（32）薛斌《我国高校档案信息化建设存在的问题及对策》，载《科技资讯》2014 年第 12 卷。

（33）王程程《大数据背景下档案管理价值提升策略研究》，载《兰台世界》2015 年第 463 期。

（34）王程程《"互联网 +"时代档案数据管理面临的机遇与挑战》，载《档案天地》2016 年第 262 期。

（35）刘清《信息化语境下档案数字版权保护的对策研究》，载《云南档案》2016 年第 2 期。

（36）薛斌《浅谈如何做好高校档案统计工作》，载《科技风》2016 年总 302 期。

（37）薛斌《高校档案管理工作信息化建设》，载《科技视界》2016 年第 22 期。

十五、西安外国语大学

1. 论文

（1）王芳《档案上网初探》，载《陕西档案》2000 年第 4 期。

（2）王芳《高校教学档案价值开发与在互联网上的应用初探》，载《西安档案》2000 年第 4 期。

十六、西北政法大学

1. 论文

（1）杨林英《如何搞好教学档案管理工作》，载《陕西档案》1999 年增刊。

（2）王莉《档案工作如何应对西部大开发的几点思考》，载《西部大开发理论、制度、法律》，山西人民出版社 2001 年出版。

（3）苟维锋《信息数字化对高校档案工作的影响》，载《西北政法学院院刊》2001 年第 190 期。

（4）苟维锋《高校基建工程档案验收问题探讨》，载《唐都学刊》2001 年增刊。

（5）苟维锋《档案工作如何面对 WTO》，载《西北政法学院院刊》2002 年第 190 期。

（6）苟维锋《中法美三国档案法规比较》，载《陕西档案》2002 年第 3 期。

（7）杨林英《档案人员应该做一个领导和同志认可的人》，载《西北政法学院院刊》2002 年第 206 期。

（8）王莉、苟维锋《论高校档案信息的开发》，载《新世纪档案理论与实践创新成果》，西安地图出版社 2002 年出版。

（9）王莉、苟维锋《建一家庭健康档案》，载《陕西档案》2003 年第 6 期。

（10）王莉《完善档案管理工作制度的思考》，载《陕西档案》2004 年增刊。

（11）王莉《完善档案质量保障体系》，载《档案学通讯》2004 年第 3 期。

（12）苟维锋《档案统计在档案工作中的作用》，载《陕西档案》2006 年第 2 期。

（13）王莉《西北政法学院综合档案室全宗介绍》，载《陕西档案馆室要览》，2007 年。

十七、西安邮电大学

1. 科研项目

（1）杨昭莉参与"移动通信业劳动技能服务支撑体系研究"（项目编号：2005 R82），通过信息产业部科技技术司专家评审。

（2）杨昭莉参与西安邮电学院研究课题"贫困家庭大学生心理健康状况与应对方式研究"（项目编号：ZL2005-51）。

（3）杨昭莉参与西安邮电学院研究课题"社会历史的事件性阐释"（项目编号：ZL2004-15）。

2. 论文

（1）张爱玲、李维工《试谈把"目标管理机制"引进档案管理工作的必要性》，载《档案工作理论与实践》，陕西师范大学出版社 1992 年出版。

（2）张爱玲《新形势下加强高校档案工作的几点思考》，载《西安档案》1995 年第 2 期。

（3）张爱玲《谈高校档案在教学评价中的作用》，载西安邮电学院《邮电高教》1996 年第 2 期。

（4）张爱玲《对兼职档案人员业务培训的做法及思考》，载《陕西档案》1996 年第 6 期。

（5）杨昭莉《浅析档案管理与文件管理的关系》，载《西安邮电学院学报》2002 年第 7 期。

（6）杨昭莉《档案意识浅议》，载《西安邮电学院学报》2004 年第 2 期。

（7）杨昭莉《小议重塑大学精神与改变大学目标模式》，载《高等教育管理思想研究与实践》，三秦出版社 2005 年出版。

（8）孙磊《中国"入世"与高等教育》，载《高等教育管理思想研究与实践》，三秦出版社 2005 年出版。

（9）杨树梅《网络与大学教育》，载《高等教育管理思想研究与实践》，三秦出版社 2005 年出版。

（10）杨树梅《高校新校区建设项目档案管理的思考》，载《机电兵船档案》2007 年第 6 期。

（11）杨树梅《关于优化高校档案管理结构的思考》，载《西安邮电学院学报》2007 年第 6 期。

十八、陕西中医药大学

1. 编研和著作

（1）徐亚娟《现代档案管理全书》，山东画报出版社 2012 年出版。

2. 论文

（1）尉晓莉《浅议高等函授教学档案的收集与整理》，载《陕西中医函授》2001 年第 4 期。

（2）徐亚娟《卷改件应在高校档案管理中加快推行》，载《陕西档案》2003 年增刊。

（3）徐亚娟、韩爱萍《中医院校档案的利用与编研》，载《陕西中医学院学报》2004 年第 9 期。

（4）徐亚娟《高校科研档案信息资源规范化管理的思考》，载《陕西中医学院学报》2004年第1期。

（5）徐亚娟《中医药高校档案信息化建设的目的和意义》，载《陕西中医学院学报》2005年第5期。

（6）徐亚娟《基于网络的高校档案管理系统安全性分析》，载《兰台世界》2010年第9期。

（7）徐亚娟《高校档案资源整合模式与网络实施策略分析》，载《兰台世界》2011年第3期。

（8）徐亚娟《高校档案鉴定与销毁》，载《陕西中医学院学报》2011年第5期。

（9）徐亚娟《档案对库房环境要求的探索》，载《中国校外教育》2011年第12期。

（10）徐亚娟《浅谈公民健康档案建立与治未病的关系》，载《中国校外教育》2012年第8期。

（11）王晶《利用VBA及Office自动化技术辅助人事办公》，载《信息技术》2012年第10期。

（12）王晶《浅谈Excel中使用ADO对象访问数据库》，载《信息技术》2012年第12期。

（13）王晶《高等院校无线局域网络应用探讨》，载《价值工程》2012年第5期。

（14）王晶《浅谈高等院校人事档案信息化管理》，载《科教文汇》2014年第6期。

（15）王晶《高校档案信息化应用研究》，载《中国管理信息化》2015年第8期。

（16）王晶《浅谈计算机技术对档案管理的影响》，载《办公室业务》2015年第8期。

（17）王晶《计算机网络信息管理及其安全》，载《电子技术与软件工程》2015年第9期。

（18）王晶《计算机网络技术在档案管理中的应用》，载《办公室业务》2015年第9期。

（19）王晶《办公自动化与档案管理》，载《中国管理信息化》2015年第9期。

（20）杨思炜《浅谈如何做好高校教学档案收集工作》，载《办公室业务》2015年第8期。

（21）杨思炜《试论中医院校档案编研工作的创新》，载《办公室业务》2016年第3期。

（22）杨思炜《中医院校档案信息化建设探索》，载《中国管理信息化》2016年第10期。

（23）杨思炜《浅谈云计算技术在高校档案信息化建设中的应用》，载《经营管理者》2016年第5期。

（24）杨思炜《高校档案管理工作之浅思考》，载《才智》2016年第6期。

（25）杨思炜《浅析中医院校档案工作与校园文化建设》，载《科技资讯》2016年第6期。

（26）杨思炜《浅谈高校档案数字化建设》，载《中国管理信息化》2016年第16期。

（27）杨思炜《高校档案宣传工作之我见》，载《科技展望》2016年第27期。

（28）杨思炜《中医院校电子校务环境下的档案工作》，载《信息与电脑》2017年第6期。

十九、西安财经学院

1. 编研及著作

（1）吴连书主编《陕西高教档案求是》，西北工业大学出版社1998年出版。

2. 论文

（1）吴连书《中法美档案开放利用比较》，载《陕西档案》1992年第2期。1997年10月获陕西省档案学会学术论文一等奖。

（2）吴连书《高校办公室主任档案意识的体现》，载《陕西档案》1996年第2期。

（3）吴连书《浅议文件批阅不规范对档案的影响及对策》，载《陕西档案》1997年第2期。

（4）谢真珍《浅谈西安统计学院综合档案管理》，载《统计与信息论坛》1999年综合版。

（5）谢真珍《知识经济时代的档案工作初探》，载《陕西经贸学院学报》2002年第10期。

（6）谢真珍《网络中的知识产权保护》，载《统计与信息论坛》2002年第3期。

（7）谢真珍《档案知识价值观与知识产权的法律保护》，载《西安财经学院学报》（社科综合版）2004年第15期。

（8）谢真珍《关于网络环境下档案信息保护的思考》，载《西安财经学院学报》2005年第20期。

（9）吴连书《秘书与秘书工作的文化思考》，载《西部经济论丛》，陕西人民出版社2005年出版。

（10）吴连书《陕西高校档案信息化状况分析》，载《陕西档案》2005年第6期。

（11）吴连书《陕西高校档案信息化建设的认识与思考》，载《西安财经学院学报》2005第3期。

（12）吴连书《教学评估档案对高校档案管理的促进作用》，载《陕西档案》2006年第4期。

（13）吴连书《党的先进性理论视阈下的大学文化建设》，载《党的先进性建设理论研究》，陕西人民出版社2006年出版。

（14）吴连书《浅谈校园文化的形成及作用》，载《高等教育教学思想研究》，陕西人民出版社 2006 年出版。

（15）吴连书副主编《高等教育教学思想研究》，陕西人民出版社 2006 年出版。

（16）王娅《高校档案是学校的核心信息资源》，载《高校教育与教学研究》，陕西人民出版社 2006 年出版。

（17）谢真珍《市场经济条件下档案价值的思考》，载《商场现代化》2006 年总第 471 期。

（18）谢真珍《论档案的传统管理与创新思路》，载《高校教育与教学研究》，陕西人民出版社 2006 年出版。

（19）吴连书、田惠琴《从档案文献角度看〈商君书〉的价值》，载《陕西档案》2007 年第 4 期。

二十、西安体育学院

1. 论文

（1）余方云《近年来科技档案管理理论引入的新观念》，载《陕西档案》1993 年第 2 期。

（2）余方云《公共关系在档案工作中的运用》，载《陕西档案》1995 年第 5 期。获陕西省档案学会三等奖并收录于《中国档案精选》。

（3）余方云《体育院校档案工作的业务指导》，载《陕西档案》1996 年第 3 期。

（4）余方云《浅谈体育院校竞赛活动档案材料的归属》，载《西安体育学院学报》1988 年第 3 期。

（5）贺缠虎《浅谈体育照片档案的管理》，载《西安体育学院学报》1999 年第 5 期。

（6）贺缠虎《电子档案的产生对档案工作的影响》，载《陕西档案》1999 年增刊。

（7）贺缠虎《西安体育学院人事档案工作改革的设想》，载《西安体育学院学报》2001 年增刊。

（8）李冬梅《建立博士生业务档案与开发利用初探》，载《西安体育学院学报》2002 年增刊。

（9）李冬梅《西安体育学院人事档案现状及发展趋势探索》，载《西安体育学院学报》2003 年专辑。

二十一、西安医学院

1. 论文

（1）聂红梅《试论档案工作在医学院校中所处位置及改进措施》，载《医学信息》

2011 年第 24 卷第 2 期。

（2）聂红梅《普通高校档案管理中存在的问题和对策》，载《陕西档案》2011 年第 1 期。

（3）聂红梅《从内容规范入手完善学籍档案》，载《陕西档案》2011 年第 3 期。

（4）聂红梅《档案工作如何服务校园文化建设》，载《陕西档案》2011 年第 5 期。

（5）聂红梅《档案服务校园文化建设》，载《陕西档案》2011 年第 5 期。

二十二、宝鸡文理学院

1. 科研项目

（1）赵钊主持立项中国高等教育学会档案工作分会"十三五"规划课题"高校档案'微服务'研究"。

（2）赵钊主持完成宝鸡文理学院 2015 年校级科研项目"云计算背景下的高校档案信息系统安全研究"2016 年 9 月结题。

（3）杨淑捷主持立项陕西省教育科学"十三五"规划课题"高校档案管理专业教学中存在的问题及对策分析"。

2. 论文

（1）惠芬《试论高校图书馆的职能》，载《宝鸡师院学报》（社会科学版）1993 年第 1 期。

（2）惠芬《"信息高速公路"与档案管理现代化》，载《电化教育研究》1998 年，电子教育刊。获学院科研成果单项奖。

（3）惠芬《高等学校档案的特点与管理》，载《宝鸡文理学院学报》（社会科学版）1998 年第 1 期。获学院科研成果三等奖。

（4）惠芬《试论市场经济条件下的档案工作》，载《陕西高教档案求是》，西北工业大学出版社 1998 年出版。获陕西高教系统档案学会三等奖。

（5）惠芬《电子文件的管理》，载《电化教育研究》1998 年，电子教育刊。获学院科研成果单项奖和科研成果三等奖。

（6）惠芬《多媒体技术及其应用》，载《电化教育研究》1998 年，电子教育刊。获学院科研成果单项奖。

（7）惠芬《论知识经济时代的档案工作》，载《陕西档案》1999 年增刊。

（8）惠芬《"帐外"文件的收集与管理》，载《宝鸡文理学院学报》（社会科学版）1999 年第 2 期。被人大复印资料索引，获学院科研成果三等奖。

（9）惠芬《多媒体技术与档案管理现代化》，载《宝鸡文理学院学报》（社会科学版）

2000 年第 2 期。

（10）惠芬《虚拟档案馆与档案现代化管理》，载《宝鸡文理学院学报》（社会科学版）2002 年第 3 期。

（11）惠芬《数字档案馆及其建设》，载《电讯技术》2003 年第 2 期。

（12）惠芬《高校档案的收集与管理》，载《中国教育理论杂志》2003 年第 7 期。

（13）惠芬《论档案鉴定工作》，载《亚洲教育》2003 年第 18 期。

（14）惠芬《新形势下高校学籍档案的管理》，载《宝鸡文理学院学报》（社会科学版）2003 年第 5 期。

（15）惠芬《信息时代的文秘工作与档案管理工作》，载《宝鸡文理学院学报》（社会科学版）2006 年第 6 期。

（16）李振辉《高校档案馆（室）在大学特色文化建设中的作用》，载《陕西档案》2011 年第 2 期。

（17）李振辉《浅谈如何做好欠发达地区高校档案工作》，载《黑龙江档案》2012 年第 5 期。

（18）李振辉《应对电子档案，创新档案管理》，载《今传媒》2013 年第 9 期。

（19）赵钊《基于 VPN 技术的档案信息系统远程访问研究》，载《电子设计工程》2014 年第 18 期。

（20）赵钊《基于档案信息管理系统灾备技术的研究与应用》，载《信息系统工程》2014 年第 4 期。

（21）赵钊《浅论图书档案数字化融合服务保障机制》，载《电子测试》2014 年第 12 期。

（22）周臻君《浅谈高校档案管理中"旧实力"的"新价值"》，载《管理学家》2014 年第 12 期。

（23）周臻君《"第五个现代化"中用人理念的现代化》，载《今日湖北》2014 年第 10 期。

（24）赵钊《浅谈档案职业伦理问题与对策》，载《兰台世界》2015 年第 35 期。

（25）赵钊《高校档案信息化过程中的伦理问题及其对策》，载《福建电脑》2016 年第 2 期。

（26）赵钊《浅谈高校档案信息系统数据库安全》，载《农业网络信息》2016 年第 4 期。

（27）赵钊《浅谈高校档案网站安全——以宝鸡文理学院为例》，载《农业网络信息》2016 年第 2 期。

（28）赵钊《基于防火墙技术的高校数字档案系统网络安全研究》，载《自动化与仪器仪表》2016 年第 8 期。

（29）赵钊《高校档案的育人功能与实现途径》，载《新西部》（理论版）2016 年第 7 期。

（30）赵钏《陕西地方高校信息资源共享问题及对策》，载《宝鸡文理学院学报》（社会科学版）2016年第1期。

（31）赵钏《基于IPSecVPN高校档案信息资源共享建设探析》，载《自动化与仪器仪表》2016年第1期。

（32）赵钏《高校档案馆微信现状分析》，载《山西档案》2016年第4期。

（33）杨淑捷《浅议高校院系教学档案管理存在的问题与对策》，载《价值工程》2016年第8期。

（34）赵钏《基于微信公众平台的高校校史文化研究》，载《兰台世界》2017年第19期。获"第六届中国档案职业发展论坛"征文三等奖、中国高等教育学会档案工作分会2017年学术研讨会征文三等奖。

（35）赵钏《高校档案馆微服务比较研究——基于新浪微博和腾讯微信平台》，载《宝鸡文理学院学报》2017年第5期。

（36）朱伟《电子档案与纸质档案的关系及发展趋势》，载《办公室业务》2017年第17期。

二十三、咸阳师范学院

1. 论文

（1）刘蔚《浅谈造就改革开放型档案馆领导班子》，载《新疆档案》1994年第1期。

（2）刘蔚《对加强高校档案管理的几点认识》，载《新疆档案》1995年第1期。收入1996年中国档案出版社出版的《中国档案管理精览》。

（3）刘蔚《浅议高校档案馆的建设》，载《咸阳师专学报》1996年第5期。获陕西高教档案学会学术论文优秀奖，1998年4月收入《陕西高教档案求是》。

（4）刘蔚《校史编写与学校档案工作》，载《新疆档案》1997年第4期。

（5）刘蔚《校庆档案的形成与管理》，载《咸阳师专学报》1999年增刊。

（6）张蕾《文书立卷工作中存在的问题及对策》，载《咸阳师专学报》2001年第3期。

（7）张蕾《高校照片档案的收集与管理》，载《咸阳师专学报》2001年增刊。

（8）张蕾《高校档案鉴定工作中存在的问题及对策》，载《咸阳师专学报》2005年增刊。

（9）张蕾《以教学评估为契机，加强高校教学档案管理工作》，载《中国科技信息》2005年第14期。

二十四、渭南师范学院

1. 论文

（1）田晓荣《语言文字知识在档案检索中的运用》，载《兰台世界》2008 年第 17 期。

（2）魏新民《试论汉唐外交档案管理制度》，载《兰台世界》2008 年第 14 期。

（3）孙红梅《论高校科技档案的建立与管理》，载《内江科技》2009 年第 9 期。

（4）韩彦军《新形势下高校档案管理中的军事爱国主义教育》，载《价值工程》2011 年第 21 期。

（5）郭智辉《浅谈高校新校区建设项目档案资料管理》，载《内江科技》2011 年第 7 期。

（6）张晓玲《高校教务档案管理研究》，载《价值工程》2011 年第 10 期。

（7）许秀《浅谈高校档案信息化的发展及对策》，载《价值工程》2012 年第 8 期。

（8）王衡《信息时代档案管理工作所面临的机遇与挑战》，载《兰台世界》2013 年第 32 期。

（9）许秀《人事档案知情权的保护路径探索》，载《产业与科技论坛》2017 年第 2 期。

二十五、安康学院

1. 论文

（1）杨红《数字鸿沟——我国信息化建设中不容忽视的问题》，载《安康师专学报》2006 年第 6 期。

（2）杨红《电子文件归档管理探讨》，载《安康学院学报》2007 年第 2 期。

（3）杨红《浅谈档案管理中的保密工作》，载《陕西档案》2008 年第 3 期。

（4）杨红《政府信息公开环境下档案利用服务面临的挑战及对策》，载《档案》2010 年第 2 期。

（5）曹小红《云计算时代档案管理安全机制模式探析》，载《兰台世界》2013 年第 12 期。

（6）杨红《新常态下干部人事档案工作思考》，载《科学与财富》2015 年第 7 期。

二十六、商洛学院

1. 论文

（1）寇雪盈《浅谈档案价值鉴定的意义及方法》，载《商洛师范专科学校学报》

2002 年第 3 期。

（2）寇雪盈《21 世纪高校档案管理人员素质浅析》，载《商洛师范专科学校学报》2003 年第 3 期。

（3）寇雪盈《浅谈档案利用工作在档案工作中的作用》，载《陕西档案》2003 年增刊。

（4）李春燕《档案行政执法中存在的问题及对策》，载《商洛师范专科学校学报》2003 年第 3 期。

（5）李春燕《浅谈大学科技档案的收集》，载《商洛师范专科学校学报》2004 年第 4 期。

（6）寇雪盈《档案编研工作存在的问题及对策》，载《商洛师范专科学校学报》2005 年第 1 期。

（7）刘亚静《我国现行档案管理体制存在的问题与对策》，载《榆林学院学报》2012 年第 4 期。

（8）刘亚静《论我国档案管理体制的发展历程》，载《商洛学院学报》2012 年第 1 期。

（9）石红娇、蒋贞慧《浅谈高校学籍档案管理的信息化建设》，载《南昌教育学院学报》2013 年第 3 期。

（10）蒋贞慧《网络环境下图书馆档案管理工作创新研究》，载《中国报业》2014 年第 12 期。

（11）蒋贞慧《大学生档案教育刍议》，载《办公室业务》2014 年第 11 期。

（12）蒋贞慧《人事档案工作浅析》，载《黑龙江档案》2014 年第 5 期。

（13）蒋贞慧《论高校档案信息化管理的有效策略》，载《佳木斯职业学院学报》2014 年第 12 期。

（14）蒋贞慧、彭虎军《论中华农耕文化与古代档案载体的关联》，载《兰台世界》2015 年第 24 期。

（15）韦景竹、李秋月《公共文化机构数字资源建设版权管理策略研究——以广州市的图书馆、博物馆和文化馆为例》，载《图书馆论坛》2015 年第 11 期。

（16）王晋月、李秋月、杨杰《图书馆、档案馆与博物馆融合背景下的专业课程体系改革研究》，载《浙江档案》2016 年第 6 期。

（17）刘亚静《基于 SWOT 的地方高校科技档案数字化发展探析》，载《商洛学院学报》2017 年第 2 期。

（18）刘亚静《近十年高校科技档案管理研究综述》，载《黑龙江档案》2017 年第 2 期。

（19）刘亚静《高校档案管理数字化的实践意义及建议》，载《赤峰学院学报》2017 年第 7 期。

（20）刘亚静《高校人事档案管理现状及对策》，载《佳木斯职业学院学报》2017

年第 3 期。

（21）李秋月、汤罡辉、李尚民《推进地方文献建设助力高职院校发展的构想》,载《河北职业教育》2017 年第 1 期。

二十七、西安航空学院

1. 论文

强普霞《强化档案管理　服务学校发展》,载《西安航空学院学报》2001 年第 2 期。

二十八、陕西学前师范学院

1. 论文

（1）刘延红《对当代大学生思想道德状况的思考》,载《远程教育》2006 年第 3 期。

（2）刘延红《邓小平对社会主义认识的新飞跃》,载《世纪桥》2006 年第 11 期。

（3）尚国宏、刘延红《大学生就业心理问题思考》,载《陕西教育学院学报》2007 年第 1 期。

（4）曹春红、熊伟《论事业档案管理及开发利用》,载《陕西教育学院学报》2003 年专辑。

二十九、西藏民族学院

1. 论文

（1）李慧萍《略论新时期民族地区档案馆建设》,载《新世纪档案理论与档案实践创新成果》,西安地图出版社 2002 年出版。

（2）李慧萍《西藏高校档案工作发展过程中存在的问题及解决对策》,载《西藏科技》2003 年第 2 期。

（3）李慧萍《关于档案为西部大开发服务的思考》,载《中国教育论坛·2003》,中国文联出版社 2003 年出版。

（4）李慧萍《以"三个代表"思想为指导　提高档案工作者素质》,载《西藏科技》2003 年第 3 期。

（5）李慧萍《开发利用西藏档案信息资源为西藏经济跨越式发展服务》,载《西藏科技》2003 年第 10 期。

三十、西安外事学院

1. 论文

（1）张静《档案工作者职业素养探析》，载《网友世界》2014 年第 7 期。

（2）董金玲《民办高校基建档案的管理现状》，载《网友世界》2014 年第 7 期。

（3）董金玲《规范学生档案管理　加强学生档案意识》，载《科技风》2015 年总第 268 期。

（4）董金玲《浅谈高校档案编研工作》，载《兰台内外》2017 年第 1 期。

（5）董金玲《高校档案收集工作的问题及对策研究》，载《办公室业务》2017 年总第 277 期。

三十一、西京学院

1. 论文

（1）杨妙灯、张寒梅《关于档案价值工作的思考》，载《兰台世界》2009 年第 16 期。

（2）张寒梅《关于加强民办高校档案管理工作的思考》，载《中国证券期货》2013 年第 5 期。

（3）张寒梅《档案信息网络传播的法律机制构建研究》，载《新闻知识》2013 年第 10 期。

（4）王海燕《基于信息化背景下高校档案馆信息服务策略分析》，载《西部皮革》2016 年第 24 期。

（5）马燕《高校档案在校园文化建设中的作用探析》，载《明日风尚》2017 年第 1 期。

（6）马燕《就业视角下学生档案管理创新思考》，载《求知导刊》2017 年第 26 期。

（7）王海燕《探析新时期下高校档案馆公共服务功能的拓展》，载《西部皮革》2017 年第 2 期。

三十二、杨凌职业技术学院

1. 论文

（1）霍慧敏《教学档案与教学评估》，载《陕西档案》2005 年第 5 期。

（2）霍慧敏《档案部门如何提高依法管档能力》，载《陕西档案》2005 年第 6 期。

（3）毛亚茹《高校学籍档案管理员素质之我见》，载《杨凌职业技术学院学报》2005 年第 2 期。

（4）霍慧敏《以科学发展观为指导　提升档案工作服务水平》，载《兰台世界》2006年第5期。

（5）霍慧敏《高职院校教学档案规范化建设的思考》，载《杨凌职业技术学院学报》2006年第2期。

（6）毛亚茹《浅议高校教学档案的建立》，载《陕西档案》2006年第1期。

（7）毛亚茹《新形势下的高校学籍档案的管理》，载《陕西档案》2006年第3期。

（8）侯慧贤《论高校工会档案管理的功能》，载《陕西档案》2006年第4期。

（9）毛亚茹《建设高校教学档案思考》，载《杨凌职业技术学院学报》2006年第3期。

（10）毛亚茹《论新形势下高职院校学生档案的管理》，载《杨凌职业技术学院学报》2006年第4期。

（11）霍慧敏《高职院校电算化会计档案管理初探》，载《兰台世界》2007年第1期。

（12）毛亚茹、霍慧敏《高职院校学生档案管理之我见》，载《兰台世界》2007年第2期。

（13）侯慧贤《论高校工会档案工作现代化》，载《杨凌职业技术学院学报》2007年第1期。

（14）宋晓玲《试论学生档案管理与高职院校内涵建设之关系》，载《杨凌职业技术学院学报》2009年第3期。

（15）宋晓玲《高校档案服务大学生思想政治教育路径探析》，载《陕西教育》（高教版）2010年第4期。

（16）宋晓玲《当前高校档案工作中存在问题及其解决路径》，载《陕西档案》2010年第4期。

（17）宋晓玲《以人为本改进学生档案管理》，载《陕西档案》2010年第5期。

（18）查荣《建立文书档案数字化管理模式的必要性》，载《价值工程》2012年第8期。

（19）查荣《高职院校档案信息化建设》，载《陕西档案》2012年第1期。

（20）查荣《关于高职院校档案管理的几点思考》，载《办公室业务》2012年第13期。

（21）查荣《对高校校史馆建设的几点体会》，载《办公室业务》2012年第15期。

（22）查荣《论示范性高职院校示范建设档案管理存在的问题与对策》，载《杨凌职业技术学院学报》2012年第6期。

（23）赵思《论高校外事档案管理工作中的突出问题及解决方案》，载《杨凌职业技术学院学报》2012年第2期。

（24）赵思《高职院校档案管理人才队伍建设的思考》，载《杨凌职业技术学院学报》2012年第3期。

（25）陈蓉莉《浅议高职院校系级教学秘书的档案意识》，载《杨凌职业技术学院学报》2012年第2期。

（26）陈蓉莉《对农业科技档案实现媒体管理的探索》，载《价值工程》2012 年第 287 期。

（27）陈蓉莉《试论档案书写载体嬗变的文化背景》，载《陕西档案》2012 年第 5 期。

（28）王娜《浅谈高职院校学生学籍管理的几个问题》，载《今日中国论坛》2013 年第 17 期。

（29）王娜《关于高校档案管理工作服务创新的研究》，载《办公室业务》2013 年第 17 期。

（30）宋晓玲《规范高职院校学生档案管理工作的思考》，载《杨凌职业技术学院学报》2013 年第 4 期。

（31）王娜《高职院校档案管理工作中的问题及对策研究》，载《办公室业务》2013 年第 20 期。

（32）杜慧玲《农民培训工作档案的建立与功能——以杨凌职业技术学院为例》，载《西安航空学院学报》2013 年第 3 期。

（33）解晓盈《试论如何加强文书档案的管理工作》，载《青年文学家》2013 年第 1 期。

（34）解晓盈《浅谈职业院校档案管理内涵建设问题》，载《青春岁月》2013 年第 6 期。

（35）姚萍《对高职院校学生心理档案建设的思考》，载《教育教学论坛》2014 年第 40 期。

（36）姚萍《对高校档案服务于"立德树人"根本任务的思考》，载《办公室业务》2014 年第 13 期。

（37）李娟《关于加强高职院校档案管理的思考》，载《办公室业务》2014 年第 19 期。

（38）李娟《高职院校档案管理工作初探》，载《办公室业务 》2014 年第 20 期。

（39）甘秋歌《人事档案管理机制创新思考》，载《陕西档案》2014 年第 6 期。

（40）杜慧玲《论高校成人继续教育档案管理工作信息化建设》，载《陕西档案》2014 年第 1 期。

（41）杜慧玲《农民培训档案在师资队伍建设中的应用研究》，载《办公室业务》2014 年第 15 期。

（42）杜慧玲《探讨如何提高办公室档案管理工作效率的思考》，载《办公室业务》2014 年第 5 期。

（43）葛梦薇《关于如何做好档案管理工作分析》，载《黑龙江史志》2015 年第 6 期。

（44）葛梦薇《浅谈高校学生档案管理存在的问题和对策》，载《教育教学论坛》2015 年第 28 期。

（45）侯慧贤《对高职院校校园文化活动档案收集工作的几点思考》，载《陕西档案》2015 年第 1 期。

（46）侯慧贤《以建立大学生诚信档案为载体的诚信教育研究与实践》，载《陕西档案》2015 年第 3 期。

（47）侯慧贤《建立高职生综合素质评价档案的价值思考》，载《杨凌职业技术学院学报》2015 年第 2 期。

（48）宋晓玲《高职院校学生档案管理要顺应现代职业教育的改革与发展》，载《陕西教育》（高教版）2015 年第 8 期。

（49）姚萍《高校档案管理工作中的电子档案管理》，载《办公室业务》2015 年第 1 期。

（50）姚萍《高校档案管理工作中存在的问题以及应对策略》，载《教育教学论坛》2015 年第 8 期。

（51）姚萍《高校档案管理在高校文化建设中所起的作用》，载《办公室业务》2015 年第 6 期。

（52）姚萍《借鉴哈佛大学档案馆特色发展我国高校档案馆》，载《兰台世界》2015 年第 8 期。

（53）鄢虹英《新形势下高校党团档案管理的重要性分析》，载《延安职业技术学院学报》2016 年第 1 期。

（54）鄢虹英《信息技术在学校档案管理中的运用策略》，载《现代经济信息》2016 年第 5 期。

（55）鄢虹英《高校学生档案的现代功能及其实现》，载《读天下》2016 年第 13 期。

（56）钱坤《高职院校电子档案的管理与保护探讨》，载《办公室业务》2016 年第 16 期。

（57）钱坤《高职院校档案管理工作中电子档案的应用研究》，载《经营管理者》2016 年第 16 期。

（58）葛梦薇《加强高校学生成绩档案管理的策略探究》，载《杨凌职业技术学院学报》2016 年第 1 期。

（59）葛梦薇《浅淡高校学生档案管理工作对于学生就业的作用》，载《延安职业技术学院学报》2016 年第 2 期。

（60）姚萍《新媒体环境下高职院校档案管理人员的"长宽高"》，载《兰台世界》2016 年第 9 期。

（61）姚萍《"互联网＋"时代高校教学档案信息资料的管理研究》，载《陕西档案》2016 年第 1 期。

（62）黎乃宁《高校办公室文书与档案管理工作关系初探》，载《杨凌职业技术学院学报》2016 年第 2 期。

（63）黎乃宁《高校档案文化建设初探》，载《办公室业务》2016 年第 17 期。

（64）黎乃宁《高校档案文化建设的问题及对策研究》，载《才智》2016 年第 27 期。

（65）吴薇《高职院校教育科学研究项目档案管理探析》，载《商丘职业技术学院学报》2016年第2期。

（66）钱坤《院校外事档案管理的新特点、新问题及改进建议》，载《杨凌职业技术学院学报》2016年第1期。

（67）霍倩倩《论高校档案工作人员的素质要求》，载《陕西青年职业学院学报》2016年第1期。

（68）霍倩倩《浅析人才培养工作水平评估与教学档案管理》，载《办公室业务》2016年第16期。

（69）霍倩倩《浅析高职院校教务档案管理》，载《经营管理者》2016年第15期。

（70）宋晓玲《新阶段高职院校档案管理信息化建设浅析》，载《陕西档案》2016年第1期。

三十三、陕西工业职业技术学院

1.论文

（1）杜长荣《贺〈机械电子档案〉创刊十春秋》，载《机械电子档案》1995年第4期。

（2）张娟《档案信息化建设的几点思考》，载《档案与建设》（理论业务版）2007年第2期。

三十四、西安航空职业技术学院

1.编研及著作

（1）张欢《大数据时代档案管理理论与实践新探》，吉林大学出版社2017年出版。

（2）张欢《文书与档案管理》（高职高专教育"十三五"规划教材），吉林大学出版社2016年出版。

2.论文

（1）毕淑玲《创新是高校档案资料管理工作的动力》，载《档案时空》2006年第4期。

（2）毕淑玲《论网络传媒对传统图书馆的挑战与应对》，载《长沙航空职业技术学院学报》2006年第2期。

（3）毕淑玲《谈知识经济时代对图书馆人力资源管理的构思》，载《西安航空技术高等专科学校学报》2006年第4期。

（4）张欢《我国高校档案管理基础工作与档案管理现代化工作分析》，载《办公室业务》2012年第9期。

（5）张欢《高职院校学生学籍档案管理的现状分析与对策》，载《管理观察》2012年第8期。

（6）张欢《论新时期高校档案管理的现状及对策分析研究》，载《中国经贸》2012年第8期。

（7）张欢《朱德对我国档案事业的贡献》，载《兰台世界》2013年第10期。

（8）彭梅《浅谈档案鉴定开放工作》，载《中国科教创新导刊》2013年第26期。

（9）彭梅《论高校档案的编研与利用》，载《科教导刊》2013年8月下旬刊。

（10）张欢《探讨档案工作在高校评估工作中的作用》，载《文学教育》2013年第8期。

（11）张欢《高校档案现代化管理与服务教学功能构建探究》，载《华章》2013年第7期。

（12）张欢《浅议高校档案管理的价值体系和跟踪》，载《神州》2013年第6期。

（13）初庆华《高校教学档案的数字化及信息化管理探讨》，载《兰台世界》2013年5月中旬刊。

（14）张欢《探究聘用制视野下高校人事档案管理》，载《卷宗》2013年第4期。

（15）初庆华《浅谈高校人事档案管理问题及其对策研究》，载《科技创新与应用》2013年4月上旬刊。

（16）初庆华《浅谈高校档案管理信息化模式研究》，载《华章》2013年第4月。

（17）张欢《对高校教务档案管理问题的探究》，载《陕西档案》2013年第3月。

（18）初庆华《高校档案管理工作有效性研究》，载《华章》2013年第3期。

（19）初庆华《新时期高校档案管理工作重要性的研究》，载《科技创新与应用》2013年3月上旬刊。

（20）彭梅《人事档案工作发展思路探索》，载《人才资源开发》2015年第22期。

（21）吴玮《国外电子档案管理经验及对我国的启示》，载《智富时代》2015年第10期。

（22）吴玮《新形势下的高校涉密文件管理》，载《亚太教育》2015年第9期。

（23）吴玮《高校档案工作人才队伍建设问题探讨》，载《智富时代》2015年第8期。

（24）吴玮《浅谈加强高校电子文件管理的思考》，载《现代经济信息》2015年第6期。

（25）吴玮《提高机要文件管理工作质量途径探讨》，载《经营管理者》2015年第4期。

（26）张欢《政务公开背景下档案事业行政管理方式转换的必要性》，载《陕西档案》2016年第10期。

（27）彭梅《就业视角下高校学生档案管理创新研究》，载《城建档案》2016年第7期。

（28）彭梅《伦理视域下的高校档案人员职业权力研究》，载《产业与科技论坛》2017年第16期。获第五届档案论坛二等奖。

（29）张欢《关于高校档案馆文化教育功能发挥的思考》，载《办公室业务》2017年第6期。

（30）张欢《基于网络环境的校友档案管理与开发》，载《环球市场信息导报》2017年第6期。

（31）吴玮《高职院校构建校友档案管理体系的探索与实践研究》,载《办公室业务》2017年第6期。

（32）张欢《浅析大数据时代高校档案管理之价值提升》，载《赤子》2017年5月上旬刊。

（33）张欢《有关高校档案馆功能拓展与"业务流程重组"的思考》,载《黑龙江档案》2017年第4期。

（34）张欢《高校档案馆如何在创新型人才培养实习基地建设中发挥作用》,载《黑龙江档案》2017年第3期。

（35）吴玮《年鉴编纂对高校建设发展的意义与做法——以西安航空职业技术学院为例》,载《郑州铁路职业技术学院学报》2017年第3期。

（36）张欢《中国档案职业演变的历史考察与思考》,获第五届中国档案职业发展论坛优秀论文一等奖。

（37）彭梅《知识管理中档案价值的重新发现》，载《科学中国人》2017年第2期。

（38）彭梅《论非物质文化遗产的档案资源开发》，载《环球市场信息导报》2017年第1期。

（39）彭梅《档案记忆馆、资源观与"中国记忆"数字资源建设》,载《人力资源管理》2017年第1期。

三十五、陕西财经职业技术学院

1. 论文

（1）马美玲《学校档案管理信息化建设存在的问题及对策》，载《黑龙江史志》2013年第23期。

（2）马美玲《教育发展中高职档案管理的地位与研究》，载《科技资讯》2014年第

18 期。

（3）马美玲《明清档案与明清史研究》，载《办公室业务》2015 年第 9 期。

三十六、咸阳职业技术学院

1. 科研项目

（1）燕海荣主持完成咸阳职院科学研究基金项目"职业院校推行档案预立卷制度的实践与研究"（编号：2013KYB24）。

2. 编研及著作

（1）咸阳职业技术学院档案馆编《咸阳职业技术学院建设志》，三秦出版社 2013 年出版。

（2）咸阳职业技术学院档案馆编《咸阳职业技术学院志》，陕西人民出版社 2017 年出版。

3. 论文

（1）燕海荣《高校教师档案管理系统的设计与实现》，载《电子测试》2014 年第 17 期。

（2）燕海荣《职业院校推行档案预立卷制度存在的问题与对策》，载《黑龙江史志》2014 年第 5 期。

（3）燕海荣《预立卷及预立卷制度推行的历史概述》，载《黑龙江史志》2014 年第 7 期。

（4）燕海荣《浅谈档案管理预立卷制度》，载《咸阳职业技术学院学报》2014 年第 1 期。

三十七、铜川职业技术学院

1. 论文

张红梅《高职院校档案信息化建设初探》，载《办公室业务》2016 年第 2 期。

三十八、商洛职业技术学院

1. 论文

（1）杨玲《论新形势下高校档案工作的发展》，载《陕西档案》2009 年第 5 期。

（2）杨玲《树立以人为本思想，开创高校档案工作新局面》，载《陕西档案》2009 年增刊。

（3）杨玲《高等职业学院档案建设的探索与实践》，载《陕西职业技术教育》2009年第4期。

（4）杨玲《新时期高校档案工作的功能开发与建设》，载《商洛职业技术学院学报》2010年第3期。

三十九、西安财经学院行知学院

1. 科研项目

（1）马世仙主持完成西安财经学院行知学院院级课题"西安财经学院行知学院档案建设研究"，2015年3月通过校级专家委员会鉴定验收。

（2）马世仙主持完成西安财经学院行知学院院级课题"独立学院实验实训类材料归档研究"，2017年5月通过校级专家委员会鉴定验收。

2. 论文

（1）马世仙《独立学院干部人事档案管理的现状及完善》，载《商品与质量》2012年第3期。

（2）马世仙《高校档案管理的意义和现代化建设》，载《知识经济》2012年第9期。

（3）马世仙《新时期高校学生档案管理工作探析》，载《商》2013年第23期。

（4）马世仙、吴连书《陕西高校独立学院的档案工作思路研究》，载《陕西档案》2014年第6期。

（5）马世仙、吴连书《独立学院高校实验实训类材料规范化归档探索》，载《陕西档案》2016年第3期。

（6）马世仙《档案信息系统建设若干问题探讨》，载《中国管理信息化》2017年第3期。

陕西高教系统档案学会章程

（第五次会员代表大会于2006年4月29日修订并通过）

第一章　总　则

第一条　本团体的名称为：陕西高教系统档案学会（以下简称"本会"），英文译名为ShaanXi Higher Education System Archives Society。

第二条　本会的性质：是陕西省高教系统档案工作者自愿结成的学术性、公益性、群众性的社会团体，是联系高校档案工作者的纽带，是发展全省高校系统档案事业的重要社会力量。

第三条　本会的宗旨：组织全体会员，团结广大档案工作者，认真贯彻党的基本路线和"百花齐放，百家争鸣"的方针，遵守国家宪法、法律、法规和国家政策，弘扬社会主义道德风尚，坚持民主办会的原则，面向现代化，面向未来，理论联系实际，开展档案科学技术、理论研究、学术讲座和咨询活动，普及档案知识，提高省高校系统档案人员业务素质，为我省社会主义现代化建设做出贡献。

第四条　本会的主管部门是陕西省教育厅，挂靠在省教育厅办公室，接受中国高等学校档案工作协会和陕西省档案学会的指导。

第五条　本会办公场所设在学会秘书长单位。

第二章　业务范围

第六条　本会的业务范围

（一）组织会员开展档案科学技术、理论研究、调查研究和档案学术交流，促进档案学的发展；

（二）编辑印发档案工作信息，编印论文集和有关资料；

（三）传播、普及档案工作信息，介绍国内外档案学研究动态和成果；

（四）评选、奖励会员的优秀档案学术研究成果，鼓励更多的档案工作者参与档案理论的研究，提高档案工作人员的理论素养；

（五）发展同兄弟学会的友好联系和交往；

（六）开展档案工作检查，并接受有关部门委托，进行档案科学技术项目评估、科研成果鉴定；

（七）开展推广档案科学技术成果，提供技术咨询和技术服务；

（八）奖励会员提出的合理化建议，反映会员的意见和要求，维护会员的正当权益，举办为会员服务的活动；

（九）参加中国高等学校档案工作协会和省档案学会的学术活动，发展会员并向陕西省档案学会推荐会员。

第三章 会 员

第七条 本会实行团体会员制

（一）凡陕西省范围内各类高等学校档案馆（室），自愿申请，承认本会章程，按时交纳会费，由所在学校签署意见，加盖校印，经本会常务理事会批准，均可成为本会的团体会员。

（二）本会的每一团体会员，由该校档案馆（室）的全体档案工作人员，主管档案工作的负责人及其全体兼职档案人员组成。自愿参加本会活动的，经档案馆（室）负责人认可，也可成为该团体会员的组成人员。

第八条 会员的权利和义务

（一）会员的权利

1.有选举权和被选举权；

2.对本会的工作有建议、批评权；

3.参加本会举办的学术会议和学术活动；

4.优先参加本会组织的培训班；

5.获得本会编印的有关学术资料。

（二）会员义务

1.遵守本会章程，执行本会决议，完成本会分配的任务；

2.参加本会组织的各项学术研究和交流活动；

3.宣传所在学校的档案工作，并提出合理化建议；

4.部属及"211"院校每年交纳会费300元，省属及其他院校每年交纳会费200元。

第九条 团体会员及其组成人员，有创造性研究成果或特殊贡献者，或热心学术工作有突出成绩者，本会给予表彰和奖励。

第十条 会员有退会自由。会员要求退会时，由会员提出申请，报请秘书长备案；会员连续3年不参加本活动，即认为自动退会；严重违犯会章者，经会员小组讨论并报常务理事会批准，可以取消其会籍。

第四章　组　织

第十一条　本会的最高领导机构是会员代表大会，会员代表大会每4年召开一次，必要时可提前或推迟举行。会员代表大会由常务理事会召集，代表名额和选举办法由常务理事会决定。代表大会的任务：

（一）听取并审议理事会工作报告；

（二）制定或修改学会章程；

（三）选举新的理事会；

（四）决定学会的工作方针与任务；

（五）进行工作经验和学术交流；

（六）理事会认为需要提交代表大会议定的其他重要事项。

第十二条　理事会为学会的执行机构。理事会由50—60人组成。理事会理事由团体会员推荐和上届理事会提名相结合，经过充分酝酿协商之后由代表大会选举产生。个别理事的变更，由常备理事会决定。每届理事会任期4年。理事会成员要保持一定数量的学术骨干，要体现老中青梯形结构。理事会一般每2年召开一次会议。理事会的职责：

（一）执行会员代表大会的决定；

（二）组织召开会员代表大会，向代表大会报告工作；

（三）组织学术讨论会和工作经验交流会；

（四）向有关单位推荐优秀论文和科学研究成果；

（五）组织奖励和表彰活动。

第十三条　理事会可聘请若干名分管档案工作的领导干部、档案界知名人士或热心学会工作人士为名誉理事长或顾问。

第十四条　理事会根据学术研究的需要设立学术研究组，学术研究组在理事会领导下开展专门问题的研究。学术研究成员由理事长或分管学术研究的副理事长提名，经理事会或常务理事会批准。

第十五条　学会的常设机构为常务理事会，常务理事会由理事会协商后选举产生。常务理事会由13—15人组成，设理事长1人、副理事长若干人，秘书长1人、副秘书长若干人。理事长、秘书长可连选连任，但不得超过两届。常务理事的职责：

（一）执行会员代表大会和理事会决议，并向理事会报告工作；

（二）制定年度工作计划；

（三）制定本会工作制度和办法；

（四）筹备会员代表大会，为理事会会议做准备工作；

（五）监督学会经费使用情况；

（六）决定接纳或取消会员资格事宜。

第十六条　常务理事会每年召开1—2次，会议由理事长或理事长委托的副理事长召集。常务理事会议应有半数以上常务理事出席方为有效。

第十七条　根据会员人数、地区和专业特点，学会划分若干个会员小组，会员组由理事会和常务理事会领导。每个小组选组长单位1个、副组长单位1—2个，主持小组工作。会员小组根据工作需要开展活动。

第十八条　理事会的日常工作由秘书长主持。

第五章　经费使用原则

第十九条　本会经费来源

（一）会费；

（二）捐赠；

（三）政府资助；

（四）在核准的业务范围内开展活动或服务的收入；

（五）利息；

（六）其他合法收入。

第二十条　本会按照有关规定收取会员会费。

第二十一条　本会经费由秘书长统一管理，按照理事会或常务理事会审定的预算执行，必须用于本章程规定的业务范围和事业的发展，不得在会员中分配。

第二十二条　本会由秘书长单位配备兼职会计人员。会计不得兼任出纳。会计人员调动工作或离职时，必须与接管人员办清交接手续。秘书长要定期向理事长或常务理事会报告经费决算情况。

第六章　附　则

第二十三条　本章程经会员代表大会表决通过之日施行，其修改权属会员代表大会，解释权属于常务理事会。

编 后 语

2018年4月，陕西高教系统档案学会迎来了三十周年诞辰。按惯例，学会每逢十年搞一次庆祝活动，同时出版一本记录学会成长的纪念册，在酝酿编辑内容的时候，适逢2017年中国高等教育学会档案工作分会学术年会在重庆召开，陕西高教系统档案学会理事长吴连书、副理事长王瑛，学会秘书长苟亚锋、副秘书长郑勇等一行10余人参加了此次会议。会议期间受武汉大学涂上飙馆长编写的《中南高校档案馆建设概览》一书的启发，拟定编撰出版《陕西高校档案工作纪实（1988—2017）》一书。

2017年12月16日，学会召开秘书长扩大会议，就此书的编撰提出了设想和计划。2017年12月，陕西省教育厅下发通知，各校报送档案馆（室）概况。2018年1月16日，召开学会常务理事扩大会议，正式决定出版此书。此时各高校已放寒假，而此书距出版仅有三个月时间，编撰小组成员利用假期加班组稿、审核、校对、编纂，按照工作要求和工作进度，于2018年3月1日完成了全部书稿的审核任务，进行到排版及校对程序。在这里特别感谢吴连书理事长为本书写序，感谢编撰小组成员不辞辛苦，在放假及春节期间加班赶稿，充分体现了档案人员任劳任怨、不怕困难、乐于奉献的工作精神，也体现了新一代档案人年轻有为、知识水平高、工作能力强的突出优势，陕西高校档案界后继有人，大有希望。希望此书的出版能为全省乃至全国的档案同行提供互相学习借鉴的平台，为全国高校档案同仁在档案编研及工作研究上提供一定的依据，更好地促进档案工作整体水平的提升。

本书为中国高等教育学会档案工作分会"十三五"规划课题项目——全国高校档案信息化与数字化档案馆建设情况调查研究成果之一。

因编写时间仓促，加之编写人员水平所限，不足之处，敬请批评指正。

编者

2018年4月10日